설잠 김시습의 선사상 연구

프라즈냐 총서
59

설잠 김시습의
선사상 연구

| 성기론性起論과 성구론性具論을 중심으로 |

철우 저

운주사

서문

설잠雪岑 김시습金時習은 조선 초기에 활동한 사상가로, 그의 호인 매월당梅月堂이 널리 알려져 있으며, 설잠은 그가 출가하면서 얻은 법명이다. 여기에서 사상가라고 평가하는 까닭은 설잠이 불교뿐만 아니라 당대의 유학과 도교 방면에도 커다란 작용을 하였기 때문이다. 이는 설잠이 처한 시대적 상황과도 밀접한 관련이 있다.

설잠은 태평 시대인 세종의 치세기에 태어나 이미 5세에 『대학大學』, 『중용中庸』 등의 유가경전을 수학하였는데, 뛰어난 자질을 보여 '시습時習'이라는 이름을 얻게 되었다고 한다. 이러한 그의 명성이 세종에게까지 알려져 친히 불러 시험하였는데, 세종이 감탄하여 비단 50필을 하사받은 일은 널리 알려져 있다. 13세에 승정원에 들어가 세종의 총애를 받으며 유학을 익혔다. 그러나 15세에 모친을 잃고, 부친이 낙향하여 더는 승정원에서 수학할 수 없었고, 곧이어 부친마저 세상을 떠나자 17세에 설잠은 홀로 다시 한양으로 와서 머물렀다. 이 시기에 설잠은 호남의 명승인 준상인俊上人을 만나게 되었다. 이로부터 준상인을 통하여 불교의 교학과 선리禪理를 깊게 접하게 되었고, 이러한 인연은 후에 설잠이 출가하게 된 계기가 되었다. 특히 세종의 승하 이후 세조가 단종을 폐위시키고 왕위를 찬탈한 사건과 단종의 죽음 등은 설잠이 출가하게 된 직접적인 계기가 되었을 것으로 추정된다.

설잠은 출가 이후에 운수납자로서 명산대찰을 유람하면서 수행자의 삶을 영위했다고 할 수 있다. 세조 치세기에 효령대군의 간청으로 불경언해 사업을 잠시 도우며 내불당內佛堂에서 교정을 맡았던 것 이외에 다양한 저술을 찬술하면서 수행자의 삶을 영위했다. 그러나 47세에 주변 지인들의 권유로 환속하여 안 씨와 결혼하였지만 3년 후에 부인과 사별하고 만다. 그 이후 다시 출가하여 마지막으로 동학사를 찾아 단종의 초혼각에 참배하고, 만수산 무량사에서 병약한 몸으로 여생을 보내다가 성종 24년(1493)에 59세로 방랑의 일생을 마쳤다.

이러한 설잠의 일생은 그대로 파란만장하다고 하겠다. 그렇지만 설잠은 이 한생 동안 다양한 저술을 남겼는데, 그의 사후에 전국에 흩어진 유작들을 수집하여 『매월당집梅月堂集』 23권, 『매월당속집梅月堂續集』 2권, 『매월당별집梅月堂別集』 3권, 『매월당외집梅月堂外集』 2권, 『매월당집부록梅月堂集附錄』 1권 등으로 출간되어 현재에 전한다. 그리고 전문적으로 불교와 조사선을 논한 책으로 『연경별찬蓮經別讚』, 『십현담요해十玄談要解』, 『화엄일승법계도주병서華嚴一乘法界圖註幷序』 등이 있다. 이들은 『매월당별집』에 실려 있으며, 이외에 별도로 『화엄석제華嚴釋題』, 『조동오위요해曹洞五位要解』 등의 저술이 있다. 이 『연경별찬』, 『십현담요해』, 『화엄일승법계도주병서』, 『화엄석제』, 『조동오위요해』 등은 불교가 전래한 이후 중국으로부터 논의된 핵심적인 불교사상들을 논하고 있어서 한국불교사상사에 중요한 의의를 갖는 저술들이다.

우선, 『화엄일승법계도주병서』는 신라 시대 의상義湘의 「법성게法性偈」에 대하여 설잠이 「서문」을 쓰고, 「법성게」의 각 구절에 조사선의 게송을 인용하여 주해한 것이다. 이는 바로 화엄의 성기론性起論과 조사선을 융합하고자 하는 의도를 엿볼 수 있다. 이러한 설잠의 사상은 다시 『화엄석제』에서 보다 명확하게 나타나고 있다. 『화엄석제』는 "대방광불화엄경大方廣佛華嚴經" 일곱 자를 중심으로 80권 『화엄경』의 사상을 집약하여 해석한 책이지만, 엄밀하게 논하자면 저술이라기보다는 편저編著, 혹은 연구 노트의 성격이라고 할 수 있다. 그것은 전체적인 『화엄석제』가 대부분 징관澄觀의 『대방광불화엄경강요大方廣佛華嚴經綱要』라든가 『천여어록天如語錄』 등 다양한 전적을 인용하여 편집하였기 때문이다. 그렇지만 현재에도 잘 알려지지 않은 중국의 저술들을 인용하고 있는 점에서 설잠의 광범위한 독서량을 짐작할 수 있으며, 그 편집의 측면에서 충분히 설잠의 사상이 개입되어 있음을 엿볼 수 있다.

따라서 『화엄일승법계도주병서』와 『화엄석제』에서는 바로 설잠의 화엄사상, 즉 화엄의 성기론을 충분히 고찰할 수 있다고 하겠다.

설잠의 『연경별찬』은 『법화경』과 관련된 저술인데, 특히 천태종의 사상을 논하고 있다. 주지하다시피 천태종의 불성론은 성구론性具論을 제창하고 있는데, 설잠의 이 저술에서 명확하게 그를 밝히고 있음을 볼 수 있다. 특히 서문에서 천태지의天台智顗의 『법화현의法華玄義』뿐만 아니라 고려의 제관諦觀이 찬술한 『천태사교의天台四教儀』를 천태학의 중요한 저술로 언급하고 있음으로부터 민족적 자긍심을 엿볼 수 있다. 그런데 이 『연경별찬』에서도 『화엄일승법계도주병서』와 『화엄석제』와 마찬가지로 조사선으로 귀결시키는 논술이 여러 군데 나타나고 있다.

이상과 같이 설잠은 그의 저술을 통하여 중국불교로부터 전개된 세 가지 불성론, 즉 화엄의 성기론과 천태의 성구론, 그리고 조사선의 명심견성明心見性 이 세 가지를 모두 섭수攝收하는 사상을 개진하고 있음을 알 수 있다. 이러한 설잠의 사상을 극명하게 드러내는 저술이 바로 『십현담요해』와 『조동오위요해』이다.

『십현담요해』는 동안상찰同安常察이 조동종曹洞宗의 정편오위설正偏五位說을 "심인心印, 조의祖意, 현기玄機, 진이塵異, 연교演敎, 달본達本, 환원還源, 회기廻機, 전위轉位, 일색一色"으로 구성된 '십현十玄'으로 나누어 논술한 『십현담』에 청량문익淸凉文益이 주를 달고, 설잠이 다시 그에 대하여 주를 달아 '요해要解'를 진행한 것이다. 그런데 설잠은 이러한 요해를 통하여 천태의 성구론과 화엄의 성기론을 조사선의 명심견성으로 가히 완벽하게 회통會通하고자 하는 점이 두드러지고, 또한 『조동오위요해』에서도 그러한 의도가 역력하다.

주지하다시피 중국불교의 핵심은 바로 불성론에 있다. 중국에 불교가 전래한 이후, 중국인들은 성불成佛의 근거로서 '불성'을 탐구하기 시작하였는데, 이 과정은 상당히 복잡하다. 중국불교의 가장 심층적이고 핵심적인 사상은 바로 '불성론'에 있다고 할 정도이고, 이 불성에 대한 서로 다른 견해로 인하여 다양한 학파와 종파들이 나뉘었다고도 평가할 수 있다. 본격적인 불성론의 출발은 돈오성불론頓悟成佛論을 제창한 축도생竺道生으로부터 시작되었다고 할 수 있다. 그 이후 남북조南北朝 시기에 본격적으로 불성에 대한 논의를 지속하였고, 수隋·당대唐代에 이르러 천태의 성구론과 화엄의 성기론으로 종합되었으며, 그 후에 마지막으로 『육조단경六祖壇經』으로 대표되는 선종의 명심견성이라는 불성론이 출현하였고, 이로부터 다시 변화를 거쳐 조사선의 불성론이 완성되었다고 할 수 있다.

이러한 불성론은 각 종파의 가장 깊은 교의敎義와 선리禪理에 자리하고 있어서 상당히 난이도가 극심한 개념들이다. 특히 천태와 화엄, 그리고 선종 모두 자성청정심自性淸淨心을 채택하고 있지만, 그 심心의 함의와 그 해석이 서로 다르다. 만약 천태와 화엄, 그리고 선종에서 제시하고 있는 자성청정심이 모두 동일하다면, 서로 다른 종파로서 분립할 필요가 없을 것이다. 물론 후대로 갈수록 천태 성구론의 입장에서 화엄의 성기론을 받아들이기도 하고, 반대로 화엄의 입장에서 성구론을 받아들이며, 혹은 조사선에서 성구론과 성기론을 받아들여 융합하는 경향도 나타난다.

바로 이러한 점에 착안하여 이 책에서는 설잠의 저술에 나타난 선사상을 논구한 것이다. 특히 앞에서 언급한 바와 같이 설잠은 『화엄일승법계도주병서』와 『화엄석제』를 통하여 한국불교의 전통인 화엄의 성기론을 논하고 있고, 또한 『연경별찬』에서는 바로 천태의 성구론을 논하고 있다. 그러면서도 성기론과 성구론을 모두 조사선과 연계하여 논하고 있는데, 이를 통하여 화엄과 선, 천태와 선으로 귀결하고자 하는 설잠의 사상을 충분히 엿볼 수 있다.

설잠이 본격적으로 성구론과 성기론을 조사선의 불성론과 융합시켰다고 평가할 수 있는 저술은 바로 『십현담요해』와 『조동오위요해』이다. 조동종의 정편오위正偏五位는 바로 정正과 편偏의 관계를 논하는 것으로, '정'은 체體·이理·공空 등에, '편'은 용用·사事·색色 등에 해당된다고 할 수 있다. 그에 따라 '정·편'은 '진眞·속俗', '정淨·염染'에 배대할 수 있다. 이러한 '정편'의 관계는 또 '회호回互'와 '불회호不回互'

로 서로 연계되고 있다. 이른바 '회호'는 체용體用, 이사理事, 공색空色, 정염淨染 등과의 합일이고, '불회호'는 체용, 이사, 공색, 정염 등이 각자 상대적으로 안정된 상태를 의미한다. 설잠은 바로 이러한 '정편오위'의 특질을 원용하여 성구론과 성기론을 모두 인정하면서도 조사선으로 귀결시키고 있다.

이상과 같이 이 책에서는 설잠의 저술들을 통하여 천태의 성구론과 화엄의 성기론을 모두 중시하면서도 조사선의 명심견성이라는 불성론으로 귀결시키고 있다. 그에 따라 이 책에서는 이를 성구론와 성기론의 병중竝重으로 칭명하였고, 나아가 이 둘의 병중을 통하여 조사선의 불성론과의 융합을 화해和解라고 칭명하였다.

이 책에서는 이러한 설잠의 불교사상들이 한국불교의 사상사에서 어떠한 위상을 지니고 있으며, 그 영향은 과연 어떠하였는가를 간략하게 논구하였다.

사실 이 책에서 논하는 불성론의 전개, 즉 축도생으로부터 본격적으로 시작된 불성에 대한 논의로부터 천태학의 성구론, 화엄학의 성기론, 그리고 『육조단경』으로 대표되는 선종의 명심견성에 이르기까지는 상당한 난이도가 존재한다. 더욱이 설잠의 저서에서 이러한 불성의 사상들을 도출해 논술하는 작업은 더욱 지난한 연구의 과정이었다고 할 수 있다. 그러한 까닭에 필자가 비록 최대한 역량을 발휘하여 연구하여 논술하였지만, 여전히 미흡한 점이 있을 것이라 본다. 부디 눈 밝은 선지식들이 이 책의 오류를 바로잡아 주시기를 간절히 바라며, 또한 이 책을 통하여 설잠의 불교와 선 사상이 널리 알려져 많은 이들에게 불법의 혜명을 더욱 밝히는 계기가 되기를 부처님 전에

온 마음으로 두 손 모은다.

끝으로 이 책이 나오기까지 지도해 주신 은사스님, 지도교수님과 시주 단월님들께 이 지면을 빌려 감사를 올린다. 그리고 열악한 출판시장에도 이 책을 흔쾌히 출간해 주신 운주사 김시열 사장님께도 깊은 감사의 마음을 드리며, 본 서문을 마친다.

2023년 만추晩秋에 임허사에서
철우 합장

제1장 서언

설잠雪岑 김시습(金時習, 1435~1493)은 조선 초기의 사상계를 대표하는 인물이다. 설잠은 그의 저작을 집성한 『매월당집梅月堂集』으로 인하여 일반적으로 '매월당'이라는 호가 널리 알려져 있는데, '설잠'은 그가 출가하면서 얻은 법명이다. 설잠은 당대를 풍미하던 유불도 등의 사상을 편력한 사상가이면서 중요한 정치적인 활동을 하였다.

설잠의 작품은 최초의 한문소설인 『금오신화金鰲新話』를 비롯하여 시詩와 부賦 등 다양한 분야에 걸쳐 있다. 그 가운데 불교와 관련된 것으로는 『화엄석제華嚴釋題』, 『일승법계도주병서一乘法界圖註幷序』, 『연경별찬蓮經別讚』, 『십현담요해十玄談要解』, 『조동오위요해曹洞五位要解』 등이 있다. 이러한 다양한 저술로 인해 설잠은 유학자, 도학자, 승려, 정치가, 문학가 등 다양한 분야의 인물들에게 심원한 영향을 미쳐 그에 대한 여러 가지 평가가 나타났다. 예컨대 불교에서는 '무주착無住着의 선사禪師'로 평가받았고, 유가에서는 '공자孔子에 비길 만한 성인聖人'과 '사육신死六臣과 함께 절의節義의 선비'로서 받들어지기도 했으며, 혹은 '이인異人'으로 평가되기도 하였다. 특히 그의 전기傳記를 최초로 찬술한 율곡栗谷 이이李珥는 '심유적불心儒跡佛'이라고 평가했으며, 퇴계退溪 이황李滉은 '일종이인一種二人'이라고 평했다. 또한 도교에서는 도가의 법통法統에 포함시켜 '조祖'로 설정하고 있다.

이러한 각 분야의 다양한 평가에 의거하여 그간 학계에서는 김시습의 정체성에 대한 연구가 여러 방면에서 전개되었다. 예컨대 인문학 방면에서 『금오신화』와 시 등을 찬술한 문학가로서의 김시습에 대한 연구, 둘째 『화엄석제』, 『일승법계도주병서』, 『연경별찬』, 『십현담요해』, 『조동오위요해』 등의 저자로서 승려 설잠에 대한 연구, 셋째 도학자道學者로서의 김시습에 대한 연구, 넷째 성리학性理學과 관련되어 유불도를 융합한 인물 및 '기일원론氣一元論' 등의 관점에서의 연구가 축적되었다. 나아가서는 이러한 네 측면 가운데 두세 가지의 관점을 혼합하여 진행하는 연구도 나타나고 있다. 이렇게 다양한 연구와 견해가 나타난다는 것은 설잠의 사상이 그만큼 다양하며, 또한 그의 사상이 중요한 시사점을 지니는 반증이라고 할 수 있다.

필자는 한문학을 통하여 김시습을 접했는데, 불교적인 관점으로 설잠의 화엄사상에 집중하여 「설잠 화엄사상 연구」라는 제목으로 석사학위를 받은 바 있다. 필자는 석사학위논문에서 설잠의 화엄사상에 집중하여 『화엄석제』와 『일승법계도주병서』를 중심으로 설잠의 사상을 분석하고, 그와 관련된 선교일치禪敎一致 등의 선사상禪思想을 논구하였다. 그러나 설잠의 선사상에는 그보다 더 중요한 관점, 즉 '불성론佛性論'과 관련하여 화엄의 '성기性起'와 천태의 '성구性具'사상을 '병중並重'하여 '화해和解'를 시도하려는 관점이 보이고 있다. 그래서 이러한 측면에서 설잠의 선사상이 형성되었음을 밝히는 본서를 집필하게 되었다.

주지하다시피 한중일 삼국의 불교사상적 전통은 '일체중생一切衆生, 실유불성悉有佛性'의 '불성론'을 바탕으로 하여 전개되었다. 그리고 이러한 불성론은 천태종의 성구론性具論과 화엄종의 성기론性起論으로 대표되고 있다. 한편, 그 이전의 교학체계를 통섭하면서 가장 늦게 출현한 선종은 '성구'와 '성기'를 모두 수용하면서 독자적인 불성론을 전개시켰다. 따라서 본서에서는 설잠의 『화엄석제』, 『일승법계도주병서』, 『연경별찬』, 『십현담요해』, 『조동오위요해』 등의 저술에 나타나는 불교사상을 '불성론'의 관점에서 접근하여 설잠이 제창하고 있는 사상의 본질이 무엇인가를 주목하고자 한다.

그에 따라 본서를 '설잠 김시습의 선사상 연구－성기론과 성구론을 중심으로－'라는 제목으로 설정하고, 불성론의 각도에서 설잠의 선사상을 논구하고자 한다.

1. 기존 연구의 흐름

전술한 바와 같이 설잠의 사상은 여러 방면에 걸쳐 상당히 중요한 의의를 찾을 수 있다. 그래서 학계에서는 다양한 측면의 연구가 수행되어, 적지 않은 성과가 축적되어 있다.

예를 들자면, 최근 동국대 대학원에서 발표된 『김시습 사상의 정체성 연구: 유불儒佛 인식을 중심으로』(남희수, 박사학위논문, 동국대학교 대학원, 2013. 2) 등을 비롯하여 119편의 석·박사 학위논문이 이미 발표되어 있다.[1] 그러나 이러한 논문들은 대부분 시詩를 비롯한 문학과 관련된 주제이고, 사상을 다룬다고 해도 유가와 도가를 중심으로 하는 경우가 대부분이다. 설잠의 불교사상을 직접적으로 주제로 한 학위논문을 발표년도 순으로 제시하면 다음과 같다.

이창안(철우), 「설잠 화엄사상 연구」, 동국대 석사논문, 2009.
고영희, 「설잠의 불교수행관 연구」, 원광대 석사논문, 2002.
최귀묵, 「김시습 글쓰기 방법의 사상적 근거 연구」, 서울대 박사논문, 1997.
이기운, 「설잠의 법화경관法華經觀 연구: 연경별천蓮經別讚을 중심으로」, 동국대 석사논문, 1992.
정철영, 「설잠의 십현담요해十玄談要解 연구」, 동국대 석사논문, 1997.

이상과 같이 설잠의 불교사상을 직접적으로 연구한 학위논문은 상당히 희소하다고 볼 수 있다. 설잠 김시습을 대상으로 한 전체적인 연구들은 대부분 '불교 시'와 같은 문학에 집중되어 있고, 사상을 주제로 하는 것도 '성리학'이나 '도교'와 관련된 것들이 주류를 이루고 있다. 이러한 상황은 학술지에 발표된 소논문 역시 같은 경향을 보이고 있다. 비록 설잠과 관련된 논문들은 '290여 편'에 이르고 있지만, 불교사상을 실질적인 주제로 연구한 논문들은 다음에 불과하다.

---

1 국회 전자도서관 검색 결과에 의거함.

신규탁, 「『십현담주해』에 나타난 만해 한용운의 선사상」, 『선문화연구』 16집, 한국불교선리연구원, 2014.

김방룡, 「조선시대 불교계의 유불교섭과 철학적 담론」, 『유학연구』 25집, 충남대학교 유학연구소, 2011.

하정용, 「해인사 백련암 소장 『십현담요해』에 대한 서지학적 고찰」, 『동아시아고대학』 22집, 동아시아고대학회, 2010.

정연수, 「『십현담요해』에 드러난 김시습의 경전 및 선어록에 관한 이해」, 『한국선학』 15호, 한국선학회, 2006.

서준섭, 「동안상찰同安常察의 『십현담』의 세 가지 주해본에 대하여: 청량문익淸凉文益과 김시습, 한용운韓龍雲의 주해 텍스트를 중심으로」, 『한중인문학연구』 15집, 한중인문학회, 2005.

이기운, 「『연경별찬』을 통해 본 설잠 김시습의 문학과 사상」, 『동서비교문학저널』 6호, 한국동서비교문학학회, 2002.

노재성, 「설잠의 『화엄석제』에 미친 청량징관淸凉澄觀의 저술」, 『논문집』 9집, 중앙승가대학교, 2001

김지견, 「김시습 『화엄석제』의 주석적 연구」, 『선무학술논집』 6집, 국제선무학회, 1997.

한종만, 「설잠 김시습의 조동오위요해 연구」, 『한국불교학』 21집, 한국불교학회, 1996.

_____, 「설잠 김시습의 천태사상 연구」, 『한국불교학』 20집, 한국불교학회, 1995.

_____, 「김시습의 삼교원융사상」, 『한국종교』 제18집, 원광대학교 종교문제연구소, 1993.

김용조, 「설잠 김시습의 한국불교사상사적 위치」, 『경상대학교 논문집』 24집, 1985.

민영규, 「김시습의 조동5위설」, 『대동문화연구』 13집, 성균관대 대동문화연구원, 1979.

위의 논문들을 조망해 보면 설잠의 사상이 상당히 중시되고 있지만, 불교학계에서는 여전히 일부의 학자들만이 관심을 갖고 있는 실정이다.

이러한 학술논문 이외에 설잠 불교사상을 연구한 관련된 저술은 김지견의 『대화엄일승법계도주병서大華嚴一乘法界圖註幷序』(김영사, 1983)와 「설잠의 화엄과 선의 세계」(『화엄사상과 선』, 민족사, 2002)가 주목된다. 이처럼 김지견은 설잠의 화엄사상과 선사상에 대하여 본격적으로 논구하고 있는데, 실제로 1980년대에 출판된 『대화엄일승법계도주병서』가 본격적인 설잠의 불교사상 연구의 출발이라고 평가할 수 있다.

앞에서 언급한 바와 같이, 설잠 김시습에 관련된 논문들은 수백 편이 존재하고 있다. 그런데 불교사상과 관련하여 저술과 석·박사 학위논문 및 소논문 등이 20여 편이 존재하지만, 중국의 불성론, 즉 '성구'와 '성기'의 관점에서 추진된 연구는 거의 없었다. 물론 단편적인 언급은 존재한다고 해도 그것으로 전체적인 '성기'와 '성구'의 내용을 드러내기에는 커다란 한계를 보이고 있다.

2. 본서의 주제와 구성

1) 주제

본서는 설잠의 불교와 관련된 저술인『화엄석제』,『일승법계도주병서』,『연경별찬』,『십현담요해』,『조동오위요해』등에 나타난 선사상을 '성구'와 '성기'의 '병중竝重'[2]을 통한 '화해和解'의 관점에서 논구하고자 한다.

　제2장에서는 〈설잠의 시대사상적 배경과 생애〉라는 주제를 설정하여 설잠의 생애와 그가 살았던 시대의 사상적 배경을 고찰하고자 한다. 주지하다시피 설잠은 태평시대인 세종 대에 태어나 단종을 폐위시키고 수양대군이 '세조'로 등극하는 '계유정난'이라는 정변을 겪으면서 사상적으로 커다란 변화를 갖게 되었다. 많은 연구자들이 그의 출가의 원인을 여기에서 찾기도 한다. 조선의 숭유억불 정책의 사상적 토대를 세운 인물은 정도전鄭道傳이다. 정도전은『불씨잡변佛氏雜辨』과『심기리편心氣理篇』등을 통하여 본격적으로 불교에 대한 비판을 하였다. 그런데 함허기화涵虛己和와 달리 설잠은 표면적으로는 정도전의 불교 비판에 대한 적극적인 대응을 하지는 않았다. 오히려 유교와 불교사상의 정수에 대한 고민을 통하여 불교사상이 지니는 가치를 바로 드러내려고 노력했다고 할 수 있다. 따라서 본 장에서는

2　이 '竝重'의 용어는 '悟修竝重'(『淨土十要』卷10), '儒佛竝重'(『報恩論』卷2)으로 사용되고 있으며, 또한 '雙修止觀'의 의미로 '止觀竝重', '止觀雙行' 등으로 활용된다. 그에 따라 본서에서는 '性具'와 '性起'를 함께 중시한다는 의미에서 '竝重'의 용어를 활용하였음을 밝힌다.

이러한 시대상황의 고찰과 그의 저술 및 전체적인 불교사상적 특질에 대하여 살펴보고자 한다.

본서의 가장 핵심적인 주제는 바로 '성구'와 '성기'의 '병중'으로부터 '화해', '화회和會'하고자 하는 관점에서 불교사상을 밝히고자 하는 것이다. 그에 따라 먼저 '성구'와 '성기'의 사상적 연원을 밝히는 것이 무엇보다도 선행되어야 할 것이다. 따라서 제3장에서는 〈'성구'와 '성기'의 사상적 연원과 전개〉라는 주제를 설정하여 중국불교로부터 그 연원을 밝히고자 하였다. '성구'와 '성기'는 중국에서 '불성론'의 성립과정에서 출현했다. 그에 따라 본서에서는 '성구'와 '성기'가 어떤 과정을 거쳐서 형성되었고, 또한 선종에 있어서는 그러한 불성론을 어떻게 수용하였는가를 전체적으로 고찰하고자 한다. 이러한 과정은 본서에 있어서 절대적으로 필요한 분석이라 하겠다.

본서의 가장 핵심적인 주제는 바로 설잠의 불교사상에 대한 논구이다. 따라서 제4장에서는 〈설잠의 성기론〉을 주제로 설정하여 설잠의 저술을 분석하고, 그에 의거하여 설잠이 제창하는 '성기'와 '성구'의 사상을 도출하려고 한다. 대체적으로 설잠은 『일승법계도주병서』와 『화엄석제』에서 화엄의 '성기'사상을 제창하였으며, 최종적으로는 '화엄선'을 이끌어내고 있다. 그리고 제5장에서는 〈설잠의 성구론〉을 주제로 설정하여 『연경별찬』에 나타나는 '성구'사상을 고찰하려고 한다. 또한 『십현담요해』에서 성구론과 성기론을 '병중'하면서도 그를 '화해'하고자 하는 관점을 도출하고자 하였다. 제6장에서는 〈성구론과 성기론의 병중과 조사선〉을 주제로 설정하여 설잠의 저술에 나타난 성구와 성기론을 종합적으로 정리하여 이를 어떻게 조사선으로 귀결시키는가에 대하여 고찰하고자 하였다.

　이러한 설잠의 사상은 과연 한국불교사상사에서 어떠한 위치를 갖고 있으며, 또한 후대의 영향은 어떠한가를 주목하여 별도의 장에서 설명하려고 한다. 즉 그를 위하여 제7장에서는 〈한국불교사상사에서의 설잠의 위치와 평가〉라는 주제로 '화엄사상사에서의 위치', '천태사상사에서의 위치', '선사상사에서의 위치', '한국불교사상사에서의 위치와 그 영향' 등의 항목을 두어서 전체적인 한국불교사상사의 맥락에서 그를 논구할 것이다.

　이상과 같은 본서의 주제와 구성은 지금까지 학계에서 시도하지 않은 접근 방법이라 하겠다. 즉 기존의 연구 성과에서 나타나지 않은 새로운 시도이기에 일정한 독창성을 갖지만, 새로운 시도이기에 적지 않은 문제점도 노정될 것이다.

2) 구성

① 제2장 설잠의 시대사상적 배경과 생애

본 장에서는 시대적 배경과 생애와 저술로 나누어 설잠이 처했던 시대적 상황과 그 생애, 그리고 다양한 저술들에 대하여 밝히고자 한다. '시대적 배경'에 있어서는 설잠이 살았던 세종, 문종, 단종, 세조, 예종, 성종에 이르는 시기의 정치 사회적 변화와 특히 그의 삶의 방향을 바꾸어 놓은 계유정난을 중심으로 살펴보고자 한다. 또한 당시 숭유억불의 상황 속에서 불교계의 변화와 더불어 숭유억불의 논리를 제시한 정도전의 입장과 이에 대한 불교계의 대응을 밝히고자 한다. 또 정도전의 억불논리에 대응했던 함허의 입장과 설잠의 입장의 차이가 무엇인지에 대하여도 언급하고자 한다. '생애와 저술'에서는 설잠의 생애를 불교적 입장에서 분류해 기술해 보고, 그와 더불어 그의 저술들이 어느 시기에 쓰인 것인지를 밝히고자 한다. 특히 본 주제와 관련된 설잠의 핵심적인 불교 저술인 『화엄석제』, 『일승법계도 주병서』, 『연경별찬』, 『십현담요해』, 『조동오위요해』 등이 어떠한 상황 속에서 저술된 것인지를 논구하고자 한다.

② 제3장 '성기'와 '성구'의 사상적 연원과 전개

본 장에서는 중국불교에서 '성구'와 '성기'의 개념이 어떠한 과정을 거쳐서 출현하였는가를 밝히고자 한다.

　주지하다시피 중국불교의 가장 커다란 특징으로 '불성론'의 출현과 전개를 꼽고 있다. 이른바 '일체중생, 실유불성'으로 대표되는 '불성'에 대하여 불교가 발생한 인도 및 서역과는 다르게 중국에서는 다양한 해석이 출현하였다. 그래서 그러한 '불성'의 이해에 따라 종파가 나뉘는 원인이 되기도 하였다. 보편적으로 널리 알려진 '일체중생 실유불성'이라는 사상은 중국에 불교가 전래된 지 몇백 년이 지난 동진십육국東晉十六國에서 남북조南北朝로 전환되는 시기에 축도생竺道生에 의하여 비로소 제시된 사상이다.

　이러한 중국불교의 '불성론'을 본 고찰에서 모두 논구하기에는 여러 가지 한계가 있다. 그래서 본 고찰에서는 본서의 핵심적인 주제인 '성구'와 '성기'를 중심으로 한정하여 논구하고자 한다. 따라서 본 장을 다음과 같이 구성하였다.

　제1절 초기 중국 불성론의 전개

제2절 천태 성구론의 형성과 발전

제3절 화엄사상의 출현과 성기론

제4절 선종의 불성론

우선 제1절인 '초기 중국 불성론의 전개'에서는 중국에서 윤회의 주체아主體我 탐구로부터 제시된 여산廬山 혜원慧遠의 '신불멸론神不滅論'을 토대로 하는 '법성론法性論'에 대하여 검토하고자 한다. 혜원의 '법성론'은 후대에 상당히 중요한 영향을 미쳤지만, 그 자체로는 상당히 문제가 많은 과도기적인 불성론이다. 혜원의 문하에서 수학했던 축도생은 혜원에 의하여 구마라집鳩摩羅什 문하로 보내져 중관반야학中觀般若學을 수학하게 되어, 그 결과 '돈오성불론頓悟成佛論'과 '열반불성론涅槃佛性論'을 제창하게 되었다. 도생이 제시한 '돈오'와 '불성론'은 사실상 중국불교 전반에 깊고 넓은 영향을 미치게 되었는데, 이 때문에 도생이 '열반성涅槃聖'이라고 추앙되었다. 후대 조사선에서도 이 '돈오론'이 수행법의 기본 원리로 채택되어 남종선이 크게 유행하는 계기가 되었다. 그러한 까닭에 본서에서는 도생의 '불성론'과 '돈오론'에 대해서는 비교적 상세하게 밝히고자 한다.

도생에 의하여 '일체중생 실유불성'의 '불성론'이 본격적으로 제시된 것을 계기로 하여 남북조와 수대隋代에 이르는 기간 동안 다양한 불성론이 나타나고 그 이론 또한 심화되었다. 그 가운데 주된 담론의 하나는 '정인불성正因佛性'이라 할 수 있는데, 이는 길장吉藏의 『대승현론大乘玄論』과 원효元曉의 『열반종요涅槃宗要』, 그리고 균정均正의 『대승사론현의大乘四論玄義』 등에 자세히 나타나 있다. 본서에서는 이를 12가지의 커다란 범주로 나누어 정리하고자 한다. 또 다른 불성론의 주요한 담론의 하나는 '본유本有'와 '시유始有'에 관한 것인데, 이것은 천태의 '성구론'과 화엄의 '성기론'을 제시하는 데 있어서 가장 중요한 전 단계의 논의라 할 수 있다. 따라서 이에 대해서도 자세히 다루고자 한다.

제2절인 '천태 성구론의 형성과 발전'에서는 초기 불성론이 어떤 과정을 거쳐 천태종에서 '성구론'으로 귀결하는가를 밝히고자 한다. 우선 천태종의 '성구론'은 기본적으로 '정인正因·요인了因·연인緣因' 등의 삼인三因으로 불성을 설명하고 있다. 이러한 '삼인'의 설정은 상당히 다양하게 나타나지만, 가장 기본적인 관점은 바로 "법성실상이 바로 정인불성이고, 반야관조가 요인불성이며, 오도공덕으로 반야를 도와 격발함이 바로 연인불성이다."[3]라는 문구와 같이 비유비무非有非無, 불염부정不染不淨의 실상實相을 정인불성正因佛性으로 삼고, 실상에 대한 관조觀照를 드러내는 반야지혜를 요인불성了因佛性으로 하고, 각지覺智를 돕고 정성正性을 열어 나타나게 하는 공덕선행功德善行을 연인불성緣因佛性으로 삼는다고 할 수 있다. 또한 이러한 삼인 가운데 '실상'인 정인불성을 철저하게 무염정無染淨, 비선악非善惡의 본체계本體界에 상주함으로 정의하고 있고, 이에 반하여 '연인'과 '요인'은 염정染淨과 선악善惡을 갖춘다고 제창함을 알 수 있다. 이를 통하여 '성구선악性具善惡'이 제시되고 있고, 다시 이러한 '삼인'이 '십계호구十界互具'로 전개되면서 '일념삼천一念三千'과 '일심삼관一心三觀' 등의 논리가 개진되고 있으며, 나아가 탐욕즉도貪慾卽道의 중도불성中道佛性으로 천태의 '성구론'을 형성하고 있다. 본서에서는 이러한 과정을 전체적으로

3 (隋)智顗說,『妙法蓮華經玄義』卷2上(大正藏 33, p.802上), "故知法性實相卽是正因佛性, 般若觀照卽是了因佛性, 五度功德資發般若卽是緣因佛性."

정리하여 논술하고자 한다.

다음으로 제3절인 '화엄사상의 출현과 성기론'에서는 화엄사상이 성립하면서 출현하는 '성기론'에 대해 살핀다. 즉 본래시불本來是佛의 여래성기如來性起로부터 법계연기法界緣起, 무진연기無盡緣起 등의 구체적인 사상을 정리하고자 한다.

화엄종의 '성기설'은 천태의 '성구론'보다도 후대에 성립되었기 때문에, 기존에 진행되었던 불성론의 다양한 문제들, 예를 들어 불성의 인과로부터 나타난 본유本有·시유始有 등과 같은 문제에 있어서도 명확하게 답하고 있다. 화엄에서는 기본적으로 인과원융因果圓融과 즉본즉시卽本卽始의 입장에서 원융무애圓融無碍를 제창하고 있다. 예를 들어 지엄智儼은 『화엄일승십현문華嚴一乘十玄門』에서는 본즉시本卽始를 논증한다. 그는 본유는 방이 비어 있는 것과 같아 문을 열고 보면 공空이 즉시 본유한 것이고, 이러한 공이 보이지 않는다 하여 없다고 할 수 없으며, 보는 순간 비로소 있기에 시유라 할 수도 있다고 말한다.[4] 즉 구분하여 말하면 본本·시始는 한 가지 이론의 양면으로서, 통합하여 말하면 '즉본즉시'이다. 또한 이를 이어서 "만약 소승이 설한 인과는 인을 전환하여 과가 되고, 인이 멸하여 비로소 과를 이룬다. 만약 대승의 인과에 의거하여 동시에 얻는 것이라면, 그 무진無盡을 나타낼 수 없다. 마치 연緣을 버리고 버림으로써 완성이고, 인과가 동시에 이루어져 여타의 물건으로 되지 않는다. 인에는 친소親疏가

---

4 (隋)杜順說, (唐)智儼記, 『華嚴一乘十玄門』(大正藏 45, p.516上), "問: 若約智故其本有者, 以智照故本有? 答: 如室中空, 開門見時此空卽是本有. 如涅槃經見佛性已卽非三世攝. 問: 亦得是始有以? 答: 見時如言有, 不見不言有, 故亦名始有."

있는 까닭에 다함이 있다. 만약 통종通宗이 인과를 명확히 하면, 소연疏緣을 들고 친연親緣으로 들어감으로써 버림이 이루어질 때 일체법이 다 일시에 이루어진다."[5]라고 한다. 여기에서 말하는 '통종'은 바로 화엄종을 가리키는데, 화엄에서 인과는 원래 선후, 본시의 구분이 없고 일체법은 모두 일시적으로 이루는 것임을 강조하고 있다.

이러한 기본적인 불성론에 대한 해명을 통하여 화엄에서는 '여래성기如來性起'의 '성기론'을 본격적으로 제창한다. 따라서 본서에서는 그를 '여래성기', '법계연기法界緣起', '본래시불本來是佛과 중중무진重重無盡' 등으로 나누어 논술하고자 한다.

제4절인 '선종에 있어서 불성론'에서는 불성론이 선종에서 어떻게 전개되고 있는가를 고찰하고자 한다. 주지하다시피 선종은 교학이 아니기 때문에 체계적인 불성론을 전개한 것이 아니다. 즉 기존의 교학에서 제시한 불성론, 예컨대 '성구'와 '성기'의 관점들을 상당히 차용하였다. 그러면서도 선종 독자적인 불성론을 수립하였는데, 본 절에서는 이를 살펴보고자 한다. 그를 위하여 동산법문東山法門과 북종北宗의 선사상禪思想, 『육조단경六祖壇經』의 돈오견성頓悟見性, 후기 조사선祖師禪의 무정성불無情成佛의 세 항목으로 나누어 설명하려고 한다. 그래서 선종의 본격적인 출발점은 도신道信-홍인弘忍의 동산법문이라고 설정하고, 도신-홍인과 그를 계승한 북종 신수神秀의

---

5 (隋)杜順說, (唐)智儼記, 『華嚴一乘十玄門』(大正藏 45, 516上), "若小乘說因果者, 卽轉因以成果, 因滅始果成. 若據大乘因果, 亦得同時, 而不彰其無盡. 如似捨緣以成捨, 因果同時成, 而不成余物, 以因有親疏故, 所以成有盡. 若通宗明因果者, 擧疏緣以入親, 是故如捨成時, 一切法皆一時成."

선사상을 고찰하고자 한다. 이 분석은 후대의 여래선如來禪과 조사선祖
師禪의 분화를 고찰하기 위해서는 반드시 필요한 과정이다. 그리고
본격적인 선종의 성립을 알리는『육조단경』에서 어떻게 '돈오'를 수용
하고 선종의 독특한 불성론을 전개하는가를 고찰하고자 한다. 이후
'후기 조사선'에서는 남북조 시대로부터 논쟁이 되었던 "푸르디푸른
대나무는 모두 법신을 드러냄이요, 향기로운 국화는 반야가 아닌
것이 없다(靑靑翠竹, 盡是法身, 郁郁黃花, 無非般若.)"라는 명제가 후기
조사선에서 적극적으로 수용되어 이른바 '무정유성'의 불성이 강조되
고 있음을 고찰하고자 한다. 특히 후기 조사선의 불성론은 그대로
설잠이 제창하는 불성론과 밀접한 관계가 있다. 이러한 선종의 불성론
은 선사에 따라서 '성구론'의 입장을 갖기도 하고, '성기론'의 입장이
나타나기도 한다. 이는 사실상 '성구'와 '성기'의 '병중'이라고 할 수
있으며, 나아가서는 설잠 김시습의 불성론에 대한 관점이라고 볼
수 있다.

③ 제4장 설잠의 성기론

본 장에서는 설잠의 저술을 통해서 구체적인 '성기'사상을 논구하고자
한다. 그에 따라 다음과 같이 구성하였다.

　제1절 『화엄법계도주』의 성기론

　제2절 『화엄석제』에 나타난 선교일치와 화엄선의 제창

　우선 제1절 '『화엄법계도주』의 성기론'에서는 필자의 석사학위논문
인 「설잠 화엄사상 연구」(2009년 동국대 석사논문)에서 상세하게 논구한
연구 업적을 바탕으로 보다 심화된 내용을 추가하여 재구성하고자

한다. 당시 논문에서는 '성기'의 관점에서만 논구하였는데, 본서에서는 '성구'적 관점을 추가하여 『대화엄법계도주병서』에도 '성구'와 '성기'의 사상이 원융적으로 나타나고 있음을 밝히고자 한다.

또한 이 과정에서 한국 화엄학의 전통과 관련이 깊은 의상義湘, 이통현李通玄과 징관澄觀, 종밀宗密 등의 화엄사상을 중심으로 논구하고자 한다. 설잠은 『일승법계도주병서』에서 핵심적으로 의상의 화엄사상을 논구하였는데, 그 과정에서 이통현, 징관, 종밀 등의 화엄사상을 참조하였기 때문이다. 또한 고려시대의 대각국사大覺國師 의천義天과 보조국사普照國師 지눌知訥의 화엄사상에 대한 논의를 통하여 '설잠이 어떻게 한국화엄의 전통을 계승하는가?'에 대한 문제에도 접근하고자 한다.

제2절 '『화엄석제』에 나타난 선교일치와 화엄선의 제창'에서는 설잠의 선교일치와 화엄선 사상에 대하여 논구하고자 한다. 설잠은 인용문을 통하여 『화엄경』에 대하여 '제불의 밀장密藏'이요, '여래의 성해性海'이고, 또한 '대승의 돈교頓教'라고 정의를 내리고 있다. 그로부터 '일체 중생의 몸과 마음의 본체本體'인 '법계'의 성격을 경전의 근본적인 취지(宗趣), 경전의 모든 사상에 공통되는 본체(通體), 또한 모든 법이 의지하는 근거(通依)로서 규정하고, 다시 그러한 '일진법계'는 바로 '지금 이 자리', 즉 '당하當下'에 있음을 천여유칙의 『어록』을 인용하여 강조하고 있다. 이렇게 '법계'를 규정한 이후에 지금 이 자리에서 현현하고 있는 '마음'을 '중생심(凡心)'과 '불심佛心'의 두 가지로 나누지만, 그 둘이 서로 철저하게 상즉相即하고 있음을 강조하고, 또한 '마음'을 통해 체용體用의 문제를 이끌어 "깨닫고 나면 체와 용은 일치"함을

논증하고 있다. 이렇게 '마음'의 깨달음을 언급한 이후, '깨달음'을 통해서 도달하는 경계, 즉 '불경계佛境界'를 논증하는데, '마음'을 '중생심'과 '불심'으로 나누지만, 그 둘이 서로 철저하게 '상즉'하고 있음을 밝히고 있다. 따라서 '불경계' 역시 '중생경계'와 끊임없이 '상즉'하게 됨을 밝혀서, '바른 눈(正眼)'을 열게 된다면 "천지가 모두 불경계"임을 밝히고 있다. 이후에 '법계'와 '마음', '체용'과 그로부터 도달하는 '불경계'들은 최종적으로 그를 총섭總攝하고 있는 '자기自己'로 귀결시키고 있는데, 이렇게 일목요연한 과정은 설잠이 화엄과 선을 '일치'시키려는 의도로 해석할 수 있다. 이후에 『천여어록』을 활용하여 '선교일치론'을 논증하고, 나아가서는 화엄을 바탕으로 한 조사선을 표출시켰다. 즉 '화엄선'을 제창하고자 하는 설잠의 의중이 적극적으로 드러났다고 하겠다.

④제5장 설잠의 성구론

본 장에서는 설잠의 저술을 통해서 구체적인 '성구'사상을 논구한다. 그에 따라 다음과 같이 구성하였다.

제1절 『연경별찬』에 나타난 성구론

제2절 『십현담요해』의 성구와 성기의 병중과 통섭

제1절인 '『연경별찬』에 나타난 성구론'에서는 설잠의 법화와 천태사상과 관련이 있는 『연경별찬』에 나타난 '성구론'을 살피고자 한다. 또한 제2절인 '『십현담요해』에 나타난 성구와 성기의 병중과 통섭'에서는 어떤 논리를 통해 성구와 성기론을 화해시키고자 하였는가를 고찰하고자 한다.

⑤제6장 성구론과 성기론의 병중과 조사선

본 장에서는 앞에서 논술한 설잠의 저술에 나타난 성구와 성기론을 종합적으로 정리하고, 또한 그를 어떻게 조사선으로 귀결시키는가에 대하여 고찰하고자 한다. 그에 따라 다음과 같이 구성하였다.

제1절 설잠의 성기론과 성구론

제2절 성구·성기론의 병중과 조사선으로의 귀숙歸宿

⑥제7장 한국불교사상사에서의 설잠의 위치와 평가

본 장에서는 한국불교사상사에 있어서 설잠의 불교사상의 위상을 고찰하고자 한다. 그에 따라 다음과 같이 4절을 구성하였다.

1. 화엄사상사에서의 위치

2. 천태사상사에서의 위치

3. 선사상사에서의 위치

4. 한국불교사상사에서의 위치와 그 영향

이러한 구성은 설잠의 사상이 지니고 있는 복합성에 따른 것이다. 다시 말하면 설잠이 보여주는 화엄, 천태, 선 등의 사상을 각각 화엄사상사, 천태사상사, 선사상사의 맥락에서 평가를 시도하려고 한다. 그러나 한편으로 전체적인 한국불교사상사의 입장에서 설잠의 위상을 평가할 필요가 있기 때문에 이러한 4절의 구성으로 진행하였다.

마지막으로 '결어'에서는 지금껏 설명하고, 분석한 설잠의 전체적인 불교사상을 종합적으로 정리하고, 그것이 지니는 현대적인 의미에 대하여 논하고자 한다. 설잠의 '선'으로 귀결되는 불교사상은 동북아 불교의 전통을 반영하면서도 한국불교의 전통성을 계승한 점에서 주목할 수 있다. 특히 불교와 유·도의 양교를 회통한 측면, 그리고 선과 정토를 회통시켜서 '생활선生活禪'을 제창한 측면은 현재 한국불교의 상황에서 시사하는 바가 적지 않을 것이다.

제2장 설잠의 시대적 배경과 생애

제1절 시대적 배경

설잠 김시습(1435~1493)이 생존했던 기간은 조선조 세종世宗 17년에서 성종成宗 24년에 이르는 시기였다. 이 시기는 왕권王權과 신권臣權이 조화된 유교의 이상정치가 균형적으로 실현된 시기이며, 특히 세종과 성종은 유학의 입장에서는 성공한 군주로 평가되고 있다. 그러나 이 시기 단종을 폐위시킨 계유정난癸酉靖難(1453)으로 인하여 설잠의 인생은 파란곡절을 겪게 되었다. 즉 유학자에서 승려로 변화되는 계기가 된 것이다.

그러나 불교적인 입장에서 이 시기는 조선 건국이념의 하나로 내세웠던 숭유억불 정책이 본격적으로 뿌리를 내리던 시대였다. 불교종단이 점차 축소되고 결국에는 불교의 생존마저 위태로운 환경에 처하게 되었다. 조선 전기 불교계에 있어서 설잠은 함허기화(涵虛己和, 1376~1433)와 허응당虛應堂 보우(普雨, 1509?~1565) 사이에 존재했던 인물이다. 함허는『현정론顯正論』을 지어 정도전의『불씨잡변佛氏雜辨』에 적극 대응하였고, 허응당 보우는 정치적으로 흥불을 위해 노력하였다. 그러나 설잠은 유학자와 승려의 모습을 동시에 간직하면서 불교에 대한 많은 저술을 남겼다. 이 때문에 그는 절의를 지킨 유학자로서 높이 평가되면서도, 대표적인 불교사상가로서 평가된다. 혹은 문학가 내지는 이단 수행자 등으로 평가되기도 한다.

설잠의 생애와 불교사상에 대한 이해를 돕기 위하여 본 '시대적인 배경'에 있어서는 설잠 당시 불교계의 현황과 조선 전기 불교사상사에 있어서 설잠의 위치에 대하여 언급하고자 한다.

조선의 건국이념의 하나는 숭유억불崇儒抑佛이었는데, 이는 정치이 념이자 국정의 기본적인 원칙으로서 조선시대 내내 변함없이 적용되었 다. 그럼에도 불구하고 삼국시대 이래 깊게 뿌리를 내린 불교가 하루아 침에 사라질 수는 없는 일이었다. 정치적인 탄압에 의하여 조선불교는 무종파의 상황에 직면하고, 승려의 지위가 천민의 신분으로 전락되는 처지에 놓이긴 하였지만, 조선시대 내내 면면히 이어져 온 것 또한 부정할 수 없는 사실이다.

우선 설잠이 태어나기 이전 조선의 불교계의 변화를 간략히 살펴보 면 다음과 같이 요약할 수 있다.

태조太祖 이성계李成桂는 건국 이전부터 불교와 인연이 깊어 태고太 古와 나옹懶翁 등 당대 고승의 신도였다. 특히 무학자초(無學自超, 1327~1405)와는 막역한 사이였다. 무학은 정도전鄭道傳과 더불어 조선 건국의 일등공신으로, 태조는 즉위 후에는 무학을 왕사王師로 삼아 개국 초창기의 대업을 완성코자 하였다. 태조는 정도전과 조준을

위시한 사대부들의 적극적인 척불책斥佛策의 주장에도 불구하고 개인
적으로 불교적 신앙심을 굽히지 않았다. 그는 신료臣僚들의 적극적인
억불책을 자제시키면서 여러 불사를 단행하였다. 태조는 즉위(1392)
초에 연복사演福寺 탑을 중창하고 문수회文殊會를 베풀었으며, 그리고
가야산 해인사海印寺의 고탑古塔을 중수하고 대장경을 인쇄하여 탑
속에 안치하였다. 또 태조 3년(1394)에는 천태종天台宗의 고승 조구祖
丘를 국사國師로 삼고, 또 승려 100명을 대궐 안에 초대하여 공양을
제공하였다. 또한 6년(1397)에는 신덕왕후神德王后 강씨康氏를 위하여
흥천사興天寺를 세우고, 진관사津寬寺에 수륙사水陸社를 열기도 하였
다. 또 7년에는 강화江華의 선원사禪源寺에 있던 대장경판大藏經板을
지천사支天寺로 옮기기도 하였다. 이 밖에도 태조는 건국 경찬經讚사업
으로 대장경의 인경印經과 금·은자 사경寫經을 하게 하였다 이 같은
그의 불교행사는 왕조실록에 전하는 것만으로도 인경 12회, 소재회消
災會 14회, 불사법석佛事法席 35회, 반승飯僧 9회 등을 찾아볼 수 있다.
이처럼 태조 때는 적극적으로 배불의 정책이 감행되지는 않았다.

  억불의 정책이 본격적으로 감행된 것은 태종太宗 때였다. 태종은
즉위와 더불어 불교의 도태에 착수하여 ①종파宗派를 병합하고, 사원
의 수를 줄이며, 승려를 환속시키고, ②사찰의 토지를 몰수하여 국유
화하고, 사원에 딸린 노비를 거두어 군정에 충당하였으며, ③도첩제度
牒制를 엄격히 하고, 왕사·국사 제도를 폐지하였으며, 수륙사의 제도
를 금하였다. 이런 결과로 승려의 지위는 낙후되고 불교는 모든 면에서
제재를 당하여 활동이 위축되고 말았다. 태종 6년(1406) 3월에는 각
종파에 남길 사원의 수, 잔류하는 사찰에 거주할 승려의 수, 해당

42

사찰의 소속전답과 노비 등을 정하여 제한하고 그 나머지는 국가에서 몰수하였다.[1] 그리고 조정에서는 당시까지 있었던 11종宗을 7종으로 축소시켜 버렸다. 즉 조계종曹溪宗·총지종摠持宗·천태소자종天台疏字宗·천태법사종天台法師宗·화엄종華嚴宗·도문종道門宗·중도종中道宗·신인종神印宗·남산종南山宗·시흥종始興宗의 11종파였던 것이 조계종·천태종·화엄종·자은종慈恩宗·중신종中神宗·총남종摠南宗·시흥종의 7개 종파로 축소되었다.

설잠이 생존했던 세종 대에서 성종 대에 이르는 기간에도 억불抑佛의 기조는 그대로 유지되었다. 세조 대에 호불好佛의 움직임이 있었지만, 성종 대에 와서는 유교정치의 이념에 의하여 불교 탄압의 강도는 더욱 강하게 구사되었다.

태종 때 축소되었던 불교종단은 세종 6년에 다시 7종이 선종禪宗과 교종教宗의 양종兩宗으로 통폐합되었다. 곧 조계종·천태종·총남종의 3종을 합쳐 선종을 만들고, 화엄종·자은종·중신종·시흥종 4종을 합하여 교종에 편입시켰다. 또 흥천사를 선종도회소禪宗都會所로 삼고 흥덕사興德寺를 교종도회소教宗都會所로 삼아 전국 36개 사찰을 양종에 편입시켰다. 즉 36개의 본사本寺만이 사찰의 자격을 인정받고 나머지 사원은 본사의 지배를 받도록 하였다. 이때부터 줄곧 선·교 양종으로 내려오다가 연산군 때에는 선종 본사인 흥천사와 교종 본사인 흥덕사마저도 황폐화되었다. 그래서 점차 선·교 양종도 흐지부지되었으며, 중종中宗 때에는 합법적으로 양종마저 없어지고 말았다.

---

1 『太宗實錄』 11권, 6년 병술년 3월 27일. 선교 양종의 사찰 수와 토지, 노비의 수를 제한하다.

선교 양종의 통합에 따라 선을 중심으로 교가 이해되고 교는 선에 흡수되는 특징이 두드러지게 나타나게 되었다.[2] 뿐만 아니라 불교 안에 유교사상이 유입되어 불교교리에 대한 유교적 해석이 가해지면서 유교이념이 긍정적으로 수용되었다. 이를테면 '충효'는 승려에게도 중요한 덕목으로 대두되었다. 그래서 많은 불도 수행자들이 유학과 불교를 겸하여 공부하였고 심지어는 노장老莊을 강의하기도 하였다. 이 당시 불교의 중심 과제는 교학의 창조적 해석과 선학의 진작보다는 척불론의 주역인 유신儒臣들의 억압을 피하거나 효과적으로 대응하는 방안을 모색하는 일이었다. 이 과정을 통하여 선교관禪敎觀에도 많은 변화가 일어났다.

그러나 세조는 태조와 같은 호불군주護佛君主였다. 그는 내원사(경기도 양평), 신륵사(경기도 여주), 쌍봉사(전라도 능주), 해인사(경남 합천) 등의 많은 사원에 노비를 증가시켰다. 그 밖에도 금강산 건봉사, 금강산 표훈사, 오대산 상원사, 한양 대원각사, 양주 회암사. 영암 도갑사 등을 중수하였고, 양평 용문사와 한양 흥천사에는 종鐘을 기증하였다.[3] 이런 행보로 인하여 오대산 월정사와 청학사에서는 세조를 중흥 대시주로 삼았다. 세조가 후세에 큰 영향을 미친 것은 불교경전을 한글로 번역한 작업이다. 세종의 명에 의하여 세조와 김수온金守溫, 그리고 승려들의 후원에 의하여 『법화경』·『선종영가집』·『금강경』·『반야심경』 등이 한글로 번역되어 간행되었다. 또 세종 대에 『석보상

---

2 권기종, 「조선 전기 선교관」, 『한국 선사상 연구』, 동국대학교출판부, 1984, pp.245~281.

3 가마다 시게오 저, 신현숙 옮김, 『한국불교사』, 민족사, 1994, p.195.

절』·『월인천강지곡』 등이 만들어지고, 세조 4년(1459)에는 『월인석
보』가 간행되기도 하였다.[4] 이처럼 세조 대에는 일시적으로 불교가
중흥되던 움직임이 있었다.

그러나 성종 대에 이르러 억불 정책의 움직임은 다시 일어났다.
그 핵심적인 것만 하더라도 ① 출가의 법제인 도승법度僧法의 중단,
② 8만여 명에 이르는 승니의 강제 환속, ③ 왕실과 관련된 불교의례의
폐지, ④ 불공 등 민간의 불교적 풍습의 금지 등이 엄격하게 시행되었
다. 유학의 진흥과 함께 유교정치를 더욱 강화하였던 성종 대에 도승법
을 중단하고 승니들을 대대적으로 축출시킨 것으로 볼 때, 이 시대의
대불정책은 불교의 인적 조직의 해체에 집중되어 있음을 알 수 있다.

조선 전기의 불교사상사에 있어서 주목되는 인물로는 함허涵虛 기화
己和와 설잠을 거론할 수 있다. 함허는 설잠의 전 시대 인물로서 선사였
지만 『금강경』에 대한 독보적인 연구로 선교禪敎에 밝은 면모를 보여주
었을 뿐만 아니라 정도전(1337~1398)의 배불논리에 이론적으로 대응
하는 행보를 보여주었다. 따라서 설잠 당시 불교사상계가 처한 상황과
설잠의 불교사상사적 위상을 이해하기 위해서는 정도전의 불교 비판과
함허의 대응 논리에 대한 대체적인 이해가 우선적으로 필요하다.

정도전이 억불 정책을 주장한 것은 고려 말기 친원세력과 결탁하여
타락한 불교세력을 배척하려는 정치적인 의도에서 기인하였지만,
사상적으로 주자朱子의 성리학性理學이 불교에 비하여 우월하다는
확고한 신념이 있었기 때문이다. 정도전은 『심기리편心氣理篇』에서

---

4 위의 책, p.196.

"석씨는 이理가 심心에 갖추어져 있음을 알지 못하고 심으로써 종을
삼는다."[5]라고 비판했다. 이는 정도전이 불교의 비판으로 삼는 요지를
잘 드러내고 있는 대목이다. 즉 불교는 '이'보다 '심'을 앞세움으로써
이理의 객관성과 우주 현상의 실재성을 간과했다는 것이다. 심에 주어
진 이理가 성性인데, 이를 알지 못하고 불교에서는 기氣의 소산인
심心을 궁극적으로 보고 있다는 것이다. 이는 결국 이理의 객관성과
보편타당성, 인간의 도덕성과 세계의 실재성이 부정되며 결국 일체가
환幻이나 가假로 화化하여 적멸寂滅에 빠지는 우를 범하게 된다는
것이다.[6] 정도전은 심은 기의 산물이며, 그 심에는 선천적인 이理가
성으로서 갖추어져 있다고 본다. 즉 마음에 구비된 이 이理가 객관적인
이치 내지 도리이자 만사의 규범 내지 기준의 역할을 하게 되는 것이다.
이에 대하여 『불씨잡변佛氏雜辨』에서는 다음과 같이 밝히고 있다.

> 심心이란 사람이 하늘에서 얻어서 태어나게 된 기氣로서 텅 비고
> 신령스러워 어둡지 않으며 일신一身의 주인이 된다. 성性이란 사람
> 이 하늘에서 얻어서 태어나게 된 이理로서, 순수하고 지선至善하며
> 일심一心에 갖추어져 있다.[7]

---

5 鄭道傳, 『心氣理篇』, 「理諭心氣편」(민족문화추진회편, 『韓國文集叢刊』 권5, p.468下),
  "釋不知理具於心 而以心爲宗."

6 한자경, 『한국철학의 맥』, 이화여대출판부, 2008, p.127.

7 鄭道傳, 『佛氏雜辨』, 제3 「佛氏心性之辨」(민족문화추진회편, 『韓國文集叢刊』 권5,
  p.449下), "心者 人所得於天以生之氣 虛靈不昧 以主於一身者也. 性者 人所得於天
  以生之理 純粹至善 以具於一心者也."

　정도전은『불씨잡변』을 통하여 성리학적 관점에서 불교의 구체적인 이론에 대하여 비판하고 있다. 이에 대하여 한자경은 정도전의 비판을, 첫째 개체적 업력에 의한 규정성 비판, 둘째 이理의 상대화 비판, 셋째 심의 자립성 비판으로 설명하고 있다. 첫째 '개체적 업력에 의한 규정성 비판'에서는 불교의 윤회설과 인과응보설을 비판하였다. 둘째 '이理의 상대화 비판'에서는 인륜의 폐기 비판과 천지만물 상대화 비판을 들고 있다. 즉 정도전은 불교가 마음에 부여된 이理를 부정함으로써 인륜 폐기의 문제뿐 아니라 객관세계의 실재성 및 그 원리 인식에서도 타당성을 확보하지 못하는 문제를 야기한다고 보았다. 셋째 '심의 자립성 비판'에서 정도전은 불교가 마음에 구비된 이理를 부정함으로써 인간의 마음을 오직 사욕에 물든 삿된 마음으로 간주하게 되었다고 비판하였다.[8]

　이러한 정도전의 불교 비판에 대응하여 그 부당성을 지적하고 유불회통의 논리를 펼친 인물은 함허기화이다. 기화는『현정론顯正論』을 통하여 정도전 등 유학자들이 제기한 배불론의 논거들을 질문으로 삼아 그에 대한 대답을 불교적인 입장에서 제시하였다. 유학의 배불론과 같이 유학을 배척하거나 혹은 일방적인 불교의 우위성을 주장하는 것이 아니라, 세간법으로서 유학의 필요성을 인정하면서, 유학을 보완하는 기능으로서 불교의 존재가치를 내세웠던 것이다.[9] 예를 들면 '인과보응因果報應'에 대한 유학자의 비판에 대하여, 보응의 학설이

---

8 한자경, 앞의 책, pp.137~147 참조.

9 정수동, 「함허당 기화의 호불론과 유교인식」,『동아시아 불교문화』14집, 동아시아 불교문화학회, 2013, p.246.

유교에도 존재한다고 역설하였다.

> 보응寶應의 설에 이르면 그것이 어찌 유독 우리 불교뿐이겠는가?
> 『주역周易』에 "선을 쌓으면 남은 경사가 있고, 악을 쌓으면 남은
> 재앙이 있다."고 하며, 또 『홍범洪範』에서 "사람이 황극에 합하면
> 하늘이 오복으로 응해주고, 그것을 어기면 육극六極으로 응해준
> 다."라고 하였다. 이것이 어찌 보응이 아니겠는가? 몸이 살았을
> 때는 그 응함이 그러하며, 죽은 뒤에는 몸은 뒤바뀌나 정신만은
> 그대로 존재한다. 선악의 감응이 어찌 그렇지 않겠는가?[10]

이와 같은 방식으로 함허는 윤회의 문제에 대하여도 정면으로 대응
을 하였다. 또 '불효·불충의 문제'에 대해서는 불교의 계율정신이
유교에서 말하는 효와 다르지 않고, 출가를 통하여 윤회를 벗어난
큰 성인이 되는 것이 공자가 말한 효의 완성이라고 역설하기도 하였다.
기화가 제시한 유불회통의 근거로는 우선 유교와 불교의 핵심사상을
밝히고 그 사상 간의 회통의 측면을 제시하였다. 즉 유교의 핵심은
'적연부동寂然不動, 감이수통感而遂通'이며, 불교의 핵심은 '적이상조
寂而常照, 상이적조常而寂照'라고 제시하였다. 그런데 유교의 '적연寂
然'은 감응하지 않는 적이 없으므로 불교에서 말하는 '적이상조'에
해당하고, 유교의 '감이수통'은 고요하지 않음이 없는 것이므로 불교의

---

10 涵虛己和, 『顯正論』(『韓佛全』7, p.221上~中), "至於報應之說 則其獨吾教乎. 易云
積善有餘慶 積惡有餘殃. 又如洪範 人合乎皇極 則天應之以五福 達則應之以六
殛. 此非報應歟. 形存而其應已然 及其死也. 形雖謝而神存 善惡之應 豈不然乎."

48

'상이적조'에 해당한다고 보았다. 또 기화는 체용體用·유무有無에 해당하는 개념을 갖고, 유교와 불교의 동일성을 주장하면서 유불이 서로 회통한다고 주장한다.[11]

설잠은 정도전과 함허가 열반한 이후 이러한 사상적 배경 아래에서 성장하게 되었던 것이다. 설잠의 성장기는 세종 대로, 왕권과 신권이 조화되어 유교의 정치이념이 불교와 노장을 누르고 이상에 가깝게 실현된 시기였다. 설잠이 성인이 되었을 때는 세종이 죽고 문종과 단종에 이르자, 왕권과 신권의 조화는 깨지고 정치권력은 의정부의 신료들에게 집중되었다. 이후 수양대군이 한명회·권람·홍달손 등과 모의하여 단종을 몰아내고 즉위하여 전제왕권을 수립하면서 왕권강화를 본격화한다. 이 시기의 보편적인 유학자들은 대성大成을 꿈꾸며 수학하였고, 유교의 막대한 힘은 정치적으로나 학문적으로 불교를 위협하기에 충분하였다.

세조 대에 이르러 전대와 달리 호불好佛의 기조가 일시 일어났다. 그러나 불교계에는 억불의 논리에 대한 대응방안을 찾아야 했을 뿐만 아니라 종파의 붕괴에서 오는 종지의 혼동도 극복해야 하는 등 산적한 과제가 주어져 있었다. 또한 유불회통의 논리와 삼교일치설이 대두하면서 불교 자체의 선교관에 많은 변화를 가져다주었다. 이는 교학자나 선사를 막론하고 유교적 교양을 도외시할 수 없는 분위기를 조성하였다.

설잠은 불교에 관한 다양한 저술을 남겼다. 또한 승려의 신분으로

11 정수동, 앞의 논고, pp.255~256.

삶을 구현하고, 생을 마감하였다. 설잠은 불교에 기반을 두었지만, 다른 한편으로는 유학과 도학을 비롯한 다양한 사상적 편력을 보여주었다. 이러한 설잠의 다면적인 삶의 모습은 개인적인 경향성으로 이해할 수도 있지만 당시 시대적 추세를 거스를 수 없었기 때문에 나타난 현상으로 이해된다. 어쨌든 정도전의 불교 비판에 대하여 전대의 기화가 적극적인 대응을 보인 것과는 대조적으로 설잠은 적극적인 모습을 보이지 않고 있다. 왜 그럴까? 하는 의문을 가져보지 않을 수 없는데, 이에 대하여 한자경의 다음과 같은 정도전의 평가는 시사하는 바가 크다.

　정도전의 불교 비판에는 두 개의 서로 다른 형이상학적 체계가 대립하고 있다. 정도전은 유교적 세계관을 가지고 불교적 세계관을 비판하는 것이다. 그리고 이와 같은 두 세계관의 대립은 정도전의 불교 비판에 대한 해석에서도 동일하게 발견된다. 즉 유교사상가들은 정도전의 비판이 워낙 철저해서 불교가 더 이상 발붙일 곳이 없게 되었다고 간주하는 반면, 불교인들은 정도전이 불교를 잘 알지 못하면서 행한 비판이므로 신중하게 고려하거나 반박할 가치조차 없다고 생각하는 것이다. 그런 이유에서인지 정도전의 불교 비판은 그 철저함에도 불구하고 사실 유교나 불교 양측으로부터 그 이상의 논쟁을 불러일으키지 못했다고 본다.[12]

---

12 한자경, 앞의 책, pp.156~157.

제2절 설잠의 생애와 저술

1. 생애

설잠의 생애에 대한 자료로는 그 자신이 쓴 「상류양양진정서上柳襄陽陳
情書」가 있긴 하지만, 세조의 왕통에 대한 도전을 표명한 이유로 오랫동
안 그에 대한 언급이 금기시되었다. 『조선왕조실록朝鮮王朝實錄』에
설잠의 이름이 나타나기 시작한 것은 중종 대에 이르러서였다. 중종
6년에 이세인(李世仁, 1452~1516)의 주청에 따라 중종이 유고를 수집하
여 간행하라고 명령한 일이 있으나[13] 그 실행 여부는 알 수 없다.
그때는 설잠이 세상을 떠난 지 18년이 되던 해였다. 이세인이 쓴
「매월당집서梅月堂集序」에는 이자李耔가 10년 동안 공을 들여 그의
자필본 3권을 얻었다고 전한다.[14] 그 후 박상(朴祥, 1474~1530)과 윤춘
년(尹春年, 1514~1567) 등이 유고 수집을 계속하다가, 드디어 윤춘년에
의하여 편집 간행되었다.[15] 윤춘년은 율곡보다 20년 연상으로 대사간
과 대사헌을 지낸 관료출신이나 매월당은 관료 사회에 몸을 담은
적이 없으니, 아마도 윤춘년이 개인적으로 매월당을 흠모했던 것으로
보인다. 이어서 선조 15년에 왕명을 받고 이이(李珥, 1536~1584)가

---

13 『朝鮮王朝實錄』14, 中宗實錄 1, 中宗 13, 六年 辛未三月 甲子(十四日)條(國史編纂
委員會, 1979), p.502. "上曰, 前者已命搜篇右人等集開刊矣, 然可更命速刊也."

14 李耔, 「梅月堂集序」, p.53. "嘗購求遺篇, 而散逸殆盡, 積十年始得三卷."

15 李山海, 「梅月堂集序」, p.55. "得尹春年所編集詩文, 未嘗不三復而窮悲也"; 李珥,
『金時習傳』, p.61. "所著詩文散失, 十不能存一, 李耔朴祥尹春年, 先後裒集印行
于世."

『김시습전金時習傳』을 써서 예각에서 그의 유고를 인출하게 되었다. 그리고 이듬해인 선조 16년에 이산해(李山海, 1538~1609)가 서문을 붙여 예각에서 갑인자甲寅字로 간행한 것이 오늘날 전해지고 있는 『갑인자본매월당집甲寅字本梅月堂集』이다.

그런데 여기서 문제를 삼고 넘어가야 할 사항은 설잠의 객관적인 생애와 그 사상적 정체성을 어떻게 바라봐야 하는가 하는 점이다. 우선 설잠의 전기인 『김시습전』과 『매월당집』이 모두 억불상황의 유자들에 의하여 만들어졌다는 점이다. 주자 성리학의 이념이 확고하게 자리잡은 이들에게서 승려 설잠에 대한 객관적인 평가를 기대하기는 어려운 한계가 있다. 그러기에 율곡栗谷은 설잠의 삶의 궤적을 '심유적불心儒跡佛'로 묘사하였고, 이자는 '행유이적불行儒而迹佛'로 평가하였다. 모두 설잠이 기본적으로 유학에 뜻을 두었지만 불가의 길을 걸었다는 말이다.[16] 그러나 이는 유학자의 입장에서 설잠을 유학자의 시각 속에서 포용하려는 움직임으로 보이며, 그기에 김지견金知見은 "결국 율곡이 요약한 '심유적불' 넉자는 설잠의 본의에 충실한 것이 아니고 조선 초의 뛰어난 사문의 사람을 유가에 영입하려는 공묘功妙한 변론에 지나지 않는다."[17]라고 논술하였다.

한 사상가의 불연속적인 삶을 굳이 시기를 나누어 이해하고자 하는 것은 그의 사상의 형성과정과 삶의 궤적 사이에 밀접한 연관관계가

---

16 진경환, 「김시습과 '心儒跡佛'의 문제」, 『어문논집』 1집, 민족어문학회, 1999, pp.149~151 참조.

17 김지견, 「沙門 雪岑의 華嚴과 禪의 세계」, 『매월당-그 문학과 사상』, 강원대출판부, 1989, p.78, 80.

있기 때문이다. 또 연구자에 따라 같은 인물이라 하더라도 시기를 다르게 구분하는 것은 그 인물에 대한 정체성을 다르게 해석하기 때문이다. 특히 여러 사상을 함께 아우르고 있는 사상가의 경우 연구자의 입장에 따라 서로 다른 해석을 하기 마련인데, 설잠의 경우가 이에 해당한다.

설잠의 삶의 역정을 종래 일부 연구에서는 1) 생장 수학기, 2) 방랑은거 배회기, 3) 은거기, 4) 배회기 등의 네 기로 나누어 논구해 왔다.[18] 이 같은 관점은 설잠의 정체성을 유학에서 찾으려는 입장으로, 승려로서 설잠의 삶을 방랑 내지 배회기에 설정한 것이다. 물론 이러한 구분은 불교적인 입장에서 바라볼 때, 승려로서의 설잠의 삶을 이해하는 기준으로 일정한 한계가 있다고 평가할 수 있다.

설잠의 정체성이 불교에 있었다는 전제로부터 보자면, 그의 59년의 삶은 1) 세간기~유자기儒者期: 1~21세, 2) 출세간기~불자기佛者期: 21~47세, 3) 입세간기~비유비불기非儒非佛期: 47~48세, 4) 입출세간기~역유역불기亦儒亦佛期: 48~59세의 4기로 나누어 보는 것이 타당해 보인다. 따라서 본서에서는 그의 삶을 1) 재가기, 2) 출가기, 3) 입세간기, 4) 재출가기 및 열반 등으로 나누어 정리하고자 한다.

1) 재가기在家期: 1~21세

그는 강릉의 구족舊族으로서 세종 17년(1435) 성균관 북쪽에서 충순위

---

18 정병욱, 「김시습연구」, 『한국한문학논문선집』, 불함문화사, 2002, pp.271~312.

일성日省의 아들로 태어났다. 생후 8개월 만에 글자를 보고 그 뜻을
알았고, 3세부터 외조부에게서『소학小學』등을 배웠으며, 5세 때에는
이웃에 사는 수찬修撰 이계향에게『대학大學』·『중용中庸』등을 배우면
서 뛰어난 자질을 선보여 신동이라는 칭호를 듣게 된다.[19] 선조인
집현전 학사 최치운(崔致雲, 1390~1440)이 그의 남다른 면모를 기특히
여겨서 '시습時習'이라는 이름을 붙여 주었다.[20]

시습이 신동이라는 소문이 널리 퍼지게 되면서 승상 허조(許稠,
1369~1439)도 시습을 찾아 시험해 보고는 감탄을 금치 못했다고 한다.
일찍이 이 소문은 세종에게도 전해졌다고 한다. 세종은 그의 재주와
명성을 듣고 나서 지신사 박이창(朴以昌, ?~1451)을 시켜 시습의 뛰어
난 재능이 사실인지 시험해 보도록 했다. 그 후 친히 불러 '삼각산시三角
山詩'로 시험하였는데 시습은 자신의 재능을 보여주었고, 세종은 감탄
하며 명주 50필을 하사하였다.[21] 이렇듯 시습은 태어날 적부터 예사롭
지 않은 행보를 보였다. 신동이라 불린 것은 그가 지닌 천재성을
염두에 둔 말이었으나, 그의 일생은 그다지 순탄하지 않았다.

13세가 되던 해에는 승정원에 들어가 세종의 총애를 입어 대사성
김반金泮에게『맹자』·『시경』·『서경』·『춘추』등을 배울 수 있었다.
또 윤상尹祥의 밑에서도『주역』·『예기』·『제사기諸史記』등을 수학하
며 사사를 받았다. 15세 무렵에는 모친을 잃는 아픔을 겪었다. 더구나
부친의 낙향으로 그동안 수학하던 한양에도 올라가지 못하는 지경에

19 『梅月堂文集』권6「上柳襄陽陳書」.
20 위의 책.
21 柳夢寅 著,『於于野譚』.

이르렀고, 그 와중에 부친마저 세상을 떠나자 착란한 마음을 금할
길이 없었다고 한다.[22] 이어 17세에 다시 한양으로 와서는 홀로 경저京邸
를 지켰다. 그 당시 호남의 거승인 준상인俊上人과의 인연을 맺어
불도와 선교의 이치를 문답으로 주고받으며 공부를 심화시켰다. 부모
와 사별한 후 뼈저리게 느꼈던 인생의 무상과 허무가 불도에 심취하는
결정적인 계기로 작용하였다.[23]

평소 그의 학문적 관심분야는 유서와 불경에 국한되지 않고 병법
등에도 미칠 정도로 폭이 넓었다. 이 가운데 경론은 어려서부터 학문적
소양을 쌓는 데 필수적이었다. 이러한 노력의 결과로 단종 원년에
베푼 계유감시癸酉監試에 합격하였지만, 단종의 즉위 축하의 증광시增
廣試에서는 낙방하고 만다.[24]

어린 시기에 부모를 모두 잃는 아픔을 겪는 과정은 17세 이후 급격한
심리적 변화를 일으켰다. 이후 계유정난에서 그를 생육신으로 기록하
는 정황도 출가를 결심하게 된 동기와 연관되는 사건으로 판단된다.[25]

---

22 '上柳襄陽陳情書'에서는 '至十五歲, 慈母見背'라 했고, '敍悶'이라는 詩에서는
'失母十三歲, 提携外鞠婆'라 하여 모친의 사망 시기가 일치하지 않는다. 이는
金時習의 錯誤에서 온 차이겠지만, 陳情書보다 먼저 지은 詩에서 밝힌 13세가
맞을 것으로 추정한다.

23 『梅月堂文集』 권3 「贈俊上人」 二十首의 序.

24 金時習이 「逢全畫忠」이라는 시에서 '癸酉赴春闈'라고 한 구절은 계유 2月에
특설한 增廣試會試에 응시하였다는 사실을 나타내고, '空懷瑛玉歸'라고 한 구절
은 낙방한 사실을 가리킨다.

25 세종은 태종의 뒤를 이어 재위 32년 간 중앙집권제의 확립과 함께 국가 재정의
충실, 영토의 확장, 민생의 안정, 문화의 난숙 등 조선 개국 이래 가장 안정된
시대를 맞이하였다. 그러나 세종이 죽고 문종, 단종에 이어서는 왕권의 조화는

이 역사적 사실은 '그가 삼각산 중흥사에서 수학하고 있을 때, 세조가 단종을 폐위시키고 왕위를 찬탈하였다'는 소식을 접한 뒤, 대성통곡을 하며 유서를 불사르고 입고 있던 옷을 찢어버렸다. 이 일이 있은 다음 그는 광인으로 자처하고 방랑의 길을 걷기 시작하였다.[26]

그가 생육신으로 평가되는 이유는 노량진 형장에 버려진 사육신의 시체를 언덕에다 매장하고, 계룡산 동학사로 내려와 사육신을 위하여 단을 마련하고 제사를 올린 뒤 단종의 사사도 이들 사육신의 단상에다 단 하나를 더 조성하여 그 위에 두고 북쪽을 향하여 통곡하며 제사를 올렸던 행적 때문이다.

깨어지고 정치권력은 皇甫仁, 金宗瑞 등 議政府 大臣들에게 집중되는 臣權優位의 상황이 전개된다. 이에 왕권의 재창출을 기도한 수양대군이 韓明澮, 權擥, 洪達孫 등과 함께 단종을 몰아내는 癸酉靖亂이 발발하였다. 세조는 왕권강화책의 일환으로 安平·錦城大君 등의 정적과 자기에게 비협조적인 세종 조의 遺臣들을 제거하였으며, 일부 집현전 학자들을 숙청하였다. 이 단종 폐위 사건은 뒤에도 사화를 일으키는 직접적인 원인이 되었거니와, 김시습이 평생 방랑하며 불우한 일생을 살게 하는 직접적인 요인이 된다. 그러나 그가 실의하여 전국을 편력하다가 금오산에서 은둔하고 있을 때, 중앙에서는 세조와 예종의 二朝가 바뀌고 성종이 無斷信佛의 弊世를 개혁하고 崇儒文治를 표방하면서 널리 인재를 구하게 되자, 그도 出仕의 뜻을 품고 상경한다. 그러나 이미 세상은 너무 변해 있었고, 얼마 후 통치계급 내부에서 일어난 훈구파와 사림파 사이의 분쟁이 점차 표면화되어 갑자사화를 촉발시켜 정국이 또다시 혼미해지자, 그는 세상사에 완전히 뜻을 잃고 만다.

26 尹春年, 『梅月堂先生傳』; 李珥, 『金時習傳』 참조.

56

2) 출가기出家期: 21~47세

승려가 된 그는 단종의 죽음을 계기로 못다 한 꿈을 접었고, 운수납자로
서 명산대찰을 유람하였다. 한때는 묘향산을 찾아 보현사에 살면서
여름을 보내기도 하다가[27] 송림사에서 머물기도 하였고, 금강산으로
들어가 조화의 묘와 자연의 장관에 도취하여 탄복하기도 하였다.
이처럼 속세를 떠나기는 했지만, 단종의 삼년상이 닿던 해에는 제사를
올리기 위해 대전을 거쳐 동학사로 들어가 그 제일에 참석하였다고
한다.

설잠은 소요산·삼각산·수락산 등지의 사찰에서 머물며 수행자로서
의 삶을 이어갔다. 20대에 들어서는 유랑승으로서 체험한 내용을
바탕으로 여러 가지 작품을 선보이기 시작하였다. 23세 남짓한 시기에
「탕유관서록宕遊關西錄」을 지었고, 26세 때는 「탕유관동록宕遊關東錄」
을 지었으며, 20세 말엽에는 「탕유호남록宕遊湖南錄」을 지었다.

세조 8년(1462)경에 서적을 구하고자 한양에 상경했다가 효령대군
의 간청으로 세조의 불경언해 사업을 잠시 도우며 내불당內佛堂에서
교정을 맡았다고 한다.[28] 그것은 『묘법연화경』을 언해하는 일이었고
열흘 정도 참여하였다.

30세부터 37세까지 금오산실金鳥山室에 은거하면서 구우瞿佑의 『전
등신화剪燈新話』를 탐독한 다음 『금오신화金鰲新話』를 지었다. 이 사실
은 「제금오신후題金鰲新後」라는 시에 보인다. 이 시기부터 왕성한
저술활동을 펼치기 시작하였다. 그의 일상생활은 주로 금오산실에서

---

27 金時習, 「宕遊關西錄後志」 참조.
28 古寫本 「梅月堂藁」 참조.

책과 경전을 읽고 참선을 하거나 시를 짓는 일로 채워졌고, 가야금을 타며 풍류를 즐겼다는 기록도 보인다.[29]

성종 6년(1475)에는 『십현담요해』를 저술하였다. 『십현담요해』의 목판본 간행시기는 그가 죽은 2년 후인 1495년경이다.[30] 『석제』와 함께 이 작품은 대략 40대 초반에 집필된 것으로 추정하며, 『법계도주병서』도 47세 이전에 완성되었을 것으로 보인다. 47세 되던 해에 우인들의 권고로 환속하여 과부 안 씨와 결혼했지만 그녀는 3년 후 죽고 만다.[31] 또 설잠이 『연경별찬』을 찬술한 구체적인 시기를 밝혀주는 문헌은 아직 밝혀지지 않았지만, 여러 가지 사실을 참조할 때 『법계도주』와 『십현담요해』를 찬술한 이후, 혹은 거의 동시대로 보인다.[32]

3) 입세간기入世間期: 47~48세

설잠은 47세 환속하여 안 씨 부인과 결혼을 하는데, 이듬해 폐비 윤씨 사건이 일어나자 다시 관동지방으로 방랑의 길을 떠나게 된다. 이후 안 씨 부인과 사별하고 다시 승려의 길을 걷게 된다.

---

29 金時習, 「宕遊關西錄後志」 참조.
30 하정용, 「해인사 백련암 소장 십현담요해에 대한 서지학적 고찰」, 『대한불교조계종 백련불교문화재단 성철 큰스님 열반 16주기 추모 학술회의 자료집』, p.27 참조.
31 南孝溫, 「秋江冷話」 참조.
32 이기운, 「雪岑의 法華經觀 研究: 蓮經別讚을 중심으로」, 동국대 석사논문, 1992. pp.26~33 참조.

4) 재출가기再出家期 및 열반涅槃: 48~59세

파란만장한 삶을 살아온 그는 57세 즈음 마지막으로 동학사를 찾아 단종의 초혼각에 참배하고, 만수산 무량사에서 병약한 몸으로 여생을 보내다가 성종 24년(1493)에 59세로 방랑의 일생을 마쳤다.

〈김시습 주요 연보〉[33]

연도	나이	생애 구분 (정병욱)	생애 구분 (필자)	이력
1935 (세종 17)	출생			서울 성균관 부근에서 출생
1336	2			외조부가 먼저 우리말을 가르치지 않고, 양천문만을 가르치니 말은 어둔하면서도 뜻은 다 통하였다.
1337	3	생장 수학기	재가기	시를 능히 짓고, "유모 개화가 보리 가는 것을 보고 비도 아니 오는데 천둥소리는 어디서 나는가. 누런 구름 조각조각 사방으로 흩어진다." 해서 사람들 모두가 신통하게 여겼다.
1339	5			수찬 이계전에게 사사하고 신동이라 불림.
1447	13			김반 문하에서『논어』, 『시경』, 『서경』, 『춘추』 등을 교수함.
1449	15			자모가 세상을 떠남.
1454 (단종 2)	20			남효례의 딸에게 장가들어 아내로 삼았다.
1455	21	방랑기	출가기	삼각산 중흥사에서 글을 읽다.

(세조 원년)				서울에서 온 자가 있어 문을 닫고 나오지 않은 것이 사흘이 지나 느닷없이 통곡하며, 서적을 불사르고 머리를 깎고, 설잠이라 하였다. 단종이 폐위되자 유람을 시작, 송도, 평양 묘향산을 거쳐 안시성까지 관서지방을 편력하면서 지은 시를 모음.
1458	24			1455~1458년 사이 관서지방을 편유하면서, 「탕유관서록후지宕遊關西錄後志」를 썼다.
1460	26			1458~1460년 사이 금강산, 오대산, 한송정을 경유하여 경포대에 이르러 「탕유관동록후지宕遊關東錄後志」를 썼다.
1463	29			호남지방을 경유한 것은 1460~1463년 사이 청주, 은진 등 충청도 지방을 경유하여 정읍, 장성, 영광, 지리산 등을 편유하여 「유호남록遊湖南錄」을 썼다.
1465	31	은거기		금오산실金鳥山室을 세웠다.
1468 (세조 14)	34	은거기		금오산 은거.
1471 (성종 2)	37	좌절기		서울 상경.
1472	38	좌절기		성동 폭천정사 세움.
1473	39	좌절기		「탕유금오록후지宕遊金鰲錄後志」.
1475	41	좌절기		『십현담요해』 저술.
1476	42	좌절기		『대화엄법계도주병서』 저술.
1481	47		입세간기	안 씨 부인과 결혼.

(성종 12)				
1482	48			
1483	49			
1484	50	만년기	재출가기 및 열반	
1485	51			
1493 (성종 24)	59			홍산현 무량사에서 입적.
1511 (중종 6)	사후 18			이세인의 주청에 따라 매월당 문집의 간행을 명한 바 있으나 그 결과는 알 수 없고, 10년 후 중종 16년에 쓴 이자의 「매월당집」 서문에 10년을 걸쳐서 3권의 문집을 얻었다 함.
1582 (선조 15)				율곡에게 명하여 매월당 전기를 쓰게 함. 예각에서 매월당의 유고를 인출하게 함.

2. 설잠의 저술

앞에서 김시습의 생애를 논하는 과정에서 언급한 바와 같이 설잠에게는 다양한 저작들이 현존한다. 그 저작들은 대부분『매월당집梅月堂集』과『매월당속집梅月堂續集』,『매월당별집梅月堂別集』,『매월당외집梅月堂外集』,『매월당집부록梅月堂集附錄』으로 편찬되어 수록되어 있다. 앞에서 언급한 바와 같이『중종실록中宗實錄』에 따르면, 설잠이 사망한 지 18년이 지난 후, 중종 6년에 중종이 그의 유고를 수집

---

33 정병욱, 앞의 논문, 각주 참조.

간행하라는 명을 내림으로써 시작되었다. 그러나 당시 그의 유고는 여기저기 흩어져 있어 수집에 상당히 오랜 시간이 걸렸고, 그에 따라 10여 년 세월이 흐른 다음에야 겨우 3권으로 편찬할 수가 있었는데, 이마저도 김시습이 후세에 전하려는 뜻이 있어 남긴 것들만 일부 수집 정리된 것으로 파악되었다. 우여곡절 끝에 편찬된 이 책은 1521년(중종 16)에 발간되었다.[34] 이후 선조대왕이 율곡栗谷에게 명하여 『김시습전金時習傳』을 짓게 했으니, 율곡은 『김시습전』에서 김시습의 시문은 대부분 산실되어 현재 남아 있는 것은 10분의 1도 되지 않을 것인데, 이를 이자李耔, 박상朴祥과 윤춘년尹春年 등이 수집 편찬한 것임을 언급했다.[35]

현존하는 『매월당집』은 다섯 종류가 전한다. 『매월당집』, 『매월당속집』, 『매월당별집』, 『매월당외집』, 『매월당집부록』 등 다섯 가지인데, 1973년 성균관대학교 대동문화연구소에서 『매월당전집』으로 출간하였다. 또한 이를 '세종대왕기념사업회'에서 모두 완역하여 1977년부터 1980년까지 『국역 매월당집』 1~5책으로 간행하였다.

여기에서 『매월당집』, 『매월당속집』, 『매월당별집』, 『매월당외집』, 『매월당집부록』 등에 실린 저작들을 살펴보면 다음과 같다.

『매월당집』은 총 23권으로, 그 가운데 제1권부터 제15권까지는 '시집詩集'이며, 제16권부터 제23권까지는 '문집文集'이다. 제1권부터

---

34 李耔, 「梅月堂集序」, p.53. "嘗購求遺篇, 而散逸殆盡, 積十年始得三卷."

35 李山海, 「梅月堂集序」, p.55. "得尹春年所編集詩文, 未嘗不三復而窮悲也"; 李珥, 『金時習傳』, p.61. "所著詩文散失, 十不能存一, 李耔朴祥尹春年, 先後裒集印行于世."

제7권까지는 개별적인 시詩들을 수록했는데, 그 구체적인 제목들은 생략하기로 하겠다. 제8권부터 제14권까지는 장편시들을 모은 것이며, 제9권에는 「유관서록遊關西錄」이 실려 있는데, 이는 관서지방을 여행하면서 쓴 '기행시紀行詩'들이다. 이 시들은 김시습이 24살 때인 세조 3년(1458)에 지어진 것들이다. 제10권은 「유관동록遊關東錄」으로, 이는 세조 5년(1460) 김시습이 관서지방을 여행하고 돌아온 지 2년여 만에 관동지방을 여행하면서 쓴 시들이다. 제11권은 「유호남록遊湖南錄」이다. 관동을 유람한 지 3년 만인 1463년에 호남을 여행하면서 지은 시들이다. 제12권은 「유금오록遊金鰲錄」으로, 호남의 여정을 마치고 금오산에 머물며 쓴 시들이다. 경주 금오산 남쪽 산록에 있는 용장사龍藏寺에 주석한 것이 31세부터 37세 사이로 추측된다. 제13권은 「관동일록關東日錄」으로, 강원도의 풍광을 읊은 시들이다. 제14권은 「명주일록溟州日錄」과 「화소릉시和少陵詩」로 구성되어 있다. 제15권은 주로 부賦를 모은 것이다.

제16권과 17권은 다양한 주제에 대한 저술인 '잡저雜著'들을 모았다. 여기에서 언급되는 주제는 산림山林, 송계松桂, 삼청三淸 등과 같은 자연과 그 삶에 대하여 양무제梁武帝, 위주魏主, 수문제隋文帝 등과 결부지어 논의했으며, 유불도 '합일'의 관점이 두드러진다. 제18권에서는 '논論'을 모았는데, 「고금제왕국가흥망론古今帝王國家興亡論」, 「위치필법삼대론爲治必法三代論」 등과 같이 정치와 윤리 등에 대한 다양한 논문들이 존재한다. 제19권은 '찬贊'을 모았다. 「하관룡봉찬夏關龍逢贊」으로부터 「기자찬箕子贊」, 「초굴원찬楚屈原贊」 등 다양한 역사속의 인물들에 대한 '찬'들이 있다.

제20권은 '전傳·설說·변辨·서序·의義'의 형식으로 쓴 글들을 모았다. '전'에서는 「예양전豫讓傳」을 비롯하여 「제갈량전諸葛亮傳」, 「주돈이전周敦頤傳」, 「장재張載」 등 중국 역대의 인물들에 대한 전기를 썼다. '설'에는 「인재설人財說」, 「생재설生財說」, 「명분설名分說」, 「태극설太極說」 등 역시 다양한 주제에 대하여 논술하였다. '변'에는 「의롭지 않은 부귀는 뜬구름 같다는 변(不義富貴如浮雲辨)」으로부터 「군자소인변君子小人辨」, 「이단변異端辨」 등이 있다. '서'에는 「명도정선생서明道程先生序」 1편만이 있으며, '의'에는 「인군의人君義」, 「인신의人臣義」, 「애민의愛民義」 등이 있다.

제21권은 '명銘·잠箴·기記·고誥·편篇·서書' 등의 형식을 모았다. '명'은 금석이나 기물에 사람의 공덕을 새겨 후세에 전하는 글로서, 설잠은 「환도명環堵銘」, 「궤명几銘」, 「도서명圖書銘」 등으로 다양한 사물의 공덕을 논하고 있다. '잠'에는 「궁거잠窮居箴」, 「양성잠養性箴」, 「방본잠邦本箴」 등이 있으며, '기'에는 오직 「독산원기禿山院記」 1편만이 있으며, '고'에도 「제고帝誥」 1편만이 있다. '편'에는 「천지편天地篇」에 「우일右一」로부터 「우십右十」까지 서술하고 있다. '서'는 바로 편지로서 「답추강서答秋江書」, 「상류자한서上柳自漢書」 등이 있다.

제22권에는 '소부騷賦·금조琴操·사辭' 등을 묶었다. '소부'에서는 「의이소擬離騷」, 「의조상누擬弔湘累」, 「멱라연부汨羅淵賦」, 「참의부斬衣賦」, 「남양려부南陽廬賦」, 「애가생부哀賈生賦」 등 중국의 춘추전국시대의 인물들에 관한 글들이며, 특히 굴원屈原에 관한 글들이 문집 전체에 걸쳐 많이 보였다. 마지막으로 제23권에서는 「소주騷註」와 「잡설雜說」의 2편으로 이루어져 있다. 「소주」는 「회사부정의懷沙賦正

義」인데, '회사부'는 굴원이 지은『초사楚辭』의 9장 가운데 한 장의 명칭으로, 그에 관련된 글이다.「잡설」에서는「학學」,「경敬」,「공부工夫」 등의 소제목들이 있어서 설잠의 다양한 견해를 엿볼 수 있는 논술이 보인다.

『매월당외집』은 모두 2권으로, 제1권이 바로 우리나라 최초의 한문소설인『금오신화金鰲新話』가 실려 있다.『금오신화』는『용천담적기龍泉談寂記』 등에 그 서명이 언급되었으나 실물은 발견이 되지 않았는데, 최남선이 일본에서 이를 찾아내어 우리나라에 소개하여 비로소 알려지게 되었다. 또한『금오신화』는「만복사저포기萬福寺樗蒲記」,「이생규장전李生窺墻傳」,「취유부벽정기醉遊浮碧亭記」,「남염부주지南炎浮洲志」,「용궁부연록龍宮赴宴錄」 등의 다섯 편으로 이루어져 있다. 제2권에는「천자려구千字儷句」로서 '천자千字'의 아름다운 구절들을 모은 것이다.

『매월당집부록』은 매월당과 관련된 '전傳', '기記', '명銘', '문文', '포증시말褒贈始末', '교지敎旨', '서원록書院錄', '매월당사유록후서梅月堂四遊錄後序', '중간발重刊發' 등으로 이루어져 있다. 특히 '전'에는「본전本傳」의 제목으로 율곡 이이의「김시습전기」가 실려 있다.

『매월당속집』은 2권으로 이루어져 있고, 제1권에는『매월당집』에 누락된 '시', '사', '명', '잡설', '서', '제문祭文', '행장行狀' 등의 형식으로 편집되었으며, 제2권에는 '시'만을 수록하고 있다.

『매월당별집』은 3권으로 이루어져 있는데, 제1권에는『연경별찬蓮經別讚』이고, 제2권은『십현담요해十玄談要解』이며, 제3권은『화엄일승법계도주병서華嚴一乘法界圖註并序』이다. 설잠의 불교와 관련된 3

부가『매월당별집』에 수록되어 있는 것이다. 이외에 설잠에게는『화엄
석제』,『조동오위요해曹洞五位要解』가 있다. 이러한『연경별찬』,『십
현담요해』,『화엄일승법계도주병서』,『화엄석제』,『조동오위요해』
등 다섯 부의 불교학 전적은 그 제목으로부터 충분히 내용을 짐작할
수 있으며, 본서에서 집중적으로 분석하기 때문에 자세한 소개를
생략하기로 하겠다.

앞에서 언급한 바와 같이 이러한 설잠의 저술들은 주제와 형식에
있어서 상당히 다양하고, 또한 유불도를 모두 넘나드는 다양한 사상에
대한 논술의 수준에 있어서 상당한 난이도를 지니고 있다. 그에 따라
설잠에 대한 여러 가지 평가가 나타날 수 있는 근거가 되었다고 하겠다.

제3장 성구와 성기의 사상적 연원과 전개

설잠의 불교사상은 화엄·천태·선의 영역에 걸쳐 있고, 그 사상적 특징은 '성구性具'와 '성기性起'의 병중並重과 화해和解라 할 수 있다. 설잠의 불교사상이 그동안 한국불교학계에서 그리 크게 평가받지 못한 이유는 바로 그의 저술 내부에 흐르는 철학적 특징을 제대로 드러내지 못한 데에 있다. 화엄과 천태와 선의 각각의 영역에서 설잠의 사상이 연구되긴 하였지만 종합적인 측면에서 연구 성과가 미미한 것이 그것을 말하여 준다. 본 장에서는 본격적으로 '성구'와 '성기'의 병중과 화해를 논한 설잠의 불교사상을 논하기에 앞서, 중국의 천태와 화엄 그리고 선의 불성론에 대하여 살펴보고자 한다. 아울러 이들 불성론의 전제가 되는 초기 불성론의 전개에 대하여 언급하고자 한다.

인도에서 발생한 불교가 문화적 풍토가 이질적인 중국으로 전래되면서 그 형식과 사상적 내용에 있어서 다양한 변화가 발생함은 당연하다고 할 수 있다. 물론 이는 석존이 제시한 '진리'의 변화가 아니라 그에 접근하는 '방편'에 있어서의 변화를 의미한다. 이러한 중국불교의 변용

은 다양한 방면으로부터 나타나고 있는데, 가장 핵심적인 문제는
바로 중국에서 형성된 '불성론'과 관련된 사상적 차별이라고 할 수
있다.

이른바 '불성佛性'은 범어 Buddha-dhātu 혹은 Buddha-gotra의 번역
으로, '여래성如來性', '각성覺性' 등을 말하고, 그 의미는 성불의 가능성
을 가리킨다.[1] 그러나 중국에 불교가 전래되고, 이른바 '중국적 변용'을
이루면서 '불성'의 의미는 단순한 성불의 가능성으로부터 점차로 모든
현상을 담보하는 '본체本體'로서의 성격이 더욱 두드러지게 된다.[2]
이러한 측면에서 중국불교 전체는 '본체론'에 입각한 것으로 설명할
수 있는데, 이는 '본질적인 측면에서 초기불교의 본의에서 벗어났다'는
주장이 나타나게 되는 근거가 되기도 한다.[3] 그러나 과연 '중국불교에서
제창하는 불성이 본체의 역할을 담당한다고 해서 불교의 본의와 어긋
난 것인가?' 하는 문제는 쉽게 동의하기 어려운 점이 있다. 만약 그렇다
면 전체적인 중국불교뿐만 아니라 한국과 일본 등의 동아시아 불교
모두가 심각한 문제에 봉착하게 된다. 왜냐하면 동아시아 불교의

---

1 『佛光大辭典』(北京: 書目文獻出版社, 1989) '佛性'條 참조, p.2633.

2 賴永海 著, 김진무·류화송 공역, 『불교와 유학』, 운주사, 1999, pp.42~49 참조.
  이 책에서 전체적으로 나타나고 있다. 특히 '제2장 불본佛本과 인본人本'에서는
  '제3절 불교가 유학에 가장 크게 영향을 끼친 것은 그 본체론적 사유양식이다'라는
  표제로 상세히 논술하고 있다.

3 松本史朗, 『緣起と空』(東京: 大藏出版社, 1990); 『禪思想の批判的硏究』(東京: 大藏出
  版社,1994); 袴谷憲昭, 『本覺思想批判』(東京: 大藏出版社, 1989) 등에서 중국불교에
  서 논하는 '佛性'은 本體와 現象의 二元論에 입각한 것이고, 그에 따라 '중국불교는
  불교가 아니다'라고 비판한다.

주류는 중국에서 발생한 천태·화엄·선종으로서 지극히 '본체화'된 불성론을 바탕으로 전개되었기 때문이다.

『대반열반경大般涅槃經』의 「범행품梵行品」에서는 "십일부 경전에서는 불성을 말하지 않는다."[4]라고 하였고, 「광명보조고귀덕왕보살품光明普照高貴德王菩薩品」에서도 "모든 성문聲聞, 연각緣覺의 경전에서 불佛과 상락아정常樂我淨이 있다는 것을 들어보지 못하였다."[5]라고 하고 있는데, 이는 바로 대승에 이르러 비로소 불성을 논하고 있음을 명확하게 하는 것이다. 또한 역대의 고승들 역시 대승과 소승을 구별하는 중요한 특징의 하나로 불성론佛性論을 꼽고 있다. 예를 들면 지의智顗는 『법화현의法華玄義』에서 "대승과 소승은 모두 십이부가 있지만, 불성이 있고 없음만 다를 뿐이다."[6]라고 하였다.

이처럼 중국불교에 있어서 '불성'의 탐구는 전래 초기로부터 시작된 가장 핵심적인 주제였다. 그것은 불교가 이른바 '성불'을 궁극적인 목적으로 하고 있기 때문이다. 불교가 그 궁극적인 목적을 '성불'로 한다면 여기에는 당연히 수많은 문제, 즉 '부처(佛)란 무엇인가?'로부터 시작하여 '중생이란 무엇이고, 중생이 부처가 될 수 있는가?' 등의 문제가 나타나기 마련이다. 더 나아가 보다 복잡한 문제로 전개될 수밖에 없다.[7] 이러한 중국불교의 불성과 관련된 논의는 상당히 복잡할

---

4 (北涼)曇無讖譯, 『大般涅槃經』 卷18(大正藏 12, p.472中), "十一部經不說佛性."

5 위의 책(大正藏 12, p.493中), "一切聲聞緣覺經中不曾聞佛有常樂我淨."

6 (隋)智顗, 『妙法蓮華經玄義』 卷10(大正藏 33, p.803下), "大小通有十二部, 但有佛性無佛性異耳."

7 예를 들자면, '만약 중생이 부처가 될 수 있다면, 그 근거는 무엇인가?'라는 질문으로

뿐더러 본서의 주제와 직접적인 관련이 멀기 때문에 생략하고, 본 장에서는 다만 '성구'와 '성기'사상과 관련된 부분에 한정하여 초기 불성론의 전개와 천태와 화엄 및 선의 불성론에 대하여 고찰하고자 한다.

제1절 초기 중국 불성론의 전개

1. 여산혜원의 법성론

중국에서 '불성'에 대한 탐구는 불교 전래 초기로부터 논해 왔지만, 본격적으로 하나의 체계로서 논구한 이는 여산廬山 혜원(慧遠, 334~416)이며, 사상적으로는 그가 제창한 '신불멸론神不滅論'과 '법성론法性論'을 꼽을 수 있다. 혜원이 속한 시기는 중국역사에서 동진東晉·오호십육국五胡十六國으로 칭해지는 시기이다. 이 시기 위·촉·오 삼국분할을 통일한 서진西晉은 스스로의 권력투쟁인 '팔왕지란(八王之亂, 291~306)'과 '영가지란(永嘉之亂, 304~311)' 등의 내분으로 몰락하게 된다. 그러한 중원의 분열을 틈타 북방의 흉노匈奴, 갈羯, 선비鮮卑, 저氐, 강羌 등의 민족들이 북방을 점령하여 이조二趙, 삼진三秦, 사연四燕,

---

부터 '중생이 부처를 언제 어떻게 이룰 것인가?', '중생은 自力으로 부처를 이루는 가? 아니면 他力을 빌려야만 이룰 수 있는가?' 등의 다양한 문제가 전개될 수 있는 것이다. 실제로 초기 중국불교에서는 이러한 불성의 문제에 대하여 몇 백 년에 걸쳐서 상당히 복잡한 논의를 하였음을 관련된 자료를 통해서 확인할 수 있다.

오량五涼 및 하夏, 성(成, 成漢) 등의 16개국을 세웠고, 서진을 이은 동진은 지금의 양자강楊子江 이남으로 남하하게 된다. 이로 인해 중국은 크게 남방의 동진과 북방의 16국으로 분할되어 격심한 전란을 벌이게 되며, 흔히 오호 십육국이라 칭한다. 이러한 상황은 북방과 남방의 문화와 사상에도 영향을 주었는데, 불교에 있어서도 북방과 남방의 사상적인 차이가 뚜렷하게 나타난다.

북방의 소수민족이 중원에 진입함으로써 불교는 새로운 전기를 맞이하게 된다. 즉 동한 말부터 왕래하기 시작하던 서역의 교통로가 북방 민족의 발흥으로 보다 활발해졌고, 그에 따라 서역에서 유행하고 있던 아비달마불교와 당시 새롭게 일어난 대승불교, 특히 용수龍樹·제바提婆 계통의 반야학 등이 전래하게 된 것이다. 이렇게 새로운 불교의 정보가 대량 유입되면서 남방과 북방 각각의 불교계에 큰 영향을 미치게 되었다. 대체적으로 남방으로는 선수학禪數學 등의 소승교학이 유행하였는데 그 대표적 인물이 불타발타라佛馱跋陀羅라고 할 수 있고, 북방에서는 주로 '반야학'을 중심으로 하는 대승교학이 유행하였는데 그 대표적인 인물이 구마라집鳩摩羅什이라고 할 수 있다. 이렇게 서로 다른 남북의 학풍을 후대에 와서 북방의 '성공지학性空之學'과 남방의 '의리불학義理佛學'으로 칭한다.

한편 동진의 남천南遷에 따라 당시의 명승들도 끊임없이 남방으로 이동하게 되었고, 그 결과 점차적으로 불교학이 강남에 유행하게 되었다. 그 가운데 '격의格義'의 방법으로 중국 최초의 반야학파를 형성한 '육가칠종六家七宗'도 대부분 이 강남불교에서 유행하게 되었다. 이 중 혜원은, 경전의 '삼과三科'를 최초로 제시하였던 인물로서

72

격의불교의 본무종本無宗 종주로 알려진 스승 도안道安과 함께 남방으
로 피난을 떠나게 된다. 그러던 중 도안은 북방의 장안長安으로 끌려갔
고, 혜원 홀로 남하하여 여산에 주석하게 되면서 남방불교의 종장宗匠
으로 자리하게 된다.[8]

혜원은 『달마다라선경達摩多羅禪經』 등 선수학에 관련된 경전을
역출하여 남방에 선법禪法을 유행시켰다. 중국에서 선법을 중시하게
된 것은 동한東漢 안세고安世高의 역경 이후 오吳의 강승회康僧會를
거쳐 직접적으로 혜원의 스승인 도안에게 이르면서부터이다. 특히
도안은 '선수학'과 '반야'를 결합시키고 있는데, 혜원이 '선수학'을 중시
함은 아마 도안의 영향도 있었을 것이다. 다른 한편으로 부견符堅이
전량前凉을 멸하여 그 세력이 멀리 서역에까지 미치게 됨으로써 그곳의

---

8 慧遠은 '六家七宗' 가운데 '本無宗'의 대표자인 道安의 제자이다. 『高僧傳』에서
그에 대하여 "안으로 불교의 이치에 통달하였고, 밖으로 모든 학문에 밝았다."라는
평가로부터 그는 당시 강남불교 최고의 수준이었고, 또한 당시 유행하던 玄學의
이론 방면에도 숙지하고 있었음을 알 수 있다. 혜원은 도안으로부터 아주 높은
평가를 받았는데, 항상 칭찬하여 말하기를, "佛道가 中國에 유포됨은 慧遠에게
있는 것이다."라고 하였다. 또한 혜원은 24세에 대중들에게 강의를 시작하였는데,
어려운 實相義를 오고가며 설명할 때, 사람들에게는 그 의문과 어려움이 더하였다
고 한다. 혜원은 이에 멀리 莊子의 뜻으로 비슷함을 연결하여 설명하자 의심을
품은 자들이 환하게 이해하게 되었다. 그 후, 道安은 慧遠에게 특별히 세속의
책을 금지시키지 않았다. 廬山 東林寺에서 혜원은 남방에 불전이 부족함을, 특히
禪·律에 관한 경전의 필요를 느껴 제자인 法淨·法領 등을 파견하여 새로운 경전
200여 부를 구하고, 그를 번역하게 하였다. 이렇게 혜원에 의하여 번역된 목록을
보면 계율과 선수학에 관한 부분이 많은데, 이로부터 혜원이 禪數學을 특히
중시하였음을 알 수 있다.

소승 학승들의 상당수가 중국에 들어오게 되었는데, 이것도 당시 '선수학'이 유행한 하나의 원인이 될 것이다. 하지만 보다 근본적인 원인은 역시 '선수학'이 당시 주도적인 시대정신을 형성하고 있었던 현학玄學과 그 내재적 사유양식에서 서로 부합하였기 때문인 것으로 보인다. 반야의 '성공지학'이 북방에서 주류를 이루었던 이유 또한 마찬가지이다.

그런데 혜원이 끊임없이 고민했던 문제는 바로 '불교에서 윤회를 제시하면서 또한 무아설無我說을 제창하니, 과연 윤회의 주체는 무엇인가?' 하는 문제였다. 실제적으로 윤회의 '주체' 문제가 해결되지 않는다면 여러 가지 곤란한 문제에 직면하게 된다. 숙세宿世에 지은 업業의 과보果報를 현세現世에 받는다는 것이 '윤회'를 통한 '업인과보業因果報'설인데, 만약 윤회의 '주체아'가 명확하게 설정되지 않는다면 업설 자체에 상당한 모순점이 발생하기 때문이다. 따라서 혜원은 이 문제를 해결하기 위해 많은 노력을 기울였다.[9]

태원太元 16년(391), 계빈(罽賓: 현재 카슈미르 일대)의 사문 승가제바僧伽提婆가 심양潯陽에 이르자 혜원은 그를 청하여 『아비담심론阿毘曇心論』과 『삼법도론三法度論』의 두 논서를 번역하게 하고, 그에 각각 서문을 써서 그 종지宗旨를 표방하게 된다. 혜원은 이 두 논서를 토대로 하여 윤회의 주체에 대한 문제를 해결하기 위한 '법성론'의 이론적 근거를 제시한다. 『아비담심론』은 이른바 '구분비담九分毘曇'의 적요摘要로서, 불교의 기본개념인 유루有漏, 무루無漏, 색법色法, 십팔계十八

---

9 김진무, 「'참나' 혹은 眞我의 탐구와 불성으로서의 자성」, 『나, 버릴 것인가 찾을 것인가』, 운주사, 2008, pp.164~167 참조.

界, 십이인연十二因緣, 삼십칠조도품三十七助道品 등에 대하여 논석論釋한 것이다. 혜원은 이 책의 서문에서 '법상을 드러내어 본을 밝힘(顯法相以明本)', '자기의 성을 자연에서 정함(定己性於自然)', '심법의 생함에는 반드시 유(游: 逍遙)와 동감(同感: 感應)을 갖추어야 함(心法之生必俱游而同感)' 등의 '삼관三觀'을 제시하고, 이 삼관을 통한다면 능히 '심본心本'에 이를 수 있고 나아가 '현로玄路'에서 소요할 수 있다고 하였다.[10] 『삼법도론』은 도안이 번역한 『사아함모초해四阿含暮抄解』의 동본이역同本異譯으로 덕(德: 施, 戒, 修三眞度), 악(惡: 行, 愛, 無明三眞度), 의(依: 陰, 界, 入三眞度) 등의 '삼법구진도三法九眞度'를 설하고 있다. 이 책은 독자계犢子系 현주부賢冑部에 속하는 논서로서 윤회의 주체로서 '인아人我'를 주장하고 있다. 이러한 점 때문에 당시 '무아설'에 대하여 의문을 표시하고 있던 중국불교계에 커다란 반향을 불러일으키게 되었고, 혜원 또한 이를 적극적으로 찬탄하였던 것이다.[11] 혜원은 이러한 '인아'에 근거하여 『명보응론明報應論』, 『삼보론三報論』 등을 찬술하게 되었고, 그 논술에서 윤회의 주체로서 '신불멸론神不滅論'을 제시하였다. 즉 『아비담심론』과 『삼법도론』의 내용들은 혜원이 '법성론'을 제시하는 데 있어서 '신불멸론'과 함께 가장 핵심적인 근거가 되었던 것이다.

---

10 慧遠撰, 『阿毗曇心序』, (梁)釋僧祐撰, 『出三藏記集』 卷10(大正藏 55, p.72下), "一謂顯法相以明本, 二謂定己性於自然, 三謂心法之生必俱遊而同感, 俱遊必同於感, 則照數會之相因. 己性定於自然, 則達至當之有極. 法相顯於眞境, 則知迷情之可反. 心本明於三觀, 則覩玄路之可遊."

11 慧遠 撰, 『三法度序』, 위의 책(大正藏 55, p.73上) 참조.

융안隆安 5년(401) 구자국龜玆國의 구마라집鳩摩羅什이 장안에 도착하자 혜원은 바로 서신을 보내어 '대승의 대의大義' 등 여러 가지를 물었는데, 구마라집은 그에 대하여 하나하나 자세한 답변을 보냈다. 후인들이 그를 모아 편집 정리한 것이 현재 『구마라집법사대의鳩摩羅什法師大義』(대정장 45권에 상·중·하로 게재되어 있음)라는 제목으로 전하고 있다. 이 책에는 구마라집과 서신 왕래한 내용을 모두 18항목으로 정리하고 있는데, 그 가운데 가장 많이 논하고 있는 것은 '법신法身'의 문제였다.[12]

혜원은 '신불멸'의 입장에서 '법성론'을 제시하고 있는데, '법신'의 문제는 바로 그 핵심에 있다. 혜원의 '법성' 이론은 부파불교에서 윤회의 주체로서 제시한 '승의아勝義我'에 입각하고 있지만, 이러한 그의 이론은 '중관반야'의 '제법성공諸法性空'의 입장에서 본다면 사실상 한편에 집착된 것으로 '상을 제거하고 집착을 파함(掃相破執)'이라는 '반야'의 정신과는 정면으로 부딪치게 된다. 이 때문에 구마라집의 혹독한 비판이 따르고, 혜원의 반복된 질문이 이어진다. 그러나 혜원은 끝내 그의 이론을 바꾸지 못한다. 아마도 구마라집이 장안에 도래한 시기(401)는 혜원의 나이 72세 때이고, 그 이후 서신을 통한 문답이 이루어졌

---

12 이 점은 (東晉)慧遠問·羅什答, 『鳩摩羅什法師大義』 上·中·下卷의 18종의 질문 가운데 '1. 初問答眞法身, 2. 次重問法身幷答, 3. 次問眞法身像類幷答, 4. 次問眞法身壽量幷答, 7. 問法身感應幷答, 8. 次問法身佛盡本習幷答, 13. 次問如法性眞際幷答'(번호는 필자가 붙인 것임) 등 모두 7번이나 '法身'과 관련된 질문을 하고 있고, 또한 '14. 問實法有幷答'에서는 직접적으로 法性과 관련된 질문을 하고 있음을 알 수 있다.(大正藏 45, pp.122中~143中) 참조.

으므로 평생을 통하여 건립한 이론을 바꾸기에는 너무 늦은 감이 없지 않았고, 무엇보다도 현학에 밝았던 혜원은 그의 '법성론'이 중국의 전통적인 정서와 부합하고 있다는 인식에 깊이 젖어 있었기 때문에 쉽게 구마라집의 비판에 동의할 수 없었을 것이다. 다만 혜원은 자기 문하에 있는 혜관慧觀, 도생道生 등의 문도들을 구마라집에게 보내 수학하게 한다. 이러한 혜원의 노력은 반야의 '중관사상'이 강남에 퍼지는 데 중요한 역할을 하였지만, 혜원 스스로의 사상에는 그다지 크게 작용하지는 못하였다.

혜원은 말년에 염불결사인 '백련사白蓮社'를 주도하여 이후 '정토종'의 종조宗祖로서 추앙받게 된다. 이 당시 강남의 동진 왕조는 불교를 지나치게 정치적으로 이용하였고, 또한 승가에서도 세속적 영리를 위하여 정치와 야합하는 폐단이 나타나게 되었다. 드디어 중신 환현桓玄 등의 공격을 받아 강제로 승려들이 환속還俗당하고 사찰의 재산이 몰수되는 상황에 이르게 된다. 이때 혜원은 권신들과의 논쟁을 통하여 그들을 굴복시키고, 그가 머물고 있는 여산만은 예외로 인정받게 하였다. 이때에 찬술한 것이 바로 『사문불경왕자론沙門不敬王者論』 5편인데, 그 가운데 '유불융합儒佛融合'의 사상적 경향이 뚜렷하게 나타난다.[13] 이 글을 통하여 혜원은 '신불멸론'을 명확하게 제창하였는데, 그를 살펴보면 다음과 같다.

정精이 극極에 이르러 영혼(靈)으로 된 것이다. 극에 이른 정은

---

13 慧遠撰, 『沙門不敬王者論』, (梁)僧祐撰, 『弘明集』 卷12(大正藏 52, pp.30上~32中) 참조.

곧 괘상卦象으로 그릴 수 있는 것이 아니다. 그러므로 성인聖人이 '미묘한 존재(妙物)'라고 말한 것이며, 비록 뛰어난 지혜가 있어도 오히려 그 체體와 상태를 정할 수 없고, 그 그윽하고 치밀함을 궁구하지 못한다. … 사물에 감응하여 움직일 수 있으며, 이치를 빌어 행하게 된다. 사물(物)에 감응하여도 사물이 아니기 때문에 사물이 변화하여도 멸하지 않고, 도리(數)를 빌린 것은 도리가 아니기 때문에 도리가 없어져도 다함이 없다.[14]

이로부터 혜원이 윤회의 주체로 제시한 '신神'은 '영혼'과 유사한 것으로서 괘상으로도 표현할 수 없는 미세한 것임을 알 수 있다. 또한 이러한 '신'은 모든 사물에 '감응'의 형태로 움직이기 때문에 '불멸'의 상태를 유지하며, '도리(數)'를 빌린 것이기 때문에 '업인과보業因果報'가 능히 상속할 수 있다는 논리를 세우고 있는 것이다.

이상으로 간략하게 혜원의 사상을 그 연대순으로 살펴보았다. 이로부터 보자면 혜원의 사상은 밖으로 유가, 도가 등의 현학玄學사상으로부터 불교에서는 대승 반야, 정토와 아비달마의 소승교학 등 상당히 복합적인 것임을 알 수 있다. 하지만 그의 핵심적인 사상을 말한다면 그것은 바로 '법성론'이라고 말할 수 있다. 또한 그의 '법성론'에는 바로 위의 모든 복합적인 요소들이 함유되어 있는 것이다.

혜원이 논하는 '법성法性'은 '열반의 당체(性)'로서, 만약 '불변의

---

14 위의 책. "精極而爲靈者也. 極精則非卦象之所圖, 故聖人以妙物而爲言, 雖有上智, 猶不能定其體狀, 窮其幽致. … 感物而動, 假數而行. 感物而非物, 故物化而不滅, 假數而非數, 故數盡而不窮."

법성'을 얻는다면 또한 '열반'도 얻게 된다는 것이다. 혜원은 『아비담심서』에서 "자기의 성性을 자연에서 정하는 것이 바로 지당至當의 극極에 통달하는 것이다."[15]라고 하였다. 다시 말하여 일체법의 자성自性은 스스로 천연天然을 얻으며, 바꾸거나 변화시키지 않고, 다만 '불변의 성'을 체득한다면 비로소 능히 '지극이 마땅한 극'에 통달한다는 것이다. 이러한 관점은 도가철학에서 말하는 '득성得性', '체극體極', '적성소요適性逍遙' 등의 관점과 크게 다르지 않는 것으로, 모두 그 사유양식의 바탕에는 일종의 실체實體적 견해가 배어 있는 것이다. 이는 물론 '반야'의 '중관성공'과는 상당한 차별이 있다. 이러한 점은 다시 원강元康의 『조론소肇論疏』 가운데 인용된 『법성론』의 내용에서 확인할 수 있다.[16] 여기에서 혜원은 '성공'과 '법성'을 다른 것으로 보고 있다. '성공'은 '제법개공諸法皆空'으로 말미암아 성립되는 것이지만, 그와 반대로 '법성'은 바로 '법진성法眞性'이라는 것이다. 다시 말한다면, '법'을 일종의 '실체'로 파악하고 있는 것이다. 이러한 점으로부터 혜원이 말하는 '법성'은 『아비담심론』의 '법체항유法體恒有'와 『삼법도론』의 '승의아(勝義我: 人我)' 등의 관점에 영향을 받은 것이 짐작되고, 또한 그 매개적 작용은 현학의 사유양식이었음을 알 수 있는 것이다.

이 점은 다시 혜원이 제시한 '신불멸'에서 확인할 수 있다. 『고승전·

---

15 慧遠撰, 『阿毗曇心序』, (梁)釋僧祐撰, 『出三藏記集』 卷10(大正藏 55, p.72下), "己性定于自然, 則達至當之有極."

16 (唐)元康撰, 『肇論疏』 卷上, 宗本義(大正藏 45, p.165上), "又且遠法師作法性論. 自問云: 性空是法性乎? 答曰: 非. 性空者卽所空而爲名, 法性是法眞性, 非空名也."

혜원전』, 『사문불경왕자론』 등에서 혜원은 '신'이 바로 윤회의 주체로
서 만물을 생육시키며, 조화의 근원이라고 표현하고 있다. 더 나아가
앞에서 '열반'을 '명신절경冥神絶境'이라고 말하고 있다. 이것은 사실상
도안의 '제법본무諸法本無'를 주장하는 '본무종本無宗'과 일맥상통하는
견해라고 할 수 있다. 다만 다른 것은 도안은 '성공'과 '법성'을 동일한
것으로 보았지만, 혜원은 그들을 다른 것으로 보고 있다는 점이다.
이 점은 혜원이 찬술한 『대지론초서大智論抄序』에 보다 명확하게 나타
난다.[17] 여기에서 혜원은 '유有', '무無'의 성립 원인을 '비유非有'와 '비무
非無'로 설명하고, 그렇기 때문에 '무성無性이 바로 법성法性'임을 논증
하고 있다. 그리고 인연으로부터 생한 것은 '자상(自相: 自性)'이 있을
수 없기 때문에 비록 그것은 존재하지만 실제적으로는 '상무常無'이고,
따라서 그것은 다시 '실유實有'라고 주장한다. 이러한 혜원의 관점은
사실상 불교적인 이해라기보다는 현학적인 이해로 보이며, 다만 농후
한 불교적인 요소가 들어 있어 불교가 중국에 정착하는 과정에서
나타난 과도기적 이해라고 할 수 있다.[18]

만약 초기 중국불교의 귀결을 '열반불성론涅槃佛性論'으로 본다면,
이 혜원의 '법성론'은 그의 문하에서 배출한 도생道生의 '돈오성불론頓

---

17 慧遠撰, 『大智論抄序』, (梁)釋僧祐撰, 『出三藏記集』 卷10(大正藏 55, pp.75下~76
　上), "嘗試論之. 有而在有者, 有於有者也. 無而在無者, 無於無者也. 有有則非有,
　無無則非無. 何以知其然? 無性之性謂之法性. 法性無性. 因緣以之生, 生緣無自
　相. 雖有而常無, 常無非絶有. 猶火傳而不息."
18 이러한 점은 賴永海 著, 金鎭戊・柳花松 共譯, 『불교와 유학』, 운주사, 1999,
　pp.52~56 참조. 이 책의 '제3장 불성과 인성'의 '제1절 중국불교의 불성론'에
　자세하게 정리되어 있다

悟成佛論'의 전 단계라고 할 수 있다. 다시 말하여 중국불교의 '불성론' 방면의 발전에 있어서 '법성론'은 혜원 이후 양무제梁武帝의 '진신론眞身論'으로 계승되었으며, 이는 도생이 '돈오성불론'을 제시하는 데 결정적인 작용을 하였다. 중국 특유의 '열반불성론'은 결국 도생의 돈오성불론에 의하여 그 방향성이 설정되었다고 할 수 있다. 이러한 관점은 전체적인 중국불교사를 이해하는 데 있어서 상당히 중요한 의미를 가진다. 결국 혜원의 '법성론'에 보이는 현학과의 융합은 불교가 중국에 정착되는 과정에서 불가피하게 나타나는 일종의 과도적 성격이라고 볼 수 있는 것이다. 인도에서 발생한 불교가 문화적 풍토와 사상적 배경이 다른 중국에서 이해되는 과정에서 이러한 과도기적 이해가 없었다면, 불교가 중국에 철저히 뿌리내리고 이후 유불도 '삼교정립'에까지 이르는 것은 사실상 불가능하였을 것이다. 혜원은 거의 완벽하게 불교를 당시 유가와 도가사상이 융합되어 나타난 현학의 사유양식을 통하여 전개하고 있는데, 이는 다시 불교에 대한 이질감을 완전히 해소시켰을 뿐만 아니라 나아가서는 중국의 전통사상에까지 그 영향을 미쳤던 것이다. 이러한 점에서 '법성론'이 갖는 의의를 찾을 수 있다.

2. 축도생의 돈오성불론

중국불교를 중국불교답게 사상적으로 자리매김해 주었다는 평가를 받는 축도생(竺道生, 이하 '도생')은 불교뿐만이 아니라 중국사상사에 중요한 공헌을 하였다. 그것은 그가 제창한 '돈오성불론頓悟成佛論'이 끼친 다양한 방면에서의 영향 때문이라고 하겠다. 그가 제창한 '돈오성불론'은 중국 불성론의 토대를 확립했을 뿐만 아니라 후대에 송·명대의 이학理學에 이르기까지 심원한 영향을 미친다.

도생은 혜원의 문하에서 수학하였다. 『고승전高僧傳』과 『출삼장기집出三藏記集』에 보이는 '도생전'에 따르면 그는 어려서 축법태竺法汰를 만나 출가하였다. 15세에 이미 강좌講座에 올랐고, 20세에 불교계의 명사가 되었다고 한다. 동진 안제安帝 융안隆安 연간(397~401)에 여산 혜원의 문하에 들어가 가제바伽提婆를 만나 설일체유부說一切有部의 교의를 배우고, 그 후에는 혜원의 문도인 혜예慧叡, 혜관慧觀, 혜엄慧嚴 등과 함께 구마라집에게 가서 '중관반야학'을 수학하였다. 이때 관중關中의 승려들이 모두 '신오神悟'[19]라고 일컬었다고 할 정도로 구마라집 문하의 중요한 제자가 되었다. 그 후 도생은 인과因果를 정밀하게 사색하여 '선한 업도 그 과보를 받지 못함(善不受報)'과 '돈오의頓悟義'를 세웠다고 한다.[20]

동진 의희義熙 3년(407), 도생은 다시 강남으로 돌아가면서 승조의 『반야무지론般若無知論』을 유유민劉遺民과 여산의 혜원에게 전하고, 건강(建康: 지금의 南京)의 청원사(靑園寺: 후에 龍光寺로 改名함)에 머물렀다. 그 당시 불교사에 유명한 사건이 발생한다. 그때 6권본 『니원경泥洹經』이 의희 14년(418) 건강에서 번역되었다. 원래 그 경전에는 '일체 중생一切衆生 실유불성悉有佛性'의 사상이 들어 있었지만, 당시 번역본에는 '일천제(一闡提: icchantika)는 성불成佛할 수 없다'는 내용이 들어

---

19 (梁)慧皎撰, 『高僧傳』卷7, 道生傳(大正藏 50, p.366下), "關中僧衆, 咸謂神悟."

20 (梁)僧祐撰, 『出三藏記集』卷15, 道生傳(大正藏 55, p.111上), "研思因果, 乃立善不受報及頓悟義."

있었다.[21] 그렇지만 도생은 '일천제도 모두 성불할 수 있다(一闡提皆得成佛)'고 주장하였는데, 이러한 주장은 당시 모든 이들에게 반감을 사서 결국 소주蘇州 호구산虎丘山에 유배되었다. 이후 원가元嘉 7년(430) 다시 여산으로 돌아온다. 여산에 돌아온 지 얼마 되지 않아 양凉에서 『대반열반경』(40권, 북량北凉 담무참曇無讖 역. 또 다른 이름으로 '대본大本' 혹은 '북본北本' 『열반경涅槃經』이라고 함)이 번역되어 남방에까지 전해지게 되는데, 여기에 명확하게 '일천제가 성불할 수 있다'는 내용이 들어 있어서 도생의 견해는 찬양받게 되었다. 도생은 말년에 주로 『열반경』을 중심으로 한 '불성론'과 '돈오성불론'에 집중하였는데, 송宋 원가 11년(434) 겨울 11월 경자일庚子日에 입적하였다.[22]

도생의 저작들은 상당히 풍부하지만 대부분 유실되었다. 유실된 것으로는 『니원경의소泥洹經義疏』, 『소품경의소小品經義疏』, 『이제론二諦論』, 『법신무색론法身無色論』, 『불무정토론佛無淨土論』, 『응유연론應有緣論』, 『돈오성불의頓悟成佛義』, 『불성당유론佛性當有論』 등과 '선불수보의善不受報義' 등 제목조차도 확인할 수 없는 것들이 여러 편 존재하였을 것으로 추정된다. 현존하는 것은 『묘법연화경소妙法蓮華經疏』와 승조의 『주유마힐경注維摩詰經』에 도생의 주석이 기재되어 있으며, 보량寶亮 등의 『대반열반경집해大般涅槃經集解』에 약간의 단편, 또 '불성의佛性義'의 문답 가운데 『답왕위군서答王衛軍書』(王弘이

---

21 (梁)慧皎撰, 『高僧傳』 卷7, 道生傳(大正藏 50, p.366下), "又六卷泥洹先至京師, 生剖析經理, 洞入幽微, 乃說阿闡提人皆得成佛. 于時大本未傳, 孤明先發, 獨見忤衆. 於是舊學以爲邪說, 譏憤滋甚, 逐顯大衆擯而遣之."

22 위의 책.

'頓悟義'의 물음에 대한 답으로『廣弘明集』卷18에 기재되어 있음)가 있을
뿐이다.[23]

도생의 생애와 그의 저작 목록으로부터 대체적인 그의 사상을 엿볼
수 있다. 우선 그는 현학이 시대정신으로 지배되고 있는 동진에서
태어나 성장하였기 때문에 여산혜원과 같이 철저하게 현학을 기본적인
소양과 사유양식으로 삼고 있음을 짐작할 수 있다. 또한 그는 '설일체유
부說一切有部' 등 아비달마 교학으로부터 중관반야, 열반 등 당시 유행
하였던 거의 모든 교학을 수학하였음을 능히 짐작할 수 있다. 그렇지만
그의 저작 목록으로 본다면, 핵심적인 사상은『열반경』을 통한 '불성론'
과 '돈오성불론'이라고 할 수 있고, 이 때문에 후세에 그를 '열반성涅槃聖'
이라고 칭하는 것이다.

도생은 '불성'과 관련된 유명한 '일체중생一切衆生, 실유불성悉有佛
性'의 사상을 최초로 선양하였다는 점에서 '중국에서 최초로 불성론을
제창하였다'는 평가를 받고 있다.[24] 따라서 도생의 '불성'에 대한 개념적
정의를 유추할 수 있는 구절을 우선 살펴보고자 한다.『주유마힐경』과
『대반열반경집해』등의 주석에서 도생은 다음과 같이 말한다.

---

23 道生의 저작은 湯用彤의『漢魏兩晋南北朝佛教史』(北京大學出版社, 1997)에 수록
   된「竺道生之著作」에 상세하게 고증되어 있다. 이 책, pp.439~441 참조.
24 賴永海 著, 金鎭戊・柳花松 共譯,『불교와 유학』, 운주사, 1998, pp.56~58 참조.
   '제3장 불성佛性과 인성人性'의 '제1절 중국불교의 불성론'에서 전체적인 도생의
   불성론을 개괄하면서 "一切衆生悉有佛性"의 사상을 최초로 제시하였음을 논증
   하고 있다.

무아無我는 본래 생사生死 가운데 '나(我)'가 없음이요, 불성佛性이 있지 않음이 아니다.[25]

본래 '불성'이 있어서 곧 중생을 자애롭게 생각한다.[26]

'무아'를 설함은 바로 '진아眞我'가 있음을 나타내는 것이다. '무아'는 생사 속의 '나'가 본래 없음을 말하는 것으로, '불성아佛性我'가 없음을 말하는 것이 아니다.[27]

여기에서 도생은 '참나(眞我)'의 개념을 직접적으로 제시하고 있다. 즉 '불성을 체득한 상태에서의 불성아'라고 분명하게 제시하였다. 이로 부터 도생은 '일체중생, 실유불성'의 사상을 명확하게 전개하였다. 그러나 '무아'설은 결코 불성을 부정하는 것이 아님을 지적했다. 또 『대반열반경집해』의 「사자후품師子吼品」에서 도생은 다음과 같이 주석하고 있다.

십이인연十二因緣이 중도中道가 됨이니, 중생이 본래 지니고 있음을 밝히는 것이다. 만약 항상(常)한다면 곧 고苦를 받지 않음이요,

25 (後秦)僧肇撰, 『注維摩詰經』卷3, 弟子品(大正藏 38, p.354中), "無我本無生死中我, 非不有佛性也."

26 (梁)寶亮等撰, 『大般涅槃經集解』卷18, 如來性品(大正藏 37, p.448中~下), "本有佛性, 卽是慈念衆生也."

27 僧肇, 『注維摩詰經』卷3, 弟子品(大正藏 38卷, p.354中), "爲說無我, 卽是表有眞我也. 無我本無生死中我, 非不有佛性我也."

만약 끊어진 것(斷)이라면 성불成佛의 도리가 없는 것이다. 이와 같이 '중도'를 관觀한다면 곧 불성을 볼 것이다.[28]

도생은 '십이연기'의 '중도'로서 불성을 해석하였는데, 이로부터 본 다면 중생은 본래 불성을 지니고 있음을 알 수 있다는 것이다. 또한 '불성을 제일의공第一義空이라고 부른다'는 구절에 대하여 도생은 다음 과 같이 주석한다.

불성의 체體에 대한 물음에 답하자면, 마땅히 먼저 '불공不空'을 보아야 하고, 그 후에 공空이 바로 '제일의第一義'임을 보아야 할 것이다. '제일의공'에는 이미 '불공'의 의미가 있는 것이다. 부처(佛) 는 비로소 그것을 본 것이며, 그래서 부처란 오직 불성인 것이다. 십주보살十住菩薩 역시 그것을 보아 이름을 얻고, 아래로 대승을 배우는 자 또한 그것을 보아 이름을 얻음이다. 따라서 '제일의공'을 들어 불성으로 삼는 것은 참으로 의류義類로서 같은 것이다.[29]

여기에서 도생은 '제일의공'으로서 '불성'을 해석하고 있음을 알

---

28 (梁)寶亮等撰, 『大般涅槃經集解』 卷54, 師子吼品(大正藏 37, p.546下), "十二因緣 爲中道, 明衆生是本有也. 若常則不應有苦, 若斷則無成佛之理. 如是中道觀者, 則見佛性也."

29 (梁)寶亮等撰, 『大般涅槃經集解』 卷54, 師子吼品(大正藏 37, p.544上), "答問佛性 體也. 要當先見不空, 然後見空乃第一義. 第一義空, 已有不空矣. 佛始見之, 故唯 佛是佛性也. 十住菩薩, 亦得名見, 下至大乘學者, 又得名焉. 所以擧第一義空, 爲佛性者, 良以義類是同."

수 있다. 앞의 인용문과 함께 고찰한다면 도생의 '불성'은 십이연기의 '중도'와 반야의 '제법성공'을 그 기초로 삼고 있음을 알 수 있다. 이러한 도생의 불성에 대한 이해는 혜원의 '법성론'과는 상당한 차별이 있음을 알 수 있다. 앞에서 말한 바와 같이 혜원의 법성이 실체성實體性을 다분히 지녔다면, 도생은 '실상무상實相無相'의 제법성공을 토대로 하여 불성을 제시한다고 하겠다. 『주유마힐경』의 「제자품弟子品」에서 도생은 법성에 대하여 다음과 같이 말한다.

> 법성法性이란 법의 본분本分이다. 연緣으로 존재함(有)은 '가유假有'이고, '가유'는 곧 성性이 있음이 아니다. 존재함이 '성'이 아닌 것이 바로 그 본분이다. 그렇기 때문에 법과 법성은 이치(理)가 하나이면서 이름이 둘인 것이고, 그러므로 같다고 말하며, '성'은 마땅히 같기 때문에 같다는 말을 하는 것이다. 제법이 모두 다르지만, 법이 그(性)에 들어오기에 곧 모두를 통일하는 것이다. 하나로써 모두를 통일하니, 따라서 같은 법성인 것이다.[30]

인용문에서 도생이 말하는 법성은 바로 '연기성공緣起性空'을 가리키는 것으로 실체적인 파악으로 볼 수는 없는 것이다. 하지만 도생 역시 당시 시대적 주류였던 현학적인 이해가 나타나고 있다. 또한

---

30 (後秦)僧肇撰, 『注維摩詰經』卷3, 弟子品(大正藏 38, p.346下), "法性者, 法之本分也. 夫緣有者是假有也, 假有者則非性有也. 有旣非性, 此乃是其本分矣. 然則法與法性, 理一而名異, 故言同也, 性宜同故以同言之也. 諸法皆異, 而法入之則一統衆矣. 統衆以一, 所以同法性者也."

『대반열반경집해』의 「사자후품」과 「여래성품如來性品」 등[31]에서 도생
이 제시한 불성에 대한 견해에서 중국 전통적인 사유양식을 살필
수 있다. 특히 '법을 체득함(體法)'을 '자연과 명합함(冥合自然)'으로,
'불성'을 '자연지성自然之性'으로 해석하고 있는 데에서 그러한 점이
두드러진다. 특히 '불성아'를 제시하고 있어 혜원 이래 끊임없이 탐구되
었던 윤회의 주체아에 대한 새로운 실마리를 던지고 있는 것이다.

　도생의 사상적 특징은 바로 '이理'를 중시한다는 것인데, 다음과
같은 주석에서 찾을 수 있다.

　부처(佛)는 이치(理)를 깨달은 체體로서 그 역(域: 境界)을 초월한
다.[32]

　부처는 연기로부터 원인이 되고, '이치(理)'를 연하여 생하는데,
'이치'에는 원래부터 '둘'이 없으니, 어찌 '삼三'을 허용하겠는가?
그러므로 일승一乘일 뿐이다.[33]

　부처는 일극一極이 됨이니, 일一을 드러내어 나타난 것이다. '이치
(理)'에는 진실로 '삼三'이 있으니, 성인聖人 또한 '삼'을 삼아서

---

31 (梁)寶亮等撰, 『大般涅槃經集解』 卷48, 如來性品(同上, p.448中), "種相者, 自然之
　性也. 佛性必生於諸佛. 向云, 我卽佛藏; 今云, 佛性卽我. 互其辭耳."

32 (後秦)僧肇撰, 『注維摩詰經』 卷3, 弟子品(大正藏 38, p.360上), "佛爲悟理之體,
　超越其域."

33 (宋)竺道生, 『法華經疏』 卷上(卍續藏 27, p.5中), "佛種從緣起, 佛緣理生, 理旣無二,
　豈容有三, 是故一乘耳."

88

나타난 것이다. 그러나 '이치' 가운데 '삼'이 없고, 오직 미묘한 '일'일 뿐이다.[34]

이미 '이치(理)'를 관觀하여 성性을 얻었다면 바로 속박이 다하여 니원(泥洹: 涅槃)이 감응感應할 것이다. 만약 반드시 니원을 귀하게 여기고 그를 취하려 한다면 곧 다시 니원에 속박될 것이다. 만약 번뇌를 끊지 않고 니원에 들려는 자는 곧 니원과 번뇌가 다름을 보지 못할 것이니, 바로 속박이 없다.[35]

이로부터 '불'을 '이理'로서 해석하고 있음을 볼 수 있다. 또한 '이'를 관하여 득성得性함을 '열반'의 원인으로 보고 있음도 알 수 있다. 이렇게 도생은 '이'를 중시하는데, 이것이 바로 바로 '돈오성불론'의 근거가 되는 것이다.
  『대열반경집해』의 「서경제序經題」와 『법화경소法華經疏』에서 도생은 다음과 같이 설명한다.

참다운 이치(理)는 스스로 그러하여(自然) 깨달으면 그윽이 부합符 합한다. 진리는 차등이 없으니, 깨달음에 어찌 변화(易)를 용납할 것인가? 변화가 없는 체는 담담히 항상 비추지만, 다만 어리석음을

---

34 위의 책(上同, p.4下), "佛爲一極, 表一而出也. 理苟有三, 聖亦可爲三而出. 但理中無三, 唯妙一而已."
35 (後秦)僧肇撰, 『注維摩詰經』 卷3, 弟子品(大正藏 38, p.345中), "旣觀理得性, 便應縛盡泥洹. 若必以泥洹爲貴而欲取之, 卽復爲泥洹所縛. 若不斷煩惱卽是入泥洹者, 是則不見泥洹異於煩惱, 則無縛矣."

따라 근본에 어긋남으로 깨달음이 내게 있지 아니할 뿐이다. 진실
로 능히 이르러 구한다면, 바로 미혹을 되돌려 극極으로 돌아간다.[36]

이치(理)와 어그러지면 미혹이 되고, 미혹은 반드시 만물을 다르게
한다. 반대로 이치를 깨달으면, 이치에는 반드시 둘이 없으니,
여래의 도道가 하나이다. 물物이 어그러져 삼三이 되고, '삼'에서
물정物情이 나오지만, 이치는 곧 항상 하나이다. 마치 구름과 비는
하나이지만 초목은 여러 가지로 다름과 같으니, 초목이 여러 가지
로 다르다고 하여 어찌 비와 구름이 그러하겠는가?[37]

도생은 진리와 깨달음에 어떠한 단계도 용납하지 않는다고 주장했
다. '진리'는 이른바 '변화가 없는 몸(不易之體)'이고 '담연상조湛然常照'
하기 때문이다. 따라서 참답게 수행한다면 단번에 '반미귀극反迷歸極'
할 수 있다는 것이다. 그러므로 도생이 말하는 '이치'는 바로 '이치의
본체(理體)'로서 현상을 담보하는 '제법성공'과 같은 '본체本體'인 것이
고, 그의 성격은 당연히 '무이無二', '상일常一'인 것임을 알 수 있다.
이러한 '이치'의 '무이', '상일', '불역지체', '담연상조'하는 성격은 바로
'돈오'의 기본적인 조건이 된다고 말할 수 있다. 혜달慧達은 『조론소肇論

---

36 (梁)寶亮等撰, 『大般涅槃經集解』 卷1, 序經題(大正藏 37, p.380下), "夫眞理自然,
　悟亦冥符, 眞則無差. 悟豈容易, 不易之體, 爲湛然常照, 但從迷乖之, 事未在我耳.
　苟能涉求, 便反迷歸極."

37 (宋)竺道生, 『法華經疏』 卷下(卍續藏 27, p.10中), "乖理爲惑, 惑必萬殊, 反而悟理,
　理必無二, 如來道一, 物乖爲三, 三出物情, 理則常一, 如雲雨是一, 而藥木萬殊,
　萬殊在乎藥木, 豈雲雨然乎."

疏』에서 '돈오'에 대하여 다음과 같이 도생의 말을 인용하고 있다.

'돈頓'이라 하는 것은, 이치를 나눌 수 없음(理不可分)을 밝힌 것이
고, '오悟'는 지극히 비춤(極照)을 말한다. 불이不二의 깨달음으로
나눌 수 없는 이치에 부합하는 것이다. 이치(理)와 지혜(智)가
함께 희석됨을 '돈오'라고 한다.[38]

이는 도생의 '돈오론'을 설명하는 대표적인 문구이다. 돈오의 근거가
바로 '이치'의 '나눌 수 없는(不可分)' 성격이고, 또한 그것은 '불이'의
깨달음과 부합함으로 '돈오'를 이룬다는 것이다. 다시 말한다면, '이치
(理)'는 나눌 수 없는 성격을 지니고 있는데, 부분적으로는 그러한
이치를 파악할 수 없다는 것이다. 또한 '깨달음(悟)'은 '극'에 대한
비춤(照)인데, 결국은 그 대상이 우리가 인식할 수 있는 우주의 궁극을
비춘다는 의미인 것이다. 따라서 전체적인 대상과 내용은 반드시
전체적인 인식과 깨달음만이 가능하다는 말로서 그것이 바로 '돈오'라
는 것이다. 이 점은 다시 『대열반경집해』의 「순타품純陀品」에서 보다
구체적으로 설명되고 있다.

극極에 머묾에서 말한다면, 부처(佛)는 항상되기 때문에 능히 사람
들에게 항상됨을 베풀어 보살들에게 논한다. 체體의 흔적이 아직
극에 이르지 못함에는 조화시킴이 필요할 것이지만, 어찌 거친

---

38 (唐)慧達, 『肇論疏』(卍續藏 54, p.55中), "夫稱頓者, 明理不可分, 悟語極照. 以不二
之悟符不分之理. 理智恚釋, 謂之頓悟."

형상으로부터 홀연히 얻겠는가? 묘한 상常을 전체적(頓)으로 이룰
뿐이다.[39]

여기에서는 바로 '극', 즉 '이극理極' 혹은 '이체理體'에 이른 상태에서
'돈오'를 말할 수 있음을 의미한다. 다시 말하여 도생이 말하는 돈오는
그 깨달음의 완성에 있어서 단계를 인정하지 않는다는 의미이다.
바꾸어 말한다면, 아직 극에 이르지 못한 상태에서는 가르침(敎)이
필요하다는 것이다. 이러한 점은 『법화경소』에서 다시 분명하게 언급
되어 있다.

무생법인無生法忍을 참답게 깨달아 얻은 무리들이 어찌 언(言:
敎)을 필요로 하겠는가? … 아직 이치(理)를 보지 못한 때는 반드시
언진(言津: 敎學)을 필요로 하겠지만, 이미 이치를 보았다면, 어찌
'언'을 쓰겠는가? 통발과 올가미를 얻어서 물고기와 토끼를 구하지
만, 물고기와 토끼를 이미 잡았다면 통발과 올가미를 어찌 베풀겠
는가?[40]

이미 '무생법인'을 얻었다면 다시 어떤 수행이나 노력이 필요치

39 (梁)寶亮等撰, 『大般涅槃經集解』 卷4, 純陀品(大正藏 37, p.391中~下), "居極而言,
佛是常故, 能施人常, 就菩薩爲論. 體跡未極, 交是有須. 何得忽從麤形, 頓成妙
常耶."
40 (宋)竺道生, 『法華經疏』(卍續藏 27, p.15上), "得無生法忍, 實悟之徒, 豈須言哉.
… 夫未見理時, 必須言津, 旣見於理, 何用言爲. 旣獲筌蹄以求魚免, 魚免旣獲,
筌蹄何施."

않다는 것이다. 그러나 아직 '이치'를 보지 못한 상태에서는 바로 필수적으로 '언진', 즉 교법이 필요하다는 것이다. 따라서 도생의 돈오는 일반적인 상태에서 발현되는 것이 아님을 알 수 있다. 이는 길장吉藏의 『이제론二諦論』에서 도생의 '대돈오의大頓悟義'로 인용하는 다음의 구절을 살피면 보다 분명해진다.

> 과보果報는 바뀌고 달라지는 것이고, 생사生死는 대몽大夢의 경계이다. 생사로부터 금강심金剛心에 이르기까지 모두 몽夢이며, 금강이후의 마음에서 활연히 대오大悟하여 다시 보는 바가 없는 것이다.[41]

이와 같이 도생이 말하는 돈오는 바로 '십지十地'까지는 깨달을 가능성이 없는 '대몽'의 경계이고, 십지 이후에서 얻는 '금강심'에 이르러서야 비로소 능히 활연대오한다는 뜻이다. 이런 개요는 '대돈오大頓悟'라고 칭하고 있는 데에서도 짐작할 수 있다. 이는 수대隋代의 석법사碩法師가 『삼론유의의三論游意義』에서 다음과 같이 논하는 데에서도 찾아볼 수 있다.

> '소돈오小頓悟'를 쓰는 법사는 육가六家로서, ①승조사僧肇師 ②지도림사支道林師 ③진안타사眞安埵師 ④사통사邪通師 ⑤이산원사理山遠師 ⑥도안사道安師 등이다. 이들은 칠지七地 이상은 무생법인

---

41 (隋)吉藏, 『二諦論』 卷下(大正藏 45, p.111中), "果報是變謝之場, 生死是大夢之境, 從生死之金剛心, 皆是夢, 金剛後心, 豁然大悟, 無復所見也."

無生法忍을 깨닫는다고 말한다. … 축도생사竺道生師는 '대돈오의'
를 사용하였다.[42]

이로부터 '대돈오'와 '소돈오'의 구별이 있음을 알 수 있다. 그런데
그 차이는 '칠지로부터 활연대오하여 무생법인을 얻는가', 아니면 '십지
이후에 얻는가' 하는 점이다. 또 당시에 명승으로 알려진 지도림,
도안과 특히 도생과 함께 구마라집의 제자로 유명한 승조까지도 '소돈
오'를 쓰는 법사로 거명되고 있는 것에서, 소돈오가 일반적이었음을
추측할 수 있다.

이상과 같이 살핀 '돈오론'은 도생이 '이치(理)'에 부여한 성격, 즉
'불이不二', '무이無二', '불가분不可分', '상일常一', '불역지체不易之體',
'담연상조' 등의 성격과 '이체', '이극' 등의 본체적 역할을 통하여 전개되
었음을 알 수 있었다. 그리고 앞에서 논한 '불성'의 본유本有와 함께
최종적으로 '돈오'라고 하는 결론에 도달한 것이라고 할 수 있다.[43]

도생의 이러한 돈오성불론은 본격적인 중국 불성론의 전개를 알리는
신호탄이었다. 그리고 이후에 전개되는 다양한 불성론의 가장 원형적
인 형태를 제시하였다고 평가할 수 있다.

---

42 (隋)碩法師, 『三論游意義』(大正藏 45, p.121下), "用小頓悟師有六家也; 一肇師,
二支道林師, 三眞安埊師, 四邪通師, 五理山遠師, 六道安師也. 此師等云: 七地以
上悟無生忍也, … 竺道師, 用大頓悟義也." 이외에 道生, 『法華經疏』卷一·吉藏,
『二諦義』卷下·惠達, 『肇論疏』卷上·僧祐, 『出三藏記集』卷十二, 卷十五 등에
관련된 記事가 나타난다.
43 이상은 金鎭戊의 「道生의 '頓悟成佛論'과 그 意義」(『韓國佛敎學』34집, 2003)의
내용을 要約하여 轉載했음을 밝힌다. 이 논고 pp.69~106 참조.

3. 불성론의 전개와 다양화

여산혜원의 신불멸과 법성론, 그리고 도생의 '일체중생 실유불성'으로부터 '돈오성불론'의 제창 이후 중국의 불성론은 다양한 형태로 전개되었다. 불성론이 다양한 형태와 이론으로 나타나게 되는 가장 근본적인 원인은 경전에서 '불성'을 다양한 명칭으로 표현하고 있기 때문이다. 이 점에 대해서 길장吉藏은『대승현론大乘玄論』에서 다음과 같이 밝히고 있다.

> 경전 가운데 불성, 법성, 진여, 실제 등으로 말한 것들은 모두 불성의 다른 이름이다. 어찌 그를 알겠는가?『열반경』에서 설하는 불성은 갖가지 이름이 있는데, 하나의 불성을 법성·열반, 또 반야·일승, 그리고 수능엄삼매首楞嚴三昧·사자후삼매獅子吼三昧로 부른다. 대성大聖은 인연에 따라 선교善巧의 방편을 설함으로 각 경전에서 명칭이 다르다는 것을 알 수 있다. 그러므로『열반경』에서는 불성,『화엄경』에서는 법계法界,『승만경勝鬘經』에서는 여래장자성청정심如來藏自性淸淨心,『능가경楞伽經』에서는 팔식八識,『능엄경楞嚴經』에서는 수능엄삼매首楞嚴三昧,『법화경』에서는 일승一乘,『대품반야경大品般若經』에서는 반야법성般若法性,『유마힐경維摩詰經』에서는 무주실제無住實際라고 부른다. 이와 같은 명칭은 모두 불성의 다른 이름이다.[44]

---

44 (隋)吉藏,『大乘玄論』卷3(大正藏 45, p.41下), "經中有明佛性 法性 眞如 實際等, 并是佛性之異名. 涅槃經自說佛性有種種名, 於一佛性亦名法性 涅槃, 亦名般若

이와 같은 길장의 지적과 같이 '불성'은 법성, 진여, 실제(無住實際), 열반, 일승, 수능엄삼매, 사자후삼매, 여래장자성청정심, 팔식 등 다양한 명칭으로 칭해지고 있다. 때문에 그러한 각각의 명칭에 따라 다르게 해석될 여지가 상당히 많은 것이다. 또한 각 경론에서는 여러 가지 관점에서 불성을 논하기 때문에, 불성을 설명하는 내용에도 인불성因佛性, 과불성果佛性 등 여러 종의 설법이 있다. 예를 들어서 『대반열반경』권27에서는 "불성은 인因, 인인因因, 과果, 과과果果이다. 인은 바로 십이인연十二因緣이요, 인인은 바로 지혜이며, 과는 바로 아뇩다라삼먁삼보리阿耨多羅三藐三菩提이고, 과과는 바로 무상대반열반無上大般涅槃이다."[45]라고 한다. 또한 '인'에 있어서는 생인生因, 요인了因,[46] 정인正因, 연인緣因[47] 등의 4인을 설하고 있다. 또한 『불성론』에서는 "삼종은 삼인삼종불성三因三種佛性을 말한다. 삼인은 첫째는 응득인應得因, 둘째는 가행인加行因, 셋째는 원만인圓滿因을 말한다."[48]라고 하여 '삼인삼종불성'을 논하고 있다. 또한 『불성론』에

一乘, 亦名首楞嚴三昧 師子吼三昧, 故知大聖隨緣善巧, 於諸經中說名不同. 故於涅槃經中, 名爲佛性. 則於華嚴, 名爲法界. 於勝鬘中, 名爲如來藏自性淸淨心. 楞伽名爲八識. 首楞嚴經名首楞嚴三昧. 法華名爲一道一乘. 大品名爲般若法性. 維摩名爲無住實際. 如是等名, 皆是佛性之異名."

45 (北涼)曇無讖譯, 『大般涅槃經』卷27(大正藏 12, p.524上), "佛性者, 有因 有因因, 有果 有果果. 有因者, 卽十二因緣; 因因者, 卽是智慧; 有果者, 卽是阿耨多羅三藐三菩提; 果果者, 卽是無上大般涅槃."

46 (北涼)曇無讖譯, 『大般涅槃經』卷28(大正藏 12, p.530上), "因有二種: 一者生因, 二者了因."

47 (北涼)曇無讖譯, 『大般涅槃經』卷28(大正藏 12, p.530中), "因有二種: 一者正因, 二者緣因."

서는 '삼인불성'의 토대로부터 '도전道前', '도중道中', '도후道後' 삼위三位로서 '주자성성住自性性', '인출성引出性', '지득성至得性' 등의 세 가지 불성으로 나누었다.[49] 이러한 인위因位와 과위果位 등의 구분은 바로 불성론에서 논하는 가장 핵심적이고 본질적인 내용이라고 하겠다.

이렇듯 경전과 논서의 서로 다른 설법은 후대에 다양한 불성론이 전개되는 근거와 원인으로 작용하였다. 이렇게 다양한 '불성론'에 대하여 역대의 종사들은 각각 종합적으로 정리하였다. 그 가운데 대표적인 것으로 길장의 『대승현론』 권3에서는 정인불성의 11가家를 열거하였고, 원효元曉의 『열반종요涅槃宗要』에서는 불성을 해석하는 데 있어서 6사師를 열거하였고, 균정均貞의 『대승사론현의大乘四論玄義』는 정인불성 본본 3가와 말末 10가를 나열했다. 지금까지 살핀 이 세 가지의 불성의佛性義를 종합하여 개괄하면 다음과 같다.[50]

1) 중생이 정인불성正因佛性이다. 『대승현론』 제1가,[51] 『대승사론현

----

48 (陳)眞諦譯, 『佛性論』 卷2(大正藏 31, p.794上), "佛性體有三種, 三性所攝義應知. 三種者, 所謂三因三種佛性. 三因者, 一應得因, 二加行應, 三圓滿因."

49 (陳)眞諦譯, 『佛性論』 卷2(大正藏 31, p.794上), "三種佛性者, 應得因中具有三性. 一住自性性, 二引出性, 三至得性. 記曰: 住自性者, 謂道前凡夫位. 引出性者, 從發心以, 窮有學聖位. 至得性者, 無學聖位."

50 本稿에서는 賴永海의 『中國佛性論』(南京; 江蘇省人民出版社, 2011)의 '第1章 印度의 佛性과 中國佛性論槪觀, 第2節 佛性의 意味와 隨機攝化'에서 정리한 내용을 바탕으로 그에 해당되는 인용문을 각주로 처리했음을 밝힌다.(『中國佛性論』에는 본서에서 정리한 각주의 내용이 없음) pp.16~17 참조.

51 (隋)吉藏, 『大乘玄論』 卷3(大正藏 45, p.35中), "第一家云: 以衆生爲正因佛性. 故經言正因者, 謂諸衆生. 緣因者謂六波羅蜜, 旣言正因者, 謂諸衆生. 故知, 以衆

의』 말의 제7가,[52] 『열반종요』 제2사는 이 설을 지지했다.[53] 대표인물은 장엄사莊嚴寺의 승민僧旻과 초제사招提寺 백염공白琰公 등이다.

2) 육법六法이 정인불성이다. 『대승현론』 제2가가 이 설을 지지했다.[54] 『대승사론현의』 말 제8가가 "가와 실은 모두 정인이다(以假實皆是正因)."라고 하였으며, 대표인물은 승유僧柔, 지장智藏이다.[55]

3) 심心이 정인불성이다. 『대승현론』 제3가,[56] 『열반종요』 제3사[57]가

生爲正因佛性. 又言一切衆生悉有佛性, 故知, 衆生是正因也."

52 (唐)均正, 『大乘四論玄義』(卍續藏 46, p.601下), "第七河西道朗法師, 末莊嚴旻法師, 招提白琰公等云: 衆生爲正因體. 何者? 衆生之用總御心法. 衆生之義言其處處受生, 令說御心之主, 能成大覺. 大覺因中, 生生流轉, 心獲湛然. 故謂衆生爲正因, 是得佛之本. 故大經師子吼品云: 正因者謂諸衆生也. 亦執出二諦外也."

53 (新羅)元曉, 『涅槃宗要』(大正藏 38, p.249上), "第二師云: 現有衆生爲佛性體. 何者? 衆生之用總御心法. 衆生之義處處受生. 如是御心之主必當能成大覺. 故說衆生爲正因體. 如師子吼中言: 衆生佛性亦二種因者謂諸衆生也. 莊嚴寺是法師義也."

54 (隋)吉藏, 『大乘玄論』卷3(大正藏 45, p.35中), "第二師以六法爲正因佛性. 故經云: 不卽六法不離六法. 言六法者, 卽是五陰及假人也. 故知, 六法是正因佛性也."

55 (唐)均正, 『大乘四論玄義』(卍續藏 46, p.601下), "第八定林柔法師義, 開善知藏師所用, 通而爲語: 假實皆是正因. 故大經迦葉品云: 不卽六法, 不離六法, 別則心識爲正因體. 故大經師子吼品云: 凡有心者, 皆得三菩提. 故法師云: 窮惡闡提, 亦有反本之理, 如草木無情一化便罪無有終得之理. 衆生心識相續不斷, 終成大聖. 今形彼無識. 故言衆生有佛性也. 故迦葉品亦云: 非佛性者, 墻壁瓦石無情則簡草木等. 此意有心識靈知, 能感得三菩提果, 果則俱二諦也."

56 (隋)吉藏, 『大乘玄論』卷3(大正藏 45, p.35下), "第三師以心爲正因佛性. 故經云: 凡有心者, 必定當得無上菩提. 以心識異乎木石無情之物, 研習必得成佛. 故知, 心是正因佛性也."

57 (新羅)元曉, 『涅槃宗要』(大正藏 38, p.249上), "第三師云: 衆生之心異乎木石, 必有厭苦求樂之性, 由有此性故修萬行終歸無上菩提樂果. 故說心性爲正因體. 如下

98

이 설을 지지하였다.

4) 명전불후冥傳不朽가 정인불성이다. 『대승현론』제4가가 지지하였고,[58] 『대승사론현의』말 제5가의 설로서, 중사中寺 법안法安 법사가 심상에 명전불후의 뜻이 있음을 정인체正因體라 주장하였다.[59]

5) 피고구락避苦求樂이 정인불성이다. 『대승현론』제5가,[60] 『대승사론현의』말 제6가가 지지하였다. 대표인물은 법운法雲 법사이다.[61]

6) 진신眞神이 정인불성이다. 『대승현론』제6가,[62] 『대승사론현의』말 제4가[63]가 지지하였다. 대표인물은 양무제梁武帝. 『열반종요』제4

───────────

文言: 一切衆生悉皆有心. 凡有心者必當得成阿耨菩提. 夫人經言: 若無如來藏下得厭苦樂求涅槃故. 此是光宅雲法師義也."

58 (隋)吉藏, 『大乘玄論』卷3(大正藏 45, p.35下), "第四師以冥傳不朽爲正因佛性. 此釋異前以心爲正因. 何者? 今直明神識有冥傳不朽之性. 說此用爲正因耳."

59 (唐)均正, 『大乘四論玄義』(卍續藏 46, p.601下), "第五中寺小安法師云: 心上有冥轉不拘之義, 爲正因體. 此意神識有冥傳用. 如心有異變相, 至佛, 亦簡異木石等, 一其日而已. 亦出二諦也."

60 (隋)吉藏, 『大乘玄論』卷3(大正藏 45, p.35下), "第五師以避苦求樂爲正因佛性. 一切衆生, 無不有避苦求樂之性, 實有此避苦求樂之性, 卽以此用爲正因. 然此釋復異前以心爲正因之說, 今只以避苦求樂之用爲正因耳. 故經云: 若無如來藏者, 不得厭苦樂求涅槃. 故知, 避苦求樂之用爲正因佛性也."

61 (唐)均正, 『大乘四論玄義』(卍續藏 46, p.601下), "第六光宅雲法師云. 心有避苦求樂性義爲正因體. 如解皆或之性向菩提性. 亦簡異木石等無性也. 故夫人經云. 衆生若不猒苦, 則不求涅槃義. 釋云. 以此心有皆生死之性. 爲衆生之善本. 故所以爲正因. 亦是出二諦外. 又于時用師亮師義云. 心有眞如性爲正體也. 梁武等三師義宗諸師云只一心神名執一義爲分三寶之也."

62 (隋)吉藏, 『大乘玄論』卷3(大正藏 45, p.35下), "第六師以眞神爲正因佛性. 若無眞神, 那得成眞佛. 故知, 眞神爲正因佛性也."

사는 심신心神을 불성체로 삼았다.[64]

7) 아뢰야식阿賴耶識 자성청정심自性淸淨心이 정인불성이다. 『대승현론』 제7가,[65] 『대승사론현의』 말 제9가,[66] 『열반종요』 제5사가 이설을 지지하였다.[67]

8) 당과當果가 정인불성이다. 『대승현론』 제8가,[68] 『대승사론현의』 말 제1가,[69] 『열반종요』 제1사가 지지하였다.[70] 『대승사론현의』의 본

---

63 (唐)均正, 『大乘四論玄義』(卍續藏 46, p.601中), "第四梁武蕭天子義, 心有不失之性, 眞神爲正因體已在身內, 則異于木石等非心性物, 此意因中已有眞神性, 故能的眞佛果."

64 (新羅)元曉, 『涅槃宗要』(大正藏 38, p.249中), "第四師云: 心有神靈不失之性. 如是心神已在身內, 卽異木石等非情物, 由此能成大覺之果. 故說心神爲正因體. 如來性品云: 我者卽是如來藏義. 一切衆生悉有佛性卽是我義. 師子吼中言: 非佛性者謂瓦石等無情之物. 離如是等無情之物是名佛性故. 此是梁武簫焉天子義也."

65 (隋)吉藏, 『大乘玄論』 卷3(大正藏 45, p.35下), "第七師以阿梨耶識自性淸淨心, 爲正因佛性也."

66 (唐)均正, 『大乘四論玄義』(卍續藏 46, p.601下), "第九地論師云: 第八無沒識爲正因體."

67 (新羅)元曉, 『涅槃宗要』(大正藏 38, p.249中), "第五師言: 阿賴耶識法爾種子爲佛性體. 如此經言: 佛性者一切諸阿耨菩提中道種子. 瑜伽論云: 性種性者六處殊勝有如是相從無始世展轉傳來法爾所得. 此意新師等義."

68 (隋)吉藏, 『大乘玄論』 券3(大正藏 5, p.35下), "第八師以當果爲正因佛性, 卽是當果之理也."

69 (唐)均正, 『大乘四論玄義』(卍續藏 46, p.601中), "第一白馬愛法師, 執生公義云: 當果爲正因, 則簡異木石無當果義, 無明初念不有而已. 有心則有當果性. 故修萬行剋果故當果爲正因體. 此師終取成論意, 釋生師意, 未必爾. 法師旣非凡人, 五事證知故也. 非法師亦有同此說, 正言顯卽是果, 隱卽爲因, 只是一切轉側以爲同果也."

제1가의 "당유當有를 불성체로 한다."는 것으로 도생이 대표이다. 이 '당유의當有義'와 '당과의當果義'는 역사상에서 보면, 이 두 가지를 항상 혼돈하여 말하고, 또한 모두 도생을 대표로 한다. 그러나 어떤 사람은 엄격히 두 가지로 나눈다. 이는 '당과의'는 도생설이 아니라고 생각하기 때문인데, 어느 것이 맞는가는 자료의 한계로 인하여 정확히 고증할 수가 없다.

9) 득불지리得佛之理가 정인불성이다. 『대승현론』제9가,[71] 『대승사론현의』본 제3가,[72] 말 제2가[73]가 지지하였다. 대표인물은 요瑤 법사 및 영근사靈根寺 혜령慧令 승정僧正이다.

10) 진여眞如가 정인불성이다. 『대승현론』제10가,[74] 『대승사론현

---

70 (新羅)元曉, 『涅槃宗要』(大正藏 38, p.249上), "第一師云: 當有佛果爲佛性體. 如下師子吼中說言: 一闡提等無有善法. 佛亦言: 以未來有故悉有佛性. 又言: 以現在世煩惱因緣能斷善根, 未來佛性力因緣故遂生善根. 故知當果卽是正因. 所以然者, 無明初念不有而已有心卽有當果之性. 故修萬行以剋現果, 現果卽成當果爲本. 故說當果而爲正因. 此是白馬寺愛法師述生公義也."

71 (隋)吉藏, 『大乘玄論』卷3(大正藏 45, p.35下), "第九師以得佛之理爲正因佛性也."

72 (唐)均正, 『大乘四論玄義』(卍續藏 46, p.601上), "三於生遠之間執云: 得佛之理爲佛性."

73 (唐)均正, 『大乘四論玄義』(卍續藏 46, p.601中), "第二靈根令正, 執望師義云: 一切衆生本有得佛之理爲正因體, 卽是因中得佛之理理常也. 故兩文爲證. 一者師子吼品云: 佛性者十二因緣名爲佛性. 何以故? 一切諸佛以此爲性. 此明正因性, 而言諸佛以此爲性, 故證知因中有得佛之理也. 二者亦師子吼菩薩問言: 若一切衆生已有佛性, 何用修道? 佛答: 佛與佛性, 雖無差別, 而諸衆生, 悉未具足. 此正自有性, 而無佛故, 言未具足, 亦簡異木石等無性也. 此性也此兩師異者, 愛公約玄常住果明之, 令正約卽因中得佛之理常也."

74 (隋)吉藏, 『大乘玄論』卷3(大正藏 45, p.35下), "第十師以眞諦爲正因佛性也."

의』 말 제3가가 지지하였고,[75] 대표인물은 영매보량靈味寶亮이다.

11) 제일의공第一義空이 정인불성이다. 『대승현론』 제11가,[76] 『열반종요』 제6사가 지지하였다.[77] 대표인물은 진제眞諦 및 북지北地의 마하연摩訶衍 법사이다.

12) 중도中道가 불성이다. 『대승현론』 제11일가 외 하서河西의 도랑道朗 법사가 지지하였고 열거하였다.[78] 또 "이 의가 가장 뛰어나다(此義最長)."라고 보았지만 스승 없이 계승된 것이 아쉽다. 사실상 길장 본인이 이렇게 생각하였다. 『대승사론현의』 본 제2가 담무참 법사가 중도진여中道眞如를 불성체로 하였다고 열거하였다.[79]

이상은 대부분 남북조 시대에 활동한 논사들의 '불성'에 대한 정의이

75 (唐)均正, 『大乘四論玄義』(卍續藏 46, p.601中), "第三靈味小亮法師云: 眞俗共成衆生眞如性理爲正因體. 何者? 不有心而已. 有心則有眞如性上生故, 平正眞如正因爲體, 苦無常爲俗諦, 卽空爲眞諦. 此之眞俗, 於平正眞如上用故. 眞如出二諦外, 若外物者, 雖卽眞如. 而非心識故, 生已斷滅也."

76 (隋)吉藏, 『大乘玄論』 卷3(大正藏45, p.35中), "第十一師以第一義空爲正因佛性. 故經云: 佛性者名第一義空. 故知, 第一義空爲正因佛性也."

77 (新羅)元曉, 『涅槃宗要』(大正藏38, p.249中), "第六師云: 阿摩羅識眞如解性爲佛性體. 如經言: 佛性者名第一義空. 第一義空名爲智惠."

78 (隋)吉藏, 『大乘玄論』 卷3(大正藏 45, p.35下), "但河西道朗法師與曇無讖法師, 共翻涅槃經, 親承三藏作涅槃義疏, 釋佛性義正以中道爲佛性. 爾後諸師, 皆依朗法師義疏, 得講涅槃乃至釋佛性義. 師心自作各執異解, 悉皆以涅槃所破之義以爲正解, 豈非是經中所喩解象之殊哉!"

79 (唐)均正, 『大乘四論玄義』(卍續藏 46, p.601上), "曇此遠法師執云: 本有中道眞如爲佛性體也."

다. 이후 본격적인 불성론은 대체로 수·당 이후에 형성되었다. 최종적
인 불성론은 천태종의 성구론과 화엄종의 성기설로서 집약되었는데,
그것이 다시 선종에 의하여 재구성되었던 것이다. 그러나 성구론과
성기설의 본격적인 이해를 위해서는 남북조 시기에 전개된 주요한
불성론의 흐름을 파악할 필요가 있다. 따라서 위에 나타난 모든 불성론
을 살필 수는 없겠지만, 그 가운데 핵심적인 몇 가지 불성에 대한
논의를 고찰하고자 한다.

우선 불성의 '본유本有'와 '시유始有'에 대한 논의이다. '본유'는 중생
이 모두 불성이 있으므로 결국은 모두 성불한다는 말이다. 그러나
'시유'는 청정한 불과佛果가 묘인妙因으로 생하고, 중생의 각성은 인연
을 기다려서 비로소 일어나 장애를 부수고 깨달음을 얻어 응당 성불을
할 수 있다는 것이다. '일체중생, 실유불성'의 관점으로부터 살피면,
모든 중생에게 '불성'이 '본래 있음(本有)'은 당연한 것으로 보인다.
따라서 불성의 '본유'를 선양한 인물은 바로 앞에서 고찰한 도생이라고
할 수 있다. 도생은 『대반열반경집해』에서 다음과 같이 불성의 '본유'를
언급하였다.

인因으로부터 있는 것이 아니고, 또다시 만들어진 것도 아니다.[80]

바로 생사는 중도이고, '본유'를 밝히는 바이다.[81]

---

[80] (梁)寶亮等撰, 『大般涅槃經集解』 卷54(大正藏 37, p.548中), "道生曰: 不從因有,
又非更造也."

[81] (梁)寶亮等撰, 『大般涅槃經集解』 卷54(大正藏 37, p.546中), "道生曰: 卽生死爲中

십이인연은 중도이고, 중생이 '본유'임을 밝히는 바이다.[82]

이로부터 중생에게 불성이 본유하고 있음을 유추할 수 있는데,
도생은 『법화주소法華注疏』에서 직접적으로 중생의 불성이 본유한다
고 말하고 있다.

중생에게는 불지견분佛知見分이 본래 있지만(本有), 더러움(垢)과
장애(障)로 나타나지 않을 뿐이다. 부처님께서 열고 제거해 주시면
바로 불지견을 얻어 이룬다.[83]

도생의 불성사상은 앞 절에서 언급한 전체로 보거나 상술한 구체적
인 논술로 볼 때, 본유의 입장을 항상 견지하고 있었다. 도생의 불성론
을 '시유'의 관점으로 보는 경향도 있지만, 그것은 아마도 불성론의
대가인 도생의 명칭을 가탁한 것이 아닐까 한다. 더욱이 앞에서 언급한
바와 같이 비록 소실되었지만, 도생에게는 『불성당유론』이라는 저술
이 있었다.[84] 도생은 이 책의 제목에서부터 중생에게 불성이 '마땅히
있음(當有)'을 강조한 것이 아닌가 한다.

道者, 明本有也."

82 (梁)寶亮等撰, 『大般涅槃經集解』卷54(大正藏 37, p.546下), "道生曰: 十二因緣爲
中道, 明衆生是本有也."

83 (宋)竺道生, 『法華經疏』卷上(卍續藏 27, p.5上), "良由衆生本有佛知見分, 但爲垢
障不現耳. 佛爲開除, 則得成之."

84 (梁)慧皎, 『高僧傳』(大正藏 50, p.366下), "又著二諦論佛性當有論法身無色論佛無
淨土論應有緣論等."

이렇게 도생으로부터 '불성이 '본유한다'는 기본적인 입장이 상당한 설득력을 가지게 되었고, 이러한 본유설이 많은 논사들에 의하여 제창하게 되었다. 예를 들어 수대 관정灌頂의『대반열반경현의大般涅槃經玄義』에는 다음과 같이 영매소량靈昧小亮의 본유설을 소개하고 있다.

영매소량이 말하였다. 생사 가운데 진신眞神의 성性이 본래 있다(本有). 예를 들면 황금상이 낡은 천에 싸여 깊은 진흙 속에 묻혀 있는데, 천안자天眼者가 그것을 주어서 깨끗이 씻어보니, 황금상이 드러났다. 진신의 불체佛體가 만덕을 갖추고 있으나 번뇌에 뒤덮인 것이다. 그러한 미혹을 끊을 수 있다면, 불체는 스스로 드러난다. … 이는 모두 본유하여서 이러한 공능이 있는 것이다.[85]

위에서 '중생에게 불성이 본유하고 있음'을 설명하고 있다. 여기에서 말하는 '진신'은 바로 앞에서 정리한 '⑥진신이 정인불성이다'에 해당되는 것이고, 이는 양무제가 제창한 이론이다. 양무제는 여산혜원의 '신불멸神不滅'로부터 '진신'을 도출하여 그를 윤회의 주체와 성불의 근거로서 제창하였다.[86] 관정의『대반열반경현의』에서는 이에 이어서

---

85 (隋)灌頂,『大般涅槃經玄義』(大正藏 38, p.10上), "靈昧小亮云: 生死之中, 眞神之性. 如弊帛裹黃金像墮在深泥, 天眼者捉取淨洗開裹, 黃金像宛然. 眞神佛體萬德咸具而爲煩惱所覆. 若能斷惑佛體自現. … 此皆本有有此功用也."

86 (唐)均正,『大乘四論玄義』(卍續藏 46, p.601中), "第四梁武蕭天子義, 心有不失之性, 眞神爲正因體已在身內, 則異于木石等非心性物, 此意因中已有眞神性, 故能的眞佛果."

소산사小山寺 법요法瑤의 "중생 심신心神이 끊어지지 않음에 정인불성이 이에 부가된다. 중생이 만덕을 갖추지 못해도 반드시 성불할 수 있는 이치를 마땅히 갖추고 있다(當有). 반드시 이루어진다는 이치(必成之理)를 취함이 본유의 용用이다."[87]라는 내용을 소개하고 있다. 따라서 본유설은 '중생에게 불성이 반드시 갖추어져 있다'는 측면을 적극적으로 강조하여 '반드시 이루어진다는 이치(必成之理)'에까지 전개되어짐을 알 수 있다. 그러나 본유론적인 시각은 중생은 본래 갖추고 있는 불성이 존재하기 때문에 설령 가만히 있어도 결국 성불할 수 있게 된다는 논리로 비약되는 폐단을 낳을 수 있다.

여기에서 사용하고 있는 '정인불성'과 앞에서 밝힌 남북조 시기의 많은 불성론들을 살펴볼 때 '정인불성을 어떻게 보고 있는가?'에 따라 견해를 달리하고 있음을 알 수 있다. 이러한 정인불성에 대하여 『대반열반경집해』에서 보량은 다음과 같이 해석하고 있다.

불성은 만들어지는 법이 아니라서 정인불성이라 한다. 선악에 감응되지 않는데, 어찌 만들어지겠는가? 그러므로 신명神明의 체體이고 근본적으로 법성의 근원이 된다. 만약 이와 같은 천연적인 바탕과 심신心神의 본체가 없다면, 그 쓰임이 반드시 다를 것이다. 그 쓰임이 항상 이러하니, 마땅히 만들어진 것이 아님을 알 수 있다. 만약 신명이 줄곧 업業의 인연으로 구성되어 일어났다면, 이것으로 체體를 삼지는 않았을 것이고, 지금 어떻게 독신毒身의

87 (隋)灌頂, 『大般涅槃經玄義』(大正藏 38, p.10中), "小山瑤解云: 衆生心神不斷, 正因佛性附此. 衆生而未具萬德必當有成佛之理. 取必成之理爲本有用也."

속에서 묘락왕妙藥王이 있다고 말하겠는가? 이른바 불성은 만들어
진 것이 아니다. 그러므로 정인正因에 근거하고 있음을 알 수 있다.[88]

이로부터 무엇 때문에 '정인불성'이라고 부르는지를 명확하게 알
수 있다. 또한 중국에서 말하는 '불성'은 단순하게 '깨달음의 가능성'을
말하는 것에 머물지 않고, '본체관本體觀'의 설정까지 미치고 있음을
짐작하게 한다. 이는 앞에서 도생이 '제불諸佛의 당체當體'를 의미하는
것으로 '불성'을 설정했다는 것과 완전히 일치한다. 사실상 이러한
사유는 어떤 의미에서 인도, 서역과는 다른 중국불교만의 독특한
성격이라고 할 수 있다.

앞에서 이러한 불성의 본유론은 그 본래 있음을 지극히 강조하고
있기 때문에 하나의 문제가 발생한다고 했는데, 남북조의 많은 불성
론자들 또한 이러한 부분을 지적하고 있다. 즉 불성의 본유만을 강조
한다면, 비록 '정인불성으로 중생에게 실유하고 있음'은 분명하게 밝
힐 수 있지만, '그것이 어떻게 실현되는가?'는 여전히 문제로 남기
때문이다.

그에 따라 관정의 『대반열반경현의』에서는 앞의 '본유론'에 이어서
다음과 같이 개선開善과 장엄莊嚴의 두 사람의 말을 인용하고 있다.

---

88 (梁)寶亮, 『大般涅槃經集解』 卷20(大正藏 37, p.462上), "佛性非是作法者, 謂正因
佛性, 非善惡所感, 去何可造? 故知神明之體, 根本有此法性爲源. 若無如是天然
之質, 神慮之本, 其用應改. 而其用常爾, 當知非始造也. 若神明一向從業因緣之
所構起, 不以此爲體者, 今云何言毒身之中, 有妙藥王, 所謂佛性, 非是作法耶?
故知據正因而爲語者."

개선과 장엄이 말한다. 정인불성은 한 법으로서 두 가지의 이치(理)가 없다. 다만 '본유'와 '시유'의 두 가지 때를 잡을 뿐이다. 만약 본래 신조神助가 있다면, 당과當果의 이치가 있는 것이다. 만약 능히 금강심金剛心을 수행한다면, 여러 종의 깨달음이 일어나니 '시유'라고 한다. '시유의 이치가 본래 이미 있다'는 것은 여래성如來性을 인거하거나 '가난한 여인의 집의 암실에 액주額珠가 있다'는 것들을 통하여 본유를 증명하는 것이다. '사자師子 가섭迦葉이 우유(乳) 가운데 요구르트(酪)가 없음을 밝힌' 것을 거론하자면, 다만 일반적으로 '요구르트는 우유에서 발생하기 때문에 요구르트가 있다'고 말하는 것이고, 요구르트는 본유가 아니며 반드시 따뜻한 발효를 빌려야 하는 것이다. 호마胡麻를 심으면서 기름이 있다고 답하는데, 기름은 반드시 압착해야 얻을 수 있는 것일 뿐이다. 또한 불성을 들어서 '삼세중생이 미래에 청정하고 장엄한 몸이 마땅히 있게 된다(當有)'고 말한다면, 이는 '당유'를 증명하는 것이다. 이 두 문장을 둘 다 취하면, 뜻은 소산사小山寺의 법요法瑤와 다르지 않다. 또한 목석木石과 같은 것을 들어서 '성불의 도리가 없다'고 한다면, 본유의 용用이 아닌 것이다. 중생은 반드시 부처를 지을 수 있다. 지금은 인因을 말하는 것으로, 인은 '본유'이고, 과果는 '시유'로서, 본유에 시유의 이치가 있다.[89]

---

[89] (隋)灌頂, 『大般涅槃經玄義』 卷下(大正藏 38, p.10中), "開善莊嚴云: 正因佛性一法無二理. 但約本有始有兩時. 若本有神助有當果之理. 若能修行金心謝種覺起名爲始有. 始有之理本已有之, 引如來性, 貧女額珠闇室等, 證本有. 引師子迦葉明乳中無酪, 但酪從乳生故言有酪, 酪非本有, 必假醪暖. 種植胡麻, 答言有油. 油須擣壓乃可得耳. 又引佛性, 三世衆生未來當有淸淨莊嚴之身, 此證當有. 雙取二文,

여기에서는 불성의 본유를 어떻게 시유와 연결시키는가를 엿볼
수 있다. 여기에서 말하는 것은 불성에는 본유도 있고 시유도 있다는
논리이다. 본체는 하나인데 작용이 둘이 되며, 각覺을 일으키는 것을
시유라 하고, 이치(理)를 구족하고 있다는 입장에서 본유라고 보는
것이다. 따라서 '불성의 본유'는 '인'의 입장에서 논하는 것이고, '과'의
입장에서 논하고 있는 것이 '시유'의 이론이다.

앞에서 설명한 바와 같이 개선과 장엄은 '본유'와 '시유' 모두를
채택하고 있다. 그러나 '시유론'에 치우쳐 불성론을 전개한 이들 또한
존재한다. 예를 들어 길장의 『열반경유의涅槃經遊意』에는 다음과 같이
설하고 있다.

불성은 삼세에 걸쳐 얻는 것은 아니지만, 중생이 청정하고 장엄한
몸을 아직 갖추지 못하였으므로, 불성이 미래에 겨우 시작한다고
설한다. 이는 바로 '시유'를 증명하는 글이다. … 만약 불佛이라면
지금은 바로 단지 인중因中이고, 인중에 과가 없으므로, 바로 '시유
의始有義'이다.[90]

여기에서 논하는 것은 비록 '불성'이 존재한다고 해도 인중에 아직

意與瑤師不異. 又引木石之流, 無有成佛之理, 則非本有之用. 衆生必應作佛. 今
猶是因, 因是本有, 果是始有, 本有有始有之理."

90 (隋)吉藏, 『涅槃經遊義』(大正藏 38, p.237下), "佛性非三世攝, 但衆生未聚莊嚴淸淨
之身, 故說佛性始於未來. 此則證始有之文. … 若於佛則今只是因中, 因中未有
果, 則始有義."

과果가 나타나지 않은 것이므로 '본유'가 아니라 '시유'라는 것이다. 앞에서 개선과 장엄의 비유와 같이 우유 속에는 본래 요구르트가 없는 것이고, 호마에도 역시 기름이 존재하지 않는 것이므로 '본유'는 틀렸다는 것이다. 예를 들어서 암말을 팔 때 망아지의 값을 받을 수 없다는 것과 같다는 논리이다. 길장의 『대승현론大乘玄論』에서는 "음식 가운데 이미 깨끗하지 않음이 있고, 마麻 속에 이미 기름이 있다는 것과 같이 인因 가운데 있다고 말하는 것은 틀린 것이다. 그러므로 알라. 불성은 '시유'이다."[91]라고 한다. 여기에서도 아주 분명하게 '본유'의 입장을 비판하고 있음을 알 수 있다. 즉 '음식 속에 이미 대변이 있다'고 주장하는 것과 같다는 것이다.

이렇게 시유론자들은 집중적으로 '인중유과因中有果'의 입장을 비판하는데, 정영사淨影寺 혜원慧遠은 『대반열반경의기大般涅槃經義記』에서 다음과 같이 시유론자의 논리를 인용하고 있다.

만약 우유 속에 요구르트(酪)가 있어 체와 맛(味)이 같다면, 어찌하여 맛이 다른가? 우유가 차고 요구르트가 따뜻함은 그 체가 다름이고, 우유는 달고 요구르트는 시어 그 맛이 다르다. 그 모양이 다름도 말할 필요가 없다. 체와 맛이 다른 것은 명확히 본유本有가 아니다.[92]

---

91 (隋)吉藏, 『大乘玄論』卷3(大正藏 45, p.39上), "食中已有不淨, 麻中已有油, 則是因中言有之過. 故知, 佛生是始有."

92 (隋)慧遠, 『大般涅槃經義記』卷4(大正藏 38, p.704上), "若乳有酪體味應同, 云何而得味各異, 乳冷酪熱是其體異, 乳甛酪酢是其味異, 其色亦異略而不辨. 體味各異

여기에서는 '본유'를 비판하는 논리가 보다 세밀해져 있다. 심지어는
그 '체'가 다르다는 주장까지 전개함을 볼 수 있는 것이다. 더욱이
보량의 『대반열반경집해』에서는 "마치 우유를 한 달이 지나도록 그대
로 두어도 요구르트는 생기지 않는다. 만약 한 방울의 나무즙(樹汁)을
넣는다면 바로 요구르트가 될 것인데, 그 연緣이 구족되었기 때문이다.
만약 '우유 가운데 먼저 요구르트가 있다'고 한다면, 어찌 연을 기다리겠
는가?"[93]라는 시유론자의 논리를 소개하고 있다. 이러한 것은 바로
시유론자들의 논리가 점차 치밀해지는 과정을 엿볼 수 있어 상당히
흥미롭다.

과연 '불성은 본유인가, 아니면 시유인가?' 이러한 문제는 쉽게
정답을 내릴 수가 없다. 그러나 이러한 '불성에 대한 본유·시유의
논쟁'은 중국 불성론의 내용을 더욱 풍부하게 하는 원동력이 되었던
것은 분명하다. 이렇게 본유·시유의 대립이 나타나면, 그를 통합하려
는 움직임 또한 자연스럽게 나타나기 마련이다. 불성의 본유와 시유의
논쟁은 어떤 일방의 승리로 끝날 주제가 아니기 때문이다. 본유와
시유의 논쟁에서 핵심이 되는 사항은 '인·과 가운데 무엇을 중시하는
가?'이다. 그런데 중국 불성론은 불성을 '본체'로 설정하면서 출현하였
기 때문에, '본유'에 대한 부정은 결국 '본체'에 대한 부정으로 이어져서
모순에 빠지게 되는 것이다.

길장의 『대승현론』 권3에서는 불성의佛性義와 관련된 10문[94]을 열거

明非本有."

93 (梁)寶亮, 『大般涅槃經集解』 卷53(大正藏 37, p.540上), "如乳臥至一月, 則不生酪.
若以一滴, 頗求樹汁, 至卽成酪. 以其緣具足也. 若乳中先有酪者, 何須待緣耶?"

하여 설명하고 있는데, 그 가운데 제6이 바로 '본유시유문'이다. 여기에
서 길장은 '불성이 본유하다'고 주장한다면, 시유론자들이 지적한 바와
같이 우유를 팔면서 요구르트(酪)의 값을 원하고, 암말을 팔면서 망아
지 값을 요구하는 것'과 같으며, 또한 진신眞神이 힘이 강하다면 무엇
때문에 번뇌 속에 있으면서 나오지 못하고, 수행하여 미혹을 걷어내고
서야 비로소 나오는 것인가?라는 의문을 제기한다. 또 한편으로 만약
불성이 '시유'라고 주장한다면, '시유는 작법作法이고, 작법은 무상하
여 불성이 아니다'라고 말한다. 만약 '불성이 본유하다'고 주장한다면,
본유 속에 시유가 있고, 즉 본유는 상常이고 시유는 무상無常으로
상법常法에는 과거도 있고 현재도 있기에, 또한 무상이 되어 본유의
뜻이 아니라는 것이다. 반대로 '시유가 본유에 있다'고 주장한다면,
본유는 상常이고, 상법에는 시유의始有義가 없다는 것이다. 이러한
논리로 길장은 그의 결론을 다음과 같이 설했다.

> 그러므로 불성은 본유도 아니고 시유도 아니다. 다만 중생을 위하
> 여 본·시를 설했을 뿐임을 알라.[95]

불성을 지극히 논하면, 이치의 실제(理實)는 본·시가 아니다. 다만

---

94 (隋)吉藏, 『大乘玄論』卷3(大正藏 45, p.35中), "佛性義十門: 一大意門, 二明異釋門,
三尋經門, 四簡正因門, 五釋名門, 六本有始有門, 七內外有無門, 八見性門, 九會
教門, 十料簡門."

95 (隋)吉藏, 『大乘玄論』卷3(大正藏 45, p.39下), "故知佛性非本非始, 但爲衆生說言
本始也."

여래의 방편으로써 중생의 무상병無常病을 깨뜨리기 위해 일체중
생의 불성이 본래부터 있다고 설한 것이고, 이 인연으로써 불도佛道
를 이룰 수 있게 한 것이다. 다만 중생은 방편임을 모르고 불성이라
는 말에 집착하여 성性에 상락常樂의 모습을 드러내므로, 여래가
중생의 관상병觀相病을 깨뜨리기 위하여 본유를 숨기고 시유를
밝혔을 뿐이다. 불성을 지극히 논하면, 본·시가 아닐 뿐만 아니라
비본비시非本非始 또한 아니다.[96]

길장은 본유·시유는 각각 석존의 방편설임을 수긍하면서, 불성에
대하여 지극하게 논하자면 '비본비시'이고, 더 나아가 탐구한다면 '비본
비시' 역시 아니라고 말하고 있다. 즉 일체의 유소득有所得은 모두
구경의究竟義가 아니기 때문에, 본유이든 시유이든 간에 모두가 경의經
義에 상통하지 않아 모두 불법을 없애고 시비를 다투는 희론에 불과하
다는 것이다.[97]

길장은 본유와 시유와 관련된 논의를 모두 타파하고, 다시 "지론사는
말한다. 불성에 2종이 있는데, 하나는 이성理性이요, 둘은 행성行性이
다. 이성은 사물로써 만들어진 것이 아니기 때문에 본유이고, 행성은

---

96 (隋)吉藏, 『大乘玄論』 卷3(大正藏 45, p.39下), "至論佛性, 理實非本始. 但如來方便,
爲破衆生無常病故, 說言一切衆生佛性本來自有, 以是因緣, 得成佛道. 但衆生無
方便故, 執言佛性, 性現相常樂, 是故如來爲破衆生觀相病故, 隱本明始. 至論佛
性, 不但非是本始, 亦非是非本非始."

97 (隋)吉藏, 『大乘玄論』 卷3(大正藏 45, p.39中), "本有始有義亦如是. 一切有所得義,
無不自死, 而人不覺耳. 故一切諸人莫不網羅於其中矣. 若執本有則非始有. 若執
始有則非本有. 各執一文不得會通經意, 是非諍競, 作滅佛法輪."

수행을 빌어 이루어지기 때문에 시유이다."[98]라고 하여 지론사地論師의
두 가지 불성설을 비판하였다. 그는 '이성'의 '본유', '행성'의 '시유'의
설명은 얼핏 보기에는 그 취지가 그럴 듯하지만, 그러나 경의를 찾아
추론해 본다면 반드시 그런 것만은 아니라고 하였다. 우선 길장은
경전에 "어디 일찍이 '이성'이 '본유'하고, '행성'이 '시유'라고 설한 적이
있었던가?"[99]라고 묻고서, 다음으로 "만약에 '이성'이 '본유'이고 '시유'
가 아니며, '행성'이 '시유'이고 '본유'가 아니라면, 다시 집착하여 병이
된다."[100]라고 대답하였다. 이에 길장은 무엇 때문에 다시 집착하여
병을 만드는가에 대하여 자세하게 설명하지 않고, 다만 대성(大聖:
佛)의 교화는 대부분 선교방편의 설법이었는데, 세간의 천박한 사람들
은 이를 옳다고 여기고, 그에 미혹되고 집착한다고 비판하였다. 그러므
로 구경에는 불성은 '비유비무'하고 '비본비시' 또한 아니지만, 다만
중생들을 위하여 본·시를 말할 뿐이라고 한 것이라고 볼 수 있다.

또한 길장은 여러 가지 인·과의 이의二義로 불성론을 제창하는
것을 비판하고 있다. 사실상 '본유'와 '시유'의 문제는 바로 불성의
'인'과 '과'의 입장에서 논함으로써 발생한 것이다. 그래서 이것 역시
본유와 시유의 문제와 직접적인 관련이 있다고 하겠다. 길장은 인·과
의 두 가지로써 불성을 논하는 것에 대하여 경전을 인용하여 "무릇

---

98 (隋)吉藏, 『大乘玄論』 卷3(大正藏 45, p.39中), "但地論師云: 佛性有二種, 一是理性
　　二是行性, 理非物造故言本有, 行藉修成故言始有."
99 (隋)吉藏, 『大乘玄論』 卷3(大正藏 45, p.39中), "何曾說言理性本有行性始有耶?"
100 (隋)吉藏, 『大乘玄論』 卷3(大正藏 45, p.39中), "若言理性本有非始, 行性始有非本,
　　更執成病."

114

둘이 있음은 다 사견邪見이다."[101]라고 말하고, 또한 "만약 인과가 평등
하여 둘이 아닐 때, 비로소 불성이라 할 수 있다."[102]라고 말한다.
길장은 인·과로써 불성을 논함이 사견이 되는 근거로서 『열반경』을
들고 있다. 『열반경』에서는 "불성은 인因이 있고, 인인因因도 있고,
과果도 있고, 과과果果도 있다."[103]라고 하여 불성을 '인', '인인', '과',
'과과'의 네 가지로 분류한다. '인'은 십이인연을 가리키고, '인인'은
십이인연에서 생긴 '관지觀智'이며, '과'는 '대보리大菩提'이고, '과과'는
'열반'이다.[104] 길장은 이러한 것들은 모두 정인불성이 아니라고 주장한
다. 왜냐하면 '인'과 '인인'의 관계로 볼 때, 발생된 '관지'는 십이인연에
의해 있는 것이기에 '인인'이고, 반대로 십이인연은 또한 관지에 의해
현현되는 것이기 때문에, 이른바 관지가 '인'이고 십이인연이 '인인'이
라고 할 수 있다. 이미 양자가 상호 인과의 '인인'이기 때문에, 이른바
무시무종이며 모두 정인불성이 아니라는 것이다. 보리와 열반도 유사
한 논리로 모두 무시무종한 것이고, 그에 따라 모두 시종이 없기

---

101 (隋)吉藏, 『大乘玄論』 卷3(大正藏 45, p.38下), "凡有二者, 皆是邪見."

102 (隋)吉藏, 『大乘玄論』 卷3(大正藏 45, p.38下), "若知因果平等不二, 方乃地稱名
爲佛性."

103 (隋)吉藏, 『大乘玄論』 卷3(大正藏 45, p.37下), "佛性者, 有因, 有因因, 有果,
有果果也."

104 (隋)吉藏, 『大乘玄論』 卷3(大正藏 45, p.37下), "所言因者, 卽是境界因, 謂十二因
緣也. 所言因因者, 卽是緣因, 謂十二因緣所生觀智也. 境界已是因, 此之觀智.
因因而有故名因因. 好體十二因緣, 應是因因而有故名因因. 彼向望前, 此卽望
後, 皆是因因也. 所言果者, 卽三菩提. 由因而得故名爲果. 所言果果者, 卽是大
般涅槃."

때문에 '인'은 '방인傍因'이지 '정인正因'이 아니라는 것이다.[105] 따라서 길장은 "만약 '인'도 아니고 '과'도 아니라고 한다면, 비로소 '정인'이다."[106]라고 결론을 내린다.

그렇다면 길장이 제창하는 불성론은 무엇인가? 길장은 『대승현론』 권3에서 다양한 불성론에 대하여 비판했지만, 스스로의 불성론을 명확하게 제시하지는 않는 듯하다. 다만 "그러므로 언어로 이해할 수 있는 종지를 뛰어넘는 것이 마땅히 있음(當有)이니, 이에 따라 마음을 깨달음을 정인으로 삼고, 이에 부합하여 관심觀心하니, 언어로 표현할 수 없다. 그러므로 가섭존자가 늘 불가사의라고 찬탄하였다."[107]라고 말한다. 사실상 길장의 이러한 입장은 바로 반야의 중관적인 입장이라고 볼 수 있다. 반야에서 일체제법은 모두 불가득不可得이요 언어도단言語道斷으로서, '불가사의한 진리의 세계'를 설명하고 있다. 불성 역시 마찬가지로 불성을 지극至極으로 하지만 그 소재는 설명할 수 없다. 따라서 이것도 맞고 저것도 맞으며, 진眞인 동시에 속俗이고, 인因인 동시에 과果이며, 본本인 동시에 시始이다. 하지만 응병여약應病與藥의 방편설의 입장에서는 "진도 속도 아닌 중도中道로서, 정인불성으로 삼는다."[108]라고 말하고 있다.

---

105 (隋)吉藏, 『大乘玄論』 卷3(大正藏 45, p.38下), "並皆是傍, 不得名正, 非因非果, 乃名正因."

106 (隋)吉藏, 『大乘玄論』 卷3(大正藏 45, p.38下), "若言非因非果, 乃是正因耳."

107 (隋)吉藏, 『大乘玄論』 卷3(大正藏 45, p.39上), "故當有以超然悟言解之旨, 點此悟心, 以爲正因, 付此觀心, 非言可述, 故迦葉每嘆不可思議也."

108 (隋)吉藏, 『大乘玄論』 卷3(大正藏 45, p.37上), "云非眞非俗中道, 爲正因佛性."

이와 같이 길장은 본유와 시유 등 여러 가지 불성론에 대한 비판을 통해 새로운 통합적인 불성론을 제시하였다. 이는 이후 천태의 성구론과 화엄의 성기설이 본격적으로 배태될 때에 가장 중요한 토대가 되었다.

제2절 천태 성구론의 형성과 발전

중국의 불성론은 '일체중생, 실유불성'의 제창 이후, '본유'·'시유' 등의 다양한 논의를 거쳐서 점차로 정비되기 시작했다. 그 가운데 대표적인 것이 천태종의 성구론性具論과 화엄종의 성기론性起論이다. 이들의 영향 아래 형성된 것이 선종禪宗의 불성론이라고 볼 수 있다. 이들 세 종파는 한국, 중국, 일본 등 동아시아 불교의 주류를 차지하고 있었다. 이에 따라 본 절에서는 천태의 '성구론'에 대해서 간략하게 개괄하고자 한다. 다만 천태의 학설은 이른바 '오시팔교五時八敎'와 '삼제원융三諦圓融', '일념삼천一念三千', '일심삼관一心三觀', '육즉六卽' 등의 과科로 복잡하게 형성되어 있어서,[109] '성구론'에 한정하여 논술하고자 한다.

1. 삼인불성과 성구론

천태종을 창립한 지의智顗는 『법화현의法華玄義』에서 다음과 같이

---

109 『佛光大辭典』(北京: 書目文獻出版社, 1989), "天台宗"條 참조, p.1342.

'불성'을 해석하고 있다.

> 그 일법一法이란 '실상實相'을 말함이다. 실상의 상相은 무상불상無
> 相不相이면서 불상무상不相無相이기 때문에 '실상'이라고 한다. 이
> 는 파괴될 수 없는 진실에 따라 이름을 얻은 것이다. 또한 이
> 실상은 제불이 얻은 법이기 때문에 '묘유妙有'라고 칭한다. 묘유는
> 비록 볼 수 없지만, 제불은 능히 보기 때문에 '진선묘색眞善妙色'이라
> 고도 말한다. 실상은 양변이 있는 것도 아니므로 '필경공畢竟空'이
> 라 한다. 공空의 이치(理)는 담연湛然하여 하나도 아니고 다르지도
> 않아 '여여如如'라고 한다. 또 실상은 적멸하기 때문에 '열반'이라
> 한다. 깨달아 변하지 않으니, '허공虛空'이라 한다. 불성은 많은
> 것을 받아들이므로 '여래장如來藏'이라 한다. 고요히 비추며 신령스
> 럽게 알기 때문에 '중실이심中實理心'이라 한다. 유有에도 의지하지
> 않고 무無에도 붙지 않기 때문에 '중도中道'라고 한다. 최상으로
> 허물이 없기 때문에 '제일의제第一義諦'라 한다.[110]

이와 같이 지의는 '불성'을 '실상'·'묘유'·'진선묘색'·'필경공'·'여여'·
'열반'·'허공'·'여래장'·'중실리심'·'중도'·'제일의제' 등과 동등한 것이

---

110 (隋)智顗, 『妙法蓮華經玄義』 卷8下(大正藏 33, p.783中), "其一法者, 所謂實相.
實相之相, 無相不相, 不相無相, 名爲實相. 此從不可破壞眞實得名. 又此實相,
諸佛得法, 故稱妙有. 妙有雖不可見, 諸佛能見, 故稱眞善妙色. 實相非二邊之有,
故名畢竟空. 空理湛然, 非一非異, 故名如如. 實相寂滅, 故名涅槃. 覺了不改,
故名虛空. 佛性多所含受, 故名如來藏. 寂照靈知, 故名中實理心. 不依於有, 亦不
附無, 故名中道. 最上無過, 故名第一義諦."

라고 설명하고 있다. 그런데 여기에서 지의가 불성을 '중도'로 말하고
있는 것은 앞에서 길장이 언급한 것과 같지만, '중도'에 대한 함의는
약간의 차이가 있다. 그 차이란 길장의 삼론종에서는 '가유假有'를
설하는데, 천태종에서는 '묘유妙有'를 말하는 것과 같다. 즉 길장의
중도가 '비유비무非有非無, 비본비시非本非始'에 입각하였다면, 지의가
설하는 중도는 '즉유즉무卽有卽無, 본시상즉本始相卽'에 토대를 두었다
고 할 수 있다. '진공묘유'의 사상은 후대에 상당히 중요한 영향을
미치는데, 그러한 '묘유'를 체계적으로 제시한 이가 바로 지의 대사라고
하겠다.

지의는 주로 '불성 속에 선善과 악惡이 구유되어 있다'는 성구선악설
性具善惡說을 통하여 '묘유'를 표현하고 있다. 또 성구성악설은 '삼인불
성三因佛性'의 과정에서 나타나기 때문에 먼저 '삼인불성'에 대하여
고찰할 필요가 있다.

삼인불성이란 정인正因·요인了因·연인緣因 등의 불성을 가리키는
데, 지의는 다양한 저서를 통하여 이를 거론하였다. 그런데 그 삼인의
내용은 각각 다르다. 우선 『법화현의』 권10상과 권5하에서는 다음과
같이 설한다.

> 그러므로 법성실상法性實相이 바로 정인불성이고, 반야관조般若觀
> 照가 요인불성이며, 오도공덕五度功德으로 반야를 도와 격발함이
> 바로 연인불성이다.[111]

---

[111] (隋)智顗說, 『妙法蓮華經玄義』 卷2上(大正藏 33, p.802上), "故知法性實相卽是正
因佛性, 般若觀照卽是了因佛性, 五度功德資發般若卽是緣因佛性."

삼류三類는 삼불성三佛性과 통하는데, 진성궤眞性軌로서 바로 정인
성正因性이고, 관응궤觀應軌로서 요인성了因性이고, 자성궤資成軌
로서 바로 연인성緣因性이다. 그러므로 아래 문장에서 말하기를,
"너는 실제로 나의 아들이요, 나는 실제로 너의 부친이다."라고
한 것이 정인성이고, 또 말하기를, "나는 옛적에 너에게 무상도無上
道를 가르친 까닭에 일체의 지智와 원願을 잃지 않고 있다."라고
하였는데, '지'는 요인성이고 '원'은 바로 연인성이다.[112]

위의 인용문으로부터 '법성실상'을 정인으로, '반야관조'를 요인으
로, '오도공덕'을 연인으로 삼고 있음을 알 수 있다. 또한 아래의 인용문
에서는 성불의 진성眞性을 '정인'으로 삼고, 관지觀智를 '요인', 서원과
공덕을 '연인'으로 삼고 있음을 알 수 있다. 이 내용은 앞의 것과 표현은
조금 다르지만, 그 의미는 크게 다르지 않다.

『법화문구法華文句』와 『마하지관摩訶止觀』에서는 삼인에 대하여 다
음과 같이 설한다.

경전을 독송함이 곧 요인불성이고, 모든 보살도를 행함은 연인불
성이며, 감히 가볍거나 오만하지 않고 깊은 믿음이 바로 정인불성
이다.[113]

112 (隋)智顗說, 『妙法蓮華經玄義』卷5下(大正藏 33, p.744下), "三類通三佛性者,
眞性軌卽是正因性, 觀應軌卽是了因性, 資成軌卽是緣因性. 故下文云: 汝實我
子, 我實汝父, 卽正因性, 又云: 我昔敎汝無上道, 故一切智願猶在不失, 智卽了因
性, 願卽緣因性."
113 (隋)智顗, 『妙法蓮華經文句』卷10(大正藏 34, 141上), "讀誦經典卽了因佛性, 皆行

만약 '무명無明을 전환하여 불지佛智의 명明을 얻는 것'으로 말한다
면 초발심으로부터 십이인연을 아는 것이 삼불성三佛性이다. 즉
십이인연을 통관하여 지혜가 나옴이 요인불성이며, 십이인연을
관하여 마음에 제행이 구족됨을 연인불성이라 한다. 만약 나누어
관(別觀)한다면, 무명·애愛·취取가 요인불성이고, 행行·유有는 연
인불성이며, 나머지 칠지七支는 정인불성이다.[114]

이외에 『관음현의觀音玄義』에서는 인공人空을 요인으로, 법공法空
을 연인으로 삼으며,[115] 또한 '반야관지'를 요인으로, 해탈을 연인으로
삼기도 했다.[116] 이렇게 지의가 불성의 정인·요인·연인 삼인에 대하여
다양한 설명을 하였던 이유는 기본적으로 '인·연·과를 어떻게 설정하
는가?' 하는 문제와 관련이 있다. 다시 말하여 어떠한 '인'을 설정한다
면, 그에 따른 '연'이 다르게 설정될 것이고, '과' 역시 다르게 설정될
수밖에 없기 때문이다.

그렇지만 지의의 '삼인불성'의 기본사상은 앞에서 인용한 "법성실상

菩薩道卽緣因佛性, 不敢輕慢而復深信者, 卽正因佛性."

114 (隋)智顗, 『摩訶止觀』 卷9下(大正藏 46, 126下), "若轉無明爲佛智明, 從初發心知
十二因緣是三佛性. 若通觀十二因緣智慧, 是了因佛性; 觀十二因緣心具足諸行,
是緣因佛性. 若別觀者, 無明愛取則了因佛性, 行有則緣因佛性, 等七支則正因
佛性."

115 (隋)智顗說, 灌頂記, 『觀音玄義』 卷上(大正藏 34, p.878下), "故知觀人空是了因種
也, 觀法空是緣因種者."

116 (隋)智顗說, 灌頂記, 『觀音玄義』 卷上(大正藏 34, p.880中), "了者卽是般若觀智,
亦名慧行正道智慧莊嚴, 緣者卽是解脫."

이 바로 정인불성이고, 반야관조가 요인불성이며, 오도공덕으로 반야
를 도와 격발함이 바로 연인불성이다."[117]라는 문구와 같이 비유비무非
有非無, 불염부정不染不淨의 실상實相을 정인불성으로 삼고, 실상에
대한 관조觀照를 드러내는 반야지혜를 요인불성으로 하고, 각지覺智를
돕고 정성正性을 열어 나타나게 하는 공덕선행을 연인불성으로 삼는
것에서 찾을 수 있다.

그런데 지의는 『법화문구』 권4하와 『법화현의』 권7하에서 다음과
같이 설한다.

실상實相은 무자성無自性에 상주常住하며, 내지 무인성無因性이
없으며, '무성無性' 또한 '무성'하니, 이를 '무성'이라 한다. … 또한
'무성'은 바로 정인불성이다.[118]

비유하자면, 연자蓮子와 같이 진흙 속에 있지만, 사미(四微: 色香味
觸)에 오염되지 않음을 연자의 체體라고 한다. 일체중생의 정인불
성도 이와 같아서 상락아정常樂我淨하여 부동불괴不動不壞함이 불
계佛界의 여시체如是體라고 한다.[119]

---

117 (隋)智顗說, 『妙法蓮華經玄義』 卷2上(大正藏 33, p.802上), "故知法性實相即是正
因佛性, 般若觀照即是了因佛性, 五度功德資發般若即是緣因佛性."

118 (隋)智顗說, 『妙法蓮華經文句』 卷4下(大正藏 34, p.58上), "實相常住無自性, 乃至
無無因性, 無性亦無性, 是名無性. … 又無性者即正因佛性也."

119 (隋)智顗說, 『妙法蓮華經玄義』 卷7下(大正藏 33, p.773中), "譬如蓮子在淤泥中,
而四微不朽, 是名蓮子體. 一切衆生正因佛性, 亦復如是. 常樂我淨, 不動不壞,
名佛界如是體."

이로부터 보자면, 지의는 '실상'인 정인불성이 무염정과 비선악의 본체계에 상주한다고 정의하고 있음을 알 수 있다. 이에 반하여 '연인'과 '요인'은 염정과 선악을 갖춘다고 보았다. 『관음현의』권2에는 다음과 같은 문답이 보인다.

> 문: 연인과 요인이 이미 성덕선性德善이 있다면, 또한 성덕악性德惡도 있는가?
> 답: 갖추고 있다(具).[120]

'성구선악性具善惡'의 실마리가 이로부터 나타난다고 할 수 있다. 물론 앞에서 언급한 지의의 연인·요인의 설명 속에 이미 '선악'의 요소가 갖추어져 있음을 짐작할 수 있다. 원대元代 회칙懷則의 『천태전불심인기天台傳佛心印記』에서는 천태의 '삼인불성'에 대하여 대략적으로 다음과 같이 설하고 있다.

> 구계九界에는 삼인이 있는데, 성염性染은 요인이고, 성악性惡은 연인이며, 염·악이 둘이 아님이 악정인惡正因이다. 어찌하여 오직 수덕修德에 국한되는가? 불계에도 삼인이 있는데, 성선性善은 연인이고, 성정性淨은 요인이며, 선·정이 둘이 아님이 바로 선정인善正因이다.[121]

---

120 (隋)智顗說, 灌頂記, 『觀音玄義』卷上(大正藏 34, p.882下), "問: 緣了旣有性德善, 亦有性德惡不? 答: 具."

121 (元)懷則, 『天台傳佛心印記』(大正藏 46, p.934中), "若爾九界三因, 性染了因, 性惡

여기에서는 십계十界 가운데 구계와 불계佛界를 나누어 논한다. '성염'과 '성정'은 요인이고, '성악'과 '성선'은 연인이며, '염정·선악이 둘이 아님'이 정인이다. 만약 "십법계가 떠남과 합함에서 본다면, 삼인이 구족한다."[122]고 한다. 왜냐하면 '제법실상'은 권權이나 실實에서도 나오지 않고, 제법은 동체同體의 '권'에서 선악이 연인·요인이며, 실상은 '동체'의 '실'에서 선악이 정인이기 때문이다.[123] 연인·요인과 정인의 관계는 제법과 실상의 관계와 같아서, 권과 실의 관계이고, 동일한 체의 양면이다. 그리하여 합하면 삼인이 구족하다는 것이다. 그에 따라 다음과 같이 설한다.

연인에는 반드시 요인·정인이 갖추어져 있음을 말하고, 정인에도 반드시 연인·요인이 구족함을 말한다. 일一에는 반드시 삼三을 갖추니, 삼이 바로 일이다. 말에 떨어져서 원의圓義를 잃지 말고, 성의聖意를 욕되게 하지 말라.[124]

이러한 '삼인이 서로 구족하다'는 설은 천태종 불성사상의 핵심이라고 말할 수 있다. 만약 삼인이 서로 구족하지 않는다면, 성구선악의

緣因, 染惡不二是惡正因; 豈惟局修; 佛界三因, 性善緣因, 性淨了因, 善淨不二卽善正因."

122 (元)懷則, 『天台傳佛心印記』(大正藏 46, p.934中), "十法界離合讀之, 三因具足."

123 (元)懷則, 『天台傳佛心印記』(大正藏 46, p.934中), "諸法實相不出權實, 諸法是同體權中善惡緣了, 實相是同體實中善惡正因."

124 (元)懷則, 『天台傳佛心印記』(大正藏 46, p.934中), "言緣必具了正, 言了必具緣正, 言正必具緣了. 一必具三, 三卽是一, 毋得守語害圓誣罔聖意."

결론에 도출하는 데 문제가 나타날 수 있기 때문이다. 비록 후대의 정리된 내용을 인용하였지만, 이러한 사상의 연원은 당연히 지의로부터 시작된 것이다.

지의는 일체중생이 정인·요인·연인의 삼덕을 다 갖추고 있음을 『법화현의』에서 다음과 같이 설했다.

> 지금 『법화경』의 부자父子의 비유에서 천성天性을 정한다. 객이 지은 바가 아니기 때문에 상불경보살常不輕菩薩은 이 뜻을 깊이 얻었다. 일체중생의 정인이 불멸함을 알면 감히 가벼이 할 수 없다. 모든 과거불이 현재 멸한 후 만약 한 구절을 듣고 모두 불도를 이룬다면 요인이 불멸인 것이다. 고개를 숙이고 손을 드는 데에서 불도를 이루는 것은 바로 연인이 불멸인 것이다. 일체중생은 이러한 삼덕을 갖추지 않음이 없다.[125]

이로부터 '일체중생은 삼인을 모두 구족하고 있다'고 밝히고 있음을 알 수 있다. 또한 『법화문구』 권10상에서 지의는, "정인불성은 끝없이 이어진 본래 당유이며, 연인·요인불성의 종자는 본유이지, 지금에 비로소 있는 것이 아니다."[126]라고 한다. 또한 『관음현의』 권상에서

---

125 (隋)智顗說, 『妙法蓮華經玄義』 卷6下(大正藏 33, p.757中), "今法華定天性, 審父子, 非復客作, 故常不輕深得此意, 知一切衆生正因不滅, 不敢輕慢, 於諸過去佛現在若滅後, 若有聞一句, 皆得成佛道, 卽了因不滅; 低頭擧手, 皆成佛道, 卽緣因不滅也. 一切衆生, 無不具此三德."

126 (隋)智顗說, 『妙法蓮華經文句』 卷10(大正藏 34, p.140下), "正因佛性, 通亘本當, 緣了佛性種子本有, 非適今也."

"지금 정명원교正明圓敎는 2종 장엄의 인因이고, 불佛은 2종 장엄의
과果를 구족하므로, 이 인과 과의 근본은 바로 성덕性德의 연인·요인이
다. 이 같은 성덕은 본래부터 있는 것이지 지금에 있는 것은 아니다."[127]
라고 설한다. 이렇게 지의는 연인·요인이 본래부터 있는 것이라는
'본구本具'의 입장을 논증하고 있다. 지의는 이러한 '본구'의 입장에서
비공비유非空非有의 중中을 정인이라 하고, 가假는 연인이고, 공空은
요인으로 삼고, 나아가 공·가·중 삼제는 원융무애하여 서로 구족함(互
具)을 제창한다. 공을 설하면 가·중 또한 공이고, 하나가 공이면 일체도
공이며, 가를 설하면 공·중 역시 가이며, 하나가 가이면 일체도 가이고,
중을 설하면 공·가 역시 중이며, 하나가 중이면 일체도 중이다. 즉공卽
空·즉가卽假·즉중卽中은 비록 삼이지만 일이고, 일이지만 삼으로서
서로 방해하지 않는다.[128] 이러한 지의의 사상을 송대宋代의 준식遵式과
원대元代 회칙懷則은 다음과 같이 평가하고 있다.

천태가 논하는 불성은 제가諸家와 다르다. 대부분 이理와 진여眞如
로서 불성을 삼는데, 천태는 원융하게 십계十界를 논하고, 중생과
불은 서로 융통하여 실實이고 권權이면서 동시에 일념一念에 머문
다. 일념은 무념無念이기에 바로 '요인불성'이고, 일체법을 구족하

---

127 (隋)智顗說, 灌頂記, 『觀音玄義』(大正藏 34, p.880中), "今正明圓敎二種莊嚴之因,
佛具二種莊嚴之果, 原此因果根本卽是性德緣了也. 此之性德, 本自有之, 非適
今也."

128 (隋)智顗說, 『妙法蓮華經玄義』卷3上(大正藏 33, p.714上), "圓三智者, 有漏卽是因
緣生法, 卽空 卽假 卽中; 無漏亦卽假 卽中; 非漏非無漏亦卽空 卽假. 一法卽三法,
三法卽一法."

기에 바로 '연인불성'이며, 비공비유非空非有는 바로 '정인불성'이다. 일념에서 생하는 법이 바로 공·가·중이니, 이치(理)에 있어서 삼인三因이라 하고, 과果에 있어서 삼덕三德이라 하니, 원묘圓妙하고 심절深絶하며, 불가사의하다.[129]

다만 하나의 사리事理, 삼천은 즉공성卽空性의 요인이고, 즉가성卽假性의 연인이며, 즉중성卽中性의 정인이다. 삼제가 만약 성구性具가 아니라면, 이 같은 의義는 무엇을 말미암아 성립하겠는가? 삼천은 삼제일 뿐 아니라 또한 삼제가 바로 삼천이기 때문에 말하기를, "중제中諦는 일체법을 통섭하고, 진제眞諦는 일체법을 끊으며, 속제俗諦는 일체법을 세우니, 삼천은 즉중卽中이고, 중中으로서 주主가 되어 일一이 삼三이니, 본유가 관조하는 묘경妙境이라."고 칭한다.[130]

준식과 회칙의 이 같은 평가는 천태종의 정인·요인·연인의 '삼인'이 다시 즉공·즉가·즉중의 '삼제'와 연결되어 있음을 말하는 것이다.

---

129 (宋)遵式, 『天竺別集』卷下, 『爲王丞相欽右講法華經題』(卍續藏 57, p.39上), "天台所談佛性, 與諸家不同. 諸家多說一理眞如名爲佛性, 天台圓談十界, 生佛互融, 若實若權, 同居一念. 一念無念, 卽了因佛性. 具一切法, 卽緣因佛性, 非空非有, 卽正因佛性. 是卽一念生法, 卽空假中. 在理名三因, 在果名三德, 圓妙深絶, 不可思議."

130 (元)懷則, 『天台傳佛心印記』(大正藏 46, pp.934下~935上), "只一事理, 三千卽空性了因, 卽假性緣因, 卽中性正因. 三諦若不性具, 義何由可成? 非但三千卽三諦, 亦乃三諦卽三千, 故云, 中諦者統一切法, 眞諦者泯一切法, 俗諦者立一切法, 三千卽中, 以中爲主, 卽以而三, 名爲本有所觀妙境."

이런 해석은 후대에 와서 천태의 '삼인호구三因互具'와 '성구선악性具善惡'이 사상적으로 더욱 완비되어졌음을 의미한다고 하겠다.

　이상의 논술을 정리하겠다. 지의는 불성에 대하여 정인·요인·연인의 셋으로 보았는데, 비유비무, 불염부정의 실상을 정인불성으로 삼고, 실상에 대한 관조를 드러내는 반야지혜를 요인불성으로 하고, 각지를 돕고 정성을 열어 나타나게 하는 공덕선행을 연인불성으로 삼는다. 또한 이러한 삼인 가운데 정인이 비염정·무선악이지만, 연인·요인은 염정과 선악을 갖추고 있다고 지적하고, 이러한 삼인불성은 본래부터 구족된 것임을 논증한다. 나아가 지의는 이러한 삼인을 공가중空假中의 삼제와 연계시켜 이들이 철저하게 '호구互具'함을 제창하였다. 따라서 천태의 불성론은 '삼인호구'와 '성구선악'이 가장 기본적인 토대였다.

　그런데 이렇게 '성구선악'이라고 한다면, 다시 말하여 불성에 이미 악惡을 구족했다면, '부처 역시 악을 생하는가?' 하는 문제가 발생한다. 이러한 문제에 대하여 지의는 명확하게 답하고 있다. 즉 『관음현의』에서 "어떤 사람이 천제闡提는 성선性善이 끊어지지 않았기에 다시 선을 일으키는데, 불佛은 성악性惡이 끊어지지 않아서 다시 제악諸惡을 일으키는가?"[131] 하고 묻자, 지의는 다음과 같이 답한다.

　천제는 성선性善을 통달하지 않았기 때문에 다시 선善에 물들 수 있으며, 선을 닦음으로써 제악을 널리 대치한다. 부처는 비록

---

131 (隋)智顗說, 灌頂記, 『觀音玄義』 卷上(大正藏 34, p.882下), "問: 闡提不斷性善還能
　　令修善起, 佛不斷性惡還令修惡起耶?"

128

성악性惡이 끊어지지 않았지만, 능히 악에 통달하였다. 악에 통달하였기 때문에 악에 자재自在하고, 그러므로 악에 물들지 않으며, 수악修惡을 다시 일으키지 않는다. 그러므로 부처는 영원히 악에 돌아가지 않는다.[132]

천제는 '선성'이 끊어지지 않았고 또한 '선성'을 통달할 수 없는 까닭에 선을 닦아서 악을 대치할 수 있으며, 부처는 '성악'을 구족하지만 본래부터 악법을 잘 알고 있어서 악을 일으키는 일이 없어서 영원히 악에 떨어지지 않는다는 내용이다. 이러한 "천제는 성선이 끊어지지 않고, 제불도 성악이 끊어지지 않았다는 것은 무엇을 드러내고자 하는 의도인가(意何所顯)?"라고 어떤 이가 준식에게 묻자, 다음과 같이 답한다.

성性을 갈고 닦는 의미는 성상性常을 드러내고자 함이다. 선과 악의 두 길은 십계十界를 벗어나지 않는다. 수악修惡의 극한은 천제만 하지 못하고, 수선修善의 궁극은 어찌 제불을 넘겠는가! 두 사람이 성을 논하지만, 선악은 함께 존재하는 것이다. 성선性善 또한 천제에게 있고, 성악性惡 또한 제불에게 있으니 두 사람은 둘이 아니다. 삼천三千의 이치(理)가 다 같으므로 천제는 성불할 때를 만나게 된다.[133]

---

132 (隋)智顗說, 灌頂記, 『觀音玄義』 卷上(大正藏 34, p.882下), "闡提旣不達性善, 以不達故, 還爲善所染, 修善得起, 廣治諸惡. 佛雖不斷性惡, 而能達於惡, 以達惡故, 於惡自在, 故不爲惡所染, 修惡不得起, 故佛永無復惡."

여기에서 말하고자 하는 것은 바로 지선至善의 부처도 악을 구족하고, 극악極惡의 천제조차도 선을 구족한다는 것이다. 이런 해석은 십계가 서로 구족하고 삼천의 이치가 다 같다는 것을 드러내고자 한다는 것이고, 이것이 천태의 성구선악의 참다운 의의라는 것이다.

2. 십계호구와 일념삼천의 중도불성

'십계가 서로 구족한다(十界互具)'는 말은 십법계 가운데 일계一界가 동시에 나머지 구계九界를 구족한다는 것이다. 십법계는 불佛·보살菩薩·연각緣覺·성문聲聞·천天·인人·아수라阿修羅·아귀餓鬼·축생畜生·지옥地獄 등의 십계를 말한다. 앞의 4계는 사성四聖이라고 하며, 뒤의 6계는 육범六凡이라 칭한다. 일반적으로는 이러한 십계를 서로 소통시키지 않았지만, 지의는 십계를 서로 구족하게 하여, 불계는 보살계 이하 9계를 구족하고, 지옥계 또한 축생계 이상의 9계를 구족한다고 주장한다. 지의는 『법화현의』에서 다음과 같이 설명하였다.

하나의 법계가 9법계를 구족함을 체광體廣이라 하고, 9법계는 바로 불법계佛法界로 위고位高라 하며, 10법계는 즉공卽空·즉가卽假·즉중卽中으로 용장用長이라 하고, 즉일卽一로서 삼을 논하고 즉삼卽三

---

133 (宋)遵式,『天竺別集』卷下,『答王知縣書』(卍續藏 57, p.39下), "對修硏性, 意顯性常. 善惡二途, 不出十界; 修惡之極, 莫若闡提; 修善之窮, 豈過諸佛. 二人論性, 善惡俱存, 性善且對闡提, 性惡且論諸佛, 二人不二, 三千理均, 故得闡提有成佛之期."

130

으로서 일을 논하니, 각기 다르지도 않고 횡橫하지도 않고 일─도 아니니, 묘妙하다고 칭한다.[134]

이러한 십계호구十界互具의 설에 대하여 어떤 사람이 천태지의의 십계호구 등의 사상은 "경론에 명확한 문구가 없는데, 어찌 사용할 수 있는가(若無經論明文, 豈可承用)?"라는 질문에 지의는 다음과 같이 답한다.

단지 뜻이 경론에 부합한다면, 문구가 없다고 어떻게 의심하겠는 가? … 지금 일가─家가 불법을 해석하는 데 있어서, 곳곳에 이름을 보고 뜻을 만들고, 뜻에 따라 이름을 세움이다. 혹은 문구의 증거가 있고, 혹은 문구의 증거가 없기도 하다. 만약 문증文證이 있으면 의심할 여지가 없지만, 문증이 없어도 또한 반드시 뜻을 얻음(得意) 에 따를 것이다.[135]

이러한 논술은 천태지자 대사의 자신감을 엿볼 수 있는 대목이지만, 한편으로는 중국불교의 성숙을 보여준다. 지의는 이 십계호구와 천태종 제2조인 혜문慧文의 일심삼관─心三觀 및 천태종 제3조인 혜사慧思

---

134 (隋)智顗說, 『妙法蓮華經玄義』 卷2上(大正藏 33, p.692下), "一法界具九法界, 名體廣, 九法界卽佛法界, 名位高, 十法界卽空卽假卽中, 名用長. 卽一而論三, 卽三而論一, 非各異, 亦非橫, 亦非一, 故稱妙也."

135 (隋)智顗, 『四敎義』 卷1(大正藏 46, p.723中), "但使義符諸經論, 無文何足質疑. … 今一家解釋佛法, 處處約名作義, 隨義立名, 或有文證, 或無文證. 若有文證, 故不應疑, 無文證者, 亦須得意."

의 십여시실상十如是實相 등을 서로 배합하여 '일념삼천一念三千'의
학설을 구성하였다.

'일심삼관'이란 그 연원은 『대지도론大智度論』과 『중론中論』에서
나왔고, 제창자는 북제北齊의 혜문 선사이다. 『마하반야경』의 시작
부분에서 지혜를 도종지道種智·일체지一切智·일체종지一切種智의 삼
종으로 나누었다. 그런데 이 삼자는 높고 낮음과 계층의 차별이 있어,
반드시 반야를 수습해야 겨우 도달할 수 있다고 보았다. 『대지도론』에
서는 이 부분의 경문을 해석할 때, 삼종의 지혜는 비록 계층의 차별이
있지만, 최후에는 원만圓滿에 도달하여 일시에 '한마음 가운데 증득함
(一心中得)'을 얻는다고 하였다.[136] 혜문은 이 사상과 『중론』의 '삼시게三
是偈'의 "인연으로 생긴 모든 법을 공空이라 설하지만, 이것 또한 가명假
名이면서, 또한 중도의 뜻이다(因緣所生法, 我說卽是空, 亦爲是假名, 亦是
中道義)."와 연결시켜, 일심一心 또한 공·가·중 세 방면으로 동시에
관찰하여 공·가·중 삼종의 관문觀門을 성립시킨다고 한다. 이렇게
원래의 '삼지일심三智一心'은 '삼제일심三諦一心'으로 반전시키는데,
이것이 바로 혜문의 '일심삼관'이다. 혜사는 '일심삼관'을 기초로 하여
이론을 더욱 진전시킨다. 그는 『법화경』에서 설한 '십여시十如是'를
근거로 하여 '실상'으로 귀결하게 하니, 실상의 구체적인 내용이 '십여
시'이고, '십여시'는 바로 제법의 실상이라고 말한다.[137]

---

136 이 부분은 龍樹造, (後秦)鳩摩羅什譯, 『大智度論釋』 卷27, 初品大慈大悲義(大正
藏 33, p.260中)의 "問曰: 一心中得一切智 一切種智, 斷一切煩惱習; 今云何言:
以一切智具足得一切種智, 以一切種智斷煩惱習?"에 대한 답변에 상세히 들어
있다.

132

지의는 혜문의 '일심삼관', 혜사의 '십여시실상'과 자기의 '십계호구'
를 혼합하고, 아울러 제법실상을 최후에 일념심一念心으로 귀결시키
니, 이것이 바로 그의 '일념삼천설一念三千說'이다. 이에 대해 『법화현
의』 권2상에서 지의는 다음과 같이 설한다.

이 일법계는 십여시를 구족하고, 십법계는 백여시를 구족하며,
또한 일법계는 구법계를 구족하니, 바로 백법계에는 천여시가
있다.[138]

일심은 십법계를 구족하고, 일법계는 또 십법계, 백법계를 구족하
며, 일계는 삼십종의 세간을 구족하니, 백법계는 삼천종 세간이다.
이 삼천은 일념심一念心에 있는 것으로, 만약 마음(心)이 없다면
그만이고, 한 찰나의 마음만 있으면 바로 삼천세간이 구족된다.[139]

십법계가 서로 구족하기 때문에 백법계를 이루고, 일법계에 또
십여시를 구족하기에 백법계에 천여시가 있다는 것이다. 또한 세간은
삼三으로 나눈다. 즉 오온세간五蘊世間, 유정세간有情世間, 기세간器世
間으로, 이 천여시에 삼종세간을 서로 곱하면 삼천종의 세간을 얻는다.

---

137 賴永海, 『中國佛性論』, pp.110~111 참조.
138 (隋)智顗說, 『妙法蓮華經玄義』 卷2上(大正藏 33, p.693下), "此一法界具十如是,
十法界具百如是, 又一法界具九法界, 則有百法界千如是."
139 (隋)智顗說, 『摩訶止觀』 卷5上(大正藏 46, p.54上), "夫一心具十法界, 一法界又具
十法界, 百法界, 一界具三十種世間, 百法界卽三千種世間. 此三千在一念心, 若
無心而已, 介爾有心, 卽具三千."

또 다른 하나의 구성법은 십법계가 서로 백법계를 구족하니, 십여시와 삼종세간을 서로 곱하면 삼십종 세간이 되고, 그 후 각 백법계에서 각 삼십종 세간을 얻으니, 삼천종 세간이 된다. 이 삼천세간은 자생自生도 아니고 또한 타생他生도 아니며, 바로 일념심과 결부된다. 사람들의 지금 이 순간의 매 일념심은 모두 원만하게 일체제법을 구족한다. 마음이 일체법을 생하는 것이 아니고, 마음이 바로 일체법이다. 이것이 바로 '한 찰나의 마음만 있으면, 바로 삼천이 구족된다'는 것이다.[140]

이렇게 마음에서 일념이 일어나는 순간 동시에 삼천의 세간이 구족된다는 논리는 중생의 성품(性)에 선과 악이 구족된다는 내용과 완벽하게 호응되는 것이라고 할 수 있다. 또한 '일심삼관'이 『대지도론』과 『중론』 등의 논서에서 의거한 것이라면, 앞에서 언급한 바와 같이 '문증文證'이 없다고 하여도 또한 '뜻을 얻음(得意)'에 따른 것으로 결코 천태지자가 마음대로 설정한 교의가 아니라는 것이다. 따라서 이러한 '십계호구'와 '일념삼천'은 천태의 '성구론'에 가장 근본적인 토대라고 할 수 있다.

'성구선악설'과 서로 연계하여 천태지의는 '탐욕즉도貪慾卽道'의 이론을 제시하였다. 본래 불교에서는 탐진치를 '삼독三毒'이라고 하여 근본적인 번뇌와 업장業障으로 보지만, 지의의 입장에서는 그 자체를 또한 '도'로서 보는 것이다. 지의는 『마하지관摩訶止觀』에서 다음과 같이 설한다.

---

140 賴永海, 『中國佛性論』, p.111 참조.

불교에서 '탐욕이 곧 도'라는 것은 부처님께서 일체중생의 근기가 낮고 복이 많지 않음을 보시어 결코 선善에서 수도함이 가능하지 않음을 아시고, … 탐욕 가운데 지관止觀을 수습케 하나 지止의 지극함을 얻지 못하는 까닭으로 이 설을 지었다. … 만약 중생이 악惡에서 지관을 닦지 못하는 자는 모든 선을 이름하여 도道로 삼으라고 설하니, 부처님께서는 이 두 가지 설을 모두 갖춤이다.[141]

여기서 '탐욕이 곧 도'라고 하는 것은 우둔한 자, 비천하고 박복한 자에 대하여, 이러한 사람은 선善에서 수도할 수 없기 때문에 이러한 부류의 중생은 악惡에서 수도하게 해야 한다는 뜻이었다. 악 가운데에서 수도하기에 적당하지 않은 중생에 대하여 부처는 '탐욕즉도'를 설하지 않고 '모든 선을 도로 삼는다(諸善爲道)'고 설하였다고 한다. 따라서 지의가 설한 '탐욕즉도'는 바로 방편설이고, 중생들의 근기에 따라 교화하는 수기섭화隨機攝化라고 할 수 있다.

이러한 지의의 '탐욕즉도' 사상은 '삼제원융三諦圓融'설에서 집중적으로 나타난다. '삼제원융'이란 바로 '공'·'가'·'중'의 삼제가 상즉호구相卽互具하고 원융무애하다는 것이다. 이는 앞에서도 인용한 바[142]와 같이 '공'은 '가'·'중'을 떠날 수 없어서 "공은 또한 즉가卽假이고 즉중卽中

---

141 (隋)智顗說,『摩訶止觀』卷2下(大正藏 46, p.19上), "佛說貪欲卽是道者, 佛見機宜 知一切衆生低下薄福, 決不能于善中修道, … 令於貪欲修習止觀, 極不得止, 故 作此說. … 若有衆生不宜惡修止觀者, 佛說諸善名之爲道, 佛具二說."

142 (隋)智顗說,『妙法蓮華經玄義』卷3上(大正藏 33, p.714上), "圓三智者, 有漏卽是因 緣生法, 卽空 卽假 卽中; 無漏亦卽假 卽中; 非漏非無漏亦卽空 卽假. 一法卽三法, 三法卽一法."

인 것이다."[143]라고 하고, '가'는 '공'·'중'을 떠날 수 없어서 "가는 또한 즉공卽空이고 즉중인 것이다."[144]라고 하며, '중'은 '공'·'가'를 떠날 수 없어서 "중은 또한 즉공이고 즉가인 것이다."[145]라는 것이다. '공'·'가'·'중'은 "셋이면서도 하나이고", "하나이면서도 셋"이어서 표면상에서 보면 셋이지만, 실제상 "비록 셋이지만 하나이고(雖三而一)", "서로 방해하거나 걸리지 않는다(不相妨碍)."[146]라고 한다. 이러한 이론이 불성론에 철저하게 스며들어서 다음과 같은 결론에 도달하였다. 대천세계大千世界의 일체제법(즉 불교에서 말하는 '가假')은 그것이 선법이든 악법이든 관계없이 실제로 '공'이고, '중'인 것이다. '중'은 바로 '중도불성中道佛性'이다. 이와 같은 논리에서 탐욕 제악법은 바로 불성이며, 도道로서 실로 이치에 맞는 것이다.

천태종이 '성구선악'과 '탐욕 즉 도'를 제창하였지만, 결코 이 때문에 수행을 부인하지는 않았다. 이와 반대로 천태종의 역대 조사들은 수행을 대단히 중시하였다. 지의 대사에 이르러서는 '지관병중止觀幷重'의 수행법을 제시하였다.

'지止'는 범어 'śaṇatha(奢摩他)', '관觀'은 범어 'vipaśyanā(毘婆舍那)'의 번역으로, 모든 외경外境과 망념을 지식止息하고, 특정한 대상에 집중하고(止), 아울러 생기한 바른 지혜로 이 대상을 관觀함을 '지관'이라고 한다. 이는 정定·혜慧의 2법으로 지칭되기도 한다.[147] 따라서

---

143 "空, 亦卽假, 卽中."

144 "假, 亦卽空, 卽中."

145 "中, 亦卽空, 卽假."

146 (隋)智顗說, 『摩訶止觀』 卷1下(大正藏 46, p.7中).

이러한 '지관'은 수행법 가운데 가장 핵심적인 두 가지라고 하겠다. 불교가 중국에 전래된 이후 남방은 의리義理, 즉 지혜를 중시하고, 북방은 선정禪定을 중시한다는 상황이 발생하였는데, 이를 '남의북선南義北禪'이라고 한다. 천태지의 대사에 이르러 이 두 가지 수행법을 통일시켜, "만약 열반에 드는 법이 많다고 하여도, 그 핵심(賢要)을 논한다면 지·관의 두 법을 벗어나지 않는다."[148]라고 하였다. 지의 대사는 그 일생의 설법을 통하여 지관의 두 법을 새의 두 날개와 같이 서로 결여될 수 없는 것이라고 누누이 강조하여, 만약 한 측면만을 배우면 곧 사도邪道에 떨어진다고 하였다. 그는 '지'는 번뇌를 다스리고, '관'은 어리석음을 타파한다고 하였다. 만약 '지'를 수행한 시간이 길었는데도 일깨울 수 없을 때는 마땅히 '관'을 수행해야 하고, 반대로 만일 '관'을 오래도록 수행하였는데도 숨어 있는 장애를 아직 타파할 수 없을 때는 마땅히 '지'를 수행해야 한다고 하였다. '지'는 결박을 타파하는 첫 관문이며, '관'은 번뇌를 끊는 핵심이다. 성불하는 길은 많으나, 가장 중요한 것은 '지', '관' 두 법이며, 또한 반드시 '지', '관'을 결합시켜야 비로소 효과를 얻을 수 있다는 것이다. 이러한 천태의 지관법문은 『마하지관』 등에 집중적으로 설해져 있다.

지의의 저술에 나온 '지관'에 대한 함의는 광범위하다. 예컨대 "법성法性이 적연寂然함을 지止라 하고, 적寂하여 상조常照함을 관觀이라 한다."[149]라고 하고, 혹은 "발보리심發菩提心이 바로 관이고, 삿된 마음

---

147 『佛光大辭典』(北京: 書目文獻出版社, 1989), p.1476, 「止觀」條 참조.

148 (隋)智顗述, 『修習止觀坐禪法要』(大正藏 46, p.462中), "若夫泥洹之法, 入乃多途, 論其賢要, 不出止觀二法."

이 쉼이 곧 지"[150]라고 하며, 또한 "반본反本하여 환원還源하니, 법계가 모두 적寂함을 지라 하고, … 관은 무명無明의 심心을 관찰하여, 법성에 상등上等하여 본래 모두 공空임을 관찰하는 것이다."[151]라고 하였다. 이러한 지관의 해석으로부터 기본적으로 성적심식性寂心息으로서 '지'를 해석하고, 반야관지般若觀智로서 '관'을 해석하는 전통적인 관점과의 차별이 거의 나지 않는다고 하겠다.

그런데 전통적인 지관과 차별이 있는 것은 바로 지의의 '삼지삼관三止三觀'설이었다. '삼지三止'에 대하여 지의는 "지는 삼종이 있다. 첫째, 체진지體眞止, 둘째, 방편수연지方便隨緣止, 셋째, 식이변분별지息二邊分別止이다."[152]라고 하고, 이를 다음과 같이 설한다.

첫째, 체진지는 제법은 연을 좇아서 생하니, 인연이 공空하기에 주主가 없고, 심心이 쉬어 본원을 통달하는 까닭에 사문寺門이라 칭한다. 인연은 가합假合·환화幻化·성허性虛로 체體가 되고, 망상을 반연으로 공을 보니 바로 식息이고, 공은 곧 진眞임을 알 수 있기 때문에 '체진지'라고 말한다.

둘째, 방편수연지. … 공空·비공非空을 알기 때문에 방편이라 말하

---

149 (隋)智顗說, 『摩訶止觀』 卷1上(大正藏 46, p.2上), "法性寂然名止, 寂而常照名觀."
150 (隋)智顗說, 『摩訶止觀』 卷1上(大正藏 46, p.5中), "發菩提心卽是觀, 邪僻心息卽是止."
151 (隋)智顗說, 『摩訶止觀』 卷5上(大正藏 46, p.56中), "還源反本法界俱寂, 是名爲止. … 觀者觀察無明之心, 上等於法性, 本來皆空."
152 (隋)智顗說, 『摩訶止觀』 卷3上(大正藏 46, p.24上), "止有三種: 一體眞止, 二方便隨緣止, 三息二邊分別止."

는데, 병과 약을 분별하기 때문에 수연이라 하고, 심이 속제俗諦에
서 쉬는 까닭에 '지'라 한다. …

셋째, 식이변분별지는 생사에 유동하거나 열반에 보증保證함은
모두 치우친 행行과 용用이기에 중도中道에 불회不會하니, 지금
속俗과 비속非俗을 알기 때문에 속변俗邊이 적연하고, 또한 비속과
공변空邊이 적연함을 얻지 않기 때문에 '식이변분별지'라고 한다.[153]

이러한 '삼지'는 공·가·중 삼제를 말하는데, '체진지'는 공을 체험하
고 본을 통달함을 말하고, '수연지'는 가에 수연하여 그에 안주한다는
뜻이며, '식이변분별지'는 양변의 견해를 쉬고 비진비속의 중도를 현현
함을 뜻한다. 이 세 가지 이름은 지의 스스로 말하기를, "경론에서
보지 못했고, 삼관을 보고 뜻에 따라 이름을 세웠다."[154]라고 하였다.
따라서 이 '삼지설'은 지의가 제창한 것임을 알 수 있다. 또한 여기에서
의 '삼관'은 바로 공관空觀·가관假觀·중도제일의제관中道第一義諦觀이
다. 공관은 가를 통하여 공에 들어가 제법성공을 관하는 것이고, 가관은
공을 통하여 가에 들어가 제법의 가유假有를 관하는 것이며, 중도관은

---

153 (隋)智顗說, 『摩訶止觀』 卷3上(大正藏 46, p.24上), "一 體眞止者, 諸法從緣生,
因緣空無主, 息心達本源, 故號爲沙門. 知因緣假合幻化性虛故名爲體, 攀緣妄想
得空卽息, 空卽是眞, 故言體眞止. 二 方便隨緣止者, … 知空非空故言方便,
分別藥病故言隨緣, 心安俗諦故名爲止. … 三 息二邊分別止, 生死流動涅槃保證,
皆是偏行偏用不會中道, 今知俗非俗俗邊寂然, 亦不得非俗空邊寂然, 名息二邊
分別止."

154 (隋)智顗說, 『摩訶止觀』 卷3上(大正藏 46, p.24上), "未見經綸, 映望三觀隨義
立名."

공·가 어느 쪽도 아니므로 진·속을 모두 취하여 비가비공非假非空과 역진역속亦眞亦俗의 중도관에 들어가는 것이다. 이러한 공·가·중 삼관설은 지의가 창조한 것이기에, 다음과 같이 설한다.

이와 같이 해석은 관심觀心에서 얻은 것이지, 실제로 경전을 읽고 이를 얻은 것은 아니다. 다른 사람의 의심을 피하고 믿음을 증장시키기 위하여 다행히 수다라(경전)와 일치하기 때문에 인용하여 증명할 뿐이다.[155]

따라서 '삼관'의 해석이 '관심'에서 비롯된 것이지, 경전으로부터 나온 것은 아니라는 것이다. 비록 논술하는 과정에서 경문을 인용하지만, 이것은 다만 의심을 회피하고 믿음을 증장시키기 위함이고, 또한 경문과 그가 설한 부분이 서로 계합하므로 인용하여 증명하고 있다는 것이다. 관정灌頂은 『마하지관』의 서문에서 천태의 '지관설'을 "지의 대사 자신의 마음에서 행하는 법문을 설한 것(智者說己心中所行法門)"[156] 이라고 하였다. 이러한 바탕에는 '삼인호구'와 '성구선악'을 기반으로 하는 중도불성설이 개입되어 있다고 하겠다.

---

155 (隋)智顗說, 『摩訶止觀』 卷3上(大正藏 46, p.26中), "如此解釋, 本於觀心, 實非讀經 安置次此. 爲避人嫌疑, 爲增長信, 幸與修多羅合, 故引爲證耳."

156 (隋)智顗說, 『摩訶止觀』 卷1上(大正藏 46, p.1中).

제3절 화엄사상의 출현과 성기론

천태종이 '성구론'을 제창하는 것과 달리 화엄종은 '성기론性起論'을 주장한다. '성기性起'라는 단어는 동진東晉의 불타발타라佛馱跋陀羅가 번역한 『대방광불화엄경大方廣佛華嚴經』의 「보옥여래성기품寶玉如來性起品」에서 연원하였는데,[157] 당唐의 실차난타實叉難陀의 번역에서는 「여래출현품如來出現品」으로 교체된다.[158] 이에 대하여 라이용하이(賴永海)는 『중국불성론中國佛性論』에서 다음과 같이 해석하고 있다.

> 화엄종의 창시자 법장法藏은 『화엄경탐현기華嚴經探玄記』에서 '여래성기如來性起'에 대하여 두 가지 설이 있다고 한다. 첫째는 성주性住로부터 득과得果에 이르는 까닭에 '여래'라 하고, 불개不改로서 성性을 삼고, 기起가 현용顯用함을 일컬어 '여래성기'라고 한다는 것이다. 둘째는 진리로서 여如·성性이라 하고, 현용으로서 기起·래來라고 하여 여래로서 '성기'를 삼는다. 전자는 여래출현으로 '성기'로 삼고, 후자는 바로 여래로서 '성기'로 삼는다. 당역唐譯 『화엄경』은 여래출현을 성기로 해석하기 때문에 '여래성기품'을 바꾸어 '여래출현품'이 된 것이다.[159]

이러한 화엄종의 '성기설'은 천태의 '성구론'보다도 후대에 성립되었

---

157 (東晉)佛馱跋陀羅譯, 『大方廣佛華嚴經』 卷33(大正藏 9, p.611中).

158 (唐)實叉難陀譯, 『大方廣佛華嚴經』 卷50(大正藏 10, p.262上).

159 賴永海, 『中國佛性論』, p.131.

기 때문에, 기존에 진행되었던 불성론의 다양한 문제들에 명확하게 답하고 있다. 예컨대 불성의 인과로부터 나타난 본유本有·시유始有 등과 같은 문제가 바로 그렇다. 화엄에서는 기본적으로 인과원융因果圓融과 즉본즉시卽本卽始의 입장에서 원융무애를 제창하고 있다. 예를 들어 지엄智儼은『화엄일승십현문華嚴一乘十玄門』에서 본즉시本卽始를 논증하였다. 그는 '본유'는 방이 비어 있는 것과 같아 문을 열고 보면 공이 즉시 본유한 것이고, 이러한 공이 보이지 않는다 하여 없다고 할 수 없으며, 보는 순간부터 비로소 있기에 '시유'라 할 수도 있다고 말한다.[160] 즉 구분하여 말하면 본·시는 한 가지 이론의 양면으로서, 통합하여 말하면 '즉본즉시'이다. 또한 이를 이어서 "만약 소승이 설한 인과因果는 인을 전환하여 과가 되고, 인이 멸하여 비로소 과를 이룬다. 만약 대승의 인과에 의거하여 동시에 얻는 것이라면, 그 무진無盡을 나타낼 수 없다. 마치 연緣을 버리고 버림으로써 완성이고, 인과가 동시에 이루어져 여타의 물건으로 되지 않는다. 인에는 친소親疎가 있는 까닭에 다함이 있다. 만약 통종通宗이 인과를 명확히 하면, 소연疎緣을 들고 친연親緣으로 들어감으로 버림이 이루어질 때 일체법이 다 일시에 이루어진다."[161]라고 한다. 여기에서 말하는 '통종'은 바로

---

160 (隋)杜順說, (唐)智儼記,『華嚴一乘十玄門』(大正藏 45, p.516上), "問: 若約智故其 本有者, 以智照故本有? 答: 如室中空, 開門見時此空卽是本有. 如涅槃經見佛性 已卽非三世攝. 問: 亦得是始有以不? 答: 見時如言有, 不見不言有, 故亦名始有."

161 (隋)杜順說, (唐)智儼記, p.516上, "若小乘說因果者, 卽轉因以成果, 因減始果成. 若據大乘因果, 亦得同時, 而不彰其無盡. 如似捨緣以成捨, 因果同時成, 而不成 余物, 以因有親疏故, 所以成有盡. 若通宗明因果者, 擧疏緣以入親, 是故如捨成 時, 一切法皆一時成."

화엄종을 가리키는데, 화엄에서 인과는 원래 선후, 본시의 구분이 없고 일체법은 모두 일시적으로 이루는 것임을 강조하고 있다.

이렇게 화엄의 종사들은 비록 '성기설'을 제창했지만, 다양한 불성론에 대한 해명도 철저하게 하였다. 그러나 본서에서는 이를 생략하고 화엄종의 '성기'사상과 관련된 부분에 한정하여 고찰하고자 한다.

1. 『화엄경』의 법신불과 여래성기

『화엄경』의 불성론은 마땅히 '법신불法身佛'과 관련하여 고찰해야만 한다. 그것은 이른바 '본체'로서의 중국 불성론은 '상주불변'의 '법신'과 밀접한 관계가 있기 때문이다. 『화엄경』의 법신사상의 연원은 다양한 경전에서 찾을 수 있는데, 그 실례를 들면 다음과 같다.[162]

세존은 법본法本이고, 세존은 법주法主이며, 법은 세존으로 말미암는다(世尊爲法本, 世尊爲法主, 法由世尊).[163]

여래의 몸은 법法을 식食으로 삼는다(如來身者, 以法爲食).[164]

---

162 이와 관련한 대표적인 연구 성과는 李道業의 『華嚴經思想硏究』(民族社, 1998)이다. 본서에서는 이 저술의 '제1부 화엄경의 중심사상'과 '第1章 法身佛思想'을 중점적으로 참조했다. 이 논고, pp.27~81 참조.

163 (東晉)瞿曇僧伽提婆譯, 『中阿含經』 卷48(大正藏 2, p.724下).

164 (東晉)瞿曇僧伽提婆譯, 『增壹阿含經』 卷15(大正藏 2, p.620上).

여래의 몸은 진법眞法의 몸이다(如來身者. 眞法之身).[165]

여래는 상주무변의 몸이다(如來常住無邊之身).[166]

제불여래는 마땅히 색신色身으로 보아서는 아니 되는데, 제불여래
는 모두 법신이기 때문이다. 선남자여! 제법실상은 오고감이 없으
니, 제불여래도 이와 같다.[167]

이는 아함부阿含部와 『소품반야바라밀경小品般若波羅蜜經』에 나오
는 내용으로, 이로부터 기본적인 여래의 법신과 관련된 개념을 도출할
수 있다. 우선 세존은 현겁現劫인 사바세계의 법주로서, 세존으로부터
불법이 시작되었으며, 제불여래는 색신과는 다른 상주불변의 법신이
며, 제법실상과 동일하게 보고 있음을 알 수 있다.
  『화엄경』의 전체 34품 가운데 그 절반 정도가 법신을 설하고 있다.
비로자나불毘盧遮那佛은 시방에 편만遍滿해 있는 보편적이며 무한정
적인 일불一佛로 나타나고 있다.[168]

---

165 (東晉)瞿曇僧伽提婆譯, 『增壹阿含經』 卷31(大正藏 2, p.719中).
166 (劉宋)求那跋陀羅譯, 『央掘魔羅經』 卷3(大正藏 2, p.531中).
167 (後秦)鳩摩羅什譯, 『小品般若波羅蜜經』 卷10(大正藏 8, p.584中), "諸佛如來不應
    以色身見, 諸佛如來皆是法身故. 善男子! 諸法實相, 無來無去, 諸佛如來, 亦復
    如是."
168 李道業, 『華嚴經思想研究』 pp.39~40. 또한 본 저술에서는 『華嚴經』의 34품을
    法身佛을 설하는 品과 菩提道를 설하는 品으로 분류하고 있는데, 法身佛을
    설하는 品으로는 제1 世間淨眼品, 제2 盧舍那佛品, 제3 如來名號品, 제4 四諦品,

이러한 『화엄경』의 법신불에 대하여 이도업은 『화엄경사상연구』에서 여래의 지혜만을 갖추고 있는 '중생태법신衆生態法身', 지혜와 대비가 원만한 '광명태법신光明態法身'의 두 측면으로 나누고 있다.[169] 이렇게 법신을 나누는 까닭에 대하여 『화엄경』의 경문을 인용하여 다음과 같이 논하고 있다. 우선 「보왕여래성기품寶王如來性起品」에서 보현보살은 다음과 같이 설한다.

①다시, 불자여! 여래지혜는 이르지 않는 곳이 없다. 무슨 까닭인가? 중생에게 중생신衆生身이 없으며 여래지혜를 구족하지 않은 자는 없다.
②그러나 중생이 전도顚倒되어 여래지혜를 알지 못한다.
③일체지一切智·무사지無師智·무애지無礙智가 일어남으로부터 원리전도遠離顚倒된다.[170]

이도업은 이 경문을 ①, ②, ③으로 나누어 해석하고 있는데, ①에서는 모든 중생이 여래지를 구족하고 있기 때문에 중생은 본래 없다는

제5 如來光明覺品, 제25 心王菩薩問阿僧祇品, 제26 壽命品, 제28 佛不思議法品, 제29 如來相海品, 제30 佛小相光明功德品, 제32 寶王如來性起品 등을 제시하고 있다.

169 李道業, 앞의 책에서는 衆生態法身과 光明態法身에 대하여 상세히 논하고 있다. pp.48~56 참조.

170 (東晉)佛馱跋陀羅譯, 『大方廣佛華嚴經』 卷35 「寶王如來性起品」(大正藏 9, p.623 下), "復次, 佛子! 如來智慧無處不至. 何以故? 無有衆生無衆生身 如來智慧不具足者. 但衆生顚倒, 不知如來智. 遠離顚倒, 起一切智 無師智 無礙智."

것으로, 모든 중생이 바로 '본질적인 측면에서' 본다면 바로 여래라는
것이다. 그러나 ②에서는 여래의 지혜를 알지 못하기 때문에 '현상적인
측면에서' 본다면 중생이라는 것이다. ③에서는 그러한 원리전도로부
터 벗어나기만 한다면 바로 중생이 여래가 될 수 있기 때문에 '조건부의
여래법신'이 성립된다는 것이다. 바로 이러한 '조건부의 법신'을 '중생
태법신'으로 칭한다는 설명이다.

또한 '광명태법신'에 대해서는 『화엄경』의 "여래에게는 빛이 있어서
그 이름을 일체공덕적취一切功德積聚라 한다."[171]는 구절과 법장法藏이
『탐현기探玄記』에서 "노사나盧舍那란 여기에서 '광명조光明照'로 번역
하고, '비毘'란 여기에서 '편遍'으로 번역하여, '광명편조'를 이른다."[172]
라는 것에 근거하였음을 밝히고 있다. 또한 이러한 '광명태법신'에
대하여 다음과 같은 경문을 인용하여 그 성격을 밝히고 있다.

> 광명은 온 곳이 없으며, 가도 또한 이르는 바가 없고, 생함도
> 없고 또한 멸함도 없으며, 공적하여 가진 바가 없다.[173]

제불의 법신은 부사의하여, 색色이 없고 형상이 없고 영상影像이
없으나, 능히 중생을 위하여 다양한 모습을 드러내고, 그 마음의

---

171 (東晉)佛馱跋陀羅譯, 『大方廣佛華嚴經』 卷35(大正藏 9, p.616下), "如來有光,
名曰: 一切功德積聚."

172 (唐)法藏, 『華嚴經探玄記』 卷3(大正藏 35, p.146下), "盧舍那者此翻名光明照.
毘者此云遍, 是謂光明遍照也."

173 (東晉)佛馱跋陀羅譯, 『大方廣佛華嚴經』 卷10「菩薩說偈品」(大正藏 9, p.464中),
"光明無來處, 去亦無所至, 不生亦不滅, 空寂無所有."

146

즐거움에 따라 모두 볼 수 있게 한다.[174]

색신은 여래가 아니며, 음성 또한 이와 같지만, 또한 색성色聲을 떠나지 않으며, 불佛의 자재력自在力이 있다.[175]

깊고 깊은 불경계는 소지少智로는 능히 알지 못하니, 본업지本業智를 성취하여야 바로 제불의 경계를 통달한다.[176]

이상의 경문들은 '광명태법신'을 설명하는 내용이다. '광명태법신'은 온 곳도 없으며 가는 곳도 없어 공적하며, 비록 색상이 없지만 중생심에 따라 다양한 모습을 나투고, 색신이 아니지만 또한 성색을 드러내는 등 법신불의 부사의한 자재력을 모두 지닌다는 것이다.

이러한 법신불의 주처住處에 대하여 이도업은 『화엄경』의 다양한 경문들을 인용하여 다음과 같이 설명한다.

불자여! 다만 여래는 중생들을 기쁘게 하기 위하여 이 세상에 출현하였고, 중생들에게 슬퍼하고 사모하는 마음을 갖게 하기 위하여 열반을 시현하셨다. 그렇지만 사실은 여래는 이 세계에

---

174 (唐)實叉難陀譯, 『大方廣佛華嚴經』卷10「世界成就品」(大正藏 10, p.37下), "諸佛法身不思議, 無色無形無影像, 能爲衆生現衆相, 隨其心樂悉令見."
175 (東晉)佛馱跋陀羅譯, 『大方廣佛華嚴經』卷14「兜率天宮菩薩雲集讚佛品」(大正藏 9, p.485下), "色身非如來, 音聲亦如是, 亦不離色聲, 有佛自在力."
176 (東晉)佛馱跋陀羅譯, 『大方廣佛華嚴經』卷14「兜率天宮菩薩雲集讚佛品」(大正藏 9, p.485下), "少智不能知, 甚深佛境界, 成就本業智, 乃達諸佛境."

출현한 일도 없었고, 또한 열반도 없었다. 무슨 까닭인가? 여래는 상주하여 법계와 같기 때문이며, 중생을 교화시키기 위하여 열반을 시현한 것이다.[177]

불자여! 허공에 비유하자면, 일체의 색처色處와 비색처非色處에 도달하지 못하는 곳이 없고, 또한 도달함이 없으며 도달하지 않음도 없다. 무슨 까닭인가? 허공은 형색이 없기 때문이다. 여래의 법신도 또한 이와 같아서 일체처·일체찰·일체법·일체중생에게 이르고, 이르는 바가 없다. 무슨 까닭인가? 모든 여래신은 신身이 아니기 때문이며, 응화하는 바에 따라서 그 신을 시현하기 때문이다.[178]

불신佛身은 법계에 충만하여 일체중생의 앞에 널리 나투고, 인연에 따라 두루 감응하지 않음이 없으며, 이 보리좌菩提座에 항상 처한다.[179]

---

177 (東晉)佛馱跋陀羅譯, 『大方廣佛華嚴經』 卷36 「寶王如來性起品」(大正藏 9, p.623下), "佛子! 但如來欲令衆生歡喜, 故出現於世; 欲令衆生憂悲感慕, 故示現涅槃. 其實如來無有出世, 亦無涅槃. 何以故? 如來常住如法界故; 爲化衆生, 示現涅槃."

178 (東晉)佛馱跋陀羅譯, 『大方廣佛華嚴經』 卷34 「寶王如來性起品」(大正藏 9, p.616上), "佛子! 譬如虛空, 一切色處 非色處, 無處不至, 而非至非不至. 何以故? 虛空無形色故. 如來法身亦復如是, 至一切處 一切刹 一切法 一切衆生, 而無所至. 何以故? 諸如來身, 非是身故; 隨所應化示現其身."

179 (唐)實叉難陀譯, 『大方廣佛華嚴經』 卷10 「如來現相品」(大正藏 10, p.30上), "佛身充滿於法界, 普現一切衆生前, 隨緣赴感靡不周, 而恒處此菩提座."

이러한 경문으로부터 법신불은 시방법계에 상주하며, 그러한 법신
은 오고감 등이 없지만, 무한한 자재력으로 응화함을 밝히고 있다.

이상과 같이 이도업은 '중생태법신'과 '광명태법신', 그리고 법신불
의 주처에 대하여 논술하였다. 그러면서 법신불에 대하여 다음과
같이 결론을 내린다.

첫째, 오고감이 없다. 거래가 없는 이유는 광명이나 허공과 같이
법신은 실체가 없기 때문이다. 거래가 없지만 그 작용은 불가사의
하여 중생이 알 수 있는 경계가 아니다.

둘째, 법신불은 시방의 법계에 가득 차 있다. 광명이나 허공과
같이 가득 차 있기 때문에 와도 온 일이 없고 가도 가는 바가
없다. 그것은 '제법실상의 이理'이며, '제법의 여如'이다. 자연의
생명력이며 우주의 질서인 것이다. 그러므로 법신불의 주처는
어느 특정한 곳에 따로 있는 것이 아니라 자연의 섭리 바로 그것이
며, 시방법계의 작용 그 자체인 것으로 무거래無去來며 무소부재無
所不在이다.[180]

이러한 결론은 『화엄경』의 법신불이 그대로 『화엄경』의 불성론임을
증명하는 것으로, 본서에서 논하는 '불성론'과 그대로 부합한다고 볼
수 있다. 그래서 필자는 여기에서 『화엄경』으로부터 '성기론'이 어떻게
도출할 수 있는가를 고찰하려고 한다.

'여래성기'를 간단히 말한다면, 모든 만법이 여래의 성性으로부터

---

180 李道業, 『華嚴經思想研究』, p.61.

일어났다는 것이다. 이는 중생과 부처의 관계에서 말한다면, 일체중생
이 본래 여래의 지혜를 구족하였고, 그렇기 때문에 '칭성이기(稱性而起:
자성을 의지하여 일어남)'한다면 즉시 부처를 이룰 수 있다는 것이다.
다른 한편으로 불성과 만법의 관계로부터 말하자면, 일체제법은 모두
불성의 현현이라 하고, 불성을 떠나서는 하나의 법도 없다는 것이다.
이러한 입장에서 지엄의 『화엄오십요문답』에서는 다음과 같이 설한다.

> 불성은 일체 범·성의 인因이고, 일체 범성은 모두 불성으로부터
> 생장한다.[181]

> 여래장은 일체의 제불·보살·성문·연각, 내지 육도중생 등의 체體
> 이다.[182]

이로부터 여래장·불성이 제불·보살·성문·연각과 모든 중생의 인因
이면서 체體라는 것이다. 지엄은 연못과 개천, 진흙과 기와 등의 비유로
설명한다. 불성은 마치 위없는 큰 연못으로 각각의 개천이 모두 이로부
터 흘러나오니, 각각의 개천은 비록 차별이 있으나 물物의 체體는
완전히 같다고 한다. 불성은 또한 진흙과 같아서, 모든 기와는 진흙으로
만들어지니, 기와의 형상은 천차만별이나 진흙의 체는 또한 같은

---

181 (唐)智儼, 『華嚴五十要問答』 卷下(大正藏 45, p.532中), "佛性者, 是一切凡聖因,
一切凡聖皆從佛性而得生長."
182 (唐)智儼, 『華嚴五十要問答』 卷下(大正藏 45, p.532中), "如來藏是一切諸佛菩薩聲
聞緣覺, 乃至六道衆生等體."

것이고, 나아가 유정중생만 불성의 체현일 뿐 아니라, 시방의 이사理事, 세간의 티끌 모두가 불성의 현현이라는 것이다.[183]

『화엄경의해백문』에서 법장은 다음과 같이 설한다.

> 의정(依正: 依報와 正報)을 분별하면 티끌과 터럭 및 큰 바다는 의보이고, 불신지혜광명은 정보이다. 지금 이 티끌은 불지佛智의 현현한 바이고, 체를 들자면 모두가 불지이며, 그렇기 때문에 광명 가운데 티끌과 불찰佛刹을 나타낸다. 미세를 감정함은 이 티끌 및 시방의 모든 이사 등이 모두 불지의 현현한 바를 이른다.[184]

여기에서 법장은 지엄보다 더 나아가 일체 유정중생뿐만 아니라 심지어 미세한 티끌 등 무정물까지도 불지의 현현이라고 보는 것이다. 그러나 일체중생과 만법 등이 불성의 체현이라고 제창하는 관점은 화엄종만의 독창적인 것은 아니다. 특히 앞에서 고찰하였던 도생道生의 돈오론頓悟論 이후부터 대부분의 논사들이 이와 같이 설하고 있다. 화엄종 불성론의 특징은 이 중생만물을 생기하는 불성은 본래 밝으며 순수한 상태로서 조금도 오염되지 않았다고 본다. 이러한 예들은 다양하게 나타난다.

---

183 (唐)智儼, 『華嚴五十要問答』卷下(大正藏 45, p.532中), "一喻如阿耨大池出八大河. 河雖差別水體無異. 一切凡聖雖差別不同藏體無異. 喩如伎兒作種種伎兩. 伎兩雖別身無別異. 如一切瓦皆因埿. 作瓦雖差別土體無異."

184 (唐)法藏, 『華嚴經義海百門』(大正藏 45, p.629中), "辯依正者, 謂塵毛刹海, 是依, 佛身智慧光明, 是正. 今此塵是佛智所現, 舉體全是佛智, 是故光明中見微塵佛刹. 鑒微細者, 謂此塵及十方一切理事等, 莫不皆是佛智所現."

『열반경』에 이르기를, "불성은 제일의공第一義空이라 하고, 지혜라고 한다."라고 하였다. 이들은 모두 본각本覺의 성지性智이고 성종性種이라 한다.[185]

현현하는 일체一體는 자성청정원명체自性淸淨圓明體라고 한다. 이것은 바로 여래장 가운데 법성의 체로, 본래부터 성은 스스로 만족이고 더러운 곳에서도 때 묻지 않으며, 부정不淨을 닦을 수 있기에 자성청정이라 한다. 성체는 두루 비추어 그 어떤 깊은 곳도 비추지 않음이 없으니 원명圓明이라 한다.[186]

앞의 것은 법장의 『화엄일승교의분제장華嚴一乘敎義分齊章』에서, 두 번째는 『수화엄오지망진환원관修華嚴奧旨妄盡還源觀』에서 인용한 것이다. 불성을 본원적인 각성覺性이요, 특히 스스로 가득차고 오염될 수 없는 자성청정원명체라고 규정한 것에서 그 성격을 명확하게 알 수 있다. 이러한 불성에 대한 표현은 천태종이 설한 것과는 많은 차별점이 있다. 천태종이 성악에 대한 극단적인 제창을 하였던 반면에, 화엄종은 불성이 순선純善하며 정법淨法으로서 청정하고 지고지선한 원명체이자 본각지라고 주장하였던 것이다.

이렇게 지고지선한 '원명체'이고 순정지선한 '본각지'가 어찌하여

---

185 (唐)法藏, 『華嚴一乘敎義分齊章』卷2(大正藏 45, p.487下), "『涅槃經』云: '佛性者, 名第一義空, 名爲智慧.' 此等幷就本覺性智, 說爲性種."

186 (唐)法藏, 『修華嚴奧旨妄盡還源觀』(大正藏 45, p.637上), "顯一體者, 謂自性淸淨圓明體. 然此卽是如來藏中法性之體, 從本以來, 性自滿足, 處染不垢, 修治不淨, 故云自性淸淨. 形體遍照, 無幽不燭, 故曰圓明."

152

미망잡염迷妄雜染의 중생 내지 지옥·축생 등의 사악법을 생하는가?
이것은 성선설에서 피할 수 없는 문제이다. 이에 대하여 종밀宗密은
다음과 같이 해석한다.

> 육도범부六道凡夫와 삼승현성三乘賢聖은 근본이 모두 영명청정靈
> 明淸淨한 일법계심一法界心이다. 자성自性을 깨닫는 보광寶光이 각
> 기 원만하기에 본래 제불이라 하지도 않고 중생이라고도 하지
> 않는다. 다만 이 마음이 영묘자재하여 자성을 지키지 않으므로
> 미오迷悟의 연을 따라 업을 짓고 보를 받으니, 이에 따라 중생이라
> 한다. 도를 닦아 진을 증득하면 비로소 제불이라 한다. 또 비록
> 연을 따르나 자성을 잃지 않기에 항상 허망하지 않고 변하지 않으며
> 파괴될 수 없으니, 그저 일심一心으로 진여眞如라 칭한다. 이 같은
> 일심인 까닭에 진여와 생멸 이문을 구족하며, 일찍이 부족함이
> 없다.[187]

이것은『대승기신론』에서 심心이 진여·생멸 두 문을 구족한다는
뜻이며, 불변하는 영묘진심靈妙眞心과 수연隨緣하여 생멸변화가 생기
하는 것을 해석함을 알 수 있다. 이를 이어서 종밀은 다시 아뢰야식阿賴
耶識이 각覺·불각不覺의 두 가지를 구족하고 있는데, 본각진심本覺眞心

---

187 (唐)宗密,『禪源諸詮集都序』卷下(大正藏 45, p.409上), "謂六道凡夫, 三乘賢聖,
根本悉是靈明淸淨一法界心. 性覺寶光, 各各圓滿, 本不名諸佛, 亦不名衆生. 但
以此心靈妙自在, 不守自性, 故隨迷悟之緣, 造業受報, 遂名衆生; 修道證眞, 遂名
諸佛. 又雖隨緣而不失自性, 故常非虛妄, 常無變異, 不可破壞, 惟是一心, 遂名眞
如. 故此一心, 常具眞如生滅二門, 未曾暫闕."

이 어떻게 사성육범四聖六凡을 만드는지 해석하고 있다.[188]

종밀이 설하기를, 본각진심은 비록 일체 유정중생의 근본이기는 하나, 선지식의 교화를 만나지 못하면 불각 가운데 생각이 일어난다. 생각이 일어난 후 드디어 상相이 있음을 보게 되고, 상을 보는 까닭에 근신세계根身世界가 망령되이 나타난다. 이러한 근신세계가 꿈속의 경계인 줄을 알지 못하고 반대로 집착하여 결정코 있다고 여겨 법집法執을 이룬다. 이미 법집이 있으니, 다시 자타自他의 다름을 보게 되어 바로 아집我執이 생긴다. 법집·아집이 있는 까닭에 탐진치 각종의 사량분별이 있고, 이것을 이유로 선악 등의 업을 짓는다. 업이 이루어지면 벗어나기 어려운 까닭에, 육도윤회의 고통과 종종의 악법의 상이 있다.[189] 이것은 화엄종은 본각진심에서 생기는 잡염중생雜染衆生 및

---

188 (唐)宗密, 『禪源諸詮集都序』 卷下(大正藏 45, p.409上), "故此一心法爾有眞妄二義. 二義復各二義. 故常具眞如生滅二門. 各二義者, 眞有不變隨緣二義, 妄有體空成事二義. 謂由眞不變故妄體空爲眞如門, 由眞隨緣故妄成事爲生滅門, 以生滅卽眞如. 故諸經說, 無佛無衆生. 本來涅槃常寂滅相, 又以眞如卽生滅故. 經云, 法身流轉五道, 名曰衆生. 旣知迷悟凡聖在生滅門. 今於此門具彰凡聖二相. 卽眞妄和合非一非異. 名爲阿賴耶識. 此識在凡本來常有覺與不覺二義. 覺是三乘賢聖之本. 不覺是六道凡夫之本."

189 (唐)宗密, 『禪源諸詮集都序』 卷下(大正藏 45, p.409中), "總有十重(今每重以夢喩側注一一合之), 一謂一切衆生雖皆有本覺眞心(如一富貴人端正多智自在宅中住), 二未遇善友開示. 法爾本來不覺(如宅中人睡自不知也. 論云: 依本覺故而有不覺也), 三不覺故法爾念起(如睡法爾有夢. 論云: 依不覺故生三種相. 此是初一), 四念起故有能見相(如夢中之想), 五以有見故根身世界妄現(夢中別見有身在他鄉貧苦. 及見種種好惡事境), 六不知. 此等從自念起, 執爲定有. 名爲法執(正夢時, 法爾必執所見物. 爲實有也), 七執法定故便見自他之殊, 名爲我執(夢時必認他鄉貧苦

사종악법에 대한 계통적 해석으로, 그 근거는 여전히『대승기신론』의
진망화합眞妄和合에 있고, 아뢰야식의 각·불각 이의二義에 있다. 이러
한 종밀의 사상에 대해 신규탁의 저술인『규봉종밀과 법성교학』에
상당히 주목할 만한 구절이 있어 여기에서 소개한다.

여기에서 우리는 불교의 근간이 되는 연기설이 종밀에 이르러
부분적으로 무너져가는 점에 주목할 필요가 있다. 근본불교에서는
모든 존재는 연기에 의해서 생겨난다고 한다. 이것은 석가모니의
깨달음의 핵심이고, 불교의 근본사상이다. 그런데 종밀은 '마음'을
실재하는 것으로 보고, 그것을 '본래의 근원'으로 여겨, 이것은
연기에 의해서 생긴 게 아니라고 한다. 왜냐하면 연기에 의해서
생긴 법은 모두 실체가 없고, 실체가 없는 존재라면 인간의 본질적
인 근원이 될 수 없기 때문이라는 것이다.
이런 입장에서 종밀은 '식識'도 허깨비나 꿈처럼 실재가 아니고
'마음'만이 실재라고 한다. 이것은 유식설을 비판하는 것이다. 그는
'마음'의 본래적 속성으로 '적寂'과 '지知'를 들고 있다. 이런 속성을
지닌 '마음'은 '본각지심本覺之心', '영각靈覺', '일심一心', '여래장심
如來藏心', '청정본각淸淨本覺' 등으로 이름은 다르게 불리지만 그
바탕(性)은 같다고 한다. 이 바탕이 일어나서(性起) 대상세계가

身, 爲己本身), 八執此四大爲我身故, 法爾貪愛順情諸境欲以潤我. 嗔嫌違情諸
境恐損惱我. 愚癡之情種種計校(此是三毒, 如夢在他鄉所見違順等事. 亦貪嗔也),
九由此故造善惡等業(夢中或儻奪打罵, 或行恩布德), 十業成難逃, 如影響應於形
聲, 故受六道業繫苦樂相(如夢因儻奪打罵, 彼捉枷禁決罰, 或因行恩, 得報擧薦拜官
署職)"

만들어지고 나아가 몸과 마음이 분명하게 된다[190]고 한다.

이것은 '연기緣起'에서 '성기性起'로 이행하는 중국불교의 전환이다. 마음의 작용에 의해서 생기는 일체 모든 법을 연기론으로 설명하는 인도의 초기불교의 입장을 받아들이면서도, 한편으로는 그 연기의 현상 너머에 또는 그 이면에 실재하는 그 무엇을 상정하는 것이다. 그 실재란 바로 위에서 말한 '본각지심'임을 두말할 나위도 없다. 이것은 중국의 실재론적인 사유와 인도불교의 연기론적 사유가 융합하여 만들어낸 성기론적 사유라고 이름할 수 있다.[191]

이러한 논술은 중국에서 어떻게 '성기론'이 발생하고 있는지에 대한 실마리를 찾을 수 있는 중요한 단서가 될 수 있으며, 또한 종밀에 이르러 '성기론'이 완벽하게 정비되었음을 알 수 있게 한다. 종밀은 비록 화엄종 인물이지만 화엄과 선의 양종을 겸한 인물이라고 볼 수 있다. 그의 사상은 대부분 융합성을 가지고 있다. 특히 남종南宗 하택荷澤계의 선학禪學 사상을 대거 수용하였으며, 불교의 입장에서 삼교합일三敎合一을 제일 먼저 제창한 중요한 사상가 가운데 한 사람이다.

종밀 사상의 특징은 보다 더 융합의 성격을 가진 『대승기신론』을

---

190 (唐)宗密述, 『大方廣圓覺修多羅了義經略疏註』 卷上之一(大正藏 39, p.524上), "萬法虛僞, 緣會而生. 生法本無, 一切唯識. 識如幻夢, 但是一心. 心寂而知, 目之圓覺. 彌滿淸淨, 中不容他, 故德用無邊, 皆同一性, 性起爲相, 境智歷然, 相得性融."

191 신규탁, 『규봉종밀과 법성교학』. 올리브그린, 2013, pp.264~265.

높게 평가하고 있다. 종밀 이전의 몇몇 화엄조사의 저작에도『대승기신론』에 대하여 역시 높게 평가한 것이 나온다. 그러나 경전적 근거에 있어서는 도리어 명확하게『화엄경』을 종본宗本이라 말하고, 누누이『화엄경』은 주主이고, 여러 경전은 반伴이라고 말한다. 비록 학설의 내용으로 보면, 화엄종 사상과『화엄경』은 완전히 일치하지는 않지만, 그 불성학설은 대부분『화엄경』의 정심연기관淨心緣起觀의 영향을 받고 있음은 의심의 여지가 없다.

　『화엄경』의 정심연기관은 일체제법이 법신불의 정현呈現으로 청정법신이 온 세계에 충만하다고 한다. 중생도 당연히 예외가 아니어서, 일체중생도 오로지 청정불지淸淨佛智의 체현이므로 중생이 여래지혜를 구족하지 않음은 아무도 없다는 것이다.『화엄경』의「여래출현품如來出現品」에 다음과 같이 설하고 있다.

　　여래지혜는 어떤 곳에도 이르지 않는 데가 없다. 왜냐하면 한 중생도 여래지혜를 구족하지 않는 이는 없다. 다만 망상으로 전도되어 집착하여 증득하지 못한다. 만약 망상만 여의면 일체지一切智·자연지自然智·무애지無碍智가 곧 앞에 나타나기 때문이다.[192]

　또한 중생은 이미 여래지혜가 구족하기 때문에 잡염의 신身이 현현하기도 하고, 윤회의 고苦를 받기도 한다. 중요한 원인은 미망의 집착으

---

192 (唐)實叉難陀譯,『大方廣佛華嚴經』卷51(大正藏 10, p.272下), "如來智慧, 無處不至. 何以故? 無一衆生, 而不具有如來智慧. 但以妄想顚倒執著, 而不證得. 若離妄想, 一切智 自然智 無礙智則得現前."

로, 만약 미망전도상迷妄顚倒想을 여의면 자신 가운데 여래지혜를 깨달아 바로 부처와 다르지 않다. 화엄종은 이 같은 사상에서 출발하여, 의망依妄과 이망離妄으로 생불범성生佛凡聖을 구별하고 있다.

만약 망념에 의지하면 차별이 있고, 망념을 여의면 그저 하나의 진여이므로 해인삼매海印三昧라고 말한다.[193]

진여본각은 마치 바다와 같고, 망념차별은 풍랑과 같아서, 바람으로 인하여 파도가 있고, 만약 바람이 그치면 바다는 맑고 편안하다. 중생도 이와 같아서, 망妄으로 인하여 종종차별이 있고, 만약 망념이 다하면 심은 안정되기에 그저 진여본각일 뿐이다. 이 하나의 의망과 이망 사상을 화엄 제4조인 징관澄觀은 미오迷悟로서 설하는데, 『대화엄경략책大華嚴經略策』에서 다음과 같이 설하고 있다.

진원眞源은 둘이 없고 묘지妙旨는 균등한데, 미오가 다르기 때문에 중생 및 부처가 있다. 진眞에 미迷하여 망妄을 일으키기에 거짓으로 중생이라 한다. 망이 곧 진임을 체득하면 부처라 한다. 미는 곧 온전히 진리에 미한다. 진을 여의면 미는 없다. 깨달으면 바로 망이 본래 진이지 새로 있는 것이 아니다. 미로 인하여 무명이 어지러이 일어나니, 마치 동쪽을 집착하여 서쪽으로 삼는 것과 같다. 오는 진리에 의지하여 생기니, 마치 동쪽이 본래 바뀌지

---

193 (唐)法藏, 『修華嚴奧旨妄盡還源觀』(大正藏 45, p.637中), "唯依妄念而有差別, 若離妄念, 惟一眞如, 故言海印三昧也."

않았다. 상相의 입장에서 가칭假稱으로 중생이고 불이지, 체體로서
잡아보면 서로 받아들인다. 이 같은 진원을 보지 못하면 미는 아직
깨어나지 않았고, 이 현묘함을 요달한다면 성불은 순간이다.[194]

이 부분의 중요한 의미는 중생과 불이 근본적으로 둘이 아니지만,
다만 미오의 부동不同으로 인하여 중생과 불의 구별이 있다는 것이다.
진에 미하여 망을 일으키기에 임시로 중생이라 한다. 만약 망이 곧
진임을 체득하면, 중생은 곧 불이다. 이와 같은 설법은 선종의 '미하면
중생이고, 깨달으면 바로 부처(迷卽衆生 悟卽是佛)'라는 사상과 조금의
차이도 없다. 이것은 또한 징관이 융합한 선종사상의 하나의 표현이라
할 수 있다.

징관은 어려서 일찍이 선종의 여러 종파의 인물들을 참학하였는데,
우두牛頭계의 혜충慧忠·도흠道欽, 하택荷澤계의 무명 선사無名禪師,
북종北宗 신수神秀계의 혜운慧雲 등이 그들이다. 더욱이 그가 살던
시대는 마침 남악회양南嶽懷讓·청원행사靑原行思·하택신회荷澤神會
등의 선법이 융성했던 시기였으므로 징관의 사상은 선종의 영향을
상당히 받았다고 할 수 있다. 이와 같은 영향은 앞에서 언급한 '미하면
중생이고, 깨달으면 바로 부처' 사상 이외에, 또한 그는 법장의 학설에

---

194 (唐)澄觀, 『大華嚴經略策』(大正藏 36, p.704下), "夫眞源莫二, 妙旨常均, 特由迷悟
不同, 遂有衆生及佛. 迷眞起妄, 假號衆生; 體妄卽眞, 故稱爲佛. 迷則全迷眞理,
離眞無迷; 悟則妄本是眞, 非是新有. 迷因無明橫起, 似執東爲西; 悟稱眞理而生,
如東本不易. 就相假稱生佛, 約體故得相收. 不見此源, 迷由未醒; 了斯玄妙, 成佛
須臾."

이미 나타난 '삼계유심三界唯心'의 경향을 더욱 발전시켰다.

법장의 불성사상은 비록 대부분 일진법계연기一眞法界緣起에서 근거하지만 십현十玄 등의 이론으로 성기사상을 논술할 때, "법성이 융통하기 때문에"[195] 원융무애를 강술하였고, 또한 "각각은 유심唯心으로 현현한 까닭으로"[196] 만사만물의 상입상즉相入相卽을 해석하였다.

그는 『일승교의분제장』에서 강술하였던 십현문十玄門의 제9문을 또한 '유심회전선성문唯心回轉善成門'으로 칭하고, 명확하게 "모두 이 마음의 자재한 작용이지 다시 다른 물건이 없다."[197]라고 말하고, "일체 법이 모두 유심의 현현이지, 달리 자체가 없기 때문에 크고 작음이 마음을 따라서 돌기에 바로 무애에 들어간다고 밝힌다."[198]라고 하였다.

징관은 『대승기신론』의 '일심이문'설을 아주 높이 평가하고 있다. 더욱이 선종의 즉심즉불 사상의 영향을 받았기에 법장의 유심설의 기초에서 다시 일심법계一心法界 무진연기無盡緣起설을 제창한다. 이 것으로써 화엄성기 사상을 발전시키고, 세계만유를 모두 일심에 귀결시키면서 말하기를, '일체의 만유는 바로 일심이다'[199]라고 하였으며, '영지지심靈知之心'으로서 『기신론』의 본각 등을 해석하였다.

---

195 (唐)法藏, 『華嚴經探玄記』 卷1(大正藏 35, p.124上), "法性融通故."

196 (唐)法藏, 『華嚴經探玄記』 卷1(大正藏 35, p.124上), "各唯心現故."

197 (唐)法藏, 『華嚴一乘教義分齊章』卷4(大正藏 45, p.507上), "悉是此心自在作用, 更無余物."

198 (唐)法藏, 『華嚴經旨歸』(大正藏 45, p.595上), "明一切法皆唯心現, 無別自體, 是故 大小隨心回轉, 卽入無礙."

199 (唐)宗密, 『注華嚴法界觀門』(大正藏 45, p.684中), "總該萬有, 卽是一心."

징관의 불성사상이 특별히 가치 있는 점은 성기의 입장에서 천태의
성악설을 융합하여 화엄종 성기설의 본래 함의를 변화시켰다는 것이
다. 본래 법장의 성기설은 칭성이기稱性而起이다. 칭합稱合되어진 성성性
은 이름이 번다하여 혹은 불지佛智·불성·여래장자성청정심이라고도
하지만, 모두 순정지선이고 티끌만큼도 오염되지 않았다.

징관은『화엄경소』에서 설하기를, 마음은 하나의 총상總相으로 청
정연기로 '깨달으면 부처를 이룸(悟之成佛)'을 강술하고, 반면 잡염연
기로서 '미하면 중생을 지음(迷作衆生)'을 논술한다. 연기는 비록 염정
이 있으나 소연所緣의 체는 다름이 없다. 이것은 바로 성기가 정淨일
뿐만 아니라 또한 염染인 것을 말하는 것이다. 권21에서 징관은 또
중생과 부처의 체는 모두 무진無盡으로서 여래의 성악性惡이 끊어지지
않음과 천제가 성선性善이 끊어지지 않음을 설한다.

> 무진은 곧 분별없는 상相이다. 마땅히 말하기를 "마음, 불과 중생의
> 체성體性이 다함이 없다."라고 한다. 망妄의 체가 본래 진眞이기에
> 연緣이 다함이 없다. 그런 까닭에 여래는 성악이 끊어지지 않았고,
> 또한 천제는 성선이 끊어지지 않았다.[200]

『수소연의초隨疏演義鈔』권1에서 징관은 또한 다음과 같이 설한다.

---

200 (唐)澄觀,『大方廣佛嚴經疏』(大正藏 35, p.658下), "無盡卽是無別之相. 應云:
  心佛與衆生, 體性皆無盡.' 以妄體本眞, 故緣無盡. 是以如來不斷性惡, 亦就闡提
  不斷性善."

만약 교철交徹로 논하면, 성심聖心에서 범심凡心을 보는 것은 마치 습濕에서 파도를 보는 것이다. 그러므로 여래는 성악이 끊어지지 않았으며, 또 불심 가운데에 중생 등이 있다.[201]

이 양단의 논술에 개재된 사상은 천태와 비슷할 뿐 아니라 언어 또한 유사하다. 이것은 천태 성악사상을 흡수한 결과임이 틀림없다. 징관 사상의 융합성은 자신의 『수소연의초』권2에서 스스로 인정하고 있다.

경전을 이해하여 자기의 관觀을 이루니, 즉사卽事·즉행卽行이다. 입으로는 그 말을 담론하고, 마음에는 그 이치(理)를 깨닫는다. 이심전심以心傳心의 종지로서 제불의 증득한 바를 열어 보인다. 남북 이종의 선문을 회통하고 태형(台衡: 天台) 삼관三觀의 현취玄趣 를 통섭統攝한다. 교와 선의 종지를 합하고, 마음과 제불의 마음이 같다.[202]

이 부분에서 보면, 징관은 천태와 선종사상을 흡수, 융합했을 뿐만 아니라 교선敎禪의 융합을 제창했다. 이 사상은 오조 종밀에게 깊은 영향을 주었다. 종밀의 선교일치론은 징관의 교선융합 사상을 계승하

---

201 (唐)澄觀,『大方廣佛華嚴經隨疏演義鈔』(大正藏 36, p.8中), "若論交徹, 亦合言及 聖心而見凡心, 如濕中見波. 故如來不斷性惡, 又佛心中有衆生等."
202 (唐)澄觀,『大方廣佛華嚴經隨疏演義鈔』(大正藏 36, p.17上), "造解成觀, 卽事卽 行. 口談其言, 心詣其理. 用以心傳心之旨, 開示諸佛所證之門. 會南北二宗之禪 門, 攝臺衡三觀之玄趣. 使敎合亡言之旨, 心同諸佛之心."

고 발전시켰다. 당연히 종밀은 사상의 합류를 제창함에 있어서 징관보다 진일보한다. 징관이 선교융합의 실마리를 열었다고 한다면 종밀은 공개적으로 유불도 삼교의 합일을 제창한다.

화엄종 교의는 제경론, 제종파 사상의 융합성을 가지고 있다. 경전적 근거를 말하자면, 먼저 청정묘유를 설한 『화엄경』으로부터, 여래장의 『여래장경』에 이르고, 이어서 유가유식학과 여래장 불성설을 융합한 『대승기신론』에 이르러 화엄종 사람들이 종宗을 창립하고 교설을 세우는 근거가 된다.

사상적인 측면에서 보자면, 화엄종은 처음 출발할 때는 불성청정, 칭성이기로서 불성사상의 표지로 삼았다. 그러나 후대에 갈수록 유심唯心의 경향과 미범오성迷凡悟聖을 강조하고, 심지어는 대립적인 천태의 성악설을 성기론의 궤도로 끌어들였다. 이것은 비록 성기론의 내용을 풍부하게는 하였지만, 도리어 성기론의 고유한 특징을 변화시켰다.

종밀은 『기신론起信論』의 '일심이문一心二門'과 진여의 불변不變·수연隨緣의 이의二義 및 아뢰야식에 각覺과 불각不覺이 있다는 것에 의거하여 생生·불佛과 범凡·성聖의 상호관계를 해석하였다. 그 가운데 어느 정도의 사상이 화엄에 속하고 어느 정도의 사상이 선종에서 왔는지를 엄격히 구분하기는 어렵다. 중국 불성사상은 수·당 이후부터 점차 합류하는 추세를 띠고 있는데, 이는 그 가운데 하나의 중요한 표지라고 하겠다.

화엄종 성기사상의 변천과정에서 알 수 있듯이, 성기사상은 결코 자신의 세계관의 근거를 부정하지 않는다. 그것은 불교의 연기이론이

고, 구체적으로 말하자면 화엄종 자가自家의 법계연기설法界緣起說이
다. 연기라는 것은 일체 사물이 모두 연을 기다려 일어남과 일정한
조건으로서 생기고 변화하는 것을 뜻한다. "이것이 있으므로 저것이
있고, 이것이 생하므로 저것이 생한다."[203]라는 교법이 바로 그것이다.
교세간의 제법만 이와 같을 뿐만 아니라 일체 출세간법 역시 연기의
인식에 의지한다. 이것은 불교 각종 경론 및 각 종파의 세계관의
디딤돌이다. 화엄종도 또한 예외가 아니어서, 그 성기사상이 설한
칭성이기稱性而起는 실제로 청정불지淸淨佛地, 본각진심本覺眞心이 연
緣을 기다려서 사성육범四聖六凡의 모든 계계를 현기現起하고, 망념을
여의면 곧 깨달아서 모두 부처가 됨을 가리킨다. 다만 중생과 부처의
관계 속에서 주로 연기를 담론한다.

2. 법계연기와 본래시불

화엄종에서 일체제법은 일체중생과 제불을 포함한 만유일체를 말한
다. 그런데 이 제법의 본체를 '실상'이라고 하지 않고 '법계', '일진법계'
혹은 '여래장자성청정심' 등으로 칭하고 있는 점이 특징이다. 또 일체제
법의 존재 형태를 법계연기法界緣起를 통하여 말하고 있다.

화엄종에서는 일찍이 교판과 결합하여 연기를 네 종류로 나누었다.
첫째는 소승의 업감연기業感緣起, 둘째는 대승 시교始敎의 아뢰야연기
阿賴耶緣起, 셋째는 대승 종교終敎의 여래장연기如來藏緣起, 넷째는

---

203 (劉宋)求那跋陀羅譯,『雜阿含經』卷10(大正藏 2, p.67上), "此有故彼有, 此生故
彼生."

화엄 원교圓敎에서 설한 '법계연기'이다. 화엄종은 자기의 연기관을 최고의 구경·최고 원만하다고 말하고, 이를 '법계연기'라고 하였다.

그렇다면 무엇을 '법계연기'라 하는가? 그에 앞서 우선 무엇이 '법계' 인가? 불교경론에서 '법계'라는 말은 일반적으로 실상實相·실제實際· 진여眞如 등의 다른 이름으로, 일체 현상의 본원과 본질을 가리킨다. 이러한 법계에 대하여 법장은『화엄경의해백문』에서, 그리고 징관은 『대화엄경약책』에서 다음과 같이 논한다.

'법계에 들어간다'라고 할 때, 바로 하나의 작은 먼지가 연기함이 '법'이고, 법이 지혜를 따라 현현하여 그 용用에 차별이 있음이 '계界'이다. 이 법은 성품이 없는 까닭에 나눔이 없고, 무이상無二相 에 원융하여 진제眞諦와 같고, 허공계虛空界와 더불어 평등하여 일체에 두루 통하고, 곳곳에서 현현하여 명료하지 않은 바가 없다. … 만약 성상性相이 존재하지 않는다면 바로 이법계理法界이고, 사상이 완연함에 장애 되지 않는다면 사법계事法界이다. 이법계와 사법계가 만나 둘이 아니고, 둘이 아님이 바로 둘이니, 이것이 법계를 이룸이다.[204]

법계란 총상總相으로서 이理와 사事를 포함하면서도 장애가 없이

<hr/>

204 (唐)法藏,『華嚴經義海百門』(大正藏 45, p.627中), "入法界者, 卽一小塵緣起, 是法, 法隨智顯, 用有差別, 是界. 此法以無性故, 則無分齊, 融無二相, 同於眞際, 與虛 空界等, 遍通一切, 隨處顯現, 無不明了. … 若性相不存, 則爲理法界, 不礙事相宛 然, 是事法界. 合理事無礙, 二而無二, 無二卽二, 是爲法界也."

모두 틀을 지니며 성분性分을 구현한다. 연기란 체에 따른 대용大用을 말한 것이다.[205]

이 두 인용문의 의미는 연을 따라 나타나는 사물이 법이요, 제법의 공용이 각각 차별이 있으므로 계界라고 한다는 것이다. 근본으로부터 본다면, 일체제법은 무자성無自性하며, 실상은 허공·진제와 같아서 형체와 성상性相의 차별이 없다. 즉 성상이 존재하지 않는다고 보면 이는 바로 '이법계'이다. 그러나 연을 따라 나타나는 사물에서 보면 이는 또한 사상이 완연하니, 이것이 바로 '사법계'이다. 그리고 성상이 존재하지 않는 '이법계'와 사상이 완연한 '사법계'는 둘이지만 둘이 아닌 것이다. 이것이 이사를 포함하고 이사가 융통하는 총상으로 바로 '법계'가 된다. 비록 두 문단의 내용은 비교적 난해하지만 그 의미는 분명하다. 다시 말하여 '법계'란 그것이 비록 무형무상하나 일체제법의 본원과 본체이며, 세상의 삼라만상이 모두 이 법계로 연기된 산물이요, 이 법계의 '칭체기용稱體起用'인 것이다.

『화엄책림華嚴策林』에서 법장은 또 다음과 같이 설한다.

부처는 무생無生·공적空寂으로 몸을 삼고 또한 법계의 무기無起로 서 체를 삼는다. 다만 이 이理를 증득하면 부처는 이理를 따라 몸을 현현하고, 그렇지만 무생에 들어간다. 법은 지智를 따라 상相을 현현하고, 상은 곧 무상無相이다.[206]

---

205 (唐)澄觀, 『大華嚴經略策』(大正藏 36, p.702上), "法界者, 是總相也, 包理包事及無障碍, 皆可軌持, 具于性分, 緣起者, 稱體之大用也."

166

　여기에서도 또한 이사를 포함하고 이사원융의 무성상無性相의 총상이 법계이다. 다른 점은 이 두 부분에서 진일보하여 법계는 일체 현상이고 시방제불의 체를 포함하며, 연기는 체의 대용임을 지적한다. 만약 이것으로만 본다면, 화엄종에서 설한 '법계'는 기타 경론 가운데 제일의공·진여·실제·실상 등과 특별한 차이가 없다. 이들은 모두 성상이 존재하지 않으며 상적常寂하여 변함이 없으며, 비유비무非有非無 공유상즉空有相卽의 본체라고 할 것이다.

　물론 화엄종은 여기에서 그치지는 않는다. 그들은 법계연기설로서 다른 종파의 연기관과 구별하는 상징으로 삼기 때문에, 진일보하여 '법계'에 특정한 함의를 부여한다. 또한 '법계'를 하나의 순정지선의 본체로 간주한다. 화엄가의 말을 빌리면, '청정불지淸淨佛智'·'진심眞心' 혹은 '여래장자성청정심如來藏自性淸淨心'이라고 부른다. 지엄·법장·징관·종밀의 찬술에는 모두 '지정진심至淨眞心'을 일체제법(세간 출세간을 포함하여)의 본원으로 보고, 일체 현상은 모두 이 '진심'의 연을 따른 현현이며, 이 '심'을 따르면 다시 다른 물건이 없다고 생각한다.

　연기는 마치 티끌을 보는 것과 같고, 이 티끌은 자심自心의 현현이다.[207]

206　(唐)法藏,『華嚴策林』(大正藏 45, p.597中), "佛以無生空寂爲身, 亦以法界無起爲體. 但證此理, 佛隨理以現身, 但入無生. 法隨智以顯相, 相卽無相."

207　(唐)法藏,『華嚴經義海百門』(大正藏 45, p.627中), "明緣起者, 如見塵時, 此塵是自心現."

티끌은 자심의 현현이 된다. 마음을 여의면 다시 한 법도 없다.[208]

위의 제의문(諸義門: 十玄門)은 모두 이 마음(如來藏自性淸淨心)의
자유자재한 작용으로, 다시 다른 물건이 없으며 유심전唯心轉이라
하고, 마땅히 사思로서 해석해야 한다.[209]

불심佛心을 여의고 교화할 중생이 없는데, 하물며 교를 설하겠는
가? 그러므로 그저 불심의 현현한 바이다. 이 뜻은 무엇인가?
모든 중생은 다른 자체自體가 없으니, 여래장을 끌어들여서 중생을
이룬다. 그러나 이 여래장은 곧 불지佛智로 증득한 자체이므로
중생 전체를 모두 불지심佛智心 가운데 둔다.[210]

여기에서 말한 '심'·'여래장자성청정심'·'불지심'은 모두 '진심'·'청
정심'을 가리킨다. 뜻은 '세간의 모든 시방의 이사理事 및 일체중생
모두가 이 진심으로 본체를 삼으며, 모두 이 진심의 체현이라'는 말이
다. 이것이 바로 법계연기의 첫째 의미이다.

법계연기의 두 번째 의미는 '법계로서 체를 삼고, 연기로서 용을

---

208 (唐)法藏,『華嚴經義海百門』(大正藏 45, p.631下), "塵爲自心現也. 離心之外, 更無
    一法."
209 (唐)法藏,『華嚴一乘教義分齊章』卷4(大正藏 45, p.507上), "此上諸義門十玄門,
    悉是此心如來藏自性淸淨心自在作用, 更無余物, 名唯心轉, 宜思釋之."
210 (唐)法藏,『華嚴經探玄記』卷1(大正藏 35, p.118下), "離佛心外無所化衆生, 況所說
    教?是故惟是佛心所現. 此義云何, 謂諸衆生無別自體, 攬如來藏以成衆生. 然此
    如來藏卽是佛智證爲自體, 是故衆生擧體總在佛智心中."

168

삼는다'는 것이다. 연기의 대용이 있기 때문에 시방의 이사는 분명하고, 법성중생이 더불어 현현한다. 『화엄경의해백문』에서 법장은 다음과 같이 설한다.

현종玄宗은 아득하니, 모습은 연기로서 현창할 수 있다. 지도至道는 희유하여 법계에 들어와도 볼 수가 없다. 그러므로 체를 통하여 용이 나타나니, … 합하면 바로 법계인데, 적적하여 둘이 없고, 현현하는 연기는 마땅히 셋을 이룬다. 동動·적寂·이理는 원융해서 비로소 체용體用이 나타나기 시작한다.[211]

위의 의미를 살펴보면, 법계는 적적하여 둘이 없어서 말할 수도 보기도 어려우니, 오직 연기를 통하여 비로소 현현할 수 있다는 것이다. 여기에서의 연기는 마치 글자를 나타나게 하는 잉크와 같아서 이것이 없다면 영상이 현현하지 못한다. 연기가 있기에 만상이 현창顯彰하는 것이다. 이것과 앞에서 언급한 '이법계'의 성상이 존재하지 않고, 허공과 진제와도 막연하여, 오직 연기를 통하여 비로소 사상이 완연하니 같은 뜻이다. 징관은 『대화엄경략책』에서 또 다음과 같이 설한다.

법성法性은 텅 비고 끝없이 넓어 연기緣起로도 생각하기 어렵다. 나의 부처님 세존께서 법계원융法界圓融으로서 신신을 삼고, 연기

---

211 (唐)法藏, 『華嚴經義海百門』(大正藏 45, p.634下), "夫玄宗渺茫, 像在緣起而可彰; 至道希夷, 入法界而無見. 故標體開用 … 合則法界寂而無二, 開乃緣起應而成三. 動寂理融, 方開體用."

로서 용用을 삼으니, … 나누어지지 않고 두루하며, 가지 않고 두루하다. 감응하여 바로 통달하고, 전후를 볼 수 있다.[212]

이것은 법장이 계界로서 체를 삼고 연기로서 용을 삼은 사상으로부터 발전된 것이다. 그 의미는 법계法性가 나누어지고, 셋도 없지만 두루 보편하여, 일체제불의 체이고 신身이며, 연기로 감응하여 용이 되므로 전후 만상의 견見이 있다는 것이다.

화엄종에는 법계연기에 대한 많은 논술들이 있다. 그중 하나의 중요한 사상은 법계연기의 체용관계로써 진심본체와 제법만상의 상호 관계를 설명하는 것이다. 법계가 없으면 연기도 어찌할 도리가 없고, "체는 용의 본이다. 용을 의지해서 체가 일어난다."[213]는 것으로, 연기가 없으면 법계는 항상 공적空寂하여 현기現起할 수 있는 도리가 없어, "체는 용을 의지하여 현현(體依用顯)"한다는 것이다. 이 법계연기의 체용설은 바로 만물의 본원이 되는 것이니, 일정한 조건을 의지해서 만물을 변화시키고 파생하여 나오게 한다. 화엄종에서 설한 '법계'는 그 주요한 경향에서 본다면 '여래장자성청정심'·'진심' 혹은 '청정묘유'에 속하지만, 법장과 징관 및 종밀의 주소註疏와 논저에서는 '심'을 구체적인 심으로 보는 경향이 있다. 화엄종 세계관의 이 같은 융합성은 모든 학설을 흡수하고 포함하려는 시도와 관련이 있다. 경전적 근거로 말하자면 화엄종이 『대승기신론』을 최고로 하는 것과 관련이 있다.

---

212 (唐)澄觀, 『大華嚴經略策』(大正藏 36, p.703上), "法性寥廓, 緣起難思. 我佛世尊, 融法界以爲身, 總緣起而爲用 … 不分而遍, 不去而周. 感而遂通, 見有前後."

213 (唐)法藏, 『華嚴經義海百門』(大正藏 45, p.635中), "體爲用本, 用依體起."

『대승기신론』에서 설한 '심'은 진심을 가리키면서 또한 구체적인 심의 뜻을 함유하고 있는데, 이것이 자연스럽게 화엄종에 영향을 미치고 있는 것이다. 실제로 화엄종에서뿐만 아니라 수·당의 불교종파, 특히 천태·선종에 이 같은 경향이 있다.

법계는 체가 되고 연기가 용이 된다는 것은 화엄종 '법계연기설'의 기본 관점이다. 다만 이것만으로 법계연기를 논한다면, 아직 완전히 법계연기사상을 이해했다고 할 수 없다. 왜냐하면 어떤 의미에서 보면, 법계연기는 또 하나의 중요한 특징이 있기 때문이다. 그것은 중중무진重重無盡 혹은 무진연기無盡緣起이다. 화엄종은 이것으로써 기타 종파의 불교이론과 다른 입론을 표명하고 있다.

화엄종의 대량의 저술에서는 법계가 비록 체가 되지만 단지 체만 되는 것이 아니고, 연기는 비록 용이 되지만 또한 순수한 용이 아니다. 체와 용의 관계는 다르지도 않고 융합되지 않는 것도 아니며, 체용을 전부 수용하면서 원통하여 하나의 경계 속에서 자재하니 단정하기가 곤란하다. 법장의 『화엄책림』에 다음과 같이 설한다.

모든 법계로서 체를 삼고, 연기로서 용이 되니, 체용은 전부를 수용하고 원통한 하나이다.
연기의 사상事相은 반드시 성性을 수용하여서 이루어진다. 법계현종法界玄宗은 또한 연을 의지하여 공空이 나타난다. 서로 사무쳐서 체용이 현묘한 융통이다. 사상을 말한다면 바로 유有는 공의 본원에 사무쳤고, 유를 말하면 곧 공이 유의 표면을 투철했다. 혹은 둘이 모두 없이 터럭만큼도 의론도 갖추지 못했고, 혹은 서로 이루어서,

광대한 담론도 또한 나타난다. 이理는 전부의 사상을 수용하거나 전체의 사상을 잃고서 이理가 되고, 사상은 다른 사상이 아니고 물物이 이理를 구족하고서 사상이 된다.[214]

이 부분의 중심사상은 체용이 현통玄通하고, 이사가 융합하여, 체는 용 밖에 따로 다른 체가 아니고, 체는 용이 있기에 현현한다. 용은 또한 체를 떠나서 따로 있는 용이 아닌, 용이 곧 체이다. 이는 사 밖에 따로 있는 이가 아니고, 온전히 사를 용납하거나 잃고서 이가 된다. 사는 이를 떠나서 달리 사가 아니니, 물은 이를 구족하여 사가 된다는 것이다. 『화엄경의해백문』에서 법장은 이사와 체용을 논할 때, 다음과 같이 말한다.

체용을 관찰하면, 진진塵塵을 요달하여 무생無生·무성無性이 일미一味임이 체이다. 지혜로서 이를 관조하면, 사상事相의 완연함을 방해하지 않는 것이 용이다. 사상은 비록 완연하나 항상 무소유이기 때문에 용은 곧 체가 된다. 마치 수많은 강이 바다로 흘러 들어가는 것같이, 이는 비록 일미이나, 항상 수연隨緣을 따르므로 체는 곧 용이다. 마치 바다로서 수많은 강을 명확히 할 수 있는 것과 같다. 왜냐하면 이사가 서로 융합하기에 체용이 자재하다. 만약 서로

---

214 (唐)法藏, 『華嚴策林』(大正藏 45, p.597上), "此諸界爲體, 緣起爲用, 體用全收, 圓通一極. 緣起事相, 必收性而方成. 法界玄宗, 亦依緣而現空. 有有交徹, 體用玄通. 言事卽有徹空源, 談有乃空透有表. 或時雙擧, 纖毫之論不具; 或時相成, 廣大之談幷見. 理全收事全擧事而爲理, 事非別事, 物具理而爲事."

상입相入할 때, 용의 차별이 생긴다. 만약 상즉相卽하면 체는 항상
일미이다. 항상 일一이고, 항상 이二이면서 체용이 된다.[215]

체용과 이사의 관계가 이미 서로 상입이며 또 상즉이라는 것이다.
상입이면 용이 일어나 차별이 열리고, 상즉이면 체는 항상 일미를
현현하니, 이사는 원융이며, 체용은 자재한다.

체용과 이사만 이와 같을 뿐 아니라, 본말本末·인과因果·색심色心·
능소能所·생불生佛이 모두 그러하다. 법장은 진상塵相으로 말末을 비
유하고, 공성空性으로 본本을 설명하고 있다. 진塵은 비록 상相이 있으
나 상이 다하지 않음이 없기 때문에 또한 말이 아니다. 공空은 비록
무성無性이지만 연緣이 이루어짐을 장애하지 않기에 본本이 아니다.
비본非本으로서 본이 되기에 비록 공이지만 항상 유有이고, 비말非末로
서 말末이 되기에 비록 유有이지만 항상 공이다. 결론은 본말이 서로
상입하고 상즉하여 곧 원융무애하다. 인과 또한 그러하다.

진塵은 곧 연기하여 사상事相이 현전함이 인因이 된다. 곧 사상의
체는 공이라서 불가득이며 과果이다. 과와 인은 다르지 않기에,
온전한 인이 원만하기에 과라고 칭한다. 인이 과와 다르지 않기에,

---

215 (唐)法藏, 『華嚴經義海百門』(大正藏 45, p.635上), "觀體用者, 謂了達塵無生無性
一味, 是體; 智照理時, 不礙事相宛然, 是用. 事雖宛然, 恒無所有, 是故用卽體也.
如會百川以歸於海, 海雖一味, 恒自隨緣是故體卽用也. 如擧大海以明百川, 由理
事互融, 故體用自在. 若相入, 則用開差別; 若相卽, 乃體恒一味. 恒一恒二, 是爲
體用也."

온전한 과가 원만하므로 인이라 칭한다. 만약 인이 과를 얻지
못하면 과 또한 과가 아니며, 만약 과가 인을 얻지 못하면 인
또한 인이 아니다. 모두 동시에 성립하여 차별과 다름이 없다.
그러므로 초발심 때에 바로 정각正覺을 이룬다. 정각을 이미 이루었
지만 초심인 것이다.[216]

이러한 인과관은 본유시유本有始有, 인불성因佛性·과불성果佛性설
을 단번에 부정하여, 인은 과와 구별되지 않고 과 또한 인과 구별되지
않아 동시에 성립한다. 이처럼 어떠한 구별도 없으니, 어찌 본시本始·
전후前後를 말할 수 있겠는가?

결론적으로 화엄종의 학설에서는 일체제법이 모두 서로 체가 되고
용이 되어, 일진一塵을 들면 이理이고 사事인 것이고, 한 가지 사를
말하면 인이고 과이며, 일법에 연이 있으면 만법이 일어나고, 만법에
연을 가져 일법에 들어간다. 중중의 연기로 인해 연기의 의義가 무한하
여 무진연기無盡緣起라 한다. 이러한 무진연기의 사상은 화엄종의
'육상원융六相圓融', '사법계四法界' 및 '십현무애十玄無碍'의 설에서 집
중적으로 표현된다.

'육상', '십현', '사법계'는 표현이 다양하고, 논술 또한 현란하지만
그 근본적인 의미는 일체 연기법들 간에 상입상즉하고 원융무애한

---

216 (唐)法藏, 『華嚴經義海百門』(大正藏 45, p.631中), "塵卽是緣起事相現前, 爲因;
卽事體空而不可得, 是果. 果不異因, 全以因滿稱爲果也; 由因不異果, 全以果圓
稱之爲因也. 若因不得果, 果亦非果也; 若果不得因, 因亦非因也. 皆同時成立,
無別異故. 是故初發心時, 便成正覺; 成正覺已, 乃是初心."

174

것을 말하는 것이다. 시간적인 구세일념九世一念이나, 공간적으로 미세하고 광활한 것들은 모두 '법성이 융통하기 때문이고(法性融通故)', '유심이 현현하기 때문에(唯心所現故)' 원융무애하다. '구세를 거두어서 찰나에 들어가고, 일념을 내려놓으면 바로 영겁이다.'[217] '일즉다一卽多이지만 장애하지 않고, 다즉일多卽一로 원통하다.'[218] '하나하나의 미세 티끌 등에 모두 불신佛身이 있어서 원만 보편하다.'[219] '일체 찰해刹海의 있는 바가 모두 여래의 한 털구멍의 현현이다.'[220] 이러한 학설들은 일체제법이 서로 융합되고 상즉하는 것으로, 중생과 부처는 본래 구별되지 않는다는 것을 설명한다. 중생은 부처의 중생이고, 부처는 중생의 부처이다. 중생심 안의 부처가 불심 중의 중생에게 설법하고, 불심 중의 중생이 중생심 속의 부처 설법을 듣는다. 중생과 부처는 본래 하나이면서 둘이고, 둘이면서 하나이다.

법장은 『화엄경의해백문』에서 다음과 같이 설한다.

중생 및 진모塵毛 등이라 함은 전부가 불보살의 이理로 이루어진 중생인 까닭이다. 그러므로 중생의 보리신菩提身 가운데에서 부처의 발보리심發菩提心을 본다. … 지금 불이 진내塵內의 중생을 교화하고, 중생은 다시 진내 부처의 교화를 섭수하기 때문에, 부처는

217 (唐)法藏, 『華嚴經探玄記』(大正藏 35, p.124中), "攝九世以入刹那, 舒一念而該永劫."
218 (唐)法藏, 『華嚴經探玄記』(大正藏 35, p.107中), "一卽多而無礙, 多卽一而圓通."
219 (唐)法藏, 『華嚴經旨歸』(大正藏 45, p.591中), "一一微細塵毛等處, 皆有佛身圓滿普遍."
220 (唐)法藏, 『華嚴經旨歸』(大正藏 45, p.591中), "所入一切刹海, 總在如來一毛孔現."

곧 중생의 부처이고, 중생은 곧 부처의 중생이다.[221]

이 단락으로만 볼 때, 법장은 아직 중생과 부처를 하나로 보지 않고, 단지 상자상대相資相待하는 입장에서 중생과 부처의 관계를 말하고 있는 듯하다. 하지만 법장의 무진연기의 사상은 그로 하여금 상자상대를 극한으로 보지 않고, 필연적인 논리로 생불일여生佛一如, 중생이 바로 부처라는 경지로 나아가도록 결정지어 주고 있다. 『화엄경 탐현기』에서 법장은 다음과 같이 설한다.

불심을 떠나서 중생이 교화된 바가 없는데, 하물며 교법을 설하랴? 그러므로 오직 불심으로 나타난 것이다. 왜 그런가? 모든 중생이 다른 자체自體가 없고, 여래장을 끌어서 중생을 이룬다. 그러나 이 여래장은 곧 불지佛智를 증득하는 자체이므로, 중생 전체는 모두 불심 가운데에 있다.[222]

중생이 불지 이외에 자체가 있는 것이 아니라, 모두 불지의 마음속에 있다는 것이다. 이는 중생즉불衆生卽佛을 말하는 것이다. 중생즉불뿐만 아니라 불즉중생佛卽衆生인 것이다. 또한 법장은 다음과 같이 말하

---

221 (唐)法藏, 『華嚴經義海百門』(大正藏 45, p.628上), "衆生及塵毛等, 全以佛菩提之 理成衆生故. 所以于衆生菩提身中, 見佛發菩提心 … 今佛教化塵內衆生, 衆生復 受塵內佛教化, 是故佛卽衆生之佛, 衆生卽佛之衆生."

222 (唐)法藏, 『華嚴經探玄記』(大正藏 35, p.118下), "離佛心處無所化衆生, 況所說教? 是故惟是佛心所現. 此義云何? 謂諸衆生無別自體, 攬如來藏以成衆生. 染=然此 如來藏卽是佛智證爲自體, 是故衆生擧體總在佛智心中."

고 있다.

모든 중생심에 있다고 함은 중생을 떠나서 다른 불덕佛德이 없는
까닭이다. 왜 그런가? 부처가 중생심에서 진여眞如를 증득하여
부처가 되고, 또한 시각始覺과 본각本覺이 동일한 까닭이기에,
그러므로 다 중생심 가운데에 있다. 체體를 따라 용用을 일으키는
화신化身은 곧 중생심 가운데 진여의 대용大用이지, 다시 다른
부처가 없다.[223]

본래 부처는 특별한 것이 아니라, 중생 마음의 진여를 증득하기
위해 생긴 것이다. 이는 중생 마음속의 진여가 체에서 용을 일으킨
결과로 법신불이 이러할 뿐만 아니라 화신불 역시 중생심 가운데
진여의 대용이며 그 외에 다른 부처는 더 이상 없다는 것이다.
'중생즉불 불즉중생'의 사상은 법장 이후 징관, 종밀에 의하여 보다
더 많은 작용을 하게 되었다. 징관은 『답순종심요법문答順宗心要法
門』에서 다음과 같이 말하고 있다.

마음 마음이 부처를 짓는데, 일심도 불심佛心 아님이 없다.(종밀
주: 염념이 전부 진眞이다.) 처처處處에 진眞을 증득하나, 일진一塵도
불국佛國 아님이 없다.

---

223 (唐)法藏, 『華嚴經探玄記』(大正藏 35, p.118下), "總在衆生心中, 以離衆生心無別
佛德故. 此義云何? 佛證衆性心中眞如成佛, 亦以始覺同本覺故, 是故總在衆生
心中. 從體起用, 應化身時卽是衆生心中眞如用大, 更無別佛."

진망眞妄·물아物我가 각기 전체를 수용한다.(종밀 주: 둘이면서 둘이
아니다.) 심·불·중생이 확연히 일치한다.(종밀 주: 둘이 아니면서
둘이다.)[224]

일심도 불심 아님이 없고, 일진도 불국 아님이 없으며, 진망·물아를
잊으면 하나로 모든 것을 섭수할 수 있다고 하여, 중생즉불이라 표현하
지 않아도 그 뜻을 잘 알 수 있다는 것이다. 종밀은 『화엄원인론華嚴原人
論』에서 직설적으로 "지금 지교至敎의 입장에서는 바야흐로 본래 부처
를 깨닫는 것이다."[225]라고 말하고 있다.

본래 중생과 불은 미망과 깨달음으로 말할 수 있다. 이 점에 대해서는
화엄종에서도 반복적으로 강조하기를 "어리석음과 깨달음이 같지 않
기에 드디어 중생과 부처가 있다."[226] "어리석다면 사람이 법을 따르니,
법과 법이 차별이 있어 사람마다 같지 않고, 깨닫는다면 법이 사람을
따르니, 사람사람이 일치하고 만경萬境이 융합한다."[227] "미와 오의
연을 따라서 업을 짓고 보를 받으니 중생이라 한다. 도를 닦아 진眞을
증득하면 드디어 제불이라고 한다."[228]라고 표현한다. 지금에 와서

---

224 (唐)澄觀作, 宗密注, 『答順宗心要法門』(卍續藏 58, p.426中), "心心作佛, 無一心而
    非佛心宗密注: 念念全眞; 處處證眞, 無一塵而非佛國宗密注: 卽染而淨. 眞妄物
    我, 擧一全收宗密注: 二而不二; 心佛衆生, 炳然齊志宗密注: 不二而二."
225 (唐)宗密, 『原人論』(大正藏 45, p.710上), "今約至敎, 方覺本來是佛."
226 (唐)澄觀, 『大華嚴經略策』(大正藏 36, p.704下), "特由迷悟不同, 遂有衆生與佛."
227 (唐)澄觀作, 宗密注, 『答順宗心要法門』(卍續藏 58, p.426中), "迷則人隨法, 法法萬
    差而人不同. 悟則法隨于人, 人人一致而融萬境."
228 (唐)宗密, 『禪源諸詮集都序』(大正藏 48, p.409上), "隨迷悟之緣, 造業受報, 遂名衆

화엄종은 또한 부처는 즉 중생이고 중생은 본래 부처라고 말하고 있다. 이를 불가佛家의 논리로 말하면, 자기가 한 말이 서로 어긋나는 착오를 범한 것이다. 그리하여 본래 부처라는 사상은 늘 비난을 받게 되었다.

> 묻기를, 중생은 미迷하고, 제불은 오悟가 되는데, 체體가 비록 하나라면 용用 방면에서 차이가 있다. 만약 중생이 부처와 통하면 제불은 미이고, 만약 부처가 중생과 통하면 중생은 오인가?[229]

중생이 미망하고 제불은 깨달아 있어, 비록 양자의 체는 같으나 용이 각기 다르다는 것이다. 여기서 중생과 부처는 융통하고 상즉한다고 말한다면, 이는 또 제불이 미망하고 중생이 깨달아 있다는 결론에 도달하게 된다. 이러한 난제에 대해 법장은 다음과 같이 대답한다.

> 항상 비중생非衆生으로서 중생이 되고, 또 비제불非諸佛로서 제불이 되니, 존재의 입장에서 항상 없음을 장애하지 않고, 괴멸이 항상 이루어짐을 방해하지 않는다. 연을 따라서 중생의 이름을 세움이지, 어찌 중생을 얻을 수 있겠는가? 체體를 잡아서 방편으로 법신의 호를 시설했지, 어찌 제불을 구할 수 있으라? 망妄이 진원眞源을 사무치니 일상一相에 머무는 데 항상 있으며, 진眞이 망이니

생; 修道證眞, 遂名諸佛."

229 (唐)法藏, 『華嚴策林』(大正藏 45, p.597下), "問: 衆生爲迷, 諸佛爲悟, 體雖是一, 約用有差. 若以衆生通佛, 諸佛合迷; 若以佛通衆生, 衆生合悟."

오도悟道에 들어가도 항상 공이다. 정혹情惑으로 이계二界를 설하기 어렵고, 지혜이면 통하여 일여一如로 설하기 쉽다. 그런 두 가지를 보내고 두 가지를 세워 서로 이루어진다. 제불을 중생의 몸에서 보고, 중생은 불체에서 관조한다.[230]

이러한 대답은 '중생은 본래 중생이 아니고 제불도 본래 제불이 아닌데, 단지 연에 따라 얻게 된 가명이자 체에 의해 얻게 된 별명이니, 어디에서도 중생제불을 구할 수 없음을 말한다. 속제俗諦로 본다면 중생과 부처의 차별이 있겠지만, 진제眞諦로 말하면 중생과 부처는 하나인 것이다.

화엄종 4조 징관도 똑같은 비난을 만나게 되는데, 다음과 같이 설한다.

문: 중생과 부처가 미오迷悟가 같지 않아 중생은 육도에서 윤회하지만, 부처는 만덕萬德이 원만하다. 어찌하여 '중생즉불과 불즉중생'으로 둘을 서로 수용하여, 인과를 혼란시키고 법리를 완전히 어그러지게 설하는가?[231]

---

230 (唐)法藏, 『華嚴策林』(大正藏 45, p.597下), "恒以非衆生爲衆生, 亦非諸佛爲諸佛, 不礙約存而恒奪, 不妨壞而常有. 隨緣具立衆生之名, 豈有衆生可得? 約體權施法身之號, 寧有諸佛可求? 莫不妄徹眞源, 居一相而恒有; 眞該妄末, 入五道而常空. 情該則二界難說, 智通乃一如易說. 然後雙非雙立互成, 見諸佛於衆生身, 觀衆生於佛體."

231 (唐)澄觀, 『大華嚴經略策』(大正藏 36, p.704下), "問: 衆生與佛, 迷悟不同, 生則六道循環, 佛則萬德圓滿. 如何有說, 卽生卽佛, 二互相收, 渾亂因果, 全乖法理."

의미는 중생이 부처라고 하는 것이 인과를 혼돈한 것으로 불리佛理에 어긋나는 것이라는 것이다. 여기에 대해 징관은 어떠한 대답을 할 것인가?

진원眞源은 둘이 없고 묘지妙旨는 항상 동일하다. 미오迷悟가 같기 않음으로 인하여 드디어 중생 및 부처가 있다. 진眞이 미迷하여 망妄을 일으키니 임시로 중생이라 한다. 망을 체달하면 진이므로 부처라고 한다. 미는 곧 진리에 미함이니, 진을 떠나버리면 미도 없다. 오는 곧 망이 본래 진으로 새로 있는 것이 아니다. 미는 무명無明으로 인하여 어지럽게 일어난 것이니 마치 동쪽을 고집하여 서쪽이라 함과 같다. 오란 진리가 생한 것을 칭함이니 마치 동쪽이 본래 바뀌지 않은 것과 같다. 곧 상相을 취하여 중생 및 부처라고 임시로 칭하고, 체의 입장을 잡는다면 서로 수용함을 얻는다.[232]

이는 거의 법장의 사상으로, 그 근본은 서로 다를 바가 없고, 단지 가명이 다를 뿐 본체는 상즉하고, 단지 가상假相에 의해 중생과 부처로 달리 칭해진다고 말한다. 이러한 논란은 5조 종밀까지 계속되었다. 종밀은 『대승기신론』의 마음은 진여·생멸 이문二門을 갖고 있고,

---

232 (唐)澄觀, 『大華嚴經略策』(大正藏 36, p.704下), "夫眞源莫二, 妙旨常均. 特由迷悟 不同, 遂有衆生及佛. 迷眞起妄, 假號衆生; 體妄卽眞, 故稱爲佛. 迷則全迷眞理, 離眞無迷; 悟則妄本是眞, 非是新有. 迷因無明橫起, 似執東爲西; 悟稱眞理而生, 如東本不易. 就相假稱生佛, 約體故得相收."

진여는 불변·수연 이의二義를 갖고 있으며, 진망화합의 아뢰야식은 각과 불각의 두 측면이 있다고 보았다. 즉 육도범부와 삼승성현은 그 근본에 있어서 모두 하나의 영명청정 법계심이고, 제불이라 부르지도 중생이라 이름하지도 않는다. 단지 이 신령스럽고 묘한 진심이 자성을 지키지 않아, 연에 의해 업을 짓고 보를 받게 되어, 중생이라는 이름을 얻게 되었다는 것이다.

이 마음은 비록 연을 따라 관하여 중생이 되지만, 항상하여 변함이 없고 파괴할 수 없기에 오직 일심으로 진여라 이름한다. 그리하여 이러한 마음은 진여·생멸 이문을 갖고, 진여 또한 불변·수연 이의를 갖게 되어 "진이 불변인 까닭에 망의 체는 공이니 진여문이 된다. 진이 수연인 까닭에 망이 진을 이루니 생멸문이다. 생멸이 곧 진여이기에 모든 경전은 부처도 중생도 없고 본래 열반이며 상적常寂하여 무상無相이라 설한다. 또한 진여가 곧 생멸이기에 경전에 법신이 오도에 유전하니 중생이라 칭한다."[233]라고 말한다. 즉 중생과 불의 구별이 생긴 것은 생멸문과 수연의에 의한 것이라고 한다. 진여가 변하지 않고, 다만 일심의 각도에서 보면 생불生佛은 구별되지 않아, 중생이 부처이고 부처가 중생인 것이다. 종밀은 이를 "부처님의 말씀이 서로 위배되는 것 같으나, 위배되는 바가 없다."[234]라고 말한다.

---

233 (唐)宗密,『禪源諸詮集都序』卷4(大正藏 48, p.409上), "由眞不變, 故妄體空, 爲眞
　　如門; 有眞隨緣, 故妄成眞, 爲生滅門. 以生滅卽眞如, 故諸經說無佛無衆生, 本來
　　涅槃, 常寂無相. 又以眞如卽生滅, 故經云法身流轉五道, 名曰衆生."

234 (唐)宗密,『禪源諸詮集都序』卷4(大正藏 48, p.409上), "於佛語相違之處, 自見無所
　　違也."

182

　법장, 징관과 종밀의 이러한 논술은 화엄의 '중생은 본래 부처이다'라는 사상에서 표현된 것이다. 이러한 논술을 통해 이른바 '중생은 본래 부처이다'라는 사상은 사실상 무진연기, 원융무애의 사상이 생·불의 관계에 운용된 것이라는 것을 알 수 있다. 그렇다면 다시 무엇 때문에 서로 융통되고 상즉하며, 그 이론적 근거가 무엇인지를 설명해야 한다.

　『화엄경지귀華嚴經旨歸』와『화엄경탐현기』에서 법장은 일체제법이 무엇 때문에 원융무애하고 중중무진한 것인지에 대해 열 가지 이유를 다음과 같이 제시하고 있다.

　법상法相은 원융하기에 실제로 인因하는 바가 있어 인연이 무량한데, 간략히 십종으로 나눈다. 일一은 제법이 정해진 상이 없음을 밝히기 때문이고, 이二는 유심唯心으로 나타나는 까닭이고, 삼三은 환幻 같은 사事인 까닭이며, 사四는 꿈같이 현현하기 때문이고, 오五는 승통력勝通力인 까닭이며, 육六은 심정용深定用인 까닭이고, 칠七은 해탈력解脫力인 연고이며, 팔八은 인因이 한계가 없는 까닭이고, 구九는 연기로 서로 연유하는 까닭이며, 십十은 법성이 융통한 까닭이다. 이 열 가지에서 하나만 따르면 저 제법이 혼융무애混融無礙하다.[235]

235 (唐)法藏,『華嚴經旨歸』(大正藏 45, p.594下), "夫以法相圓融, 實有所因, 因緣無量, 略辯十種. 一爲明諸法無定相故, 二唯心現故, 三如幻事故, 四如夢現故, 五勝通力故, 六深定用故, 七解脫力故, 八因無限故, 九緣起相由故, 十法性融通故. 於此十中, 隨一卽能令彼諸法混融無礙."

『탐현기』에서는 또한 열 가지 이유를 다음과 같이 말하고 있다.

문: 어떤 인연이 있어 이 제법으로 하여금 이와 같은 혼융무애를
얻게 하는가?
답: 인연이 무량하여 진술하기가 어렵다. 간략히 열 종류를 들어
무애를 해석하겠다. 일은 연기가 서로 연유하는 까닭이고, 이는
법성이 융통한 까닭이며, 삼은 각각이 오직 심으로 나타난 까닭이
고, 사는 마치 환幻같이 실답지 않은 까닭이며, 오는 대소가 일정하
지 않는 까닭이며, 육은 무한한 인因이 생하는 까닭이며, 칠은
과덕果德이 극도로 원만한 까닭이고, 팔은 승통勝通하고 자재한
까닭이며, 구는 삼매의 대용大用인 까닭이고, 십은 해탈 불가사의
한 까닭이다.[236]

이상은 『탐현기』의 열 가지이다. 『지귀』 가운데 네 번째, '꿈같이
현현하기 때문이고'를 '과덕이 극도로 원만한 까닭이고'로 표현한 것
외에 기타 아홉 가지 이유는 거의 같다고 볼 수 있다. 단지 설법상에서
약간의 차이가 있고 앞뒤 순서가 틀릴 뿐이다. 하지만 법장이 '인연이
무량하여 진술하기가 어렵다'라고 말하고 여기서 또 '간략히 열 종류를
들었다'라고 말하며 '이 열 가지에서 하나만 따르면 저 제법이 혼융무애

---

236 (唐)法藏, 『華嚴經探玄記』 卷1(大正藏 35, p.124上). "問: 有何因緣令此諸法得有
  如是混融無礙? 答: 因緣無量, 難可具陳. 略提十類, 釋此無礙: 一緣起相由故,
  二法性融通故, 三各唯心現故, 四如幻不實故, 五大小無定故, 六無限因生故, 七
  果德圓極故, 八勝通自在故, 九三昧大用故, 十難思解脫故."

하다'라고 말한다. 따라서 앞뒤 순서나 몇 개 이유에 얽매이지 않고, 그 주요한 종지를 깨닫는다면 원융이론의 이론적 근거가 어디에 있는 지 알 수 있다.

그것에 대해 간략히 분석해 보면 다음과 같다.

첫째, '유심唯心으로 나타난다'는 것은 이해하기가 쉽다. 즉 제법은 달리 자체自體가 없으니 크고 작은 건 마음에 따라 회전回轉되기에, 오고감에 장애가 없다는 것이다.

둘째, '법성이 융통한다'는 것은 이론적 사변이 비교적 강한 것으로 이것을 이해하는 것은 화엄종의 원융무애 학설의 자세한 내용을 이해 하는 데 도움이 될 것이다.

법장은 단지 사상事相에 대해 말하면, 각종 사상들은 서로 장애가 있어서 상즉하고 상입할 수 없다고 말한다. 또한 단지 이체理體를 놓고 본다면 이성理性은 순수한 일미一味로 상입상즉의 문제가 존재하 지 않는다. 그리하여 법장은 이사융통理事融通하고 혼융무애混融無礙 하며, 사사무애事事無礙하다는 결론을 얻는다.

이사무애란 어떠한 사물이나 현상들은 인연으로 된 이체의 산물이기 에, 이체의 현현이라 할 수 있다는 것이다. 첫째, 사물은 이체를 떠나 자주적으로 존재할 수 없다. 만약 사물이 인연 이체에 의해 현현하지 않고 자주적으로 존재한다면, 이는 사물이 이치 밖에 있다는 과실을 범하게 된다. 둘째, 각각 사물은 모두 이리의 전체를 포함하고 있다. 만약 사상이 모든 이체를 다 포함하지 못하여 이의 전체를 포함하지 않는다고 말한다면, 이것은 진리에 경계가 있다는 과실을 범한 것이다.

법장의 '법성융통' 사상은 사물이 곧 이치이고 이치가 곧 사물로서 사사상즉事事相卽한다는 것이다. 한 개의 완전하고 나누어질 수가 없는 이체는 곧 법장의 원융사상의 매개체이다. 이러한 이체는 인연에 의해 일체 사물을 현현하고, 그 자체는 나눌 수 없는 것이다. 이는 인연으로 인해 인지된 모든 사물들이 모두 원만하게 이체의 전체를 갖도록 하여 제법은 일미이고, 각 사상事相은 같지 않다는 것이다. 철학적으로 보면, 이러한 '법성융통'의 설법은 개별이 일반이고 일반이 즉 개별로 즉차즉피卽此卽彼한 것이다. 만약 개별이 일반이라는 것을 논술하려면, 각각 구체적인 현상들 간에는 모두 보편적인 관계가 존재하고 공통된 특징 혹은 본질을 갖게 된다.

제4절 선종의 불성론

1. 동산법문과 북종의 선사상

인도와 서역으로부터 발원하여 전래된 중국불교는 역대로 다양한 종파를 형성하였다. 그 가운데 중국적 특색을 가장 잘 드러내고 있는 것이 '선종'이라고 하겠다. 이러한 선종의 연원은 동한東漢 시기 안세고安世高의 역경으로부터 출현한 '선수학禪數學'과 남북조南北朝 시대의 불타 선사佛陀禪師-승조僧稠 계열의 정학定學으로부터 찾을 수 있다. 그리고 북조 말의 달마선達摩禪과 당唐 초기 도신道信-홍인弘忍의 동산법문東山法門에 이르러 본격적인 종파로서 자리매김하였다. 그러다가 신수神秀의 북종과 혜능慧能의 남종南宗이 출현하면서 사상적으로 완비되고 있음을 볼 수 있다. 이후 당말唐末, 오대五代를 거쳐 송대宋代

186

에 이르러서는 남종으로부터 오가칠종五家七宗으로 분화되면서 이른
바 '선학의 황금시대'를 구가하게 되었다.

이러한 과정에서 비록 달마-혜가계의 '남천축일승종南天竺一乘宗'의
작용도 무시할 수 없는 것이지만, 무엇보다도 도신-홍인의 동산법문이
선종의 흥기에 결정적인 역할을 담당한 것은 선종사禪宗史에 잘 알려진
일이다. 동산법문의 홍인 문하에서 남종과 북종, 그리고 염불선念佛禪
을 표방하는 염불종念佛宗이 출현하였고, 다시 남종에서 '오가칠종'이
나타났기 때문이다. 따라서 본 장에서는 도신-홍인의 동산법문으로부
터 선종의 불성론을 논하고자 한다.

중국에서 본격적인 선종의 출현을 알린 것은 도신이 개창하고 홍인
이 계승하여 천하에 이름을 떨친 동산법문이다. 따라서 동산법문의
선사상을 고찰하고자 한다면 도신의 선사상으로부터 시작해야 할
것이다. 그러나 전체적인 도신의 선사상을 고찰하는 것은 본 고찰의
주제를 벗어날 뿐만 아니라 한정된 지면이기에 가능하지 않다. 때문에
불성론과 수증修證과 관련된 것만을 살펴보기로 하겠다.[237]

도신의 선사상과 관련된 자료는 대부분이 산실되었고, 유일한 자료
는 『능가사자기』이다. 『능가사자기』의 '도신전'에는 "당唐의 기주蘄州

---

237 동산법문과 관련된 연구는 崔桐淳, 「雙峰道信의 一行三昧에 대한 연원」, 『韓國佛
教學』 31호, 2002, pp.107~124; 김종두, 「天台의 一行三昧와 東山法門에 관한
고찰」, 『韓國禪學』 19호, 2008, pp.197~230; 金鎭戊, 「荷澤神會 禪思想의 淵源
과 그 意義」, 『普照思想』 제18집, 2002, pp.41~67 등이 있으며, 북종과 관련된
연구는 강혜원, 「북종선에 있어서의 방편」, 『韓國佛教學』 제10집, 1985,
pp.93~112; 姜文善, 「북종선에서의 '離心'에 대한 의미」, 『韓國佛教學』 33집,
2003, pp.237~259 등이 있어 본서에서는 그를 참조하였음을 밝힌다.

쌍봉산雙峰山 도신 선사는 승찬僧璨 선사의 후계자이다. 그는 다시
선문을 일으켜 천하에 선을 전파하였다. 도신 선사에게는『보살계법菩
薩戒法』1권과『입도안심요방편법문入道安心要方便法門』이라는 저술
이 있다."[238]라고 기록되어 있다.『보살계법』은 현존하지 않아 그 내용
을 명확하게 확인할 수 없지만 그 제명으로부터 보살계와 관련이
있는 것을 짐작할 수 있으며,『입도안심요방편법문』은 바로 도신의
선사상의 특징을 나타내지 않을까 한다. 이는『속고승전續高僧傳』
권26 '형악사문선복전衡岳沙門善伏傳'에 "도신 선사를 뵈니, 입도방편入
道方便으로 교시敎示하였다."[239]라는 문구가 보이고 있으며, 실제로
『입도안심요방편법문』의 제목은 '입도하여 안심을 얻기 위한 핵심적
인(要) 방편의 법문'이라는 의미로서, 도신의 선사상적 특징을 그대로
보인 것이라고 하겠다.

또한『능가사자기』에서는 "나의 이 법요法要는『능가경楞伽經』의
제불심제일諸佛心第一과 또한『문수설반야경文殊說般若經』의 일행삼
매一行三昧를 의지하고 있다. 즉 염불심念佛心은 부처이고, 망념妄念은
범부이다."[240]라고 도신의 법요를 밝히고 있다. 여기에서 말하는『능가
경』의 구절은 구나발타라求那跋陀羅 번역의 4권본과 보리유지菩提流支

238 (唐)淨覺,『楞伽師資記』, 道信傳(大正藏 85, p.1286下), "唐蘄州雙峰山道信禪師,
　　承璨禪師後. 其信禪師再敞禪門, 宇內流布. 有菩薩戒法一本. 及制入道安心方
　　便法門."
239 (唐)道宣,『續高僧傳』卷26, 衡岳沙門善伏傳(大正藏 50, p.603上), "見信禪師,
　　示以入道方便."
240 (唐)淨覺,『楞伽師資記』, 道信傳(大正藏 85, p.1286下), "我此法要, 依『楞伽經』諸
　　佛心第一. 又依『文殊說般若經』一行三昧. 卽念佛心是佛, 妄念是凡夫."

188

번역의 10권본에 모두 들어 있는 "대승의 모든 도문度門은 모두 불심佛
心을 제일로 한다."[241]는 구절을 인용한 것으로 보인다. 이는 무엇보다
도 '불심'을 중시하는 것으로 기본적인 불성론의 대전제를 선언하는
것으로 볼 수 있다. 또한 『문수설반야경』의 '일행삼매'는 경명에서도
알 수 있듯이 반야공관을 바탕으로 선법을 전개하고 있음을 밝히는
것이다.

이렇게 도신은 법요를 밝힌 후에 '일행삼매'에 득입得入하는 방법을
『문수설반야경』을 인용하여 설했다.[242] 이를 분석하자면 상당히 복잡
하지만, 결론적으로 말하자면 '일행삼매'에 들어가는 방법은 '염불念佛'
과 '좌선坐禪'이라는 것이다. 따라서 이를 이어서 보다 구체적인 좌선법
을 설하는데,[243] 여기에서 도신의 좌선법은 반야의 사상에 입각한

---

241 (宋)求那跋陀羅譯, 『楞伽阿跋多羅寶經』(大正藏16, p.481下); (魏)菩提留支譯,
『入楞伽經』(大正藏 16, p.514下), "大乘諸度門, 諸佛心第一."

242 (唐)淨覺, 『楞伽師資記』, 道信傳(大正藏 85, p.1286下), "『文殊說般若經』云: 文殊
師利言, 世尊, 云何名一行三昧. 佛言, 法行三昧. 若善男子善女人, 欲入一行三
昧, 當先聞般若波羅密如說修學, 然後能入一行三昧, 如法界緣, 不退不壞不思
議, 無碍無相. 善男子善女人欲入一行三昧, 應處空閑, 捨諸亂意, 不取相貌, 繫心
一佛, 專稱名字, 隨佛方便所, 端身正向, 能於一佛念相續, 卽是念中能見過去未
來現在諸佛. 何以故, 念一佛功德無量無邊, 亦如無量諸佛功德, 無二不思議, 佛
法等無分別, 皆乘一如成最正覺, 悉具無量功德無量辯才. 如是入一行三昧者,
盡知恒沙諸佛法界無差別相."

243 위의 책(大正藏 85, pp.1288,下~1289上), "若初學坐禪時, 於一靜處, 直觀身心.
四大五陰, 眼耳鼻舌身意, 及貪瞋癡, 若善若惡, 若怨若親, 若凡若聖, 乃至一切諸
法, 應當觀察, 從本以來空寂. 不生不滅, 平等無二, 從本以來, 無所有, 究境寂滅,
從本以來, 清淨解脫. 不問晝夜, 行住坐臥, 常作此觀, 卽知自身猶如水中月, 如鏡

것임을 엿볼 수 있다.

이렇게 도신은 법요인 '일행삼매'에 득입하는 방편으로서 '염불'과 '좌선'을 설했다. 그리고 이어서 핵심적인 방편인 이른바 '오문선요五門 禪要'를 다음과 같이 설하고 있다.

첫째, 마음의 주체를 아는 것이다(知心體). 마음의 주체는 그 성품 (性)이 청정하여 부처와 동일하다.

둘째, 마음의 작용을 아는 것이다(知心用). 마음이 작용하여 법보法 寶를 낳고, 마음은 끊임없이 작용하여 언제나 정적靜寂하며, 모든 혼란에서도 그대로이다.

셋째, 언제나 깨달아 한 곳에 머물지 않는 것이다(常覺不停). 깨닫는 마음은 항상 눈앞에 있고, 깨닫는 대상은 모습이 없다.

넷째, 항상 몸이 공적함을 관하는 것이다(常觀身空寂). 자신의 안팎 이 하나로 관통하면, 몸은 법계 속으로 들어가 일찍이 걸림이 없음을 알 수 있게 된다.

다섯째, 하나를 지켜 움직이지 않는 것이다(守一不移). 움직임과 고요함이 항상 한 곳에 머무르므로 수행자로 하여금 불성을 명확히 볼 수 있게 하고, 빠르게 정문定門에 들어가게 할 수가 있다.[244]

中像, 如熱時炎, 如空谷響. 若言是有, 處處求之不可見. 若言是無, 了了恒在眼 前. 諸佛法身皆亦如是. 卽知自身從無量劫已來, 畢竟未曾生, 從今已去, 亦畢竟 無人死. 若能如是觀者, 卽是眞實懺悔. 千劫萬劫, 極重惡業, 卽自消滅. 唯除疑 惑不能生信. 此人不能悟入. 若生信依此行者, 無不得入無生正理."

244 위의 책(大正藏 85, p.1288上), "一者 知心體. 體性淸淨, 體與佛同. 二者 知心用. 用生法寶, 起作恒寂, 萬惑皆如. 三者 常覺不停. 覺心在前, 覺法無相. 四者 常觀

190

첫째의 '지심체知心體'는 심체가 바로 불체佛體와 동일함을 명확히 알라는 것이다. 이는 앞에서 『능가경』의 모든 불심을 제일로 삼는다는 법요와 상응하고 있다고 볼 수 있다. 둘째의 '지심용知心用'은 마음의 작용이 다양하게 이루어져도 항적하고 여일如一한 체를 잃지 않는다는 의미를 갖는다. 이 두 가지는 마음의 본질적 성격을 체용으로 설명한 것이다. 셋째의 '상각부정常覺不停'은 마음의 운용에 있어서 시공의 장이 따로 없이 항상 깨달아 제법의 무상無相을 관조하는 방법으로 반야의 공관이 잘 드러나 있는 구절이다. 넷째의 '상관신공적常觀身空寂'은 공관의 구체적인 대상세계인 행주좌와에서 펼치는 무애의 실천을 말한다고 하겠다. 다섯째의 '수일불이守一不移'는 앞의 네 가지의 실천행을 통하여 도달한 상태를 철저하게 지키라는 것이다. 마음의 체·용을 명확하게 알고서 행주좌와에 철저하게 반야공관을 항상 그렇게 실천한다면 수행자로 하여금 불성을 보게 하고 정문에 들게 한다는 것이다. 즉 불성을 명확히 볼 수 있게 하고, 빠르게 정문에 들어가게 함(明見佛性, 早入定門)의 최종적인 수행법이라고 할 수 있는 것이다. 이러한 '수일불이'의 과정은 앞에서 법요로서 설한 '일행삼매'와 완벽하게 상응하고 있다고 하겠다.

'오문선요'의 결론이자 핵심이라고 할 수 있는 것은 '수일불이'이다. 이에 대하여 『능가사자기』에서는 다음과 같이 설명하고 있다.

'수일불이'란 이상과 같이 공정空淨의 눈으로 주의注意하여 일물一

身空寂. 內外通同, 入身於法界之中, 未曾有碍. 五者 守一不移. 動靜常住, 能令學者明見佛性, 早入定門."

物을 간看하며, 낮과 밤의 구별이 없이 전일하게 정성을 들여 항상 부동不動케 하는 것이다. 마음이 흐트러질 때는 지체 없이 다시 가다듬기를 마치 새의 발을 묶어서 날아가려 하면 속히 끈을 끌어당기는 것처럼 하는 것이다. 종일 잘 지켜서 쉼이 없으면 자연히 마음은 스스로 안정되기 마련이다.[245]

여기서 볼 수 있듯이, '수일불이'란 마음을 하나의 사물에 집중시켜 간看하는 것이다. 그리고 '수일불이'에 따라 수행하면 자연스럽게 마음이 스스로 안정되어진다고 말한다. 이는 입도안심入道安心의 경지로 볼 수 있는데, 도신의 핵심적인 선사상이라 할 수 있다.

이러한 도신의 선법을 그대로 계승한 이는 오조五祖 홍인弘忍이다. 홍인의 선사상은 제자들에 의하여 집록된 것으로 보이는 『최상승론最上乘論』을 통하여 살펴볼 수 있다. 『최상승론』의 서두에서 수도修道의 본체를 '자성원만청정심自性圓滿淸淨心'이라고 밝혔다.[246] 이는 홍인이 선법의 근거를 '자성원만청정심'으로 삼고 있음을 보여주는 것인데, 다시 그를 『십지경十地經』에서 설하는 '금강불성金剛佛性'을 원용하여 '수심守心'을 강조하고 있다. 즉 '수심'이 바로 열반법이 드러나는 수행법이며, '자성청정심'을 찾아내는 실천법이라는 것이다.[247] 이러한 홍인

---

245 위의 책(大正藏 85, p.1288上), "守一不移者, 以此空淨眼注意看一物, 無間晝夜時, 專精常不動. 其心欲馳散, 急手還攝來, 如繩繫鳥足, 欲飛還掣取, 終日看不已, 泯然心自定."

246 (唐)弘忍述, 『最上乘論』(大正藏 48, p.377上), "夫修道之本體, 須識當身心本來淸淨, 不生不滅, 無有分別, 自性圓滿淸淨之心. 此是本師, 乃勝念十方諸佛."

247 위의 책(大正藏 48, p.377上), "十地經云, 衆生身中有金剛佛性, 猶如日輪體明圓滿

192

의 '수심'은 '수진심守眞心',[248] '수아본심守我本心',[249] 혹은 '수본진심守本
眞心'으로도 표현되고 있다. 이 중 '수본진심'이 가장 많이 사용되고
있어 『최상승론』에 보이는 홍인 선사상의 특징을 '수본진심'으로 규정
할 수 있다.

홍인의 '수본진심'은 도신의 핵심적인 선법인 '수일불이'를 그대로
계승한 것으로 보인다. 다시 말하여 '수본진심'은 전체적인 '오문선요'
에 나타나는 반야사상의 논리과정을 생략하고 '수일불이'에 드러나는
불성론적인 특징만을 강조한 것이다. 이는 『최상승론』에서 수본진심
을 도신의 수일불이에 사용된 동일한 경문과 유사한 설법으로 설명하
고 있음에서 그러한 추론을 가능케 한다. 그리고 홍인의 상수제자인
신수와 측천무후則天武后 사이의 대화에 나타나는 『문수설반야경』의
일행삼매를 소의경전으로 한다는 것에서도 짐작할 수 있다.[250]

그렇다면 이러한 도신-홍인의 선사상을 역사적으로 적전한 이는
누구일까? 여러 가지 기록을 참조해 보면, 북종의 신수로 보는 것이

廣大無邊. 只爲五陰黑雲之所覆, 如瓶內燈光不能照輝. 譬如世間雲霧八方俱起
天下陰闇日豈爛也. 何故無光. 光元不壞, 只爲雲霧所覆. 一切衆生淸淨之心亦
復如是. 只爲攀緣妄念煩惱諸見黑雲所覆. 但能凝然守心. 妄念不生, 涅槃法自
然顯現. 故知自心本來淸淨."

248 위의 책(大正藏 48, p.377下), "若有一人不守眞心, 得成佛者, 無有是處."

249 위의 책(大正藏 48, p.377中), "常念彼佛不免生死, 守我本心則到彼岸."

250 (唐)淨覺, 『楞伽師資記』, 神秀傳(大正藏 85, p.1290上), "則天大聖皇后問神秀禪
師曰: 所傳之法, 誰家宗旨. 答曰: 稟蘄州東山法門. 問: 依何典誥. 答曰: 依文殊
說般若經一行三昧. 則天曰: 若論修道, 更不過東山法門. 以秀是忍門人, 便成口
實也."

타당하다. 신수의 선사상은 그의 저서로 확인된 『관심론觀心論』과
『대승무생방편문大乘無生方便門』으로부터 파악할 수 있는데, 그 핵심
은 이른바 '대승오방편문大乘五方便門'으로 불리는 법문에 있다. 이는
『대승무생방편문』의 첫머리에서 다음과 같이 밝히고 있다.

> 제1. 불체를 총괄하여 밝힘(第一總彰佛體), 제2. 지혜문을 엶(第二開
> 智慧門), 제3. 부사의법을 현시함(第三顯示不思議法), 제4. 제법의
> 정성을 밝힘(第四明諸法正性), 제5. 자연무애해탈도(第五自然無碍
> 解脫道)[251]

이러한 구성은 앞에서 고찰한 도신의 '오문선요'에 근거하고 있음을
쉽게 파악할 수 있다. 홍인은 도신과 같이 오문선요를 제창하지 않고
다만 『최상승론』에서 "법요를 알고자 한다면, 수심이 제일이다. 이
수심은 바로 열반의 근본이요, 입도의 요문要門이고, 십이부경의 종宗
이며, 삼세제불의 조祖이다."[252]라고 하여, '수심'을 법요로 설하였다.
결국 신수의 '오방편문'은 도신의 '오문선요'를 바탕으로 다시 홍인의
선사상을 부가시켜 만들어진 것이다. 이러한 점은 『대승무생방편
문』의 다음과 같은 내용에서 확인된다.

불심佛心은 청정하고 유有와 무無를 떠났다. 신심身心을 일으키지

---

251 (唐)神秀, 『大乘無生方便門』(大正藏 85, p.1273中).
252 (唐)弘忍述, 『最上乘論』(大正藏 48, p.377下), "欲知法要, 守心第一. 此守心者,
   乃是涅槃之根本, 入道之要門, 十二部經之宗, 三世諸佛之祖."

194

않고 항상 진심을 지킴(守眞心)이 진여眞如인가? 마음이 일어나지
않음(心不起)이 심진여心眞如이고, 색色이 일어나지 않음이 색진여
色眞如이다. '심진여'이기 때문에 '심해탈心解脫'이요, '색진여'이기
때문에 색해탈色解脫이다. 심과 색이 함께 떠남이 바로 무일물無一
物이고, 대보리수大菩提樹이다.[253]

여기에서 신수는 '신심을 일으키지 않음(身心不起)'을 '수진심守眞心'
으로 말하고, 또한 '심불기心不起'를 '심진여'로 파악하고 있음을 알
수 있다. 이러한 사상은 그대로 도신-홍인의 사상과 연계될 수 있는
것이고, 특히 홍인의 '진심을 지켜, 생각마다 머물지 않게 함(守眞心,
念念莫住)'[254]와 일치한다고 하겠다. 이렇게 신수는 동산법문의 선사상
을 계승하였고, 나아가 자신의 사상을 가미하여 더욱 심화시켰다.
신수의 『대승무생방편문』과 『관심론』 등에서는 다음과 같이 제시하고
있다.

체體와 용用을 나누어 밝힌다면, 이념離念이 체이고 견문각지見聞
覺知가 용이다. 고요하면서(寂) 항상 작용(常用)하고, 작용하나
항상 고요하며(常寂), 용에 즉하고 고요함에 즉한 것이다. 상을
떠남(離相)을 고요하다고 말하고, 비춤을 고요히 하고, 고요함을

253 (唐)神秀, 『大乘無生方便門』(大正藏 85, p.1273下), "佛心淸淨離有離無. 身心不起
常守眞心是沒者眞如? 心不起心眞如, 色不起色眞如. 心眞如故心解脫, 色眞如
故色解脫. 心色俱離卽無一物, 是大菩提樹."
254 (唐)弘忍述, 『最上乘論』(大正藏 48, p.378上~中).

비춘다.[255]

각覺이라는 것은 심체心體가 염을 떠남(離念)이다. 염念과 상相을 떠남이란 허공계가 두루하지 않는 바와 같다. 법계의 일상一相은 바로 여래의 평등법신이다. 이 법신에서 본각本覺이라고 설한다.[256]

이로부터 신수는 '마음(心)'의 '체용'을 아주 명확하게 분별하고 있음을 알 수 있다. 그는 '망상'에 대한 집착을 떠난 '이념'을 '체'로 파악하고, '견문각지'를 '용'으로 파악한다. 이러한 체를 '적寂'으로, 용을 '조照'로 대응하여 설명하였던 것이다. 또한 '각'을 '이념'으로 풀이하였다. 중생심 속에 본래 각오覺悟의 성품을 갖추고 있으나 각성이 망념에 가려 중생이 깨닫지 못하고 미혹을 생함으로, 이러한 각성을 체오體悟하기 위해서는 반드시 망념을 제거해야 하기 때문에 '이념'을 각오라고 하였다. 또 '이념상離念相'은 '여래평등법신如來平等法身'과 같으며, 이를 '본각'이라고 보았다. 이로부터 신수는 분명하게 『대승기신론大乘起信論』의 '본각本覺·시각始覺'과 '일심이문一心二門'을 원용하고 있음을 알 수 있다. 그렇다면 신수가 말하는 '심'은 그대로 '여래장청정심如來藏淸淨心'이라고 볼 수 있다. 이에 대해 신수는 다음과 같이 설한다.

---

255 (唐)神秀, 『大乘無生方便門』(大正藏 85, 1274中), "體用分明, 離念名體, 見聞覺知是用. 寂而常用, 用而常寂, 卽用卽寂, 離相名寂, 寂照名寂."
256 앞의 책(大正藏 85, p.1273下), "所言覺者, 爲心體離念, 離念相者, 等虛空界無所不遍. 法界一相卽是如來平等法身. 於此法身說名本覺. 覺心初起心無初相."

제불여래에게는 입도를 위한 커다란 방편이 있는데, 일념—念에 정심淨心한다면, 불지佛智를 전체적으로 초탈(頓超)한다.[257]

이 구절은 신수의 '대승무생방편'의 결론으로 보아도 무방할 정도로 간명하다. 만약 일념에 정심한다면 즉시 불지를 돈초頓超할 수 있다는 것이다. 신수의 선사상의 핵심을 여래장청정심의 '정심'이라고 한다면, 그에 도달하는 수행법은 어떻게 나타날 것인가? 『대승무생방편문』에는 다음과 같은 구절이 나타난다.

마음을 간看하여 만약 깨끗하다면, 정심지淨心地라고 하니, 신심身心을 지나치게 웅크리거나 펴지 말 것이며, 평등하게 허공이 다하도록 대범하게 간하라.[258]

앞을 향하여 멀리 간看하고, 뒤를 향해 멀리 간하라. 사유(四維: 四方)와 상하를 일시에 평등하게 간하고, 허공이 다하도록 간하며, 정심안淨心眼을 사용하여 오래도록 간하라. 끊어짐 혹은 길고 짧게 정하지 말고 간하고, 신심이 조용調用하여 장애가 없도록 하라.[259]

이러한 '간심간정看心看淨'의 관점은 앞에서 고찰한 도신-홍인의

---

257 위의 책, "諸佛如來有入道大方便, 一念淨心, 頓超佛地."
258 위의 책, "看心若淨名淨心地, 莫卷縮身心舒展身心, 放曠遠看平等盡虛空看."
259 위의 책, "向前遠看, 向後遠看, 四維上下, 一時平等看, 盡虛空看, 長用淨心眼看, 莫間斷亦不限多少看, 使得者然身心調用無障碍."

선사상과 그 틀을 같이하는 것이다. 그에 따라 동산법문의 진정한
계승자는 신수라고 하겠다.

후대에 종밀宗密은 『선원제전집도서禪源諸詮集都序』에서 신수의 선
법을 다음과 같이 평가했다.

처음 식망수심종息妄修心宗은 중생이 비록 본래 불성을 갖고 있으
나, 오랜 세월 무명無明으로 덮여 있어 볼 수가 없기 때문에, 생사에
윤회한다고 설한다. 제불은 이미 망상을 끊었기 때문에, 성품을
보아 밝은 것이며, 생사를 벗어나고, 신통이 자재한 것이다. …
외경外境을 뒤로하고, 마음을 관해야 하며, 망념을 그쳐서 없애고,
염念이 다하면 깨달으니, 모르는 바가 없다. 마치 거울에 때가
묻어 잘 보이지 않으면, 반드시 부지런히 털어서, 때가 없어져서
밝음이 드러나, 곧 모든 것을 비추는 것과 같다. 또한 반드시
선경禪境에 취입趣入하는 방편을 밝게 알아야 한다. 심란하고 번잡
함을 멀리 여의고, 한가로운 정처靜處에서 몸과 호흡을 고르며,
가부좌하여 고요히 한다. 혀는 입천장에 붙이고, 마음은 하나의
경계에 집중한다.[260]

이러한 종밀의 평가에서도 신수의 선법은 '간심간정'의 방법론이라

---

[260] (唐)宗密, 『禪源諸詮集都序』 卷2(大正藏 48, p.402中~下), "初息妄修心宗者, 說衆
生雖本有佛性, 而無始無明覆之不見故輪迴生死. 諸佛已斷妄想故見性了了, 出
離生死神通自在. … 背境觀心息滅妄念, 念盡卽覺悟無所不知, 如鏡昏塵, 須勤
勤拂拭. 塵盡明現卽無所不照. 又須明解趣入禪境方便, 遠離憒鬧住閑靜處, 調
身調息跏趺宴默. 舌拄上齶心注一境."

는 것이 극명하게 드러나고 있다. 신수로부터 시작한 북종의 선사상은 이후 신회神會에 의하여 활대滑臺의 무차대회無遮大會 등을 통하여 북종의 선사상을 '마음에 머물러 깨끗함을 보고, 마음을 일으켜 밖을 비추고, 마음을 다스려 안으로 증득한다(住心看淨, 起心外照, 攝心內 證)'[261]는 것으로 규정하고, 달마 선사 이후의 육대 조사들은 '하나하나 모두 단도직입을 말하였고, 곧바로 요달하여 성품을 보며, 점차를 말하지 않았다(一一皆言, 單刀直入, 直了見性, 不言階漸)'[262]고 하여, 최종 적으로 북종을 '사승은 방계이고, 법문은 점오이다(師承是傍, 法門是 漸)'[263]라고 비판하게 된다.

2. 『단경』의 돈오견성

선종의 성립을 알리는 표지標識이면서 이른바 조사선의 종전宗典인 『육조단경』(이하『단경』[264])은 '돈오견성頓悟見性'을 강조한다. 『단경壇 經』의 사상에 대해서는 많은 논의가 필요하지만, 여기에서는 불성론과

---

261 『菩提達摩南宗定是非論』, 陽曾文編校, 『神會和尙禪語錄』(북경: 中華書局, 1996), p.29.

262 위의 책, p.30.

263 (唐)宗密, 『中華傳心地禪門師資承襲圖』(卍續藏 110, p.31下).

264 본서에서 논하는 『壇經』은 돈황본과 종보본을 구분하지 않음을 밝힌다. 물론 『단경』에 대한 세밀한 연구를 하고자 할 때에는 그 판본을 구분해야 하지만, 본서의 목적은 '修證'에 한정시키기 때문에 논술의 필요에 따라 보다 명확한 인용문을 채택한 것이다. 실제로 전체적인 '수증'에 있어서는 제 판본이 동일하다 고 하겠다.

수증修證에 한정하여 논하고자 한다.

『단경』에서는 중생에게 '불성'이 존재함을 설하는 구절들이 도처에 나타난다.

불佛은 자성自性이니, 결코 밖에서 구하지 말라.[265]

'자기의 마음(自心)'이 부처임을 조금도 의심하지 말라. 밖으로는 어떠한 것도 건립될 수 없으며, 모두 본래 마음이 만종법을 생한 것이다. 그러므로 경에서 "마음이 생하면 종종의 법이 생하고, 마음이 멸하면 종종의 법도 멸한다."고 설하는 것이다.[266]

'자심自心'이 중생임을 알고, '자심'이 '불성'임을 보아라.[267]

너희들은 마땅히 믿어라. 불지견佛知見이란 단지 너희의 '자심'이고 그 밖에 다시 다른 부처는 없다는 것을. … 나 또한 모든 사람에게 권하기를, '자심'에서 항상 불지견을 열라고 한다.[268]

인성人性은 본래 청정하지만 망념으로 말미암아 진여眞如가 가린

---

265 敦煌本, 『六祖壇經』(大正藏 48, p.341下), "佛是自性, 莫向身外求."
266 宗寶本, 『法寶壇經』(大正藏 48, p.361下), "自心是佛, 更莫狐疑, 外無一物而能建立, 皆是本心生萬種法. 故經云, 心生種種法生, 心滅種種法滅."
267 위와 같음, "識自心衆生, 見自心佛性."
268 위의 책(大正藏 48, p.355下), "汝今當信, 佛知見者, 只汝自心, 更無別佛. … 吾亦勸一切人, 於自心中常開佛之知見."

것이다. 다만 망상이 없다면 성품은 스스로 청정할 것이다.[269]

이로부터 『단경』에서는 '불성', '자성'과 '자심', 그리고 더 나아가 '인성'까지도 본질적으로 동일한 범주로 포섭시키고 있음을 볼 수 있다. 표면적으로 보자면 일상적인 '인성人性·심성心性'의 입장으로부터 '불성'을 논하지만 세밀하게 분석하면 결코 일반적인 '인성·심성'을 말하는 것이 아니다. 그럼에도 불구하고 '불성'의 범주를 우리가 지니고 있는 보편적 '인성·심성'의 본질로 논했다는 것은 이후 선사상의 전개에 중대한 의미를 지닌다.

『단경』에서는 이렇게 인성과 심성으로서 불성을 논하면서 이른바 '돈오頓悟'를 극단적으로 강조한다.

선지식들아. 나는 홍인弘忍 화상의 문하에서 한 번 듣고 그 자리에서 바로 깨달아 진여본성眞如本性을 돈견頓見하였다. 그러므로 이 교법을 유행시켜 도를 배우는 자들로 하여금 보리를 '돈오'하도록 하고, 각각 자신의 마음을 관하여 자기의 본성으로 하여금 돈오하게 하는 것이다.[270]

선지식들아, 후대 사람들이 나의 법을 얻으면 이 돈교법문頓敎法門

---

269 위의 책(大正藏 48, p.353中), "人性本淨, 由妄念故蓋覆眞如. 但無妄想, 性自淸淨."
270 敦煌本, 『六祖檀經』(大正藏 48, p.340下), "善知識, 我於忍和尙處一聞言下大悟, 頓見眞如本性. 是故汝敎法流行後代, 今學道者頓悟菩提, 各自觀心, 令自本性頓悟."

과 같은 견해를 얻게 되고, 견해가 같은 사람들이 모여 그것을 전수받고 완전히 깨닫기를 염원할 것이다. 이는 마치 부처님을 시봉하는 것과 같을 것이며, 일생동안 물러섬이 없이 견지하면 성스러운 지위(聖位)에 도달할 수 있을 것이다.[271]

이로부터 돈황본이나 종보본이나 모두 '돈오'를 그 핵심으로 하고 있음을 충분히 짐작할 수 있는 것이다. 다시 『단경』의 '돈오'와 관련된 문구를 예시하자면 다음과 같다.

어리석은 사람은 점수漸修하고, 깨달은 사람은 돈오에 계합한다.[272]

스스로의 성품(自性)을 스스로 깨달아 돈오돈수頓悟頓修하는 것이지, 점차漸次는 없는 것이다.[273]

어찌 자신의 마음으로부터 진여본성을 돈견頓見하지 못하는가?[274]

무념無念의 돈법頓法을 깨닫는다면 불위佛位의 자리에 이를 것이다.[275]

---

271 宗寶本, 『法寶壇經』(大正藏 48, p.351中), "善知識, 後代得吾法者, 將此頓教法門, 於同見同行, 發願受持. 如事佛故, 終身而不退者, 定入聖位."
272 宗寶本, 『法寶壇經』(大正藏 48, p.353上), "迷人漸修, 悟人頓契."
273 위의 책(大正藏 48, p.358下), "自性自悟, 頓悟頓修, 亦無漸次."
274 敦煌本, 『六祖壇經』(大正藏 48, p.340下), "何不從於自心頓現眞如本性."
275 위의 책, "悟無念頓法者至佛位地."

202

이러한 '돈오'의 강조는 바로 '정혜등학定慧等學'으로 이어진다고
하겠다.

나의 이 법문은 정혜定慧를 근본으로 한다. 그러므로 여러분들은
어리석게 정定과 혜慧가 다르다고 말하지 말라. 정과 혜는 일체로서
둘이 아니다. 정은 혜의 본체(體)이고, 혜는 정의 작용(用)이다.
혜를 발휘할 때 정이 혜 가운데에 있으며, 정에 들 때 혜는 정
가운데에 있다. 만약 이 뜻을 안다면 정과 혜를 평등하게 배우는
것이니, 불도를 배우는 사람들은 정이 먼저 있고 그 후에 혜가
발휘된다거나, 혹은 혜가 먼저 있고 정을 발휘한다고 하여 각각
다르다고 말하지 말라. 이러한 견해가 있는 것은 법에 두 가지
상相이 있는 것이다.[276]

이는 북종 신수의 '종정발혜從定發慧'의 입장을 공격하는 한편『단
경』의 독특한 사상을 천명한 것이다. 신수는『대승무생방편문』에서
"마음이 움직이지 않는 것을 정定이라 하고, 지智라 하며, 이理라 한다.
이근耳根이 움직이지 않는 것을 색色이라 하고, 사事라 하며, 혜慧라
한다. 이 움직이지 않음은 정으로부터 혜가 발휘되는 방편인 것이
다."[277]라고 하여 '종정발혜'의 사상을 제창하고 있다. 이러한 신수의

---

276 宗寶本,『法寶壇經』(大正藏 48, p.352下), "我此法門, 以定慧爲本. 大衆勿迷,
言定慧別. 定慧一體, 不是二. 定是慧體, 慧是定用. 卽慧之時定在慧, 卽定之時
慧在定. 若識此義, 卽是定慧等學. 諸學道人, 莫言先定發慧, 先慧發定, 各別.
作此見者, 法有二相."
277 (唐)神秀,『大乘無生方便門』(大正藏 85, p.1274中), "心不動是定, 是智, 是理. 耳根

관점은 불교의 전통적인 정혜관을 계승하고 있는데, 『단경』에서 강조하고 있는 '돈오'의 입장에서 본다면 이는 결코 용인될 수 없는 사상이다. '돈오'를 최초로 제창한 도생道生은 "돈돈頓이라 하는 것은 이치를 나눌 수 없음(理不可分)을 밝힌 것이고, '오悟'는 지극히 비춤(極照)을 말한다. 불이不二의 깨달음으로 나눌 수 없는 이치에 부합하는 것이다. 이치(理)와 지혜(智)가 함께 희석됨을 돈오라고 한다."[278]라고 그 개념적 정의를 내렸다. 따라서 '돈오'의 입장에서는 전체적인 법계가 둘로 나뉘는 것은 결코 용인될 수 없는 것이다. 그러므로 '종정발혜'는 정·혜가 각별各別하다는 입장이 되는 것이고, 이는 바로 '돈오'와 정면으로 배치되는 것이기 때문에 『단경』에서는 '정혜등학'을 제창하고 있는 것이다.

이렇게 철저하게 '돈오'의 입장을 강조하는 『단경』에서는 이른바 '무념無念·무상無相·무주無住'의 '삼무三無'를 제창하고 있다.[279]

『단경』에서 '무념'은 "무념이란 생각함(念)에 있어서 생각하지 않는 것(不念)이다."[280]라고 설한다. 여기에서 무념은 아무 생각이 없다는 의미가 아님을 알 수 있다. '생각함에 있어서'라는 것은 바로 생각이라는 작용을 긍정하고 있음을 말하고, '생각하지 않는 것'은 어떠한 대상을

不動是色, 是事, 是慧. 此不動是從定發慧方便."

278 (晋)慧達, 『肇論疏』(卍續藏 150, p.425上), "夫稱頓者, 明理不可分, 悟語極照. 以不二之悟符不分之理. 理智兼釋, 謂之頓悟."

279 敦煌本, 『六祖壇經』(大正藏 48, p.338下), "善知識, 我此法門, 從上已來, 頓漸皆立無念爲宗, 無相爲體, 無住爲宗." 宗寶本, 『壇經』(大正藏 48, p.353上), "我此法門, 從上以來, 先立無念爲宗, 無相爲體, 無住爲本."

280 위의 책(大正藏 48, p.338下), "無念者, 於念而不念."

생각하지 않는다는 의미인 것이다. 따라서 이를 보다 구체적으로 '없다(無)'는 것은 무엇이 없다는 것인가? 생각한다(念)는 것은 무엇을 생각한다는 것인가? '없다'는 것은 이상二相의 모든 번뇌에 괴롭힘을 떠난 것이고, '생각'은 진여본성을 생각하는 것이다."[281] 라고 설명한다. 즉 진여본성을 생각하지만, 이상(二相: 眞·俗의 二相)과 모든 번뇌를 떠난 것을 '없다'고 하며, 그를 모두 떠나 진여본성을 생각한다는 것이다. 이로부터 무념이 반야공관의 사상에 입각해 있음을 짐작할 수 있다. 일체의 제법이 공하다는 진제眞諦와 가유假有적인 존재인 속제俗諦를 모두 떠나 그 중도中道에서 관하라는 것이다. 이 점은 다시 "일체 경계에 물들지 않는 것을 무념이라 한다. 스스로 생각함에 경계를 떠나고 법에서 생각을 일으키지 않는 것이다."[282]라는 구절에서 확인할 수 있는 것이다.

또한 '무상無相'은 "무상이란 상相에 있어서 '상'을 떠난 것이다."[283]라고 설한다. 이는 '무념'과 마찬가지로 두 가지로 볼 수 있는 것이다. 하나는 이른바 반야학의 대표적 성격을 말하는 '소상파집掃相破執'의 대상으로서의 '상'과 또 다른 하나는 '실상무상實相無相'으로서의 '상(眞如本性)'을 가리키고 있는 것이다. 즉 앞에서 무념에서 '무'의 내용으로서의 '이상의 모든 번뇌에 괴롭힘을 떠남(離二相諸塵勞)'과 그렇게 '떠남(離)'으로부터 현현하는 '제법실상'을 말하는 것이다. 그러한 입장에서 『단경』에서는 "다만 일체 상을 떠나는 것이 바로 무상이고, 다만 상을

---

281 위의 책, "無者無何事? 念者念何物? 無者離二相諸塵勞, 念者念眞如本性."
282 위의 책, "於一切境上不染, 名爲無念. 於自念上離境, 不於法上生念."
283 위의 책, "無相者, 於相而離相."

떠날 수 있어야 성性의 체體가 청정하다. 이것이 바로 무상을 체로 삼는 것이다."[284]라고 설한다.

다음으로 '무주'는 "무주는 사람의 본성이다. 생각마다 머물지 않고, 전념·금념·후념이 생각마다 상속하여 끊어짐이 없는 것이다. 만약 일념에 단절이 있다면, 법신法身은 바로 색신色身을 떠나게 된다. 생각 생각에 일체법에 머묾이 없으며, 만약 일념이 머문다면 염념이 바로 머묾으로 계박繫縛이라고 부른다. 일체의 상相에서 염념이 머묾이 없다면 바로 무박無縛인 것이다. 이것이 무주를 본으로 삼는다고 하는 것이다."[285]라고 설한다. 이로부터 보자면 '무주'는 '무념'과 밀접한 관계가 있는데, 바로 끊임없는 염념에 결코 머무름이 없어야 한다는 것이다. 이 또한 반야공관에 기초한 것으로 볼 수 있고, 또한 무상과도 연관된다고 말할 수 있는 것이다. 이른바 '상'은 우리의 생각(念)이 그 대상에 집착하여 머묾(住)의 결과로서 나타나기 때문이다. 따라서 일념에 머묾이 있다면, 그대로 염념에 머묾이 되는 것이고, 바로 '상'을 이루게 되기 때문이다. 따라서 일념의 머묾이 바로 '계박'이라고 하고, 반대로 일념에 머묾이 없다(無住)면 또한 '무상'을 이루며, 그렇다면 '무박'을 이룬다고 설한 것이다.[286]

---

[284] 위의 책, "但離一切相, 是無相, 但能離相, 性體淸淨. 此是以無相爲體."

[285] 위의 책, "無住者, 爲人本性. 念念不住, 前念念念後念, 念念相續無有斷絶. 若一念斷絶, 法身卽是離色身. 念念時中, 於一切法上無住. 一念若住, 念念卽住名繫縛. 於一切法上念念不住卽無縛也. 以無住爲本."

[286] 본서에서는 金鎭戊, 「『壇經』의 '三無'와 老莊의 '三無'思想의 비교」, 『불교학연구』 12호, 2005, pp.353~378의 내용을 요약하여 전재했음을 밝힌다.

　이러한 『단경』의 '무념·무상·무주'의 '삼무'는 한편으로 일종의 수행
론이다. 그러면서 이 논리는 『단경』에서 설정한 최고의 경지라고
할 수 있다.

　이상과 같은 『단경』의 불성론과 돈오론, 정혜등학, 그리고 '무념·무
상·무주'의 '삼무'는 가장 대표적인 조사선의 선사상으로 전개되었다.
드디어 여래선如來禪과 조사선祖師禪의 분판分判이 출현하게 되며 또한
수증관에 명확한 변화를 가져오게 된다.

3. 여래선과 조사선의 분화와 불성론

1) 여래선과 조사선의 개념

'조사선'의 개념이 정착되기 이전에는 선의 최고의 단계로서 흔히
'여래선'의 개념을 사용하고 있었다. 예를 들어 『육조단경』에서도
"온 곳이 없으니, 또한 가는 곳도 없으며, 생도 없고 멸도 없으니,
이를 '여래청정선如來淸淨禪'이라 한다."[287]라고 하여 '여래선'의 명칭을
사용하고 있음을 볼 수 있으며, 또한 '여래선'을 최고의 경지로 삼고
있음을 알 수 있다. 또한 북종을 "사승은 방계이고, 법문은 점오이다(師
承是傍, 法門是漸)."[288]라고 하여 비판하며 '돈오'를 강조했던 하택신회
역시 "유와 무를 모두 보내는 중도 또한 사라지는 것이 바로 무념이다.
무념은 곧 일념이고, 일념은 바로 일체지一切智이다. 일체지는 바로

287　宗寶本, 『法寶壇經』(大正藏 48, p.359下), "無所從來, 亦無所去, 無生無滅, 是如來
　　淸淨禪."

288　(唐)宗密, 『中華傳心地禪門師資承襲圖』(卍續藏 110, p.31下).

깊고 깊은 반야바라밀이다. 반야바라밀은 바로 '여래선'이다. … 내가 여래를 관하니, 전제前際가 오지 않고 후제後際도 가지 않는다. 지금 이미 머묾이 없고(無住), 머묾이 없으므로 곧 '여래선'이다. '여래선'이란 바로 제일의공第一義空이니 이와 같은 것이다."[289]라고 하여 '여래선'을 최고의 선법으로 삼았던 것이다.

이렇게 '여래선'을 최고의 선법으로 사용하게 된 것은 경전적 영향으로 볼 수 있다. 예를 들면 4권본『능가경楞伽經』에는 '우부소행선愚夫所行禪, 관찰의선觀察義禪, 반연여선攀緣如禪, 여래선如來禪'의 사종선[290]을 제시하고 있다. 그 가운데 '여래선'에 대해서 다음과 같이 설하고 있다.

무엇을 여래선이라고 하는가? 여래지如來地에 들어가서 성지상聖智相의 세 가지의 기쁨이 머무름을 자각하여, 중생의 부사의不思議한 일을 분변分辨함을 성취하는 것을 여래선이라고 한다.[291]

---

289 楊曾文編校,『神會和尙禪語錄』(北京: 中華書局, 1996),『南陽和尙問答雜徵義』, 石井本, p.79. "有無雙遣中道亦亡者, 卽是無念. 無念卽是一念, 一念卽是一切智. 一切智卽是甚深般若波羅蜜. 般若波羅蜜卽是如來禪. … 我觀如來, 前際不來, 后際不去, 今旣無住, 以無住故, 卽如來禪. 如來禪者, 卽是第一義空, 爲如此也."

290 (劉宋)求那跋陀羅譯,『楞伽阿跋多羅寶經』卷2(大正藏 16, p.492上), "有四種禪. 何等爲四? 謂: 愚夫所行禪, 觀察義禪, 攀緣眞如禪, 諸如來禪."

291 위의 책, "云何如來禪? 謂入如來地, 行自覺聖智相三種樂住, 成辦衆生不思議事, 是名如來禪."

다시 말하여 '여래지를 완벽하게 성취하는 것'을 여래선이라고 규정하고 있는 것이다. 불교에 있어서 '여래지를 성취한다'는 것은 그 궁극적인 목적에 도달한다는 것이기 때문에 당연히 '여래선'이 최고의 선으로 규정하였던 것이다. 더욱이 "달마 선사는 혜가에게 4권본 『능가경』을 주면서 말하기를, '내가 중국 땅을 살펴보니 오직 이 경전만 있을 뿐이므로, 그대는 이 경전에 의지하고 수행하여 스스로 세속을 구제하라'고 하여 현리玄理를 전하고 부촉하였다."[292]라고 하듯이, 달마선의 소의경전이 바로 『능가경』이었기 때문에 선종에서는 그 영향력이 상당하였을 것이고, 그에 따라 '여래선'의 위상은 더욱 공고화되었던 것이다.

이러한 사종선의 구분에 이어 규봉종밀圭峯宗密은 다시 선을 '외도선外道禪, 범부선凡夫禪, 소승선小乘禪, 대승선大乘禪, 최상승선最上乘禪' 등의 오종선으로 구분하였는데,[293] '최상승선'을 '여래청정선', '여래선'으로도 칭한다고 하여 그 역시 '여래선'을 최고의 경지로 보았다. 이와 같은 선법의 분류는 교학에서 제시하는 단계를 설정한 것인데, 종밀의 오종선을 부연하면 다음과 같다.

---

292 (唐)道宣, 『續高僧傳』 卷16, 慧可傳(大正藏 50, p.552下), "達摩禪師以四卷 『楞伽』授可曰: 我觀漢地惟有此經. 仁者依行自得度世. 可專附玄理."

293 (唐)宗密, 『禪源諸詮集都序』(大正藏 48, p.399中), "謂帶異計欣上壓下而修者, 是外道禪. 正信因果亦以欣厭而修者, 是凡夫禪. 悟我空偏眞之理而修者, 是小乘禪. 悟我法二空所顯眞理而修者, 是大乘禪上四類, 皆有四色四空之異也, 若頓悟自心本來淸淨, 元無煩惱, 無漏智性本自具足. 此心卽佛, 畢竟無異. 依此而修者, 是最上乘禪. 亦名如來淸淨禪, 亦名一行三昧, 亦名眞如三昧. 此是一切三昧根本. 若能念念修習, 自然漸得百千三昧. 達摩門下展轉相傳者, 是此禪也."

우선 '외도선'을 "다른 생각을 지니고, 위를 좋아하고 아래를 싫어하며 닦음"[294]으로 설명하고 있는데, 여기에서 '다른 생각'은 바로 불교의 가르침과 다른 것을 의미하며, 자신에게 유익하고 즐거운 바를 추구한다는 것이다. 또한 '범부선'은 "인과를 바르게 믿고 위를 좋아하고 아래를 싫어하며 닦음"[295]으로 표현하는데, 인과응보의 도리에 입각하여 지옥·축생 등의 계界는 싫어하고, 인人·천天·색色과 무색無色 등의 계는 좋아한다는 것이다. '소승선'은 "아공我空의 참된 도리에 치우쳐 닦음"[296]이라고 설명하는데, 소승불교의 아공과 법유法有의 이론에 근거하여 닦는 선으로 부정관不淨觀, 자비관慈悲觀, 인연관因緣觀, 계분별관界分別觀, 수식관數息觀 등의 선수행을 칭하였다. '대승선'은 "아我·법法 이공二空이 나타내는 진리를 깨달아 닦음"[297]으로 설명하는데, 대승불법의 교의인 아공과 법공의 도리에 근거하여 닦는 선으로 염불선과 실상선 등이 이에 속한다고 하겠다. 이러한 네 가지 선은 외도로부터 대승의 교법에 따라 그대로 분류한 것임을 충분히 짐작할 수 있게 한다.

그런데 다섯째의 '최상승선'은 "자심이 본래 청정하고, 원래 번뇌가 없으며, 무루지의 성품을 스스로 갖추고 있음을 돈오하니, 이 마음이 곧 부처이고, 결국에는 다름이 없다. 이에 의지하여 닦음"[298]으로 설명

---

294 (唐)道宣, 『續高僧傳』 卷16, 慧可傳(大正藏 50, p.552下), "帶異計欣上壓下而修."
295 위의 책, "正信因果亦以欣厭而修."
296 위의 책, "悟我空偏眞之理而修."
297 위의 책, "悟我法二空所顯眞理而修."
298 위의 책, "頓悟自心本來淸淨, 元無煩惱, 無漏智性本自具足, 此心卽佛, 畢竟無異.

210

하였다. 또한 이어서 "또한 '여래청정선'이라고 하며, 또한 '일행삼매'이
고, 또한 '진여삼매'이다. 이는 일체 삼매의 근본으로, 만약 능히 염념에
수습한다면 자연히 백천 삼매를 점차 얻을 것이다. 달마 문하로부터
펼치고 굴려 서로 전한 것이 이 선이다."²⁹⁹라고 설명하고 있다. 이로부
터 이른바 '최상승선', '여래청정선', '일행삼매', '진여삼매' 등은 바로
인도로부터 전해진 교의를 통한 것이 아니라 중국에서 사상적으로
변환된 선을 가리키고 있음을 엿볼 수 있다. 예컨대 '돈오'라는 개념은
분명하게 남북조 시기에 축도생에 의해서 개진된 사상이었고, '이
마음이 곧 부처이고 결국에는 다름이 없음(此心卽佛, 畢竟無異)'과 같은
사상도 중국에서 더욱 유행하였기 때문이다. 따라서 종밀은 기본적으
로는 『능가경』의 사종선을 채택하면서도 중국에서 발생한 선사상에
대한 차별을 분명히 인식하였으며, 또한 그를 '최상승'으로 평가하고
있음을 알 수 있다.

　　황벽희운黃檗希運 역시 다음과 같이 '여래선'의 명칭을 사용하고
있다.

　　도를 배우는 자는 먼저 잡다한 배움과 제연諸緣을 모두 물리치고,
　　구하지 않음을 결정하고, 집착하지 않음을 결정해야 한다. 깊고
　　깊은 법을 들음은 마치 한줄기 바람이 이르는 것과 같아 잠깐이면
　　지나가버려 다시 찾을 수 없으니, '여래선'에 깊게 들어가기 위해서

───────
　依此而修."
299 위의 책, "亦名如來淸淨禪, 亦名一行三昧, 亦名眞如三昧. 此是一切三昧根本.
　若能念念修習, 自然漸得百千三昧. 達摩門下展轉相傳者, 是此禪也."

는 선禪의 상념想念이 일어남을 떠나야 한다. 위의 조사로부터 오직 한마음(一心)을 전하니, 다시 다른 법이 없다. 마음을 가리켜 부처라 하고, 등等·묘妙 이각二覺의 경계를 돈초頓超하니, 결코 두 번째 염念에 흘러들지 않는 것이 나의 종문宗門에 들어서는 시작이다.[300]

여기에서는 비록 '여래선'의 명칭을 사용하지만, 그 사상적 내용에 있어서는 상당히 달라져 있다. 희운 선사가 말하는 '여래선'은 바로 '무념법문無念法門'이라고 칭하였다. '무념'을 '일념즉 일심一心'으로 삼고, '일념'이 여래선에 돈초한다면, 결코 제이념에 도달할 수 없다는 것이며, 이러한 선법이 '조사'가 전한 것이라고 지적하였다. 이것은 '조사선'의 개념을 도출하고는 있었지만, 끝내 명확하게 제시하지 않은 상황을 말하는 것이었다.

'조사선'의 용어는 『경덕전등록』 권11의 앙산혜적仰山慧寂 선사의 전기에 실린 다음과 같은 앙산혜적과 향엄지한香嚴智閑 사이의 문답에서 등장한다.

앙산仰山이 향엄香嚴에게 "요즘 사제의 견처가 어떠한가?"라고 물었다. 향엄은 "제가 끝내 설하지 못하지만, 게송이 있어, '작년

---

300 『黃蘗斷際禪師宛陵錄』, (宋)頤藏主集, 『古尊宿語錄』 卷3(卍續藏 68, p.19下), "夫學道者, 先修屛却雜學諸緣, 決定不求, 決定不著, 聞甚深法, 恰似清風屆耳, 瞥然而過, 更不追尋, 是爲甚深入如來禪, 離生禪想. 從上祖師唯傳一心, 更無二法, 指心是佛, 頓超等妙二覺之表, 決定不流至第二念, 始似入我宗門."

212

가난은 가난이 아니고, 금년 가난이 비로소 가난이다. 작년 가난은
송곳 세울 땅이 없었으나 금년 가난은 송곳조차 없다'고 합니다."라
고 하였다. 앙산은 "너는 다만 여래선을 얻었으나 조사선은 얻지
못하였다."라고 하였다.[301]

위의 문답에서 '여래선'과 '조사선'의 명칭이 나타남을 볼 수 있는데,
이것이 '여래선'과 '조사선'의 명칭에 대한 최초의 용례이다. 『경덕전등
록』에서 인용한 위산과 향엄의 문답은 여기에서 그치지만, 『오등회원
五燈會元』 권9에 실린 향엄지한 선사의 전기에서는 다음과 같은 내용이
추가되어 있다.

향엄이 다시 한 게송을 이르기를, "나에게 하나의 기틀이 있으니,
눈을 깜박여 이를 본다. 만약 사람이 모른다면, 사미沙彌라고 부르
지 말라."고 하였다. 앙산이 이에 위산潙山에게 보고하여 말하기를,
"또한 기쁘니, 지한 사제가 조사선을 깨달았습니다."라고 하였다.[302]

일반적으로 중국의 학계에서는 여기에서부터 조사선과 여래선의
개념을 도출하고 있다.[303] 즉 근대의 고승인 태허太虛 법사의 해석에

---

301 (宋)道原, 『景德傳燈錄』 卷11, 仰山慧寂禪師(大正藏 51, p.283中), "師問香嚴,
師弟近日見處如何? 香嚴曰, 某甲卒說不得, 乃有偈曰, 去年貧, 未是貧, 今年貧,
始是貧. 去年貧無卓錐之地, 今年貧, 錐也無. 師曰, 汝只得如來禪, 未得祖師禪."
302 (宋)普濟, 『五燈會元』 卷9, 香嚴智閑禪師(卍續藏 80, p.191上), "師復有頌曰, 我
有一機, 瞬目視伊, 若人不會, 別喚沙彌. 仰山乃報潙山, 曰: 且喜閑師弟會祖師
禪也."

따라 '여래선'은 "작년 가난은 가난이 아니고, 금년 가난이 비로소 가난이다(去年貧, 未是貧, 今年貧, 始是貧)."의 '도출수증道出修證'의 단계이고, '조사선'은 "만약 사람이 모른다면, 사미라고 부르지 말라(若人不會, 別喚沙彌)."라는 것은 '본래현성本來現成을 분명하게 함'과 '당하즉시當下卽是'를 가리키는 것으로 해석한다. 여기에 의거하여 여래선은 '점차漸次'에 떨어진 것이고, 조사선은 '돈오'의 본연으로 본다는 것이다.[304] 이로부터 본다면, 여래선과 조사선의 구분은 당말唐末에 등장하였으며, 그 판단의 기준은 바로 '돈'과 '점'에 있음을 알 수 있다. 이러한 구분은 상당한 설득력이 있다. 조사선 연구로 중국학계에서 유명한 동군董群은 『조사선』의 서론에서 여래선과 조사선의 구별을 다음과 같이 밝히고 있다.

첫째, 여래선은 점진적이고 점수적이며, 조사선은 돈오적이고 당하當下에 바로 이루어 수행을 필요로 하지 않는다. 이러한 문제는 전통적인 남북종 사이의 표현에 있어서 남종은 돈頓, 북종은 점漸이라는 전형성을 갖고 있다. 앙산이 보여준 것도 이와 같은 도리이다. 작년의 가난에서 금년의 가난에 이르기까지의 변화에서, 작년의 가난은 비교적 가난한 것이었고, 금년의 가난은 철저한 가난이라는 것은 점차로 들어가는 방법인 것이다. 그러나 '나에게 하나의 기틀이 있으니, 눈을 깜빡여 이를 본다(我有一機, 瞬目視伊.)'는 종류는

303 董群 著, 金鎭戊·盧善煥 共譯, 『祖師禪』, 운주사, 2000, pp.18~19; 賴永海 著, 金鎭戊·柳花松 共譯, 『불교와 유학』, 운주사, 1999, pp. 318~319 등 참조.
304 賴永海 著, 『불교와 유학』, p.319 참조.

기봉의 민첩함을 말하는 것으로 돈법이라고 할 수 있다.

둘째, 여래선은 언설과 학리學理, 사변思辨을 중시하지만, 조사선은 언어문자를 초월하여 직지인심直指人心하는 것이다. 황벽黃蘗이 오미선五味禪을 질책하여, "모두들 오줌 누는 곳을 묻는 것"이라고 칭하였는데, 그에게 무엇이 선이냐고 묻는다면, 그는 한 보따리의 말을 쏟아 질펀한 땅에서 똥 한 덩이를 집는 것이라 말할 것이다. 그러나 일미선은 이와 달리 설명할 수 없는 것이기 때문에, 한 승려가 귀종歸宗에게 무엇이 일미선이냐고 묻자, 귀종이 그의 입을 한 대 때려 승려가 갑자기 깨달은 것과 같다. 천태종 혜사慧思 대사의 병중게病中偈는 일종의 분석추리이고, 서경西京 봉선심奉聖深 선사의 게송은 바로 언어의 활로를 끊고 사유의 길을 막아버렸다. 그러나 오로지 불가설을 강조하는 것도 일종의 집착이고, 혜능은 이에 대해 비평하여 '불리어언不離語言'이라 주장하였다. 그러나 언어를 완전히 떠나는 것도 불가능하고, 언어를 전혀 사용하지 않는 것도 불가능하며, '불립문자'의 의미를 나타내고자 할 때, '불립문자' 그 자체도 일종의 문자인 것이다.

셋째, 언어로 설명할 때에 이러한 모순이 있기 때문에 조사선은 이 어려움을 해결하기 위하여 '이사구離四句, 절백비絶百非'를 강조하였다. 사구는 곧 유구有句, 무구無句, 역구亦句, 비구非句이고, 백비百非는 곧 백종의 부정으로 일체의 뜻에 대한 부정을 내포하고 있다. 조사선은 선이 이러한 사구와 백비를 마땅히 초월해야 하는 것으로 여겼으며, 여래선은 사구로써 불교의 이치를 해석하는 주요 수단으로 보았다.

넷째, 여래선은 불경계佛境界를 최고 이상으로 삼으며, 수행의
최고 목적은 불과佛果를 이루는 것이다. 그러나 조사선은 초불월조
超佛越祖하여 구체적이고 완선完善한 인간의 성취를 최고 이상으로
삼는다. 한월법장漢月法藏의 이른바 격내·격외는 바로 불경계 내적
인 한계성과 불경계 외적인 초월성을 말한다.

다섯째, 이러한 격내와 격외의 구별에는 중요한 원인이 있다.
그것은 바로 여래선에서 추구하는 부처는 중생의 자심自心을 초월
한 것이고, 밖에 있는 우상이며, 피안의 권위이지만, 그러나 조사선
에서 말하는 부처는 중생의 자심 가운데 있다는 것이다. 비록
둘 다 일체중생은 모두 성불할 수 있다고 주장하지만, 여래선은
외재적인 부처로 향하게 하고 조사선은 외재적인 부처를 중생
자심 가운데로 끌어들이므로 성불도 하나의 진정한 현실적인 인간
을 이루는 것이다.[305]

이러한 동군의 정리는 여래선과 조사선의 구분을 명확하게 한 것으
로 판단된다. 일반적으로 선사들은 명확한 개념을 가지고 사용하지
않고 있기 때문이다. 여래선과 조사선의 대립이 나타난 이후에 선사들
은 이러한 구분에 대한 많은 논의가 있었다. 예를 들어 명대明代에
편집된 『위산영우선사어록潙山靈祐禪師語錄』에는 다음과 같은 구절이
수록되어 있다.

현각玄覺 선사는 "말하라. 여래선과 조사선은 구분이 있는가 없는

---

305 董群著, 『祖師禪』, pp.28~29.

가?"라고 물었다. 장경혜릉長慶慧稜 선사는 "잠깐 앉으시오."라고 답하였다. 운거청석運居清錫 선사는 "대중들이 헤아리기를, 여래선은 얕고 조사선은 깊다고 하였다. 다만 향엄이 그때 '무엇이 조사선인가?'라고 어째서 묻지 않았는가? 만약 이렇게 물었다면, 어디에 있을 것인가?"라고 하였다.[306]

이러한 문답에서 여래선과 조사선의 구분에 대하여 어느 정도 비판을 하고 있음을 엿볼 수 있다. 그러나 이른바 조사는 부처를 뛰어넘고, 다시 후인은 조사를 뒤집는 '초불월조'의 선사상을 전개하고 있기 때문에 이러한 여래선과 조사선의 대비는 어느 정도 의미가 있다.

2) 여래선과 조사선의 수증관

앞에서 언급한 바와 같이, 여래선은 불경계를 최고 이상으로 삼으며 불과佛果를 이루는 것을 수행의 최고 목적으로 한다. 이는 곧 언설과 학리, 사변을 중시하여 점진적이고 점수적으로 나아가는, 이른바 '도출수증道出修證'의 과정이다. 다시 말하여 각각 나름의 수행법을 제시하는 '수修'가 있으며, 그러한 '수'의 목적은 바로 '불과'의 '증證'을 얻어내고자 하는 것이다. 따라서 이러한 '수증'에 가장 정확하게 부합하는 선법은 바로 도신-홍인의 동산법문과 신수의 북종선이라고 할 수 있다.

---

306 (明)語風圓信·郭凝之編集,『潭州潙山靈祐禪師語錄』卷1(大正藏 47, p.580下), "玄覺云: 且道, 如來禪與祖師禪是分不分? 長慶稜云: 一時坐却. 雲居錫徵云: 衆中商量, 如來禪淺, 祖師禪深. 只如香嚴當時何不問 '如何是祖師禪? 若置此一問. 何處有也?"

『능가사자기』의 도신전에 따르면, 도신에게는 『보살계법菩薩戒法』
1권과 『입도안심요방편법문入道安心要方便法門』이라는 저술이 있다
고 한다.[307] 그는 다양한 사료를 통하여 나온 도신의 선사상은 '입도하여
안심을 얻기 위한 핵심적인(要) 방편의 법문'이라는 의미인 '입도안심
요방편법문'이라고 볼 수 있다. 또한 그 법요法要를 『능가경』의 '제불심
제일諸佛心第一'과 『문수설반야경文殊說般若經』의 '일행삼매一行三昧'
라고 밝히고 있는데,[308] 이로부터 이른바 수행의 증과證果를 도출할
수 있다. 즉 불도佛道를 얻어 '안심'에 도달함을 궁극적인 경지로 설정하
고 있다고 하겠다. 그에 도달하는 수행은 '일행삼매'라고 할 수 있는데,
그를 얻는 행법은 바로 '염불'과 '좌선'이며, 구체적인 수행법으로 "지심
체知心體·지심용知心用·상각부정常覺不停·상관신공적常觀身空寂·수
일불이守一不移"[309]로 구성된 '오문선요五門禪要'라고 할 수 있다. 이러
한 '오문선요'를 수행한다면, 바로 '입도'하여 '안심'을 실현할 수 있다는
명확한 수증론을 제시하였다. 도신을 계승한 홍인 역시 이와 유사한
선법을 제시하는데, 그의 저술로 알려진 『최상승론最上乘論』에서는

---

307 (唐)淨覺, 『楞伽師資記』, 道信傳(大正藏 85, p.1286下), "唐蘄州雙峰山道信禪師,
承燦禪師後. 其信禪師再敞禪門, 宇內流布. 有菩薩戒法一本. 及制入道安心方
便法門."

308 위의 책. "我此法要, 依『楞伽經』諸佛心第一. 又依『文殊說般若經』一行三昧.
卽念佛心是佛, 妄念是凡夫."

309 위의 책(大正藏 85, 1288上), "一者 知心體, 體性清淨, 體與佛同. 二者 知心用,
用生法寶, 起作恒寂, 萬惑皆如. 三者 常覺不停, 覺心在前, 覺法無相. 四者 常觀
身空寂. 內外通同, 入身於法界之中, 未曾有碍. 五者 守一不移. 動靜常住, 能令
學者明見佛性, 早入定門."

218

수도修道의 본체를 '자성원만청정심自性圓滿淸淨心'이라고 밝히고,[310] 이를 통하여 철저하게 '수심守心'을 강조한다.[311]

도신-홍인의 동산법문을 적전嫡傳한 북종의 신수는 그의 저술인 『대승무생방편문大乘無生方便門』에서 "제1 불체를 총괄하여 밝힘(第一 總彰佛體), 제2 지혜문을 엶(第二開智慧門), 제3 부사의법을 현시함(第 三顯示不思議法), 제4 제법의 정성을 밝힘(第四明諸法正性), 제5 자연무 애해탈도(第五自然無碍解脫道)"[312]의 '대승오방편문大乘五方便門'을 제 시하고 있다. 이러한 신수의 '대승오방편문'은 그대로 도신의 '오문선 요'를 계승한 것으로 볼 수 있다. 그러나 신수는 또한 홍인의 '자성원만 청정심'을 더욱 강조하여 그를 '정심淨心'으로 규정하고 "일념에 정심한 다면 바로 불지佛地를 돈초頓超할 수 있음"[313]을 제창한다. 그에 따라 신수는 '간심간정看心看淨'의 수행법을 채택하게 된다.[314]

이상과 같이 도신-홍인의 동산법문이나 그를 계승한 북종 신수의 선법은 아주 명확한 '수증론'을 전개하고 있음을 알 수 있다. 여기에는 아주 분명한 과정으로서의 '수행'이 제시되어 있으며, 그를 통하면 궁극적으로 얻을 수 있는 '증과'로서의 경계가 명확하게 설정되어 있음을 알 수 있다.

---

310 (唐)弘忍述, 『最上乘論』(大正藏 48, p.377上), "夫修道之本體, 須識當身心本來淸 淨, 不生不滅, 無有分別, 自性圓滿淸淨之心."

311 (唐)弘忍述, 『最上乘論』(大正藏 48, p.377上), "但能凝然守心. 妄念不生, 涅槃法自 然顯現."

312 (唐)神秀, 『大乘無生方便門』(大正藏 85, p.1273中).

313 위의 책, "諸佛如來有入道大方便, 一念淨心, 頓超佛地."

314 이창안, 앞의 논문 pp.153~156 참조.

조사선은 이른바 '조사'의 선을 가리키는 것인데, 그 분기점은 바로 육조 혜능慧能을 말한다. 나아가『육조단경』의 출현 이후의 선사상을 지적하고 있다고 해도 과언이 아니다.『단경』을 흔히 조사선의 종전宗典이라고 칭하고 있는데, 그것은『단경』에서 제시하는 선사상에는 그 이전과 근본적인 차별이 있기 때문이다. 앞에서 언급한 바와 같이 『단경』에서 제시하는 최고의 선을 '여래청정선'이라고 하여 '여래선'의 명칭을 사용하지만, 그 이유는 여래선과 조사선의 구분이 송대宋代에 와서 출현하였기 때문일 뿐이다.

『단경』이 조사선의 종전으로 받들어지는 가장 커다란 원인은 바로 '돈오'와 밀접한 관련이 있다고 할 수 있다. 앞에서도 언급한 바와 같이 사실상『단경』에서 제시되고 있는 '돈오'는 '정혜등학定慧等學'과 '무념위종無念爲宗, 무상위체無相爲體, 무주위본無住爲本'의 종宗·체體·본本으로 설명되는 이른바 '삼무三無'와 모두 밀접한 관계를 이루고 있다. 이러한 핵심개념들은 모두 조사선의 사상적 근거로서 작용하고 있다. 이러한 삼무는 바로 '무수지수無修之修', '무증지증無證之證'의 수증의 근거가 되므로, 여기에서는 그와 관련해서 간략하게 고찰하기로 하겠다.

『단경』에서는 "스스로의 성품(自性)을 스스로 깨달아 돈오돈수하는 것이지, 점차는 없는 것이다."[315] "무념의 돈법을 깨닫는다면 불위佛位의 자리에 이를 것이다."[316]라는 것처럼 여러 곳에서 '돈오'를 강조한다.

---

[315] 宗寶本,『六祖大師法寶壇經』(大正藏 48, p.358下), "自性自悟, 頓悟頓修, 亦無漸次."

[316] 위와 같음, "悟無念頓法者至佛位地."

220

그런데 최초로 '돈오'의 개념을 제시한 도생道生의 "돈돈頓이라 하는
것은, 이치를 나눌 수 없음(理不可分)을 밝힌 것이고, '오悟'는 지극히
비춤(極照)을 말한다. 불이不二의 깨달음으로 나눌 수 없는 이치에
부합하는 것이다. 이치(理)와 지혜(智)가 함께 아우러짐을 돈오라고
한다."[317]라는 말과 같이 전체적인 법계法界와의 완벽한 계합을 의미하
는 것이다. 따라서 돈오의 입장에서는 모든 법계가 그대로 '일상一相'의
전체적인 모습인 것이고, 나아가 우리의 심식心識 작용조차도 '일상'의
모습을 갖추어야만 할 것이다. 이는 앞에서 논술한 바와 같이 '정혜등학'
의 제창에 이르게 되는 것이다.[318] 또한 이는 북종의 신수와 같이 '종정발
혜'를 주장함은 바로 법에 '이상二相'이 있다고 하는 것과 같다는 것이다.
이런 논리는 철저하게 '돈오'에 입각한 주장이라고 하겠다.

또한 동산법문으로부터 법요로 채택된 '일행삼매'에 대해서도 같은
입장이다. 이에 대해 『단경』에서는 다음과 같이 설한다.

미혹한 사람은 법상法相에 집착하고 일행삼매에 집착하여, 곧은
마음으로 앉아 움직이지 않고 망념을 제거하여 마음이 일어나지
않게 하는 것을 곧 일행삼매라고 한다.[319]

---

317 (晋)慧達, 『肇論疏』(卍續藏 54, p.55中), "夫稱頓者, 明理不可分, 悟語極照. 以不二
之悟符不分之理. 理智兼釋, 謂之頓悟."

318 宗寶本, 『六祖大師法寶壇經』(大正藏 48, p.352下), "我此法門, 以定慧爲本. 大衆
勿迷, 言定慧別. 定慧一體, 不是二. 定是慧體, 慧是定用. 卽慧之時定在慧, 卽定
之時慧在定. 若識此義, 卽是定慧等學. 諸學道人, 莫言先定發慧, 先慧發定, 各
別. 作此見者, 法有二相."

319 敦煌本, 『六祖壇經』(大正藏 48, p.338中), "迷人着法相, 執一行三昧, 直心坐不動,

『단경』에서는 철저하게 '인성'과 '자성'이 본래 청정하고, 그를 그대로 '불성'과 동일시하고 있는데, 법에 미혹한 사람들이 다시 '일행삼매'에 집착하여 '망'을 제거하고자 애씀을 일행삼매로 본다는 것이다. 앞에서 언급한 바와 같이 신수는 '간심간정'을 제창하였거니와, 『단경』에서는 그를 다음과 같이 설한다.

만약 간정看淨을 말하자면, 인성은 본래 깨끗한데 망념이 진여를 덮고 있다. 따라서 망념을 떠나면 본성은 깨끗해진다. 자성이 본래 깨끗함을 보지 못하고서, 마음을 일으켜 간정하면 오히려 정망淨妄이 일어난다. 허망함은 있는 곳이 없다. 이런 까닭에 본다고 하는 것(看)은 오히려 허망함을 알아야 한다. 깨끗함은 형상이 없는데 오히려 깨끗하다는 상(淨相)을 세워서 이를 공부라고 말하고 있는데, 이렇게 지어서 보는 자는 본성에 걸림이 있어 오히려 깨끗함에 묶이게 된다.[320]

여기에서 『단경』에서 설하는 '무수지수無修之修'의 입장을 분명하게 살필 수 있다. 본래 청정한 인성에서 다시 청정함을 보려고 한다면, 그것은 바로 청정함에 대한 집착인 '정망淨妄'이 되어버리고, 그 대상은 그대로 '정상淨相'으로 형성되며 나아가 그에 얽매이는 '정박淨縛'이

除妄不起心, 卽是一行三昧."
320 위의 책(大正藏 48, p.338下), "若言看淨, 人性本淨, 爲妄念故, 蓋覆眞如, 離妄念, 本性淨. 不見自性本淨, 起心看淨, 却生淨妄, 妄無處所. 故知看者, 却是妄也. 淨無形相, 却立淨相, 言是功夫, 作此見者, 障自本性, 却被淨縛."

된다는 것이다. 또한 『단경』에는 신수 문하에서 온 지성志誠과 혜능 사이의 다음과 같은 대화가 실려 있다.

선사가 "그대의 스승은 어떻게 대중을 가르치는가?"라고 묻자, "항상 바다와 같은 대중을 가르칩니다. 마음을 머물러 깨끗함을 관하고 오래 앉고 눕지 않습니다."라고 답하였다. 선사는 "마음을 머물러 깨끗함을 관하는 것은 병이지 선이 아니다. 항상 좌선에 얽매여서 이치에 어떤 이익이 있겠는가? 나의 게송을 들어라. '와서는 앉고 눕지 않더니, 가서는 눕고 앉지 않는구나. 한 몸은 냄새나는 뼈다귀인데, 무엇을 위해 공과功課를 세우는가?'"라고 말하였다.[321]

여기에서도 아주 분명한 '무수지수'의 입장이 보인다. 사실상 이러한 입장을 선리禪理로 완전하게 체계화시킨 것이 무념·무상·무주의 '삼무'라고 할 수 있다. 이러한 '무수지수'와 관련된 것으로 『대주선사어록 大珠禪師語錄』 가운데 다음과 같은 대화가 있다.

유원 율사有源律師가 "화상은 수도하는데, 또한 노력하십니까?"라고 물었다. 선사는 "열심히 한다."라고 답하였다. "어떻게 열심히 하십니까?"라고 묻자, 선사는 "배고프면 먹고, 졸리면 잔다."라고

---

321 宗寶本, 『六祖大師法寶壇經』(大正藏 48, p.358中), "帥曰: 汝師如何示衆? 對曰: 常指誨大衆; 住心觀淨, 長坐不臥. 師曰: 住心觀淨, 是病非禪, 常拘坐禪, 於理何益? 聽吾偈曰: 生來坐不臥, 死去臥不坐, 一身臭骨頭, 何必立功課?"

하였다. "모든 사람이 그러한데, 선사와 노력하는 것이 같습니까?
같지 않습니까?"라고 하였다. 선사는 "같지 않다."고 하자, "무슨
까닭으로 같지 않습니까?"라고 묻자, 선사는 "그들은 밥 먹을 때,
그저 먹지 않고 온갖 구실을 찾으며, 잠을 잘 때, 그저 잠자지
않고 수없이 헤아리고 비교한다. 그러므로 같지 않다."라고 하
였다.[322]

이는 '무수지수'를 설명할 때 흔히 인용하는 유명한 구절이다. 이러한
입론은 무념·무상·무주의 선사상에 근거한 것임을 충분히 짐작할
수 있다. 또한 조사선을 천하에 널리 펼친 마조도일馬祖道一의 다음과
같은 구절이 있다.

도道는 닦음을 쓰지 않으니, 다만 오염되지 말라. 어떻게 오염되는
가? 다만 생사의 마음이 있어 조작하고 좇아가면 모두 오염이다.
만약 바로 그 도를 알고자 하면 평상심平常心이 도道이다. 무엇을
평상심이라 이르는가? 조작造作, 시비是非, 취사取捨, 단상斷常,
범성凡聖이 없음(無)이다. 경전에 이르기를, '범부의 행함도 아니며
성현의 행함도 아님이 보살행이다'라고 하였다. 다만 지금 행주좌
와하고 근기에 따르고 사물을 접함이 모두 도이다.[323]

---

322 (唐)慧海撰, 『諸方門人參問語錄』卷下(卍續藏 63, p.25中), "有源律師來問: 和尙修
道, 還用功否? 師曰: 用功. 曰: 如何用功? 師曰: 饑來吃飯, 困來卽眠. 曰: 一切人總
如是, 同師用功否? 師曰: 不同. 曰: 何故不同? 師曰: 他吃飯時, 不肯吃飯, 百種須
索; 睡時不肯睡, 千般計校, 所以不同也."

323 (宋)道原, 『景德傳燈錄』卷28(大正藏 51, p.440上), "道不用修, 但莫汚染. 何爲汚

이는 '도불용수道不用修'와 '평상심시도平常心是道'를 논할 때 가장 많이 언급하는 유명한 구절인데, 이를 『단경』의 무념·무상·무주의 '삼무'와 앞에서 언급한 대주회해의 구절을 연결시켜서 그 흐름을 살필 수 있다고 하겠다.

여래선과 조사선은 후기 조사선이 활발하게 전개되던 송대에 발생한 개념으로, 역대에 발생한 각종 선사상을 대상으로 각각 그 사상적 차별과 우열을 논한 것이다. 그 가운데 조사선은 바로 『육조단경』을 사상적 분기점으로 설정하고 있으며, 주로 '돈오'를 기준점으로 조사선과 여래선을 나누고 있음을 알 수 있다. 물론 돈오 이외에 조사선과 여래선을 나누는 다양한 측면들이 존재하지만, 그것도 엄밀하게 분석한다면 바로 돈오로부터 확장되어 나타난 것이라고 볼 수 있다. 본 장에서는 '수증관'에 있어서 여래선과 조사선을 정리하였는데, 여기에서 그 둘의 수증관을 비교하자면 다음과 같다.

우선 여래선은 글자 그대로 '여래가 행한 선', 혹은 '불도를 얻기 위한 선'이라고 할 수 있는데, '수증'에 있어서는 그 설정이 아주 명확하다고 할 수 있다. 본 장에서는 여래선의 대표적 형태로서 도신-홍인의 동산법문과 북종의 수증관을 고찰하였는데, 그를 정리하면 다음과 같다.

도신은 '입도안심'을 궁극적 '증과'로 설정하고, 그를 위한 법요를 '일행삼매'로 제시하여 좌선과 염불을 수행법으로 설한다. 그 수행법은

染? 但有生死心, 造作趣向, 皆是汚染. 若欲直會其道, 平常心是道. 何謂平常心? 無造作, 無是非, 無取捨, 無斷常, 無凡無聖. 經云, 非凡夫行, 非聖賢行, 是菩薩行. 只如今行住坐臥, 應機接物, 盡是道."

다시 '오문선요'로서 구성되고, 최종적으로는 오문선요 가운데 '수일불이'로서 '입도안심'을 실현토록 설정하였다. 그를 계승한 홍인 역시 유사한 선법을 제창하는데, 홍인은 도신과 달리 '자성원만청정심'을 수행의 본체, 즉 궁극적인 증과로 설정하여 철저한 '수심守心'을 수행으로 제창하고 있음을 알 수 있다. 동산법문을 계승한 신수는 홍인과 유사하게 '정심淨心'을 본체로 설정하고, 그에 대한 수행으로 마찬가지로 '대승오방편문'을 제시했다. 또한 주된 수행법으로 '이념離念'을 통한 '간심간정'을 제창했다. 따라서 동산법문과 북종선의 선법은 바로 '도출수증'이 명확한 여래선이라고 할 수 있다.

그러나 조사선에 이르면 이러한 상황은 반전된다. 조사선의 종전인 『단경』에서는 기본적으로 '인성'과 '자성'이 본래 청정하고, 그를 그대로 '불성'과 동일하다는 관점에서 출발하고 있다. 여래선에서 궁극적으로 도달해야 하는 '증과'가 본래 다 이루어져 있다고 하는 이른바 '본래현성'의 입장을 견지하고 있다고 볼 수 있다. 이러한 입장에서 다시 '돈오'를 핵심적인 선사상으로 설정하여 그로부터 '정혜등학'과 무념·무상·무주의 '삼무'를 제창하고 있다. 이러한 입장에서는 북종에서 제시하는 '간심간정'은 이미 어떠한 의미도 부여할 수 없는 쓸데없는 '정망淨妄'이요, '정상淨相'으로 전락할 따름이며, 그러한 것에 집착한다는 것은 그대로 '정박淨縛'이 될 수밖에 없다는 선리가 형성된다. 그렇지만 그렇다고 해서 수행을 부정할 수 없는 입장이기 때문에 이른바 무념·무상·무주의 '삼무'를 제시하였다. 이 '삼무'는 수행법이면서 궁극적인 경계이기도 한 것이다.[324] 따라서 『단경』의 수행법은 바로 '무수지수'라고 할 수 있으며, 그에 따른 '증과'도 '무증지증'이라고 할 수 있는 것이다.

본서에서는 또한 육조 문하 대주회해의 "배고프면 먹고, 졸리면 잔다(饑來吃飯, 困來卽眠)."라는 유명한 구절을 인용하여 '무수지수'의 예를 들었고, 나아가 홍주종洪州宗 마조도일馬祖道一의 '도불용수'와 '평상심시도'를 언급하였다. 사실상 『단경』의 '무수지수'와 '무증지증'은 결국 '도불용수'의 관점으로 진행될 수밖에 없는 사상적 경향을 갖는다고 할 수 있다. 그러나 여기에서 간과해서는 안 될 것은 도를 닦을 필요가 없다는 결론이 아니라 그러한 선리가 출현하기까지의 과정에 대한 철저한 이해가 필요하다는 점이다. '무수지수'의 논리와 마찬가지로 '도불용수'를 얻기 위해서는 '평상심'을 얻어야 하는데, 그 평상심은 과연 무엇인가? 앞에서 거론했던 마조의 인용문에 따르면, '조작, 시비, 취사, 단상, 범성이 없음(無)'인 것이다. 그러나 이를 일반적인 상태라고 볼 수는 결코 없다.

여기에서 한월법장漢月法藏의 여래선과 조사선의 구분과 관련된 다음과 같은 문구에서 주목할 의미를 찾을 수 있다.

조사선은 십법계十法界의 밖을 뚫으며, 여래의 헤아림에 떨어지지 않기 때문에, 격을 벗어난다(出格)고 말한다. 여래선은 아홉 가지 법계法界에서 일어나, 십법계의 꼭대기로 떨어져 오히려 격내格內이다. 격내와 격외格外의 구분을 알고자 하면 모름지기 하나하나의 사물에 있어서 십법계의 각종 견해를 분명하게 알아야 하며, 곧바

---

324 본서에서는 이에 대하여 상세히 논술하지 않았지만, 이창안의 앞의 논문 p.163에서 논증하고 있다.

로 최상의 꼭대기에 오르니 이것이 바로 여래지如來地의 계위階位이다. 조사선은 다시 부처의 정수리에서 나와 격외를 뛰어넘으며, 또한 양종 선사와 외도를 뛰어넘는다.[325]

이와 같은 설명에 의거하면, 조사선은 바로 여래선을 철저하게 체증한 후에야 비로소 가능하다는 것이다. 도생이 '돈오'를 제창할 때, 보살십지의 경지를 완벽하게 체득하여 '금강심'을 증득한 이후에야 비로소 '돈오'가 가능하다고 설한 것과 같다.

3) 후기 조사선의 불성론

선종은 그 표지인 『단경』에 있어서 천태의 성구, 화엄의 성기 등의 불성론에서 한걸음 더 나아가 자심과 자성으로 귀결시켜 이른바 '직지인심, 견성성불'을 제창하였다. 이와 같은 인간 본연의 자심과 자성에 입각한 불성론은 이미 최고의 한계에 이르게 되었다. 그렇지만 당의 중기 이후부터 선종의 불성론은 도가道家의 영향 아래 중생유성衆生有性에서 무정유성無情有性의 방향으로 발전하는 하나의 경향이 나타났다.

이러한 '만물유성'의 논제는 삼론종의 길장吉藏 대사의 '무정성불無

---

325 (明)法藏說, 弘儲編, 『三峰藏和尙語錄』 卷6(『嘉興藏』 34, p.152中), "祖師禪者, 透十法界之外, 不墮如來之數, 故曰出格; 如來禪者, 起于九種法界, 墮在十法界之頂, 猶是格內. 欲知格內格外之分, 須在一事一物上分淸, 十法界諸種之見, 直到極頂, 方是如來地位. 祖師禪, 又從佛頂上透出, 出格之外, 又越兩種禪師外道."

情成佛'의 학설을 받아들이고, 나아가 장자의 '도는 없는 곳이 없다(道無所不遍)'는 사상을 결합하여 '푸르고 푸른 대나무가 모두 법신이며, 활짝 핀 노란 꽃이 반야 아님이 없다(青青翠竹, 盡是法身, 郁郁黃花, 無非般若)'고 하는 유명한 명제를 제시한 우두법융牛頭法融이 개창한 우두선牛頭禪으로부터 시작된다.

이른바 '무정유성' 혹은 '무정설법無情說法'으로 알려지는 점에 대해서는 이미 『단경』에서 철저하게 배격하였다. 특히 하택신회는 그의 어록에서 다음과 같이 반박하였다.

문: 불성은 일체처에 두루합니까?
답: 불성은 일체유정에게 보편하지, 일체 무정에게는 없다.
문: 선배 대덕들은 다 말하기를, "푸르고 푸른 대나무가 모두 법신이며, 활짝 핀 노란 꽃이 반야 아님이 없다."라고 하는데, 지금의 선사는 무슨 까닭으로 불성이 일체유정에게만 있고 일체 무정에게 없다고 말합니까?
답: 어찌 푸르고 푸른 대나무를 공덕법신과 같다 하겠는가? 어찌 활짝 핀 노란 꽃을 반야의 지혜와 같다고 하겠는가? 만약 푸른 대나무와 노란 꽃이 법신과 반야와 같다면, 여래가 어떤 경전에서 푸른 대나무와 노란 꽃에게 보리를 수기해 주었다고 설했던가? 만약 푸른 대나무와 노란 꽃이 법신과 반야와 동일하다 하면 이것은 외도의 설이다. 무슨 까닭인가? 『열반경』에 이르기를, 명명백백한 문장이 있는데, 불성이 없는 것은 무정물이라고 한다.[326]

---

326 (唐)神會, 『南陽和尙問答雜徵義』 石井本, 『神會禪師禪話錄』(中華書局, 1996),

신회의 이러한 황화반야설黃花般若說에 반대하는 것에 대하여, 마조
도일의 문하인 대주혜해大珠慧海는 어떤 승려가 "어떤 까닭으로 푸르디
푸른 대나무가 모두 다 법신이고, 울창하고 울창한 누른 꽃이 반야
아님이 없음을 허락하지 않는가(何故不許靑靑翠竹盡是法身, 鬱鬱黃華,
無非般若)?"라고 묻자 다음과 같이 답한다.

법신은 형상이 없는데, 취죽은 형상으로 이루어졌다. 반야는 지知
가 없는데, 황화로서 상相을 현현했다. 저것은 황화취죽이지만
반야법신이 있는 것은 아니다. 그러므로 경전에서 말하기를, 부처
의 진법신眞法身은 마치 허공과 같고, 물物에 감응하여 형形을
나타냄이 마치 물 가운데 달이 담긴 것 같다 하였다. 황화가 만약
반야라면 반야는 곧 무정물과 동일해야 하고, 취죽이 만약 법신이
라면 취죽 또한 응용할 수 있어야 한다.[327]

이른바 법신은 마치 허공과 같아, 사물에 응하여 형상을 나타낼

---

pp.86~87. "問: 佛性遍一切處否? 答曰: 佛性遍一切有情, 不遍一切無情. 問曰:
先輩大德皆言道, '靑靑翠竹, 盡是法身, 郁郁黃花, 無非般若', 今禪師何故言道,
佛性獨遍一切有情, 不遍一切無情? 答曰: 豈將靑靑翠竹同于功德法身? 豈將郁
郁黃花等般若之智? 若靑竹黃花同於法身般若, 如來於何經中說與靑竹黃花授
菩提記? 若是將靑竹黃花同於法身般若者, 此卽外道說也. 何以故? 『涅槃經』云,
具有明文, 無佛性者, 所謂無情物也."

[327] (宋)道原, 『景德傳燈錄』卷28(大正藏 51, 441中), "法身無象, 應翠竹以成形, 般若
無知, 對黃華顯相, 非彼黃華翠竹而有般若法身也. 故經云: 佛眞法身, 猶若虛
空, 應物顯行, 如水中月. 黃華若是般若, 般若卽同無情, 翠竹若是法身, 翠竹還
能應用."

수 있다. 만약 취죽翠竹이 바로 법신이라 한다면 취죽도 마땅히 응화應
化하여 기타 사물로 현현할 수 있어야 한다는 것이다. 이른바 반야는
본래 신령스럽고 오묘한 지혜를 가리키는데, 만약 황화가 바로 반야라
한다면, 반야는 곧 무심무식無心無識의 무정물과 같이 되어버리는
것이 아닌가 하는 것이다.

그러나 주지하다시피 송대 이후의 후기 조사선에서는 이른바 '무정
유성', '무정설법'이 대체적으로 승인되고 인정되기 시작한다. 예를
들어서 석두희천에게 다음과 같은 일화가 있다.

희천은 새로 도착한 승려를 만나 물었다. "어디에서 오시는가?"
승려는 "강서에서 왔습니다."라고 답하였다. 다시 "마조 대사를
보았는가?"라고 묻자, 승려는 "보았습니다."라고 말하였다. 희천
은 바로 땅 위의 땔감 나무 한 다발을 가리키며 "마조 대사가
어찌 이것과 같은가?"라고 하자, 승려는 대꾸하지 못하였다.[328]

어떤 승려가 "무엇이 서쪽에서 온 뜻입니까?"라고 묻자, 희천은
"노주露柱를 잡고 물어봐라."라고 말하였다. 학인은 "모르겠습니
다."라고 하자, 희천은 다시 "나는 더욱 모르겠다."라고 말하였다.[329]

---

[328] (宋)道原, 『景德傳燈錄』 卷14(大正藏 51, p.309中), "師問新到僧: 從什麼處來?
僧曰: 江西來. 師曰: 見馬大師否? 僧曰: 見. 師乃指一橛柴曰: 馬師何似遮個?
僧無對."

[329] (宋)道原, 『景德傳燈錄』 卷14(大正藏 51, p.309中), "問: 如何是西來意? 師曰:
問取露柱. 曰: 學人不會. 師曰: 我更不會."

"무엇이 선인가?"라고 물었다. 스승은 "바닥에 깔린 벽돌이다."라고 답하였다. 다시 "무엇이 도인가?"라고 묻자, 스승은 "나무토막이다."라고 답하였다.[330]

여기에서 아주 분명하게 '무정유성'의 의미를 확인할 수 있다. 여기에서 말하는 땔감 나무, 노주, 벽돌, 나무토막 등은 모두 불성을 상징하는 것으로 해석할 수 있다. 이러한 예는 너무도 많아 굳이 나열할 이유가 없을 정도이다. 후기 조사선의 이러한 '무정유성'은 가장 대표적인 불성론으로 자리매김되었다. 이는 『단경』을 중심으로 하는 초기 조사선과는 상당한 차별을 보인다고 하겠다.

이러한 후기 조사선의 '무정유성'은 이후 동아시아 선사상에 있어서 절대적인 지위를 차지하며 전개되었다. 설잠雪岑의 선사상에 나타나는 불성론 역시 이러한 '무정유성'을 채택하고 있음을 분명하게 엿볼 수 있다.

---

330 (宋)道原,『景德傳燈錄』卷14(大正藏 51, p.309下), "問: 如何是禪? 師曰: 磉甎. 又問: 如何是道? 師曰: 木頭."

제4장 설잠의 성기론

설잠雪岑 김시습(金時習, 1435~1493)의 수많은 저작들 가운데 불교와 관련된 저서로는 『화엄일승법계도주병서華嚴一乘法界圖註幷序』, 『화엄석제華嚴釋題』, 『연경별찬蓮經別讚』, 『십현담요해十玄談要解』, 『조동오위요해曹洞五位要解』 등 5부가 있다. 이러한 저술의 제목으로부터 설잠은 교학으로는 화엄과 천태의 교학敎學과 선사상禪思想, 특히 조동종에 깊은 관심을 가지고 있었음을 짐작할 수 있다. 설잠의 5부 저작에서는 전체적으로 불성론에서의 '성구性具'와 '성기性起'적 관점을 찾을 수 있다. 또한 선禪과 교敎를 서로 아우르는 관점도 보인다. 그렇지만 각각 채택한 텍스트의 기본적인 성격에 따라 불성론의 한 측면을 더욱 두드러지게 보이는 것도 결코 간과할 수 없는 사실이다. 따라서 본 장에서는 설잠의 저술 가운데 『대화엄일승법계도주병서』와 『화엄석제』에 나타난 '성기性起'의 측면에서 그 관련 사상을 도출해 보고자 한다.

제1절 『화엄법계도주』의 성기론

1. 『화엄법계도주』의 구성과 내용

『대화엄일승법계도주병서大華嚴一乘法界圖註幷序』(이하 『법계도주』로
약칭)는 의상(義湘, 625~702)이 방대하고 오묘한 화엄일승의 사상체계
를 한 개의 도인圖印 속에 30구의 게송으로 압축한 「법성게法性偈」를
설잠이 「서문」과 함께 「법성게」 구절마다 선적인 게송을 인용하여
선해禪解를 도모한 것이다. 「서문」에 이어 총찬總讚과 대의, 그리고
「법성게」 각 구절의 주석을 순차적으로 서술하고 있다.

『법계도주』는 『화엄석제』와 함께 설잠이 40대 이후라는 원숙기에
선가의 입장에서 화엄에 관한 해석을 남긴 본격적인 저작이다. 설잠은
낙산사에서 고승으로부터 『화엄경』 강론을 듣고 법석에 참여한 인연을
기뻐한 적이 있었다. 그때의 상황이 「낙산 방장실 자리 아래(洛山丈室座
下)」라는 그의 시에 담겨 있다. 설잠은 여기에서 "제일은 화엄경이니
구절마다 귀한 말씀이로다(第一華嚴口口金)."[1]라고 읊고 있다. 이로부
터 『화엄경』을 경전 중 제일로서 중시하고 있음을 엿볼 수 있다.
그러므로 설잠이 『법계도주』를 저술한 것은 필연적이라고도 볼 수
있다.

의상의 『법계도』를 구체적으로 주석한 것은 균여(均如, 923~973)의

---

[1] 『每月堂詩集』 卷3(『韓佛全』 7, p.354上), "海上靑峯映海心, 高僧宴坐熱檀沈, 涅槃講
處神頑石, 刹利校時復道林, 喜我有緣參法席, 感師不鄙喩圓音, 遙知娑謁龍來聽,
第一華嚴口口金."

『일승법계도원통기一乘法界圖圓通記』이다. 설잠은 균여에 대해 직접적인 언급을 하지 않았으나 의상 이후의 화엄을 번다한 "교망敎網의 억해臆解"라고 지적[2]하였다. 이러한 지적은 자신의 주석이 '교망의 억해'로부터 벗어난 것, 즉 선禪적인 것임을 은유적으로 표현하고 있음을 말해준다. 균여는 의상의 입장을 받아들이면서도 화엄의 교리적 측면에서 구체적으로 분석하였다는 평가를 받았지만, 반면에 설잠은 의상의 『법계도』를 교망적인 분석이 아닌 간명한 체계에서 그 본래의 뜻을 밝혔다. 여기에서 설잠이 선과 화엄을 융회하려 한 의도를 엿볼 수 있다. 이러한 『법계도』 주석의 서문은 다음과 같이 시작하고 있다.

저 대화엄의 화장법계라는 것은 허공으로 체體를 삼고 법계로 용用을 삼으며, 일체처에 두루함을 불佛로 삼고 연기의 법체로 중회衆會를 삼아 원만수다라를 설하니, 교敎에는 이른바 국토가 설하고 티끌이 설하며 불이 설하고 보살이 설하며 삼세인 일시가 설한다고 함이 이것이다.

『법계도』란 하나의 해인도海印圖로서 끝이 없는 교법을 원만하게 거두었다. 해인도 가운데 "일중일체다중일一中一切多中一"이라고 한 구절과 "일즉일체다즉일一卽一切多卽一"이라고 한 구절이 그것이다. 동토의 의상 대사가 처음 이 도圖를 제작한 것은 삼세간과 십법계 장엄의 무진한 의의를 드러내어 몽매한 중생을 이끌었던

---

2 雪岑, 『大華嚴法界圖註』 「序文」(『韓佛全』 7, p.302上), "羅代義湘法師, 製作此圖, 其來尙矣. 全家宿德, 各以敎網臆解, 支離蔓延, 遂成卷袠."

것인데, 전문專門의 후학이 거듭 설명하여 유포하고자 여러 가지 기록초를 남겨 세간에 편만遍滿하게 되어 본의가 상실되었으니, 타고난 왕자가 이미 서인으로 되어버린 격이다.[3]

여기에서 설잠은 화엄의 정의를 포괄적으로 설명하고, 그 후에 의상의 『법계도』에 대한 평가를 하였다. 즉 『법계도』가 한계가 없이 드넓은 교법을 원만하게 모두 포섭한 하나의 '해인도'로서 의상이 처음 제작하여 삼세간과 십법계의 장엄무진의 의의를 표하였다. 그러나 후대의 학자들이 거듭하여 설명하고 유포하면서 표면적인 교망적 해석의 경향인 '기록초'가 남겨져 간명했던 본래의 취지가 상실되었다는 것이다. 이에 이어서 설잠은 다음과 같이 설한다.

불승佛乘을 참구하는 자들은 교망적 해석을 갈등이라 배척하고, 경전을 연구하는 자들은 선禪만을 하는 자들을 가리켜 벽관壁觀만 한다고 배척한다. 그래서 이치에는 통하지만 일에는 걸리는 자가 있는가 하면, 일에는 통달하지만 이치에는 어두운 자가 있어서, 드디어 원융하여 둘이 없는 법으로 하여금 변하여 융통성 없이 막히게 하고 한 가지 일만 고집하고 주장하게 되었다. 그래서

3 雪岑, 위의 책, 「序文」, p.301下, "夫大華嚴華藏法界者, 以虛空爲體, 以法界爲用, 以遍一切處爲佛, 以緣起法體爲衆會說圓滿修多羅, 敎所謂利說塵說佛說菩薩說三世一時說, 是也. 法界圖者, 以一海印圖, 圓攝無邊之敎海, 圖中所謂, 一中一切, 多中一, 一卽一切, 多卽一, 是也. 東土義湘法師, 始製此圖, 表三世間, 十法界莊嚴, 無盡之義, 以庸冥蒙, 專門舊學, 重演流布, 辨記錄鈔, 遍滿世間, 誕生王子, 已爲庶人矣."

마침내 인도에서는 강 물줄기가 갈라지듯이 나누어지게 되었고, 중국에서도 종파를 달리하게 되어 평등한 자비에서 서로 모순이 되었으니, 참으로 슬픈 일이라 하겠다.[4]

여기에서 설잠은 무엇 때문에 종파가 나뉘는가를 분석하고 있다. 즉 선종은 교종의 교망적인 해석이 갈등의 요인이 된다고 배척하고, 교종은 선종이 선관禪觀 혹은 벽관壁觀만을 치중한다고 배척하였다는 것이다. 또한 이理는 통달하면서 사事에 장애가 되고, 사는 통달하면서 이理에 어둡게 되었다고 비판한다. 이렇게 선과 교가 서로 배척하고 이와 사가 분리되어 자기모순이 되었는데, 의상이 『법계도』를 제작함으로써 그 원융의 본래면목을 드러냈다고 보았다. 그런데 또한 학자들이 각각 표면적인 교망적 해석으로 본의를 잘못 해석해서 복잡하게 되었다고 비판한다. 더욱 원융한 법을 자기 것만 옳다고 주장하여 그릇되게 변질시켰다고 비판했던 것이다. 만약 이렇게 본다면, 설잠은 선교일치禪敎一致와 이사원융理事圓融의 입장에서 『법계도』의 원의를 파악하고 있음을 전제한다고 하겠다.

설잠은 『법계도주』 주석의 동기를 또한 다음과 같이 말한다.

내가 한번 열람하고 책을 쥔 채 탄식하기를 "청정한 법계에 어찌 이와 같이 많은 말이 있으리오? 만약 진실로 이와 같을진대 의상

---

4 雪岑, 위의 책 「序文」, p.302上, "衆佛乘者, 指敎網爲葛藤, 討佛語者, 斥單傳爲壁觀, 有道理而礙於事者, 有達事而昧於理者, 遂使圓融無二之法, 變爲固滯守一之物, 迺至乾竺分河, 震旦異宗, 則平等之慈, 自相矛盾, 良可悲夫."

238

대사가 어찌 미진수微塵數의 게품 가운데서 그 추요樞要를 모아 210자로 간추려서 일승법계도를 장엄하였겠는가?"라고 하였다. 그러나 의상 법사의 일권으로서 관찰하건대 210자에서 그 종지를 규명하면 법성에 지나지 않았을 뿐이요, 그 법성을 추구하면 수연隨緣에 지나지 않는다. 만약 눈 밝은 납승이 있거든 나와서 일러라. 현玄이니 묘妙니 설하고, 심心이니 성性이니 설함은 교에 그를 밝히는 문장이 있겠지만, 무엇이 의상 법사가 아직 한 글자도 토해내기 이전의 소식인가? 내가 스스로 대신하여 이르되, "성화成化 병신(丙申, 1476년) 12월에 녹태헌綠苔軒의 남창南窓 아래서 설하였다."라고 하리라.[5]

여기에서 설잠은 화엄사상의 핵심, 『법계도』의 중핵을 '법성'으로 보고 있음을 알 수 있다. 그러면서 그를 '아직 한 글자도 토해내기 이전의 소식인가?'라는 선문답을 던지면서 일단락 짓고 있는 데서 볼 수 있듯이, 그 의미를 교망적 해석이 아니라 '선해'를 도모하겠다는 의지를 보인 것이라 하겠다. 실제로 『법계도주』는 의상의 「법성게」를 설잠 특유의 선적 세계로 이해하여 선적인 입장에서 주해한 것을 특성으로 볼 수 있다.[6]

---

5 雪岑, 『大華嚴法界圖註』(『韓佛全』 7, p.302上), "余一覽 執卷, 歎曰: 淸淨法界 豈有如此其多言乎! 若固如是, 相師豈向微塵偈品中, 撮其樞要, 簡出二百一十字, 莊嚴一乘 法界圖乎. 然以相師一圈觀之, 向二百一十字, 究其宗旨, 則不過法性而已. 究其法性, 則不過隨緣而已. 忽有明眼衲僧出來道, 說玄說妙, 說心說性, 敎有明文, 如何是相法師未吐一字前消息? 余自代云: 成化丙申臘, 說于綠苔軒南窓下."

6 金知見, 「沙門 雪岑의 華嚴과 禪의 世界」, 『每月堂-그 文學과 思想』, 강원대학교

설잠은 다음과 같은 구절로 서문을 마무리하고 있다.

다만 '돈頓' 가운데 '점漸'이 있고, '점' 가운데 '돈'이 있으며, '원圓' 가운데 '별別'이 있고, '별' 가운데 '원'이 있음과 같이 원활하게 대용大用이 현전하여 살殺과 활活이 자유로우니, 장육丈六의 존상尊像이 한줄기 풀이요, 한줄기 풀이 장육의 존상이어서, 손닿는 대로 집어내어도 맞지 않음이 없으니, 이것이 어떤 경계인가? 신라 의상 화상의 『법계도』일권을 보라! ○[7]

이로부터 의상의 『법계도』에는 이른바 돈·점, 원·별의 두 쌍의 대개념 등이 모두 원활하게 드러나 있다는 극도의 찬사를 보내고 있음을 알 수 있다. 이를 역으로 해석한다면, 설잠은 자신의 주에서 이를 완벽하게 주해하고 있다는 자신감을 드러내고 있는 대목이라고 할 수 있다.

이상의 서문에서 설잠의 『법계도주』는 「법성게」의 핵심인 '법성'에 대해 선해적인 모색을 한 것이라고 할 수 있다. 이러한 설잠의 주석

인문과학연구소 편, 1989, p.92; 陸禎培, 「雪岑의 法界圖注考」, 『韓國華嚴思想研究』, 佛教文化研究所編, 1982, p.275; 韓種萬, 「朝鮮朝 初期 雪岑의 法界圖註釋」, 『印佛研究』 30-2집, 1982, p.172. 「雪岑 金時習의 思想」, 『崇山朴吉眞博士華甲紀念, 韓國佛教思想史』, 1975, pp.793~794 등 참조. 雪岑의 法界圖註에 관한 논문에서도 모두 이와 같은 특색을 전제로 하고 있다.

7 雪岑, 『大華嚴法界圖註』「序文」(『韓佛全』 7, p.302中), "只如頓中有漸, 漸中有頓, 圓中有別, 別中有圓, 圓陁陁阿轆轆地大用現前, 殺活自由丈六莖草, 莖草丈六, 信手枯來, 無有不是, 是什麼境界? 看取新羅義相和尙法界圖一圈○."

240

전체를 요약하면 다음과 같다.[8]

번호	법성게	설잠의 게송	비고
1	법성이 원융하여 두 상이 없음(法性圓融無二相)	티끌 수처럼 무수한 찰경刹境이 자타 사이에 털끝만큼의 간격이 없으며, 십세의 고금이 시종일관 당념을 여의지 않는다(微塵刹境, 自他不隔於毫釐, 十世古今, 始終不離於當念).[9]	視示證分
2	제법은 움직임이 없어 본래 고요함(諸法不動本來寂)	어리석은 사람 앞에서, 꿈 이야기를 해주어서는 안 된다(痴人面前, 不得說夢).[10]	
3	이름도 모양도 모두 여읨(無名無相絶一切)	말하고자 하여도 말이 미치지 않으니, 숲 아래서 잘 상량하라(欲言言不及, 林下好商量).[11]	
4	증지라야 알 바요, 그 밖의 경계가 아님(證智所知非餘境)	대장부가 혜검을 잡았으니, 반야의 칼날이요, 금강의 불꽃이구나. 다만 외도의 마음만을 꺾은 것이 아니라, 이미 천마의 담까지 떨어뜨렸다네. 쯧쯧! 다시 범한다면 허용하지 않으리(大丈夫乘慧劒, 般若鋒兮金剛焰, 非但能摧外道心, 早會落却天魔膽, 咄! 再犯不容).	自利行
5	참다운 성품은 깊고 미묘함(眞性甚深極微妙)	여래가 단멸된다고 하지 말라. 한 소리에 또 한 소리가 이어진다(莫謂如來成斷滅, 一聲還續一聲來).	顯緣起分
6	자성을 지키지 않고, 연을 따	작년의 매화에 금년의 버들이	

8 雪岑, 『大華嚴法界圖註』(『韓佛全』 7, p.303上).

	라 이룸(不守自性隨緣成)	니, 안색과 성향이 모두 예와 같구나(去年梅今年柳, 顔色聲香摠依舊).¹²
7	하나에 모두 있고 많음에 하나가 있음(一中一切多中一)	처마에 기대인 산색은 구름에 이어져 푸르고, 난간을 벗어난 꽃가지는 이슬을 둘러 향기롭다(倚簷山色連雲翠, 出檻花枝帶露香).¹³
8	하나가 바로 모두요, 많은 것 또한 하나임(一卽一切多卽一)	대나무 그림자 섬돌을 쓸되 먼지 일지 않고, 달빛은 못 바다을 뚫되 물에 흔적 없다(竹影掃階塵不動, 月穿潭水無痕).¹⁴
9	한 티끌 속에 시방을 머금음(一微塵中含十方)	어젯밤 금조가 바다로 날아들었는데, 새벽하늘에 전과 같이 하나의 바퀴 되어 난다(昨夜金鳥飛入海 曉天依舊一輪飛).¹⁵
10	모든 티끌마다 또한 이와 같음(一切塵中亦如是)	경행과 좌와가 늘 그 가운데에 있다(徑行及坐臥, 常在於其中下).¹⁶
11	한량없는 긴 세월이 바로 한 생각(無量遠劫卽一念)	당처를 여의지 않고 늘 담연한 것이니, 찾으려 해도 결코 볼 수 없으리라(不離當處常湛然, 覓則知君不可見).¹⁷
12	한 생각이 바로 무량겁(一念卽是無量劫)	그림자 없는 나무 아래 합동선, 유리의 전각 위에 아는 이 없다(無影樹下合同船, 溜璃殿上無知識).¹⁸
13	구세와 십세가 서로 즉함(九世十世互相卽)	*설잠의 게송이 없음.
14	그렇지만 섞이지 않고 따로 이루어짐(仍不雜亂隔別成)	달마 대사의 소식 끊겼는가 여겼더니, 도화가 예대로 봄바람

		에 활짝 폈네(將謂少林消息斷, 桃花依舊笑春風).[19]		
15	처음 발심할 때가 바로 정각임(初發心時便正覺)	장안의 풍류 좋다고 말하지 말라. 편의를 얻는 순간 편의를 잃게 되느니(休論長安好風流, 得便宜是落便宜).[20]		
16	생사와 열반이 늘 함께 어울림(生死涅槃常共和)	무명의 실성이 곧 불성이요, 환화인 공신이 곧 법신이다(無明實性卽佛性, 幻化空身卽法身).[21]		
17	이와 사가 드러나지 않아 구별되지 않음(理事冥然無分別)	일지가 일체지를 구족함이니, 색도 아니고 심도 아니며 행업도 아니다(一地具足一切地, 非色非心非行業).[22]		
18	십불과 보현은 같은 대인의 경계임(十佛普賢大人境)	마침 어떤 사람이 천태로부터 오더니, 도리어 남악으로부터 간다(適有人從天台來, 却從南岳去).[23]		
19	능인의 해인삼매 가운데(能仁海印三昧中)	*설잠의 게송이 없음.	約喩印名	利他行
20	부사의한 여의 공덕을 자주 드러냄(繁出如意不思議)	밤은 고요하고 물은 차서 고기 물지 않으니, 빈 배 가득 달빛만 싣고 돌아온다(夜靜水寒漁不食, 滿船空載月明歸).[24]		
21	중생 위한 보배가 허공에 가득함(雨寶益生滿虛空)	그 허공에 가득 찬 이익을, 다만 활짝 열어젖혀 두 손으로 전할 뿐이다(其滿虛空益, 但八字打開兩手分付而己).[25]	得利益	
22	중생들 근기 따라 이익을 얻음(衆生隨器得利益)	산이 허전하게 비었으매 바람이 돌에 떨어지고, 누각이 고요하매 달빛이 문으로 들어온다(山虛風落石, 樓靜月侵門).[26]		

23	그러므로 수행자가 본 고향에 돌아감(是故行者還本際)	선을 물으면 선은 바로 망이요, 이를 구하면 이는 멀어진 것이니, 설사 깊이 알았다 하더라도 또한 눈 가운데 티끌인 것이다(問禪禪是妄, 求理理非親, 直饒玄會得, 也是眼中塵).[27]	辨修行方便	辨修行者方便及得利益
24	쉴 새 없는 망상인들 얻을 길 없고(叵息妄想必不得)	다만 이름을 빌림으로써 중생을 인도할 뿐이다(但以假名字引導於衆生).[28]		
25	걸림 없는 방편으로 여의를 잡음(無緣善巧捉如意)	강물 위가 저녁 무렵에 그림과 같은데, 어부는 한 벌 도롱이만 입은 채 돌아오는 모습(江上晚來堪畫處, 漁人披得一蓑歸).[29]		
26	근원에 돌아갈 때 분수 따라 공덕을 얻음(歸家隨分得資量)	언제나 손님을 전송하는 곳으로 인하여 집 떠나 있던 때를 추억한다(長因送客處, 憶得別家時).[30]		
27	다라니의 다함없는 보배로(以陀羅尼無盡寶)	그대가 십이시 중에 보는 것이되, 소리를 만나고 색을 만나며 역을 만나고 순을 만나서, 바야흐로 다른 데서 얻는 것이 아님을 알리라(儞看十二時中, 遇聲遇色遇逆遇順, 方知不從他得).[31]		辨得利益
28	법계의 실다운 보배 궁전을 장엄함(莊嚴法界實寶殿)	이 '실자實字'는 건드릴 수 없는 것이니, 건드리면 화가 생긴다(這介實字不得動著, 動著則禍生).[32]		
29	궁극에 실제의 중도를 자리 삼아 앉음(窮坐實際中道床)	대천의 사계는 바다의 거품이요, 일체의 성현은 번득이는 번개와 같다(大千沙界海中漚, 一切聖賢如電拂).[33]		

| 30 | 구래로 부동함을 부처라고 함(舊來不動名爲佛) | 산운과 해월의 정취를 남김없이 설하였거늘, 여전히 알아듣지 못한 채 부질없이 시무룩하구나(說盡山雲 海月情 依前不會 空惆悵).[34] | |

---

9 (唐)李通玄撰, 『新華嚴經論』 卷1(大正藏 36, p.721上), "無邊刹境, 自他不隔於毫端, 十世古今, 始終不移於當念."

10 (宋)宗紹編, 『無門關』 卷1(大正藏 48, p.293中), "癡人面前, 不可說夢, 胡子無鬚, 惺惺添憒."

11 (宋)子昇錄, 『禪門諸祖師偈頌』 卷1(卍續藏 66, p.720下), 〈法燈禪師擬寒山〉의 일부분.

12 (宋)法寶編, 『月林觀和尙語錄』 卷1(卍續藏 69, p.347中), "去年梅今年柳, 馨香顔色常依舊. 不屬陰陽別是春, 靈根本是吾家有."

13 (宋)法泉繼頌, 『證道歌頌』 卷1(卍續藏 65, p.440中), "卽是如來大圓覺, 更無一物可雌黃, 倚簷山色連雲翠, 出檻花枝帶露香."

14 (明)韓巖集解, 『金剛經補註』 卷下(卍續藏24, p.838下), "借婆衫子拜婆門, 禮數周旋已十分, 竹影掃階塵不動, 月穿潭底水無痕."

15 (宋)師遠述, 『十牛圖頌』(卍續藏 64, p.775上), "靈機不隨有無功, 見色聞聲豈用聾, 昨夜金烏飛入海, 曉天依舊一輪紅."

16 (後秦)鳩摩羅什譯, 『妙法蓮華經』 卷5(大正藏 9, p.46中), "佛子住此地, 則是佛受用, 常在於其中, 經行及坐臥."

17 (唐)玄覺撰, 『永嘉證道歌』(大正藏 48, p.396中).

18 (宋)道原纂, 『景德傳燈錄』 卷5 慧忠國師傳(大正藏 51, p.245上), "湘之南, 潭之北, 中有黃金充一國, 無影樹下合同船, 瑠璃殿上無知識."

19 (宋)智昭集, 『人天眼目』 卷3(大正藏 48, 320上), "將謂少林消息斷, 桃花依舊笑春風."

20 (宋)智昭集, 『人天眼目』 卷2(大正藏 48, 309下), "休論長安風物好, 得便宜是落便宜."

21 (唐)玄覺撰, 『永嘉證道歌』(大正藏 48, 395下).

22 (唐)玄覺撰, 『永嘉證道歌』(大正藏 48, 396中).

이상과 같이 설잠의 주석은 그 말미에 선의 게송을 붙이고 있음을 볼 수 있다. 여기에서 주의해야 할 측면은 이러한 게송은 모두 역대의 화엄학이나 선장禪匠들의 게송을 인용하고 있다는 점이다. 위의 표에서 보이는 바와 같이 제1구인 '법성이 원융하여 두 상이 없음(法性圓融無二相)'에 대한 주석의 말미에 나타난 게송인 "티끌 수처럼 무수한 찰경

---

23 (宋)蘊聞編, 『大慧普覺禪師語錄』 卷4(大正藏 47, p.827中), "若向這裏下得一轉語: 昨日有人從天台來, 却往南嶽去. 若下不得, 雪峯道底."

24 (宋)道川頌並著語, 『金剛般若波羅蜜經注』 卷下(卍續藏 24, p.564上), "千尺絲綸直下垂, 一波纔動萬波隨, 夜靜水寒魚不食, 滿船空載月明歸."

25 出處不明.

26 (宋)義遠編, 『天童山景德寺如淨禪師續語錄』(大正藏 48, p.134下), "山虛風落石, 樓靜月侵門."

27 (宋)智昭集, 『人天眼目』 卷1(大正藏 48, 300下), "奪境不奪人, 尋言何處眞. 問禪禪是妄, 究理理非親. 日照寒光澹, 山遙翠色新. 直饒玄會得, 也是眼中塵."

28 (後秦)鳩摩羅什譯, 『妙法蓮華經』 卷1(大正藏 9, p.8上), "但以假名字, 引導於衆生."

29 (宋)法應集, 『禪宗頌古聯珠通集』 卷24(卍續藏 65, p.621上), "千尺絲綸直下垂, 一波纔動萬波隨. 江上晚來堪畫處, 漁人披得一蓑歸. 闡提點."

30 (宋)智昭集, 『人天眼目』 卷2(大正藏 48, p.310上), "古德著語云: 長因送客處, 憶得別家時."

31 出處不明. 유사한 典據로는 (宋)彦琪註, 『證道歌註』(卍續藏 63, p.266中), "卽於時中所遇逆順之境, 以平等心坦然自在無有罣礙."가 있다.

32 (宋)宗杲集並著語, 『正法眼藏』 卷1(卍續藏 67, p.561中), "戴此一字不得動著, 動著則禍生."

33 (唐)玄覺撰, 『永嘉證道歌』(大正藏 48, p.396下).

34 (宋)道川頌並著語, 『金剛般若波羅蜜經注』 卷中(卍續藏 24, p.551中), "不是衆生不是相, 春暖黃鸎啼柳上, 說盡山雲海月情, 依前不會空惆悵, 休惆悵, 萬里無雲天一樣."

이 자타 사이에 털끝만큼의 간격이 없으며, 십세의 고금이 시종일관 당념當念을 여의지 않는다(微塵刹境, 自他不隔於毫釐, 十世古今, 始終不離 於當念)."라는 것은 이통현李通玄의 『신화엄경론新華嚴經論』에서 인용 한 구절이다. 그리고 제2구의 "어리석은 사람 앞에서, 꿈 이야기를 해주어서는 안 된다(痴人面前, 不得說夢)."라는 게송은 『무문관無門 關』의 제4칙에서 인용한 것이다. 이외에도 대부분의 인용문들이 『인천 안목人天眼目』, 『증도가證道歌』, 각종 어록 등 모두 선과 밀접한 관련이 있는 것으로부터 채택되었다. 설잠이 이렇게 다양한 선구禪句를 인용 한 것은 앞에서 밝힌 바와 같이 『법계도』의 집필이 선해를 목적으로 하였기 때문이다.

2. 여래성기관如來性起觀

설잠은 『법계도주法界圖註』의 각 구절 말미에 화엄 및 선과 관련된 게송을 인용함으로써 화엄과 선을 융합시켰다. 그러나 설잠 이전, 즉 의상 이후 설잠에 이르기까지의 중간에 화엄과 선을 모두 섭렵하고 일치시킨 지눌(知訥, 1158~1210)이 있었음을 간과할 수 없다. 설잠의 화엄과 선은 결코 전 시대와 단절되어 이루어진 것이 아니고 의상과 지눌을 계승하는 사상사의 맥락에서 전개된 것이라고 보아야 한다. 이에 대해서는 사상사의 입장에서 다시 고찰하기로 하고, 여기서는 『법계도주』에서 그러한 선교융합이 가능했던 것을 화엄 측면에서의 사상적 기반을 살펴보고자 한다. 그것은 바로 본서에서 논구하고자 하는 '성기'사상이라 하겠다.

1) 법성관法性觀

설잠의 사상은 한국 화엄사상의 맥을 이었고 그것으로 인하여 선법과 화엄이 자유롭게 교섭하는 바탕이 되었다. 신라의 의상과 그의 스승인 지엄智儼이 보여준 화엄에 대한 사유방식을 알아야 하는 까닭이 여기에 있다. 법성이 전반적으로 어떤 의미를 지니는지 『법계도』와 그 제반 주석을 통하여 먼저 알아보겠다. 그리고 그로부터 파생한 불타관과 그러한 사상의 실천적 근거라 할 수 있는 삼매관 등을 의상과 지엄을 중심으로 살피면서 설잠의 화엄사상에 접근해 보고자 한다.

설잠은 "법이란 육근의 문 앞의 삼라만상인 유정有情과 무정無情이요, 성性이란 육근의 문 앞에 항상 수용하는 것이다."[35]라고 하여 '법'과 '성'을 규정하였다. 또한 '원융圓融'이란 일체법이 곧 일체의 성품이며, 일체의 성품이 곧 일체법이라 정의하고, 이 뜻을 확장하여 현상이 곧 본래의 성품이요, 본래의 성품이 곧 변화하는 현상이라는 원융의 이치를 "청산녹수가 곧 본래의 성품이고, 본래의 성품이 곧 청산녹수이다."[36]라고 하여 이른바 무정유성無情有性의 입장에서 표현하고 있다. 법은 삼라만상의 실상이며, 성은 삼라만상의 수용으로 보고 법과 성을 무이無二의 본체로 이해한 것이다.[37]

---

35 雪岑, 『大華嚴法界圖註』(『韓佛全』 7, p.303上), "法者, 卽六根門頭, 森羅萬像, 情與無情也. 性者, 六根門頭, 常常受用."

36 雪岑, 위의 책, p.303上, "圓融者, 一切法卽一切性, 一切性卽一切法, 卽今, 靑山綠水卽是本來性. 本來性卽是靑山綠水也."

37 이상은 "법성은 원융하여 두 가지 차별상이 없음(法性圓融無二相)"의 구절에 대한 설잠 주석의 대체이다. 雪岑, 위의 책, p.303上.

248

설잠은 진성眞性의 개념을 법성과 일치하는 것으로 파악하였다. 법성은 원융한 체體이므로 진성은 미묘한 용用으로 연기緣起하는 성性이 되는 것이다. 그러므로 법성은 바로 진성과 미묘하게 상즉한다.

법성은 연기할 때에 분명하게 자성自性이 없으며, 자성이 없는 경계에서 항상 연기緣起하는 것이다.[38]

이는 "이와 사가 드러나지 않아 구별되지 않음"(理事冥然無分別)의 구절에 대한 주석이다.

30구절을 거쳐 다시 법성으로 돌아왔지만 오로지 하나만은 움직이지 않았다.[39]

이는 "본래부터 부동함을 부처라고 함"(舊來不動名爲佛)에 대한 주석이다. 움직이지 않은 그 '하나'가 바로 부처라는 의미이다. 본래의 부처는 수행의 과정으로 완성되는 것이 아니라 그 자체로 '본래 완성태'이기 때문이다. 설잠은 장엄된 법계를 본래부터 실재한 보전이라고 하였다. 이러한 뜻은 증분證分으로 보면 법성法性이요, 연기분緣起分으로 보면 화엄세계로서 물들지 않는 진성眞性인 것이다.[40]

『일승법계도』와 「법성게」라는 제목에서 보이는 '법계'와 '법성'이라

38 雪岑, 위의 책, p.305中, "緣起時, 的的無性, 無性處, 常常緣起."
39 雪岑, 위의 책, p.306下, "經三十句, 還至法性, 只一不動."
40 『法界圖記叢髓錄』 卷上1(大正藏 45, p.720下).

는 두 가지 명칭에 의상의 화엄사상이 그대로 나타나 있다.[41] 의상은 화엄세계를 법계로 보며 법계가 법계일 수 있는 근거를 법성으로 파악한 것이다. 법성(dharmata)은 진리의 본성·체성이라는 뜻으로, 우주의 모든 현상이 지니는 진실한 본성과 연기의 도리를 말한다. 그리고 법성은 불가분不可分으로 나눌 수 없으며, 불가단不可斷이어서 시공을 초월하기에 끊을 수도 없는 세계라 할 수 있다.

『화엄경』의 깊은 의미를 잘 함축시킨 『일승법계도』 가운데 핵심이 되는 210자의 게송을 「법성게」라고 한다. 이 「법성게」는 자리행·이타행·수행의 세 가지로 구분되며 이 가운데 첫 4구[42]는 '현시증분現示證分'을 나타내고 있다.[43] 과문科文에서 자리행을 증분과 연기분의 두 가지로 나누었지만, 법의 성은 원융무애하기 때문에 무주법성은 두 가지 상이 없고 부동하여 본래 고요하다. 이러한 법성으로 시작되는 「법성게」의 증분법성證分法性·교분연기敎分緣起·부주중도不住中道·구래불舊來佛의 사상을 살펴보고자 한다.

증분법성과 법계로는 『화엄경』「보살명난품菩薩明難品」 각수보살의 게송에는 "법성은 변화할 까닭이 없음에도 나타나기 때문에 변화가 있는 것이다. 법의 본바탕인 법성은 나타나지 않으며, 나타난 것은 실재하는 것이 아니다."[44]라고 하여 변화를 벗어나 있으면서 변화하는

---

41 위의 책, p.718中에서 "法界의 法은 『華嚴一乘法界圖』의 7字와 「法性偈」 210字를 벗어나지 않는다."라고 언급하고 있다.

42 ①法性圓融無二相 ②諸法不動本來寂 ③無名無相絶一切 ④證智所知非餘境.

43 義湘, 『法界圖』(『韓佛全』 2, p.2下), "此中大分有三, 初十八句約自利行, 次四句利他行, 次八句辨脩行者方便及得利益, 就初門中有二, 初四句現示證分."

현상의 세계에 드러나는 법성의 특징을 설명하고 있다. 그리고 지엄은
"일승십지一乘十地의 법이 삼세를 다하여 이미 구경에 통한다는 것은
증분을 의거한 설이다."[45]라고 하여 교분과 증분에서 증분에 중점을
두고 있다. 이러한 사상은 의상의 「법성게」에서는 '증분법성'으로 표현
되었고, 법성의 성性·상相은 중도와 무분별로 나타나고 있다.
　『일승법계도』에서는 연으로 생겨난 모든 법은 자성이 없기 때문에
부주不住이고, 중도中道이며, 중도의 뜻은 무분별이고, 무분별은 부주
인 것으로 부주·중도·무분별을 다음과 같이 설명하고 있다.

　　모든 연으로 생겨난 법은 한 법도 일정한 상으로 자성이 있는
　　것은 아니다. 자성이 없기 때문에 자재하지 않다는 것은 곧 생生하
　　나 불생不生의 생이다. 불생의 생이란 부주의 뜻이고 부주의 뜻은
　　곧 중도이다. 중도의 뜻은 곧 생과 불생에 통한다. … 중도의
　　뜻이란 무분별의 뜻이다. 무분별법은 자성을 고수하지 않으므로
　　연을 따름에 다함이 없으니, 또한 부주이다.[46]

　이러한 부주·중도·무분별은 『일승법계도』의 마지막 부분인 발문에

44　60卷本『華嚴經』卷5(大正藏 9, p.427上), "法性無所轉, 示現故有轉, 於彼無示現,
　　示現無所有."

45　知儼,『孔目章』(大正藏 45, p.561中), "其實一乘十地之法, 盡其三世已通究竟, 此據
　　證說."

46　義湘,『華嚴一乘法界圖』(『韓佛全』2, p.6中), "一切緣生法, 無有一法, 定相有性,
　　無自性故, 卽不自在者, 卽生不生生. 不生生者, 卽是不住義, 不住義者, 卽是中道.
　　… 中道義者, 是無分別義, 無分別法, 不守自性故 隨緣無盡, 亦是不住."

서 「법성게」 30구의 근본사상으로 다음과 같이 나타나고 있다.

여여如如는 어느 곳에 있는가? 여여는 자체의 법성에 있다. 법성은
무엇으로 상을 삼는가? 무분별로 상을 삼는다. 그러므로 모든
것은 언제나 중도에 있으니 무분별 아님이 없다. 이러한 뜻에서
본문 첫 부분에 '법성은 원융하여 두 가지 상이 없음(法性圓融無二
相)'이라는 구절부터 '본래부터 움직이지 않는 것을 부처라 함(舊來
不動名爲佛)'이라고 한 마지막 구절까지 그 본뜻이 여기에 있다.[47]

'여여'는 자법성自法性에 있으며 그 법성의 성·상은 중도와 무분별로
보고, 「법성게」 30구와 연결시키고 있다. 즉 법성의 성·상이 중도와
무분별로 나타나기 때문에 '법성원융무이상'에서 시작하여 '구래부동
명위불'에 이르는 「법성게」 30구가 구성된다고 볼 수 있다.

무분별법은 자성을 고수하지 않으므로 연을 따름에 다함이 없으니
부주의 뜻이고, 부주의 뜻은 중도이다. 다시 말해서 의상은 법성의
성과 상을 중도·무분별로 설명하면서, 무분별·부주·중도를 같은 의
미로 보고 법성과 연결 짓고 있다. 더불어 의상은 제자들에게 "일미진중
에 시방세계를 포함하는 것은 무주이기 때문이며"[48] "미진과 시방세계

---

47 義湘, 위의 책(『韓佛全』 2, p.8中), "如如在何處? 如如在自法性. 法性以何爲相?
以無分別爲相. 是故一切尋常在中道, 無非無分別. 以此義故文首詩, 法性圓融無
二相, 乃至舊來不動名爲佛, 意在於此."
48 『法界圖記叢髓錄』 卷上1(大正藏 45, p.724中), "一微塵中 含十方世界者 同是無住
故爾."

가 각각 자성이 없어 무주일 뿐"[49]이라고 하여 모든 것은 무주실상임을 설명하고 있다.

'금일 오척신의 부동함을 무주라 한다'는 의상의 설을 인용하여 「진기眞記」는 다음과 같이 법성을 설명하고 있다.

제법이란 앞의 법을 가리키고 부동은 앞의 '성性'을 가리키니, '성'은 무주법성이다. 고로 의상이 이르기를, '금일 오척신의 부동함을 무주라 한다'고 하였다. 본래적이란 '무이상無二相'을 가리키니 다만 오척법성 외에 다른 것이 없으므로 본래적이라 한다.[50]

'제법부동본래적'의 제법은 법이고, 부동은 무주법성을 가리키며, 본래적은 무이상과 같은 뜻이다. 무이상이란 하나이다. 하나라는 것은 둘이 아니라는 말인 동시에 원융하다는 것이다. 즉 법성원융무이상은 제법부동본래적과 다르지 않다는 의미이다.

의상은 범부의 오척 신심身心이 법이며, 범부 오척신의 부동인 무주를 법성으로 보고 있다. 의상은 부동의 나의 몸이 법신 자체라고 하며 또 이 몸이 부동이고 그대로 법신인 것을 무주법성으로 설명하고 있다. 의상이 무주를 오척신에 표현하는 것은 오척인 자신이 모든 것을 포괄하면서, 현실 중에서 진리를 찾아내는 사상으로 생각된다.

---

49 위의 책, "微塵與十方世界, 名無自性, 唯無住耳."

50 위의 책, p.721下. "諸法者, 指前法也. 不動者, 指前性也. 性者無住法性也. 故此和尚云: 約今日五尺身之不動爲無住也. 本來寂者, 指前無二相也. 只是五尺法性側無餘物故, 云本來寂也."

표훈은 실상관實相觀·무주관無住觀·성기관性起觀·연기관緣起觀·인
연관因緣觀 등의 오관석五觀釋을 지어 의상으로부터 인가를 받았다.
표훈의 '오관'을 가지고 「대기大記」는 「법성게」 30구를 배열하고 있다.
즉 증분 4구는 실상관, 연기분 14구는 무주관, 이타행 4구는 성기관·연
기관이며 수행방편득익 8구는 연기관·인연관으로 설명하고 있다.
「법기法記」는 『일승법계도』를 다음과 같이 서술하고 있다.

『일승법계도』에는 2중의 간취簡取가 있다. 첫째는 간취는 교분을
간하고 다만 증분만 취한 것이다. 일승의 법은 증분·교분에 다
통하지만, 계라 할 때는 교분을 간한 것이다. 증분은 일승법의
궁극적인 끝이기 때문이다. 둘째는 오직 삼승을 간하고 통틀어
일승의 증證·교敎 이분二分을 취한 것이다. 일승으로 삼승을 간략
하게 하였기 때문이다.[51]

일승법이 증분·교분에 다 통하기는 하나 법계라고 할 때는 그중에서
도 증분을 설한 것이니 일승법의 구경은 증분이기 때문이고, 『일승법계
도』는 삼승을 설한 것이 아니고 오직 일승의 증분과 연기분을 취한
것이라고 한다. 또한 「법기」는 "일승 중에는 이타행이 없으니, 소화중
생所化衆生이 곧 자내증自內證 오해五海 중의 중생이며, 능피能被의
교도 해인삼매 안에서 일어나기 때문이다."[52]라고 서술하고 있다.

51 위의 책, p.769上, "一乘法界圖 有二種簡取 一簡敎分 唯取增分 謂一乘之法 通於證
敎 而言界者 簡敎分也 以證分者 一乘法之究竟際故 二唯簡三乘 通取一乘 訂敎二
分 謂以一乘簡三乘故."

254

결국 『일승법계도』가 오로지 일승법의 구경제인 증분만을 취한 것을 알 수 있다.

설잠은 『법계도주』의 저술 동기에서 『일승법계도』의 핵심을 '법성'으로 파악하였다.[53] 그러면서 '법성원융무이상'의 법성에서 '법'은 청산녹수이고, '성'은 본래성으로 구체화시켜서 원융한 일체법과 일체성이 둘이 아닌 경계로 다음과 같이 해석하고 있다.

법이란 육근六根 문 앞의 삼라만상인 정情과 무정無情이요, 성性이란 육근 문 앞에 항상 수용하되 분별로 모색할 수 없는 소식이다. 원융이란 일체법이 곧 일체성이며 일체성이 곧 일체법이니, 지금 드러난 청산녹수와 본래성이 원래 하나의 아주 깨끗한 바탕이므로 본래 둘이 아니다.[54]

법성은 본래 진眞·속俗, 염染·정淨 등 일체 대대待對의 상을 떠났고,[55] 증분과 교분에 걸림이 없으니,[56] 이러한 '법성'과 '진성'의 무차별성은

52 위의 책, p.727下, "一乘中無利他也. 何者? 所化衆生是自內證五海之中衆生故, 應機而起能被之, 教從自海印定中所起故也."

53 雪岑, 『法界圖註』(『韓佛全』 7, p.302上).

54 雪岑, 위의 책, p.303上. "法者, 卽六根門頭, 森羅萬像, 情與無情也. 性者, 六根門頭, 常常受用計較摸索不得底消息也. 圓融者, 一切法卽一切性, 一切性卽一切法, 卽今靑山綠水卽是本來性 本來性卽是靑山綠水也. 無二相者, 靑山綠水本來性, 元是一箇, 王太白本來無二也."

55 均如, 『一乘法界圖圓通記』(『韓佛全』 4, p.7中~下).

56 『法界圖記叢髓錄』(『韓佛全』 6, p.795下), "法性通訂分教分."

교분연기와 증분법성에서도 상세히 드러나고 있다.

교분연기와 증분법성으로서의 법성은 이름도 없으며 형상도 없고 일체가 끊어진 본래의 세계로서 증지로만 알 수 있는 불佛의 세계이다. 이렇게 말로 표현할 수 없는 본래의 증분 세계가 언어로 전개되는 곳에 연기분이 성립된다. 법성이 진성으로 대체되어 연기분이 펼쳐지는 것이다. 이러한 연기분을 의상은 진성심심미묘법을 "이후 14구 현연기분顯緣起分이라 하여 연기와 다라니법을 나타내는 것"으로 과문科文하고 있다.[57] 의상은 「법성게」 과문인 '현연기분'에 대해 다음과 같이 해석하고 있다.

부처님은 연기관문緣起觀門을 들어 그것으로써 제법이 일체 무분별하여 곧 원성실성임을 알게 하기 때문이다. 『지론地論』에 이르기를, "수순隨順하여 세제世諦를 관하여 곧 제일의제第一義諦에 들어간다."라고 한 것이 바로 이 일이다. 이 뜻은 삼승에 있으면서 또한 일승에 통한다. 왜냐하면 일승에 목표를 둔 때문이다.[58]

즉 부처님이 연기관문을 통해 모든 법이 무분별하여 원성실성인 것을 알게 하도록 연기분을 설한 것이다. 이러한 원성실성에 대해

57 義湘, 『一乘法界圖』(『韓佛全』 2, p.2下), "二次十四句顯緣起分, 此中初二句指緣起體, 二次二句約陀羅尼理用, 以辨攝法分齊."
58 義湘, 위의 책, p.3上~中, "佛擧緣起觀門, 以會諸法, 一切無分別, 卽成實性故. 地論言: 隨順觀世諦, 卽入第一義諦. 是其事也. 此義在三乘, 亦通一乘. 何以故? 一乘所目故."

「진기」는 "실성을 이룬다는 것은 삼승에 근거하면 여래장실성이나, 일승을 기준으로 하면 심심甚深한 진성이다."[59]라고 언급하고 있다. 이 같은 일승의 궁극적인 진원인 법성으로 돌아가는 것이 귀가요, 궁극에 실제의 중도를 자리 삼아 앉음(窮坐實際中道床)인 것이다. 증분과 연기분에 대한 것은 다음의 두 가지 문답에서 더욱 상세히 나타나고 있다.

　첫째, 질문: 증분의 법은 언상言相이 미치지 못하고 언교의 법은 사에 있다는 것은, 설과 교의 양 법이 항상 이변二邊이라는 허물에 있는 것이 아닌가?
　대답: 만약 정情을 기준으로 말한다면 증과 교 두 법이 항상 이변에 있으나, 만약 이를 기준으로 한다면 증과 교 두 법이 예부터 중도요 하나의 무분별이다.[60]

　둘째, 질문: 증분의 법과 연기분의 법에는 어떤 차별이 있는가?
　대답: 차별이 있기도 하고 차별이 없기도 하다. 무슨 뜻인가? 증분의 법은 실상을 기준으로 설한 것이니 오직 증득한 자만이 알 수 있고, 연기분의 법은 모든 연으로부터 생긴 것이니 자성이 없어서 본본과 다르지 않으므로 차별이 없다.[61]

---

59 『法界圖記叢髓錄』 권상1(『韓佛全』 6, p.817上), "成實性者, 約三乘云如來藏實性也, 約一乘云甚深眞性也."

60 義湘, 『一乘法界圖』(『韓佛全』 2, p.4中), "問: 證分之法, 言相不及, 言敎之法在於事中者, 證敎兩法, 常在二邊過爲. 答: 若約情說, 證敎兩法, 常在二邊. 若約理證敎兩法, 舊來中道, 一無分別."

이에 대하여 「대기大記」는 "우선 깨달음의 대상을 기준으로 해서 부처님의 깨달음을 증분이라 하고, 보살의 깨달음을 교분이라 이름한 것일 뿐이다."[62]라고 설명하고 있다.

「법성게」 과문의 '현연기분'에서 연기체인 '참다운 성품은 깊고 미묘함(眞性甚深極微妙), 자성을 지키지 않고, 연을 따라 이룸(不守自性隨緣成)'을 「법기」는 "진성은 연기체를 가리킨다."[63]라고 설하고, 또한 "증분 중에는 범부의 신심身心을 가리켜 직접 법성을 보여주었으나 명상名相이 없어서 기機가 들어가기 어려운 까닭에, 법성을 진성으로 바꾸어 그것을 익히도록 한 것이다."[64]라고 설명하고 있다.

진성과 법성에 대하여 「진기」는 "법성은 진眞·망妄과 정情·비정非情에 통하고, 진성은 오로지 진이며 이 유정문으로서 법성과 진성이 다르지만, 실인즉 진성과 법성은 다르지 않다."[65]라고 해석하고 있다. 그러므로 연기 이전에 법성이 있어서 증분의 세계 다음에 연기분이 있고, 그 연기분의 진성이 연기분 연기의 체로부터 시작되는 것이다.

---

61 義湘, 위의 책, p.4下, "問: 如上所言, 證分之法及緣起分法, 有何差別? 答: 別不別, 其義云何? 證分之法, 約實相說, 唯證所故, 緣起分法, 爲從衆緣生, 無有自性, 與本不異, 是故不別."

62 『法界圖記叢髓錄』(『韓佛全』6, p.774中~下), "若約理云 訂教兩法 舊來中道 一無分別也 且約所訂 佛訂則名爲訂分 菩薩訂則名爲教分耳."

63 위의 책, p.817下, "眞性指緣起體."

64 위의 책, p.777上~中, "上訂分中指其身心, 直示法性, 由無名相, 機難得入故, 以法性轉名眞性 令其習也."

65 위의 책, p.777中, "謂法性則通眞妄取圓融, 又通情非情也. 此則唯是眞, 而又唯是有情門, 以下釋眞性段約衆生十二支故也. 然而今約實云, 眞性卽是法性也."

258

설잠의 『법성계주』에서는 다음과 같이 설명하고 있다.

> 의상이 자비심으로 대니대수帶泥帶水[66]하여 '진성심심극미묘'라 하
> 고, 유정문 가운데 증입분을 문제 삼아 연기분을 시설하였으나
> 법성 외에 따로 진성이 있는 것은 아니다.[67]

증분과 연기분 또는 법성과 진성의 관계는 수행득익처修行得益處의
'실보전'을 통해서도 알 수 있다. 실보전은 증분의 입장에서 말하면
법성처이고, 연기분의 입장에서는 화장세계로서 오염을 떠난 진성이
며[68] 불의 외항문이다.[69] 그렇다면 만약 연기다라니로 법성의 실보전을
장엄한다면 그것은 증분이라 해야 하는가의 여부에 대하여, 「법기」는
"증분은 불가설이지만 인드라 등 연기의 구경극치는 곧 증분이다."[70]라
고 설명하고 있다. 그러므로 믿음을 가지고 일승보법—乘普法으로
향하는 행자[71]가 발심수행을 통하여 도달한 곳이 곧 법성가法性家이며[72]

---

66 자신의 몸에 물과 진흙을 묻힌다는 비유로, 본래 말로 풀 수 없는 경지를 방편상
말로 푼다는 의미를 나타내는 선종의 용어이다.

67 雪岑, 『法界圖註』(『韓佛全』 7, p.303下), "相師慈悲之故, 不惜眉毛有落草之談,
便道眞性甚深 極微妙, 早是十分帶泥帶水去也. 山僧今日重爲注脚, 葛藤不少,
前云法性者, 融淨穢通眞俗, 所謂不可取不可捨. 若除一切, 不得全法界之智, 若
添一事, 不得名淸淨之界也. 此云眞性者, 別取有情門中證入分, 退身一步, 假
作眞性之名, 非指法性外別有一段眞性也."

68 『法界圖記叢髓錄』(『韓佛全』 6, p.789中).

69 위의 책, p.789下.

70 위의 책, p.789中~下, "若以彼訂分不可說故, 不說如是義耳. 然法無遺缺, 滿足一
切故, 因陁羅等究竟之極, 乃訂分也."

구래부동의 불이 제법부동본래적[73]의 법성인 것이다.

『일승법계도』에서는 본래적인 증분법성의 세계가 구체적인 연기로서 현전하기 때문에 일체중생이 자신의 분수에 따라서 이익을 얻는 이타행도 있게 되고, 또한 수행의 방편과 깨달음의 결과도 성취하게 된다. 때문에 일미진과 시방세계, 생사와 열반 등이 각각 분제分齊를 보존하면서 진성수연의 연기로 움직여 가고는 있지만, 사실은 구래로 부동하여 움직이고 작용하는 바가 없으니, 이를 일러 불佛이라 한다.

연기분은 행자의 마음을 따르기 때문에 법계와 법성과 해인으로 나누었으나 증분은 법계와 법성과 해인을 분류하지 않고 동일한 의미로 보고 있다. 따라서 「법성게」에 의지하면 근기에 따라 들어갈 수 있다고 한다.[74] 즉 모든 대립하는 현상 사이의 무차별성과 원융무애가 성립하게 된다. 이러한 무차별성과 원융무애한 것을 의상은 무분별의 이치인 부주중도不住中道로도 나타내고 있다. 부주중도와 법계는 교분 연기와 증분법성의 무차별성과 원융무애가 중도에서는 "무분별이라는 뜻이고, 이 무분별법은 자성을 지키지 않고 연에 따라 무진하게 전개되는 부주의 뜻"[75]으로 나타나고 있다. 『일승법계도』의 석문인 '명자상'에서 의상은 다음과 같이 설하고 있다.

---

71 위의 책, p.787上, "行者, 則凡諸信向普法之人也."

72 위의 책, p.787中.

73 위의 책, p.789下, "舊來者, 上證分中,本來寂也. 不動者, 上證分中, 諸法不動也."

74 위의 책, p.775上~中.

75 義湘, 『一乘法界圖』(『韓佛全』2, p.6中), "是無分別義. 無分別法不守自性故隨緣無盡. 亦是不住."

260

질문: 위에서 말하기를 인因과 과果가 같지 아니하고, 일가一家의 실덕實德이며 성性이 중도에 있다고 하였으나 그 까닭을 알지 못하겠으니, 그 뜻이 무엇인가?[76]

이 질문에서 '위에서 말하기를'의 내용은 "문자 중에 처음과 끝이 있는 것은, 수행의 방편에 기인하여 인과 과가 같지 아니함을 나타내기 때문이다. 그리고 처음과 끝의 두 글자를 한가운데에 둔 것은, 인과 이위二位가 법성가내法性家內의 진실한 덕용德用이며, 생生이 중도에 있음을 나타내기 때문이다."[77]라고 한 부분이다. 이것으로 일가는 법성가를 말하고, 실덕은 진실한 덕용이며, 성은 체성을 가리키는 것을 알 수 있다. 이러한 질문에 대한 답이 다음과 같이 이어지고 있다.

대답: 첫 번째 굴곡은 인因과 같고, 내지 맨 나중의 굴곡은 과果와 같은 것이다. 처음과 끝이 같지 아니하나 오직 한가운데에 있는 것과 같이, 비록 인과의 뜻은 다르나 오직 스스로 여여한 데 머무르는 것이다. 삼승의 방편교문에 의하므로 높고 낮음이 같지 아니하고, 일승원교에 의하므로 전후가 없다.[78]

---

76 義湘, 위의 책, p.1中, "問: 上云因果不同, 一家實德, 性在中道, 未知所由, 其義云何?"

77 義湘, 위의 책, p.1中, "何故字中有始終耶. 答約脩行方便, 顯因果不同故. 何故字中多屈曲顯, 三乘根欲差別不同故. 何故始終兩字, 安置當中, 表因果兩位法性家內眞實德用, 性在中道故."

78 義湘, 위의 책, p.2上, "初曲如因, 乃至後曲如果, 如初後不同, 而唯在當中, 雖因果

여기에서 '인과와 여여'는 처음과 끝이 다르나 오직 한가운데 있는 것과 같은 뜻이기 때문에 여여는 중도를 말한다고 볼 수 있다. 체와 상이 다 같이 원융하고 무분별하여 스스로 여여한 데 머무르는 것이다. 또한 위의 '삼승의 방편교문과 일승원교'의 내용을 『총수록叢髓錄』의 「간의장簡義章」에서는 "삼승은 항포行布이며 일승은 원융이다."[79]라고 설하고 있다. 이것으로 삼승의 방편교문은 전후와 고하가 있어서 항포이고, 일승원교는 전후와 고하의 차별이 없으므로 원융인 것을 알 수 있다. 이와 같이 "삼승의 방편수행에 의하면 처음과 끝이 같지 아니하듯이 인과의 뜻이 다르나, 일승의 실다운 도리에 의한다면 인과가 원융하여 법성의 덕용이 오직 중도에 있게 되어 전후가 없다."[80]라고 「법기」는 해석하고 있다.

「법계도인法界圖印」의 모습을 기준으로 하여 육상六相이 항상 중도에 있듯이, 일승과 삼승도(서로 主주와 반伴)를 이루어 항상 중도에 있는 것을 의상은 다음과 같이 밝혔다.

모든 연생법이 육상六相으로 이루어지지 않음이 없다. 이른바 총상總相이란 그 뜻이 원교圓敎에 해당하고, 별상別相이란 그 뜻이 삼승교에 해당한다. 총상·별상·성상成相·괴상壞相 등이 부즉불리不卽不離하고 불일부이不一不異하여 항상 중도에 있듯이, 일승과

義別, 而唯住自如, 依三乘方便教門, 故高下不同, 依一乘圓教, 故無有前後."
79 『法界圖記叢髓錄義湘』(『韓佛全』6, p.802上), "三乘行布 一乘圓融."
80 위의 책, p.802上, "若約三乘方便修行 則行布因果高下不同 若依一乘實意 則因果 圓融法性德用 但在中道 故云無有前後也."

삼승도 또한 그러하다. 주와 반이 서로 도와 부즉불리하고 불일불
이하다. 비록 중생들을 이익되게 하나 오직 중도에 있어서 주와
반을 서로 이루어 법을 드러냄이 이와 같다. 일승별교와 삼승별교
도 뜻에 준하여 이해할 수 있다.[81]

이와 같이 의상은 총·별 등 육상처럼 일승과 삼승도 주와 반이
서로 도와 부즉불리하고 불일불이하여 항상 중도에 있다고[82] 한다.
연으로 이루어진 일체의 제법은 연을 따라 이루어졌으므로 어느 하나
도 일정한 자성이 없어서 연성緣性의 일체법이 부즉불리하고 불일불이
한 것이 중도中道이다.

「대기」는 "일승이 주이고 삼승은 반이나, 주반상성主伴相成이 되는
것은 일승으로 인하여 삼승이 있고 삼승으로 인하여 일승이 있기
때문이다. 일승은 삼승을 총괄적으로 포함하는 것이므로 주가 되고,
삼승은 일승에 의지해야 하므로 반이 된다. 그러므로 서로 이루어진
다."[83]라고 해석하고 있다. 따라서 중생을 이익되게 하려면 오직 중도에
있어야 된다는 것이다. 의상은 『일승법계도』에서 중도를 다음과 같이
설명하고 있다.

81 義湘, 『一乘法界圖』(『韓佛全』2, pp.1下~2上), "一切緣生法, 無不六相成也. 所謂總
相者義當圓敎, 別相者義當三乘敎, 如總別相成相壞相等 不卽不離, 不一不異,
常在中道, 一乘三乘, 亦復如是. 主伴相資, 不卽不離, 不一不異, 雖利益衆生,
而唯在中道, 主伴相成, 顯法如是, 一乘別敎, 三乘別敎, 准義可解."
82 義湘, 위의 책, p.1下, "一乘三乘 亦復如是 主伴相資 不卽不離 不一不異."
83 『法界圖記叢髓錄』(『韓佛全』6, pp.801下~802上), "由一乘故有三乘, 由三乘故有一
乘, 是故一乘則含三乘爲主, 三乘則要依一乘爲伴, 故云相成也."

이와 사가 명연하여 하나로서 무분별하고, 체와 용이 원융하여 항상 중도에 있으니, 자기 일 이외의 다른 어디에서 이를 얻겠는가.[84]

의상은 이와 사가 명연하여 하나이기 때문에 분별도 없으며, 체와 용이 원융하여 항상 중도에 있는 것이 제법실상의 도리라고 보았다. 「법성게」의 수행득익修行得益[85]으로 과문科文하고 있는 '궁좌실제중도상'이라는 구절에 대하여 설잠은 다음과 같이 설명하고 있다.

깊이 법성해法性海에 들어가 마침내 더 이상 이를 곳이 없으므로 궁窮이라 하고, 출입하는 요긴한 나루터를 차단하여 범부도 성인도 통과하지 못하도록 하므로 좌坐라 한다. 진도 없고 망도 없어 유위에 속하지 않으므로 실實이라 하고, 어떤 범부와 성인도 몸을 들여놓을 여지가 없기 때문에 제際라고 한다. '일물一物'이라 부르더라도 동요하지 않는 것을 중中이라 하고, 삼승과 오성五性이 항상 밟아가는 길이라는 점에서 도道라 하며, 궁극의 진리를 구현한 일상이어서 특별한 안배가 필요 없는 경지를 상床이라고 한다.[86]

---

84 義湘, 『一乘法界圖』(『韓佛全』 2, p.6上), "理事冥然, 一無分別, 體用圓融, 常在中道, 自事以外 何處得理?"

85 修行得益의 科文은 「法性偈」의 "以陀羅尼無盡寶, 莊嚴法界實寶殿, 窮坐實際中道床, 舊來不動名爲佛."이라는 부분을 말한다.

86 雪岑, 『法界圖註』(『韓佛全』 7, pp.306中~下), "深入法性海, 了無究竟處, 故云窮. 把斷要津, 不通凡聖, 故云坐. 無眞無妄, 不屬有爲, 故云實. 一切凡聖, 容身無地, 故云際. 喚作一物, 不得動著之謂中. 三乘五性, 常常履踐之謂道. 究竟平常, 不用安排之謂床."

이 궁좌실제중도상을 『일승법계도원통기』에서는 법계의 궁극좌窮極坐에 칭합하는 것으로 설명하고 있다.[87] 즉 성재중도性在中道·실제중도實際中道·구래중도舊來中道·이사무분별중도理事無分別中道 등인 무주법성 중도에 궁좌하면 그때가 바로 구래부동명위불인 것이다. 또한 균여는 의상의 『일승법계도』에 나타난 중도에 칠중七重이 있음을 밝히고 있다. 이 칠중중도설七重中道說[88]에 있어 균여는 일관되게 무분별을 중시하면서 무주법성 중도로 통일하고 있다. 그리고 『일승법계도원통기』에 보이는 법계관과 원교의 원융사상은 균여가 중시한 중도사상에 나타나고 있다. 인·과, 일승·삼승, 증·교, 이·사, 십불·보현, 내증·외화가 모두 불이 무분별하여 원융함을 주장하지만, 어디까지나 내증인 증분법성 중도를 중심으로 하고 있다.[89] 각 개체에 주체적 의미를 부여하면서 양변을 모두 인정하는 『일승법계도』의 부주중도는 다음과 같이 나타나고 있다.

'실제實際'란 법성을 끝까지 추구한 때문이다. '중도'란 이변을 융회한 까닭이다. '좌상(坐床: 자리에 앉음)'이란 모든 것을 포섭하는 까닭이다. 법계의 열 가지 열반의 광대한 보배 자리에 편안히 있어 일체를 포섭하기 때문에 좌상이라고 한다.[90]

---

87 均如, 『一乘法界圖圓通記』(『韓佛全』 4, p.9下), "窮坐者 一云安坐, 然以窮坐爲正, 謂稱於法界窮極坐也."

88 均如, 위의 책, pp.14中~下.

89 均如, 위의 책, p.24中.

90 義湘, 『一乘法界圖』(『韓佛全』 2, pp.5中~下), "實際者, 窮法性故. 中道者, 融二邊故. 坐床者, 攝一切故. 安在法界, 十種涅槃, 廣大寶牀, 攝一切故, 名曰坐床."

이러한 부주중도는 양 극단을 융합 포섭하고 그 융합으로 중도도 인정하는 중층적 구조를 가지고 있다. 『일승법계도』는 이변과 부주중도의 구조를 통하여 중생이 각자의 위치에서 성불할 수 있으며 내지 '구래불'임을 밝히고 있다. 이러한 구래성불은 신만信滿인 '초발심시변정각'과 둘이 아닌 것이다.

『법계도기』의 '법성원융무이상 제법부동본래적'을 해석하는 데 있어서, 법성에 대하여 『법계도기총수록法界圖記叢髓錄』에서는 다음과 같이 설한다.

법성에는 미진법성微塵法性·수미산법성須彌山法性·일척법성一尺法性·오척법성五尺法性 등이 있으니, 만약 이제 오척법성을 가지고 논한다면 소로는 미진법성이나 대로는 수미산법성 등이 자신의 자리에서 움직이지 않고도 오척에 칭성稱成하되 소위小位가 늘어나지도 않고 대위大位가 소멸하지도 않으면서 능히 오척을 이루며 미진법이 오척에 만족하며 수미산법이 오척에 계합함을 원융이라 하니, 부동하는 것이 성이요 무주법성인 까닭이다. 그러므로 화상이 이르기를 지금 나타난 오척신이 동요하지 않는 것이 무주라고 하였다.[91]

---

[91] 『法界圖記叢髓錄』 권상1(大正藏 45, p.721下), "法性者, 微塵法性 須彌山法性 一尺法性 五尺法性. 若約今日五尺法性論者, 微塵法性須彌山法性等, 不動自位 稱成五尺, 不增小位不減大位而能成也. 圓融者, 微塵法滿五尺, 須彌山法契五尺故也. 無二相者, 微塵雖滿, 須彌雖契, 只唯五尺故也. 諸法者, 指前法也. 不動者, 指前性也. 性者無住法性也."

266

이것은 「진기眞記」에서 인용한 것이다. 즉 의상은 범부의 오척신이 과거·현재·미래 등 삼제에 부합하면서 동시에 동요하지 않는 경지를 무주라 하였다. 그리고 일미진중에 함시방세계하는 것도 무주인 까닭이라 하였으며, 이것을 해석하여 법은 우리의 몸과 마음이요, 성은 그 두 가지의 원만한 원융圓融이라고 하였다.[92] 의상의 법성이란 현재의 오척신을 바탕으로 한 인간성에다 관점의 중심을 두는 것이며, 그래서 의상의 법성관은 인간의 법성을 추구하는 사상이라 할 수 있을 것이다.[93]

또 의상은 그의 제자들에게 설시設示하기를, 금일의 이내 오척신을 세간이라 이름하며, 이 몸이 허공법계에 두루해서 어느 곳에 이르지 못함이 없으므로 정각이라 한다 하였다. 또 마음이 안주하면 곧 법계의 모든 법이 오척의 이 몸에 나타난다고 하였다. 그리고 이렇게 연기함이 오척이므로 수일즉일須一卽一이요, 수다즉다須多卽多[94]라 하였으니, 의상이 이와 같은 법계의 신증身證을 무주로 체현함을 근본으로 삼고 있음을 보여주고 있다.

2) 불타관佛陀觀

「법성게」는 '법성원융무이상'에서 시작하여 '구래부동명위불'로 마무리된다. 법성원융은 제법부동과 같은 뜻이고 무이상은 본래성과 다르

92 위의 책 권상1, p.721中.
93 韓基斗, 「均如가 照明한 義湘의 法性觀」, 第3回 國際佛敎學術會의 자료집, p.39.
94 『法界圖記叢髓錄』 권상1(大正藏 45, p.722上).

지 않다. 부동한 법성은 '구래부동불'로 출현하기 때문에 행자가 발심하여 「합시일인合時一印」의 법에서 출발하여 불에 도달한 곳이 '구래불'이다. 즉 증분법성은 이름과 형상이 없으며 일체가 끊어져서 증지로만 알 수 있는 구래불의 세계이다. 그러므로 법에는 깊이의 차이가 없으나 깨달음에는 선후가 있기 때문에 중생이 증득할 수 있도록 방편으로 '진성'을 임시로 설정한 것이지, 법성을 따로 두고 하는 말은 아니다. 진성은 곧 진여법성이며, 이 진여법성이 스스로 일어나 제법을 이룬 것이다. 이 일승의 궁극적인 진원인 법성으로 돌아가는 것이 귀가요, 궁좌실제중도상인 것이다.

교분연기와 증분법성의 무차별성과 원융무애가 부주중도에서는 무분별이라는 뜻이고, 무분별은 자성을 지키지 않고 연에 따라 무진하게 전개되는 부주不住의 뜻이다. 일승의 실다운 도리에 의한다면 인과가 원융하여 법성의 덕용이 오직 중도에 있게 되어 전과 후 어느 쪽으로도 기울지 않는다. 즉 연으로 생겨난 모든 법은 자성이 없기 때문에 부주이고 중도이며 무분별인 것이다.

초발심시변정각의 신만信滿과 주초성불住初成佛은 구래불이다. 그렇다면 '구래불'인데 왜 '초발심시변정각'이라고 하는가? 그것은 발심하지 않으면 내가 바로 구래불이었던 것을 모르며, 발심하여야 비로소 본래 부처인 것을 알게 해주기 때문이다. 본래부동의 구래불인 증득된 경지에 오르기 위해서는 발심수행이 근본이 된다.

「합시일인」의 사면과 사각의 전체 모양으로 사섭과 사무량의 수행을 보여주고 있다. 「법성게」는 근본인 법성으로부터 시작하여 30구를 거쳐서 다시 법성에 왔지만 결국은 조금도 움직이지 않은 부동의

268

그 자리일 따름이다. 그러므로 초발심에 성불하나 그대로 구래불인 것이다. 의상이 강조하는 실천수행을 통한 증득의 세계가 곧 십불의 현현이요 본래부동인 구래불의 세계이다.

결국 『일승법계도』의 법계는 「법성게」의 세 종류의 세간(중생세간·흰 종이〔器世間〕·「법계도인」〔지정각세간智正覺世間〕)이 서로 다르지 아니한 원융한 불세계이다. 이러한 일승원교의 법계는 융삼세간이며 융삼세간불인 구래불로 출현하고 있다. 즉 『일승법계도』에 나타난 의상 화엄사상은 무주별교의 원교일승적 법성세계이며, 「합시일인」에 나타난 세 종류 세간의 법계는 해인삼매와 법성과 구래불·중도·무분별 등에 의해서 융삼세간의 불세계로 나타나고 있음에 특징이 있다.

불신관에 관해서도 지엄의 『화엄오십요문답華嚴五十要問答』[95] 2권과 『화엄경내장문등잡공목장華嚴經內章門等雜孔目章』[96] 4권에 의거하여 의상은 오직 무착불無着佛 등 행경行境의 십불十佛만을 설하여 화엄 교학에서 세우는 해경解境의 십불과 행경의 십불 가운데 행경의 십불을 더 중요하게 내세우고 있다. 이는 법장法藏이 해경의 십불을 더 중시하고 있는 것과는 안목을 달리하는 것이다. 이는 의상의 화엄사상이 실천적인 측면을 중시하고 있기 때문이다. 의상은 저술에 있어서도 오직 법계의 도인圖印을 제작하여 수행을 표시함을 주로 하였고, 또 신라에 돌아와서도 제자들을 육성하고 화엄 십대사찰을 건립하는 등 실행을 통한 화엄의 선양에 전념하였다. 이는 법장이 저술을 통하여 이론적으로 화엄의 일승교의를 건립하려는 목표를 세웠던 것과 다른

95 大正藏 45, pp.519~536.
96 大正藏 45, pp.536~589.

특징이다. 그러므로 행경의 십불을 설함에 있어서도 정각불正覺佛
등의 십불이 아니라 무착불無着佛 등의 십불을 세웠다. 십불은 『오십요
문답』에 명목이 있고, 『법계도기총수록』에 해석이 있으므로 이를
의지하여 그 내용을 보면 다음과 같다.

상화상(相和尙, 의상)이 태백산 대로방大蘆房에 머물 때 진정眞定·
지통智通 등에게 "수행인이 십불을 보고자 하거든 마땅히 먼저
안목을 가져야 하느니라."고 말해 주었다. 지통 등이 묻기를, "어떤
것이 안목입니까?"라고 하니, "화엄경으로 자신의 안목을 삼으면
글마다 구절마다 모두 십불이니, 이 이외에 관불하기를 구한다면
겁겁의 생생에 결국 보지 못할 것이다."라고 하시고 다음과 같이
설했다.
"①나의 오척신五尺身이 세간이며, 이 몸이 허공법계에 편만하여
이르지 못하는 곳이 없는 경계가 정각이다. 세간에 안주하므로
열반에 집착하지 않고, 정각을 성취하므로 생사에 집착하지 않아
세 종류 세간에 원명자재圓明自在함을 무착불無着佛이라 한다.
②백사십원百四十願·십회향원十回向願·초지원初地願·성기원性
起願 등이 모두 다 곧 그대로 원불願佛인 것이니, 이 불이 무주로
몸을 삼는 까닭에 어느 일물이건 불신이 아님이 없으며, 법계에
칭주稱周함을 원불願佛이라 한다.
③위로는 묘각으로부터 아래로는 지옥에 이르기까지 이 모든 것이
불사佛事 아님이 없으니, 만약 사람이 이 일을 공경하는 마음으로
믿는다면 업보불業報佛이라 한다.

④법계의 가득 들어찬 모든 법이 무진이라 하더라도 만약 해인으로써 인정印定한다면 곧 유일한 해인정법海印定法이니, 저가 나를 지지持하고 내가 저를 의지함이 곧 수순이므로 이렇게 하여 세계가 불을 의지하고 불이 세계를 의지함을 지불持佛이라 한다.

⑤생사가 시끄러운 것이 아니며 열반이 고요한 것이 아니니, 생사와 열반이 본래 평등하다고 증견證見함을 열반불涅槃佛이라 한다.

⑥일진一塵의 법계, 송목松木의 법계, 요목要木의 법계 내지는 시방삼제 허공의 법계가 모두 다 불신佛身이니, 과거가 멸함이 없고 미래가 생함이 없으며, 현재도 동함도 없고 허공과 같이 형상이 없어 헤아릴 수 없고 변제가 없음을 법계불法界佛이라 한다.

⑦마음의 작용을 그치면 곧 불이요, 마음을 일으키면 불이 아니다. 물이 맑으면 그곳에 비치는 그림자가 밝게 드러나고, 물이 탁하면 그림자도 흐린 것처럼 마음과 법이 또한 그러해서 마음의 작용을 그치면 법계가 원명하고, 마음을 일으키면 법계가 차별된다. 이런 까닭에 마음이 안주하면 곧 법계의 제법이 나의 오척신에 나타난다. 이것을 심불心佛이라 한다.

⑧해인삼매의 법이 주착함이 없음을 삼매불三昧佛이라 한다.

⑨법성에 대성과 소성이 있으니, 삼세 중에 내외가 없음이 대성이요, 일법의 위位가 일체 가운데 편만함이 소성이니, 이것을 성불性佛이라 한다.

⑩대용왕大龍王에게 대보왕大寶王이 있어서, 이 여의보주가 일체 중생의 의식을 성숙하게 함과 같이 여의한 불이 또한 그와 같음을 여의불如意佛이라 한다."[97]

십불에 관한 이와 같은 해석은 지엄의 저서 가운데서도 볼 수가 없는 것이다. 또 법장이 『화엄탐현기』에서 해설하는 것과도 다른 데가 있으니, 이것은 의상의 창의적 해설이라고 할 것이다.

---

97 『法界圖記叢髓錄』卷下1(大正藏 45, p.758上), "相和尙住大伯山大蘆房時, 爲眞定智通等說: 行人欲見十佛者, 應先作眼目通等. 問云: 何是眼目耶? 和尙曰: 以花嚴經爲自眼目, 所謂文文句句皆是十佛. 自此以外求觀佛者, 生生劫劫終不見也. 和尙曰: 所謂無著佛安住世間成正覺故者. 今日吾五尺之身名爲世間. 此身遍滿虛空法界, 無處不至, 故曰正覺. 安住世間故, 離涅槃之著成正覺故, 離生死之著. 若約實而言, 三種世間圓明自在, 故曰無著佛也. 願佛出生故者, 百四十願, 十迴向願, 初地願, 及性起願等, 皆願佛也. 此佛以無住爲身故. 無有一物非佛身者, 所謂隨擧一法盡攝, 一切稱周法界名爲願佛也. 業報佛信故者, 二十二位之法, 本來不動圓明照矚. 若諸行人能如是信, 卽云信也. 若擧實道理而說, 上自妙覺下至地獄, 皆是佛事. 是以若人敬信此事, 可導業報佛也. 持佛隨順故者, 法界森羅諸法雖云無盡. 若以海印印定, 則唯一海印定法, 彼持我我持彼, 故云隨順. 是故以世界持佛以佛持世界, 是名持佛也. 涅槃佛永度故者, 證見生死涅槃本來平等, 故云永度. 所謂生死非喧動, 涅槃非寂靜, 是此義也. 法界佛無處不至故者, 一塵法界, 松木法界, 栗木法界, 乃至十方三際虛空法界, 總是佛身. 所謂眞如前際不滅, 後際不生, 現在不動, 如來亦爾, 過去無滅, 未來無生, 現今無動, 無形無相如虛空界, 不可量故. 百千萬劫已說, 今說當說, 終不可盡, 無有邊際故. 曰法界佛也. 心佛安住故者, 息心卽佛起心非佛, 如人以水淨器, 不知能淨濁水也, 水淨影明, 水濁影昏, 心法亦爾. 息心法界圓明, 起心法界差別, 是故心安住則法界, 諸法現於吾五尺身也. 三昧佛無量無著故者, 海印三昧之法擧擧約約無住著故, 曰無量無著三昧佛也. 性佛決定故者, 法性有二, 所謂大性及與小性, 何者若一法起竟, 三世際無內無外, 故曰大性. 一法之位遍一切中方得成者, 是名小性. 所謂一柱盡法界際, 但是柱者名爲大性, 此一柱中橡栿瓦等諸位現者, 名爲小性也. 如意佛普覆故者, 如大龍王有大寶王, 若無此寶一切衆生無所衣食故. 五穀九穀千種萬種並成熟者, 唯此寶王之德也. 如意佛恩亦如是也."

272

3) 삼매관三昧觀

『화엄경』의 두 중심축인 보살과 불타, 그리고 그 양자를 일치시키려는 방법인 삼매와 이타행에 의하여 드러난 장엄한 경계를 화엄세계라 한다. 보살과 불타, 삼매와 이타행, 세계로 요약되는 다섯 가지의 본질적 요소들은 상호관계[98]를 가지고 있다. 석가불의 정각을 정점으로 석가불이 그대로 비로자나불로 되고 비로자나불에 의해 드러나는 세계를 묘사하고 있다. 『화엄경』은 근본적으로 언어로 표현할 수 없는 본질을 법성法性 또는 법계法界라 하고, 성기性起라고도 한다.

『일승법계도』에 나타난 해인삼매를 고찰하는 데 도움이 되도록 먼저 『화엄경』과 지엄의 해인설海印說을 알아보고, 『일승법계도』의 해인삼매에 대하여 살펴보고자 한다.

『화엄경』에서는 설주說主 보살이 삼매에 들어 지혜를 얻고는 출정出定한 후에 해인삼매 속에서 각각의 회마다 설법하고 있다. 『화엄경』은 불의 해인삼매 중에서 드러난 설법이고, 더불어 해인삼매에 의해 지금도 시방세계에서 교설되고 있는 것이다. 이러한 『화엄경』의 해인삼매는 「현수품賢首品」·「십지품十地品」·「성기품性起品」 등에 나타나 있다. 『화엄경』 「현수품」에서는 다음과 같이 설한다.

모든 중생들의 갖가지 몸과 수많은 행업行業과 음성에 따라 일체를 남김없이 시현示現하니, 이는 해인삼매海印三昧의 노력 때문이다.[99]

---

98 이효걸, 「화엄경의 성립 배경과 구조 체계」, 고려대 박사학위논문, 1990.
99 60권본 『華嚴經』(大正藏 9, p.434下), "隨諸衆生若干身, 無量行業諸音聲. 一切示現無有餘, 海印三昧勢力故."

「현수품」에서는 해인삼매의 활동을 신신을 완성하여 현수의 위位를 얻은 보살이 불佛이 되어 법을 설하고 중생을 위하여 자유로이 여러 모습을 나투는 것이 해인삼매의 세력 때문이라고 설명하고 있다. 곧 화엄교설 특유의 '일승법계'가 이 해인삼매의 세력에 의지해서 구현되는 것임을 알 수 있다. 또한 「현수품」에서는 해인삼매를 '대선정자재大禪定自在'로 표현하고 있다.[100]

「십지품」에는 제십지에 도달한 보살에게 현전하는 삼매의 하나로 해인삼매를 설한다.[101] 그리고 「입법계품」에서 해인삼매는 바다에 비유하여 붙여진 이름인 것을 다음과 같이 밝히고 있다.

비유하면 깊은 대해에 진귀한 보배가 한이 없으며, 그중에 중생의 형류상形類像을 모두 나타내는 것처럼, 매우 깊은 인연의 바다에 공덕의 보배가 한이 없으며, 청정한 법신 중에 어떤 형상이든 나타내지 않음이 없기 때문이다.[102]

이와 같은 바다에 대한 비유는 「성기품」의 게송에서도 보이고 있다.

비유하면 모든 바다에 일체중생들의 색상이 다 현현하므로 일체인
一切印이라 하는 것처럼, 시방세계 가운데 일체중생들이 무상보리

---

100 위의 책 권7, p.434中, "如淨水中四兵像 各各別異皆明了 刀劍輪戟衆兵器 如是等
    仗皆悉現 隨其器仗本形相 悉現於彼淨水中 水影四兵無憎愛 是名大仙定自在."
101 위의 책, p.571下.
102 위의 책 권60, p.788上, "譬如深大海 珍寶不可盡 於中悉顯現 衆生形類像."

해無上菩提海에 나타나지 않음이 없다.[103]

큰 바다 가운데 일체의 사물이 도장 찍히듯이 선명하게 나타나는 것처럼, 맑고 고요한 지혜의 바다에 일체의 법이 나타나는 것을 해인삼매라 한다. 이처럼 맑고 고요한 불의 마음 바다에 일체의 모든 것을 나타낸다 할지라도 나타난 일체법과 마음 바다가 둘이 아니라 그대로 마음 바다 하나뿐인 것을 불佛의 보리菩提라고 하는 것이다. 곧 불보리란 정각이며 해인삼매이고, 해인은 여래의 무상보리해로서 과해인果海印이다. 그러므로 『화엄경』의 해인삼매는 불보리의 경계이다.

지엄은 『일승십현문』뿐만 아니라 『오십요문답』[104]과 『공목장孔目章』[105]에서도 해인삼매의 중요성을 강조하고 있다.

『일승십현문』의 총문인 '동시구족상응문'에서는 다음과 같이 설하고 있다.

첫 번째 동시구족상응문은 교의·이사理事 등 10문이 동시임을 밝힌 것이다. 어째서 이와 같은가? 연기실덕緣起實德인 법성해인삼매의 역용力用을 말미암은 연고로 그러하며, 이는 방편의 인연으로 닦아서 이루어진 결과가 아니기 때문에 동시이다.[106]

---

103 위의 책, 권35, p.627中, "譬如諸大海 一切衆生類 色像悉顯現 故說一切印 十方世界中 一切衆生類 無上菩提海 無法而不現."

104 智儼, 『華嚴五十要問答』(大正藏 45, p.520中), "若依一乘 所有諸佛 在釋迦佛所化 敎網名義顯現者 並是釋迦佛 海印定力."

105 智儼, 『孔目章』(大正藏 45, p.586中).

106 智儼, 『華嚴五十要問答』(大正藏 45, pp.515下~516上), "今釋第一同時具足相應門

지엄은 십현문의 첫 번째인 '동시구족상응문'에서 연기실덕인 법성
해인삼매의 역용을 근거로 하기 때문에 십문이 동시이다라고 설명하고
있다. 즉 해인삼매의 활동이 십현문의 바탕에 자리하고 있기 때문에
동시구족상응문이 전개되는 것이다. 이것으로『일승십현문』에서 해
인삼매 사상의 중요성을 알 수 있다.

『일승법계도』에서 의상은 '해인'이라고 명칭한 이유와 해인삼매가
증법성證法性에 의한 것임을 다음과 같이 서술하고 있다.

'인印'이란 비유를 들어 이름 붙인 것이다. 왜냐하면 대해는 지극히
깊고 밝고 맑아 밑바닥까지 드러나니, 천제天帝가 아수라와 함께
싸울 때에 모든 병사들과 무기들이 그 속에 나타나서 분명히 드러남
이 마치 도장에 문자가 나타나는 것과 같으므로 해인이라고 한
것이다.
삼매로 들어가는 것도 또한 이와 같다. 법성을 궁극적으로 증오함
에 밑바닥까지 없어서 구경에 청정하고 담연, 명백하여 삼종세간이
그 속에 현현하므로 이름하여 해인이라고 한 것이다.[107]

해인은 법성을 철저히 깨달아서 마침내 청정하고 명백해지면, 삼종

者, 卽具明敎義理事等十門同時也. 何以得如此耶? 良由緣起實德法性海印三昧
力用故得然. 非是方便緣修所成故得同時."
107 義湘, 『一乘法界圖』(『韓佛全』 2, p.3下). "印者約喻得名 何者是大海極深 明淨澈底
天帝共阿脩羅 鬪諍時 一切兵衆 一切兵具 於中顯現 了了分明 如印顯文字 故名
海印 能入三昧 亦復如是 窮證法性 無有源底 以究竟淸淨 湛然明白 三種世間
於中顯現 名曰海印."

세간이 그 속(法性)에 나타난다고 의상은 설명하고 있다. 이에 대하여
「대기」는 "해인이 비유에 의한 이름임은 수라가 제석과 서로 전투할
때 제병구 등이 명정한 바다 가운데 나타나는 뜻이니, 그 삼독당상부동
三毒當相不動을 내증해인구경법체內證海印究竟法體에 비유했기 때문
이다."[108]라고 주석하고 있다. 의상은 해인삼매가 중생 이익의 근원임
을 다음과 같이 밝히고 있다.

능히 해인삼매 속에 들어가 번출의 여의함이 불가사의한지라, 우보
가 중생을 도와 허공을 채우니 중생이 근기 따라 이익을 얻는다.[109]

「법성게」의 이타행에서 해인삼매가 설해지고 있는 근본 뜻은, 해인
삼매를 얻으면 일체중생의 심행心行을 알며 일체유정의 심행에 물들지
않고 부처로 시현하여 법문을 설하여 중생을 구제하기 때문이다.
「대기」는 『일승법계』를 세 번에 걸쳐 오중해인五重海印으로 설명하
고 있다. ① 망상해인忘像海印(一乘法界)·현상해인現像海印(圖)·외향
해인外向海印(合詩一印)·정관해인定觀海印(54角)·어언해인語言海印
(210字, 30句)의 오중해인에 『일승법계도』를 배대시키고 있다. ②제오
중해인인 언어해인의 「법성게」 30구를 오중으로 분배하고 있다. ③제

---

108 『法界圖記叢髓錄』(『韓佛全』 6, p.822下), "海印者, 約喩得名者, 以修羅帝釋相戰之
　　時, 諸兵具等, 現於明淨海中之義, 喩其三毒, 當相不動, 卽是內訂海印究竟法禮
　　故也."
109 義湘, 『一乘法界圖』(『韓佛全』 2, p.1上), "能入海印三昧中, 繁出如意不思議, 雨寶
　　益生滿虛空, 衆生隨器得利益."

사중해인인 「법성게」 가운데 이타행 4구(능인해인삼매중·번출여의부사
의·우보익생만허공·중생수기득이익)를 오중으로 설명하고 있다.

『총수록』의 「고기古記」에서는 운화雲華와 지적智積의 문답에서 『일
승법계도』의 해인삼매와 일치하는 부분이 있다.

　　운화 존자가 말했다. "오직 『화엄경』에서 설한 법만 해인삼매에
　　의지하여 일어난다."[110]

이에 대하여 지적이 『대집경大集經』의 해인설을 인용하면서 힐난하
였다. 그러자 운화는 ① 대원경지해중지해인大圓鏡智海中之海印, ② 일
심진여해지해인一心眞如海之海印, ③ 이실상해지해인二實相海之海印,
④ 현어세계해지해인現於世界海之海印, ⑤ 국토해지해인國土海之海印[111]
의 다섯 해인으로 답하였다.

다섯 해인 가운데 제오 해인이 "십불인 제석이 법성 수미정에 올라
무주실상 아수라와 싸울 때, 삼종세간 상이 국토해에 나타나는 해인이
다."[112]라는 내용은 『대집경』 등 삼승의 설과는 다른 일승인 『화엄경』의
해인이다. 즉 이 문답에서는 일승화엄의 해인삼매를 삼승과 명확하게
구분하여 보여주고 있다는 것을 알 수 있다. 다섯 해인 가운데 제오

---

110 『法界圖記叢髓錄』(『韓佛全』 6, p.822下), "雲華尊者云, 唯花嚴經所說之法, 依海印
　　定起也."
111 위의 책, p.823上. 「古記」에서 雲華尊者의 대답 가운데 五海印이 서술되고
　　있다.
112 위의 책, p.823上.

해인설인 국토해지해인은 의상의 해인삼매론과 해인·법성·삼종세간
의 내용이 거의 일치한다.

「합시일인合詩一印」은 해인삼매가 현현하는 법문이며, 해인삼매를
증험한 경지를 「인도印圖」로써 표시한 것이다. 즉 해인삼매에 든다면
기세간器世間·중생세간衆生世間·지정각세간智正覺世間 등의 삼종세
간의 모든 것이 남김없이 그대로가 대선정이라는 것이다.

이와 같은 삼매의 경지를 현현하기 위하여 의상이 「법계도인」을
만들었으며, 그래서 「해인도」라고도 불리게 된 것이다.[113] 『총수록』의
「대기」에서는 "제목에서 법을 기준으로 하면 『일승법계도』라 하고,
비유를 기준으로 하면 『해인도』라 한다."라고 해석하고 있다.

『화엄경』의 전체 사상을 해인삼매에 집약시킨 것이라면, 이 『해인
도』는 그 삼매에 들어 증험의 경지를 「합시일인」으로 보인 것이다.
다시 말해서 해인삼매에 들어가면 기세간·중생세간·지정각세간의
모든 것이 남김없이 대선정이 되며, 의상은 이와 같은 삼매의 경지를
나타내기 위하여 『일승법계도』를 집필하였던 것이다. 구래불인 십불
의 출현도 해인삼매에 의지한 것이며, 해인삼매는 또한 증법성에
의한 것이라는 점도 『일승법계도』에서는 밝히고 있다.

해인삼매는 모든 삼매를 포괄적으로 거둬들이며 제불의 교설을
총괄한다. 즉 의상이 화엄세계를 「합시일인」으로 나타낸 것도 일체
모든 세간이 해인삼매에 의해 현현된다는 의미를 나타낸다. 즉 의상이
「합시일인」에서 삼종세간으로 그려 보인 화엄세계는 해인삼매에 의해

---

113 蔡印幻, 「義湘 華嚴教學의 特性」, 『義湘의 思想과 信仰 硏究』, 불교시대사,
    2001, p.232.

현현되기 때문이다.

4) 수연관隨緣觀

앞에서 서술한 법성은 인연을 따라 전개되어야 그 진면목을 현상계에 드러낼 수 있고, 그것은 곧 보살행 또는 자비의 발현과도 밀접하게 관련된다. 따라서 이 법성과 그것이 인연을 따라 일어나는 수연은 분리 불가능하다.

설잠은 이 관계에 대하여 "의상이 자비심으로 자신의 몸을 희생하여 가며 '진성심심극미묘'라 하고, 유정문 가운데 증입분을 문제 삼아 연기분을 시설하였으나 법성 외에 따로 진성이 있는 것은 아니다."[114]라고 설명하고 있다.

의상의 화엄사상을 압축한 정수로 평가되는 『화엄일승법계도』의 인도印圖는 지엄이 제작한 73인印의 사상을 종합해서 하나의 근본인根本印으로 만든 것인데, 지엄은 '화엄장세계도'를 만들기도 하였다. 지엄은 자신이 독창적으로 만든 화엄교학의 내용을 즐겨 인印·도圖와 같은 방법으로 표현했으며, 그의 저서가 아주 간결한 문체 가운데에 신기한 해석을 담았으므로 그의 문하에서도 그것을 바로 이해하기가 어려웠다고 한다.[115] 이러한 사상을 종합하여 근본일인根本一印을 안출

---

114 雪岑, 『法界圖註』(『韓佛全』7, p.303下), "相師慈悲之故, 不惜眉毛有落草之談, 便道眞性甚深 極微妙, 早是十分帶泥帶水去也. 山僧今日重爲注脚, 葛藤不少, 前云法性者, 融淨穢通眞俗, 所謂不可取不可捨. 若除一切, 不得全法界之智, 若添一事, 不得名淸淨之界者也. 此云眞性者, 別取有情門中證入分, 退身一步, 假作眞性之名, 非指法性外別有一段眞性也."

案出했으니, 과연 지엄에게서 의지義持의 호를 받은 의상의 면목이 뛰어나다 평가할 수 있다. 이 근본인이라는 것은 해인삼매가 현현함을 천명하는 법문이며, 해인삼매를 증험한 경지를 인도로써 표시하고자 한 것이니, 즉 해인삼매에 든다면 기세간·중생세간·지정각세간 등의 세 종류 세간 모든 것이 남김없이 대선정인 것이기에 이와 같은 삼매의 경지를 드러내기 위하여 의상이 '법계도'를 만들었으며, 그래서 '해인도'라고도 불리게 된 것이다. 이 인도는 일승원교의 대선정을 현현하는 것이므로 언어와 문자로 해석할 수 있는 경지는 아니지만, 그래도 이 인도의 내용을 돈증할 수 없는 중생들을 위하여 수문數門으로 분단해서 설명하지 않을 수 없는 것이며, 그러기에 후세에 이 『법계도기』에 관한 주석이 생기게 된 것이다.

『법계도』에 관한 주석서로서는 의상 자신이 약소略疏한 『법계도기』 1권[116]이 있으며, 이 『법계도기』에 대한 주석서는 고려 체원體元의 『법계도기총수록法界圖記叢髓綠』 4권,[117] 고려 균여의 『법계도원통기法界圖圓通記』 2권,[118] 조선 김시습의 『대화엄일승법계도주』 1권[119] 등이 있다. 이를 참고하면서 『법계도』의 조직 내용을 간략히 살펴보면

---

115 法藏, 『華嚴經傳記』 권3(大正藏 51, p.160上).

116 大正藏 45, pp.711~716.

117 大正藏 45, pp.716~767. 『法界圖記叢髓綠』의 著者에 관해서 『韓國佛教撰述文獻總綠』, 東國大學校 佛教文化研究所編, p.161에서는 未詳이라 하였다. 그러나 金知見, 「新羅華嚴學의 系譜와 思想」, 『학술원 논문집』 12집, 1973, p.42에서는 高麗 體元의 著라고 하고 있다.

118 金知見, 『均如大師華嚴學全書』 권上, pp.531~716.

119 『華嚴一乘法界圖註并序』 1卷(通度寺 刊本의 寫本).

다음과 같다.

원도原圖인 『법계도』[120]에 의상의 약소略疏를 기입하면 『법계도장法界圖章』[121]이 되며, 이 약소를 순독順讀하면 「법성게」가 된다. 의상은 「법성게」를 해석함에 있어서 총석인의總釋印意와 별석인상別釋印相의 이문二門으로 나눈다.[122] '인의印意'라 함은 인도印圖를 의용依用하는 것을 말하니, 석존의 교망에 소섭所攝되어 있는 세 종류 세간은 해인삼매에 의하여 현현하는 바 소전所詮이며, 여기에 세간이나 출세간의 일체제법이 미개섭진迷皆攝盡되어 있다는 것이다. '인상印相'이라 함은 해인삼매가 현현하는 법문을 칠언 30구의 게송으로 정리하여 이 210자의 첫머리인 '법法' 자를 중심으로 시작하여 좌하·좌상·우상·우하의 순차로 54각[123]의 굴곡으로 도시圖示한 것이며, 이 인상印相에 따라가는 인문印文에는 오직 하나의 인문도印文道가 있을 뿐이니, 이것은 여래가 설시說示하는 일음을 표현하므로 하나의 선교방편이다.[124] 그리고 그 일도一道에 54의 많은 굴곡이 있는 것은 중생에게는 기근과 욕망의 차별이 있는 까닭에 삼승교가 있음을 표현하되 이들을 구제하는 여래의 진실한 선교방편은 오직 일승임을 이 일도는 보여준다고 한다.

처음과 끝이 없도록 문장을 배치한 것은 시방세계가 원융하게 상응하고 있는 원리를 표현하는 것이므로 일승원교의 소식이며, 원형을

---

120 義湘, 『華嚴一乘法界圖』(大正藏 45, p.711上).

121 義湘, 위의 책. p.711上.

122 義湘, 위의 책. p.711上.

123 『一乘法界圖圓通記』 권上, 『均如大師華嚴學全書』 권上, p.544.

124 義湘, 위의 책, p.545, 『華嚴一乘法界圖』(大正藏 45, p.711中).

282

사각, 사면으로 한 것은 사섭법과 사무량심을 표현한 것이니, 의상은 이 인상印相으로 『화엄경』의 법문을 표현하고, 이것을 세친世親의 육상설六相說로 해석하되, 총상總相인 근본인根本印은 원교이며, 별상別相인 굴곡은 삼승교이니, 육상의 부즉不卽·불리不離·불일不一·불이不異한 곳에 언제나 중도가 있다고 설명한다.

다음에 자상字相에 있어서 문장에 처음과 끝이 없다고 하는 것은 수업修業하는 방편상에서는 인과 과가 동시에 되지 않는 이유를 표하는 것이다. 그런데 최초의 '법' 자와 최후의 '불' 자를 도圖의 중앙에다 배치한 것은 중생의 생각으로는 인과 과의 위치에 상당한 거리가 있는 줄 알고 있지만, 오히려 법성 위에서는 인과가 동시여서 그대로 자가내自家內의 소식일 뿐이니, 이런 것이 바로 중도의 참모습이라는 것을 설명한 것에서 나온 것이다.[125]

다음에 게문의 문의文意[126]를 배과配科하여 본다면 '법성원융무이상·제법부동본래적·무명무상절일체·증지소지비여경'의 네 구는 시시증분示視證分이요, '진성심심극미묘·불수자성수연성'의 두 구는 지연기체指緣起體이다. '일중일체다중일·일즉일체다즉일'의 두 구는 약다라니이용이변분제約陀羅尼理用以辨分齊요, '일미진중함시방·일체진중역여시'의 두 구는 즉사현섭법분제卽事顯攝法分齊이다. '무량원겁즉일념·일념즉시무량겁·구세십세호상즉·잉불잡란격별성'의 네 구는 약세시시섭법분제約世時示攝法分齊요, '초발심시변정각·생사열반상공화'의 두 구는 약위이영섭법분제約位以影攝法分齊이다. '이사명연무

125 義湘, 위의 책, pp.711下~712上.
126 義湘, 위의 책, pp.712下~713下.

분별·십불보현대인경'의 두 구는 약론상의約論上意이니, 이상은 모두
가 자리행을 나툰 것이다.

다음의 '능인해인삼매중·번출여의부사의' 두 구는 약유인명約喩印
名이요, '우보익생만허공·중생수기득이익'의 두 구는 득이익得利益이
니, 이상은 모두가 이타행을 나툰 것이다.

다음의 '시고행자환본제·파식망상필부득·무연선교착여의·귀가
수분득자량'의 네 구는 변수행방편辨修行方便이요, '이다라니무진보·
장엄법계실보전·궁좌실제중도상·구래부동명위불'의 네 구는 변득이
익辨得利益이니, 『법계도』를 창제한 내용을 설명한 것이다.

이와 같이 『법계도』는 자행自行에 있어서 증분 즉 과분果分과 연기분
즉 인분因分으로 나누어서 연기분은 연기의 체와 다리니의 이용理用과
사에 즉함과 세世에 약約함과 위位에 약約함과 총결과의 여섯 문으로
구별하고, 『십지경론』의 아뢰야식의 경우를 삼승에 있으면서도 일승
에 통하는 것으로 보았고, 이에 대하여 「십지품」의 현전지의 '십연기관'
에 의하여 별교일승의 경우를 보이는 것이라 한다.

『법계도기총수록』[127]에 의하면 해인삼매에 대하여 의상의 스승인
지엄은 오직 『화엄경』에 설하는 법은 해인정을 의지하여 운기하는
것이니, 내증해인이라야 구경법체라 하고, 그러므로 '해인도'라 할
'법계도'를 오중의 해인으로 해설하겠다고 하였다. 즉 「법성게」의 첫
구부터 증지소지비여경까지의 구가 초·이중해인이니 초중은 대원경
지해인의 해인을 나투는 것이며, 이중은 일심진여해의 해인을 나투는

---

[127] 『法界圖記叢髓錄』 卷下1(大正藏 45, pp.750下~751上).

것이다. 다음의 십불보현대인경까지의 구가 제삼중해인이니, 삼중은
불이실상해의 해인을 나투는 것이다.

다음의 중생수기득이익까지의 구가 제사중해인이니, 사중은 세계
해의 해인을 나투는 것이고, 다음의 귀가수분득자량까지의 구가 제오
중해인이니 오중은 국토해의 해인을 나투는 것이다. 나머지 마지막까
지의 구는 수행소득의 이익이라 하고, 이것을 법으로 약하면 '법계도'라
할 것이고, 비유로 약하면 '해인도'라 할 것이다 하였으니, 이미 지엄이
세상에 있을 때 벌써 '법계도'가 연구되었고 '해인도'라고도 불렸던
것을 알 수 있다.

이 지엄의 오중해인설五重海印說에 관련하여 균여는 그의 저서『일
승법계도원통기一乘法界圖圓通記』상,[128]『십구장원통기十句章圓通記』
하[129] 등에서 언급하고 있는데, 특히『십구장원통기』[130]에서는 흥미
깊은 또 하나의 오중해인설이 기술되어 있다. 즉 하권의 첫 부분에서
교敎와 의義의 이대二大에 오중五重[131]이 있다 하고, 이 의(義: 뜻 그
자체)와 교(敎: 그 뜻으로부터 流出하는 것)를 오중으로 구별하여 해석하
는데, 제일중은 망상해인忘像海印, 즉 아무것도 불지 않은 것이 의요,
현상해인現像海印, 즉 해海에 현상하는 것이 교다. 제이중은 현상해인
이 의요, 불의 밖으로 향하는 것이 교다. 제삼중은 불이 밖으로 향하는
것이 의요, 보현의 입정관이 교다. 제사중은 보현의 입정관이 의요,

---

128 『均如大師華嚴學全書』卷上, p.581.
129 위의 책, 卷上, p.469.
130 위의 책, 卷上, p.469.
131 위의 책, 卷上, p.469.

관觀에서 빠져나와 재심在心하는 것이 교다. 제오중은 정定에서 빠져나와 재심在心함이 의요, 언어 가운데 표현하는 것이 교다. 이와 같이 『십구장十句章』에서의 견해는 명쾌하며 『총수록』[132]에 소개된 오중해인 사상을 훨씬 능가한다고 하겠다.

후에 신라의 표훈에 의하면, 이 오관을 「법성게」의 30구에 배례한다면 처음 구에서 '증지소지비여경'까지가 실상관, '십불보현대인경'까지가 무주관, '중생수기득이익'까지가 성기관·인연관, '구래부동명위불'까지가 연기관·인연관이 된다.[133] 그리고 진정眞定은 「삼문석三門釋」을 지어서 스승 의상의 구절을 해석하되 이사구덕문理事具德門·사용현리문事融現理門·수행증장문修行增長門의 삼문三門이며, 여기에 표훈이 부동건립문不動建立門을 더하여 사문四門으로 하였으니, 처음 네 구가 부동건립문, '일즉일체다즉일'까지가 이사구덕문, '십불보현대인경'까지가 사용현리문, 마지막 구까지가 수행증장문이며,[134] 혹은 증분이 되는 처음 네 구를 행만의行滿義, '잉불잡란격별성'까지를 증만의證滿義, '중생수기득이익'까지를 법만의法滿義, 마지막 구까지를 인만의人滿義 등 사만의四滿義로 해석하기도 하였다.[135] 이렇게 해서 의상의 인연·연기의 사상이 표훈의 오관석五觀釋으로, 또 진정의 사문석四門釋으로 다시 사만석四滿釋 등으로 점점 다양하게 드러나게 되었다.

이제 의상의 인연·연기의 사상을 다시 정리해 보겠다. 인연은 수상隨

---

132 『法界圖記叢髓錄』卷下1(大正藏 45, p.716中~下).

133 『法界圖記叢髓錄』卷上1(大正藏 45, p.721上).

134 위의 책 p.721上.

135 위의 책, p.721中.

相하여 분별하므로 상망상대相望相對함이 무자성 현현하는 속제이며,
연기는 수성隨性하여 무분별하므로 상즉상융함이 평등무차별 현현하
는 진제이다. 그러므로 인연에 수순하므로 인경세제人境世諦를 관하여
제일의제에 즉입하는 「화엄십지품」의 연기관이 성립하며, 이것을
별교일승의 교의로써 개시한 것이 십현문이다. 이 별교일승의 십현문
을 「화엄십지품」 가운데 현전지의 연기관에 의하여 개현한 것이 바로
『일승법계도』의 사상이니, 이와 같이 해인삼매에 있어서의 육상원융
六相圓融한 십지를 연기관으로 개시하려는 것이 의상 교학의 근본사상
이다.[136]

5) 중즉원융中卽圓融

의상은 『법계도』 30구를 해설하면서 절반에 가까운 14구를 연기분으
로 정해 놓았다. 이것은 연기의 파악에 그만큼 중점을 두었다는 의미
이다.

설잠은 이것을, '법계도'를 '해인도'라 하고,[137] 이타행 4구의 제사중
해인을 중시하여 이타행의 선정에 입각하여 밖으로 나타난 부처님의
교화는 부처님 내부의 깨달음에 기인한 것이라고 강조했다. 부처님
내부의 깨달음과 밖으로 드러난 교화와 부처님의 깨달은 마음과 나타
난 세 가지 세간, 열 부처님과 보현보살, 증분과 교분, 이치와 현상,
별교와 원교 등 무분별한 것으로 보았으며, 결국 밖으로 드러난 교화도
내부의 깨달음으로 인한 것이며, 세 가지 세간이 나타난 해인이 궁극적

---

136 高峯了州 著, 張戒環 譯, 『華嚴思想史』, 保林社, 1988. p.197.
137 雪岑, 『法界圖註』「序」(『韓佛全』 7, p.301下), "法界圖者, 以一海印圖."

으로 증득한 법성으로 인한 것이다. 또한 이 법성은 바로 우리 오척의 몸임을 그대로 수용하여 행자가 지혜의 눈이 먼 까닭에 자기 안에 내증된 법성의 보배가 있는 것을 모르다가 연기다라니를 통해 참된 성품에 이르러 궁극적으로 법성의 보배 집으로 돌아간다고 하는 성기 사상으로 파악하고 있다.

의상은 「법성게」에서 증분 4구를 법성성기로, 진성수연을 연기로 본다. 『일승법계도』에는 '성기性起'라는 직접적인 표현은 보이지 않지만, 의상을 따르는 제자들 사이에서 활발히 논의되었다. 그런데 『일승법계도』의 주요 부분인 「법성게」는 처음 시작을 '법성원융무이상'이라 하여 '법성'으로 시작되고 있으며, 법성은 『일승법계도』의 핵심이 된다. 이 법성은 스승인 지엄의 성기설에는 보이지 않는, 『일승법계도』에 나타난 성기의 다른 표현이다. 즉 의상의 성기관은 법성의 현현으로서의 법성성기인 것이다. 『일승법계도』에서 의상은 '법성이 곧 성기(法性卽性起)'라고 직접 표현하고 있지는 않다. 그러나 의상은 법성의 성과 상을 중도·무분별로 해석하고, 중도·무분별·부주(또는 無住)를 동일한 의미로 보고 법성과 연결 짓고 있다. 성기에 의하여 연기법이 성립하는 것이 무주의 근본에 의해 일체의 법이 성립하는 것과 같다는 것에서 무주는 곧 성기의 다른 표현이다. 이러한 무주법성을 의상은 범부의 몸과 마음에 바탕하여 설하고 있다. 즉 범부 오척의 몸과 마음이 법이며, 범부의 오척 몸을 움직이지 않는 무주의 법성으로 보는데, 의상은 이를 법신으로도 설명하고 있다. 또한 연기분 중에서도 연기의 근본체는 법성성기임을 보여주고 있다.

"법성이 원융하여 두 가지 상이 없으니, 제법은 부동하여 본래 고요하다. 명칭 없고 형상 없어 일체를 여의었으니, 증지라야 알 대상이요 그 밖의 누구도 알 수 있는 경계가 아니다."라고 한 네 구에 대의를 모두 말해버린 것이나 다름이 없다. 진성이라는 것은 중생이 증득할 수 있도록 가작한 것이지 법성을 따로 두고 하는 말은 아니다.

진성의 개념을 법성과 일치한 것으로 파악하였다. 법성은 원융한 체이므로 진성은 미묘한 용으로 연기하는 성이 되는 것이다. 그러므로 법성은 바로 진성과 묘용상즉하는 것이다.

6) 수자이물행垂慈利物行

의상의 대표작인 『일승법계도』는 전체적으로 자리自利·이타利他·수행득익修行得益의 구조로 이루어지고 있다.

그러나 '해인' 가운데 자리와 이타를 구족하였으니, 세 가지 세간의 법을 섭입하는 것은 자리이고, 세 가지 세간의 법을 나투는 것은 이타이다. 그러나 일승 가운데는 이타가 없다. 그것은 교화되는 중생이 바로 자기 안으로 증득한(自內證) 오해五海 가운데의 중생이기 때문에 근기에 응하여 일어나고, 능히 교화를 입히는 가르침도 스스로의 해인정으로부터 일어난 결과이기 때문이다. 만약 전륜왕이 이 여의를 깃대 위에 내다 걸어두고서 빈궁한 사람들을 위하여 온갖 보배를 비처럼 내려주길 청하면 그들의 필요에 따라 갖가지 물건을 비처럼 무수히 내려서 뜻과 같이 않음이 없는 것처럼, 부처님의 서원과 중생의 지극함으로써 해인의 가르침이 중생에 응한다. 창고 안에 있을 때는 부처님의 안으로 증득함을 뜻하는 것이고, 깃대 위에 내다 걸어 보배를 비 내리는 때는 부처님의 밖으로 교화함을 비유한 것이다. 불가사의한 안으로 증득함(內證)으로부터 일어나니, 불가설의 중생 수에 응하여 일어나 순간순간마다 여의如意의 가르침을 일으켜 미래가 다하도록 쉼이 없다. 또 다만 한순간에 법계를 온전히 거두어들여 곁이 없기 때문이다.

「법성게」는 증분證分과 마지막의 득익得益이 서로 대응하고 있다. 특히 '제법부동본래적'과 '구래부동명위불'의 대응이 주목되는데, '본래'와 '구래'는 같은 의미이다. 의상은 이 '구래부동명위불'에 대하여 구래부동은 구래불의 뜻이며, 구래불은 곧 십불임을 밝히고 있다. 의상은 십불에 대해 자세히 해석하였는데, 이러한 십불의 설명에서 '구래부동명위불'의 의미를 읽을 수 있으며, 구래불을 십불의 과불果佛로 볼 수 있다.

그리고 구래불의 성기세계에 깨달아 들어가는 데는 발심이 근본이 된다. 『일승법계도』에서는 구래불인 십불의 출현이 해인삼매에 의지한 것이며, 해인삼매는 또한 법성을 증득한 것에 의한 것임도 밝히고 있다. 『일승법계도』는 『해인도』라고도 하니, 해인삼매는 화엄사상에서 차지하는 비중이 큼을 짐작할 수 있다. 그러므로 화엄이 강조하고 있는 실천수행을 통한 증득의 세계가 곧 십불의 현현이며, 구래불의 성기세계이다. 의상은 이를 "가고 또 가도 본래 자리이고, 이르고 또 이르러도 출발한 그곳"[138]이라고 단적으로 밝히고 있으며, 이것이 또한 해인삼매의 진실이기도 하다.

해인정海印定 가운데서 일어난 법은 성도 아니고 상도 아니며, 이도

---

138 『法界圖記叢髓錄』 卷上1(大正藏 45, p.730中), "行行本處, 至至發處."

아니고 사도 아니며, 불도 아니고 중생도 아니며, 진도 아니고 가도
아니면서, 설해진 교는 곧 성이면서 상이며, 곧 이이면서 사이며,
곧 불이면서 중생이며, 진이면서 가이었다. 그래서 일음으로 풀지만
종류에 따라 각각 다르고, 종류에 따라 각각 다르지만 일음에 원만하게
거두어져 중생의 가지가지 마음으로써 중생의 가지가지 성을 설한
것이다. 즉 해인정으로 나타난 법의 형상은 통일적 본질로서는 하나이
지만 그것이 형상으로 나타남에는 다양한 존재자로 해석되므로 성즉상
性即相, 이즉사理即事, 불즉중생佛即衆生, 진즉가眞即假의 이치가 성립
된다. 이것은 마치 하나의 소리가 종류에 따라서는 각각 다르지만
총체적인 일음의 입장에서는 원만하게 포섭함을 의미하는 것과 같다.

　대부의 집안에 그릇마다 다 금이요, 해인정 가운데 법마다 다 진이로
되 다만 대소와 방원方圓과 염정染淨이 다를 뿐, 그 얻은 이익이 다른
법인 것은 아니다. 다만 큰 것을 크다 하고 작은 것을 작다 하며,
모난 것을 모났다 하고 둥근 것을 둥글다 하며, 물든 것을 물들었다
하고 깨끗한 것을 깨끗하다고 말할 뿐이요, 작은 것을 넓혀서 크게
하며, 모난 것을 깎아 둥글게 하며, 물든 것을 고쳐 깨끗하다고 함이
아닌 것이다. 불과 중생이 다름 아닌 진성 중의 그림자인 것이니,
불을 이룰 수도 없고 중생을 제도할 일도 없어 그저 하나의 진성일
따름이다. 십불이 내증한 해인삼매에서 증득한 것이 바로 법성의
자리다.

제2절 『화엄석제』의 선교일치와 화엄선의 제창

1. 『화엄석제』의 구성과 인용전거

『화엄석제華嚴釋題』는 경전의 제목인『대방광불화엄경大方廣佛華嚴經』일곱 자를 중심으로 80권『화엄경』의 사상을 집약하여 해석한 전적이다. 설잠의『화엄석제』는 대부분 인용문으로 이루어진 글이기 때문에 이에 대한 분석이 선행되어야 할 것이다. 설잠이 어떤 전거를 활용하여 제명을 풀이하는지 살펴보아야 이 경전에 대한 그의 근본적인 관점을 알 수 있기 때문이다. 또한 이는 그의 사상 전반에 걸쳐 어떤 자료를 중심으로 사유를 전개했는지를 알 수 있는 대목이기도 하다.

첫 인용은『신역화엄경서新譯華嚴經序』로부터 시작된다. 이『서』의 작자는 '천책금륜성신황제天冊金輪聖神皇帝', 즉 측천무후를 가리킨다.[139] 그 뒤를 이어서 배휴(裴休, 797~870)의『주화엄법계관문서注華嚴

---

[139] 雪岑, 『華嚴釋題』(『韓佛全』7, p.295中), "大方廣佛華嚴經者, 斯乃諸佛之密藏, 如來之性海. 視之者, 莫識其指歸, 把之者, 罕測其涯際. 添性海之波瀾, 廓法界之疆城. 大乘頓教普被於無窮, 方廣眞筌, 遐該於有識. 豈謂後五百歲, 忽奉金口之言, 娑婆境中, 俄啓珠函之秘."

(唐)天冊金輪聖神皇帝製, 『大周新譯大方廣佛華嚴經序』(大正藏 10, p.1中), "大方廣佛華嚴經者, 斯乃諸佛之密藏, 如來之性海. 視之者, 莫識其指歸; 把之者, 罕測其涯際. … 添性海之波瀾, 廓法界之疆域. 大乘頓教, 普被於無窮; 方廣眞筌, 遐該於有識. 豈謂後五百歲, 忽奉金口之言; 娑婆境中, 俄啓珠函之祕." 『華嚴釋題』와 완전히 일치하는 부분은 밑줄로 표시하였고, 서로 상이한 부분은 진하게

法界觀門序』,¹⁴⁰ 『조청량강화엄경제詔淸涼講華嚴經題』¹⁴¹와 『조청량화
엄종지詔淸涼華嚴宗旨』¹⁴²에 대한 인용이 이어진다. 『조청량강화엄경

표시함. 이하 각주도 동일.

140 雪岑, 앞의 책(『韓佛全』7, p.295中), "無德而稱者, 其唯法界歟. 法界者, 一切衆生之
身心本體也. 從本以來, 靈明廓徹, 廣大虛寂, 唯一眞境而已. 無有形貌而森羅大
千, 無有邊際而含容萬有. 昭昭於心目之間, 而相不可視, 晃晃於色塵之內, 而理
不可分. 非徹法之慧目離念之明智, 不能見自心, 如此之靈通也. 故世尊初成正
覺 歎曰: 奇哉. 我今普見一切衆生, 具有如來智慧德相, 但以妄想執着, 而不能證
得. 開示華嚴宗旨."

(唐)裴休述, 『注華嚴法界觀門序』(大正藏 45, p.683中), "法界者, 一切衆生身心之
本體也. 從本已來, 靈明廓徹, 廣大虛寂, 唯一眞之境而已. 無有形貌而森羅大千,
無有邊際而含容萬有. 昭昭於心目之間, 而相不可視, 晃晃於色塵之內, 而理不可
分. 非徹法之慧目離念之明智, 不能見自心, 如此之靈通也. … 故世尊初成正覺.
歎曰: 奇哉. 我今普見一切衆生, 具有如來智慧德相, 但以妄想執著, 而不證得.
於是稱法界性, 說華嚴經."

141 雪岑, 앞의 책(『韓佛全』7, p.295中), "三復竭愚, 露滴天池喜含百川之味. 塵培華岳,
無增萬仞之高極虛空之可度, 體無邊涯, 大也. 竭滄溟而可飮, 法門無盡, 方也.
碎塵刹而可數, 用無能測, 廣也. 離覺所覺朗萬法之幽邃, 佛也. 芬敷萬行, 榮輝衆
德, 華也. 圓慈行德, 飾彼十身, 嚴也. 貫攝玄微, 以成眞光之彩, 經也."

(唐)澄觀, 『詔淸涼講華嚴經題』(『嘉興藏』1, p.644中), "三復竭愚, 露滴天池喜合百
川之味. 塵培華岳, 無增萬仞之高極虛空之可度, 體無邊涯, 大也. 竭滄溟而可飮,
法門無盡, 方也. 碎塵刹而可數, 用無能測, 廣也. 離覺所覺朗萬法之幽邃, 佛也.
芬敷萬行, 榮耀衆德, 華也. 圓茲行德, 飾彼十身, 嚴也. 貫攝玄微, 以成眞光之彩,
經也."

142 雪岑, 앞의 책(『韓佛全』7, p.295中), "大哉眞界, 萬法資始歟. 包空有而絶相.
入言象而無迹, 妙有得之而不有. 眞空得之而不空, 生滅得之而眞常, 緣起得之
而交映, 我佛得之妙踐眞覺. 廓淨塵習, 寂寥於萬化之域, 動用於一虛之中, 融身
刹以相合含, 流聲光而遞燭, 我皇得之靈鑑虛極, 不有大虛, 曷展無涯之照, 不有

제』는 청량징관淸凉澄觀이 덕종德宗 황제의 명에 따라 『화엄경』의
제목을 강의한 내용을 정리하여 바친 것이다. 덕종 황제는 하동 절도사
예부상서인 이선李詵에게 명을 내려 청량징관을 초빙하여 계빈국의
반야다라 삼장과 함께 오다국烏荼國에서 바친 『화엄경』 후반부의 범본
梵本을 번역하라고 명하였다. 이때 덕종 황제도 역경에 참여하였으며,
역경을 마치고 『화엄경』의 종지를 설하여 줄 것을 청하였다. 이에
청량징관은 화엄의 중심사상을 '대방광불화엄경'이라는 제목에 대한
풀이로 간략하게 설명해 주었다.[143] 이에 이어서 징관의 『대방광불화엄
경소大方廣佛華嚴經疏』의 권1 첫 부분을 그대로 인용하고 있고,[144] 다시
권3에서 장문의 부분[145]을 그대로 전재하고 있다.

　이렇게 측천무후, 배휴와 징관의 저술들을 인용한 이후, "산승이
이 자리에 올라 화엄의 대의를 제창한다(山僧升于此座, 提唱華嚴大
意)."[146]라는 구절부터는 본격적으로 천여유칙天如惟則 선사의 어록을

眞界, 豈淨等空之心."

(唐)澄觀, 『詔淸凉華嚴宗旨』(『嘉興藏』 15, p.644下), "大哉眞界, 萬法資始. 包空
有而絶相. 入言象而無跡, 妙有得之而不有. 眞空得之而不空, 生滅得之而眞常,
緣起得之而交映, 我佛得之妙踐眞覺. 廓盡塵習, 寂寥於萬化之域, 動用於一虛
之中, 融身刹以相含, 流聲光而遐燭, 我皇得之靈鑒虛極, … 不有太虛, 曷展無涯
之炤, 不有眞界, 豈淨等空之心."

143 (唐)澄觀, 『詔淸凉講華嚴經題』(『嘉興藏』 15, p.644中) 참조.

144 雪岑의 『華嚴釋題』에서 澄觀의 『大方廣佛華嚴經疏』 卷1(大正藏 35, p.503上),
"往復無際, 動靜一源, 含衆妙而有餘. … 竭思幽宗, 豈無慶躍."에 이르는 상당히
긴 장문을 그대로 전재함.

145 雪岑은 각주 6에 이어서 다시 『大方廣佛華嚴經疏』 卷3(大正藏 35, p.524中)의
"自晉譯微言則雙童現瑞. … 其事跡昭彰備於傳記."의 부분을 그대로 전재함.

대량으로 인용한다. 설잠이 인용한 천여유칙 선사의 어록은 선사가 서요심徐了心 거사의 천도遷度를 위해 7일간 법회를 열어 화엄대의를 설한 내용이다.[147] 설잠은 그를 인용하면서 일부 개정을 가하고 있는데, 예를 들어 『천여어록』에서는 '서요심'인 것을 '아무개(某)'로 교체하고, '선사(師)'를 '산승山僧'으로, '주장자를 내리치거나 불자拂子를 부딪히는 경우'를 '염주를 헤아리는 것'으로 바꾸고 있지만, 전체적인 내용은 『천여어록』을 그대로 따르고 있다.

　이상과 같이 『화엄석제』 대부분 내용은 거의 인용문으로 이루어져 있음을 알 수 있다. 따라서 설잠의 『화엄석제』는 저술이라기보다는 '편저編著'의 성격이 강하다고 볼 수 있다. 그러나 여기에서 주의해야 할 부분은 비록 대량의 인용문을 전재하여 '편저'의 성격이 강하다고 하지만, 그 '편집'에 설잠의 사상이 농후하게 개입되었다는 점이다. 그것은 무엇보다도 인용문의 선정에서 확인할 수 있다. 다시 상세하게 논증하겠지만, 설잠은 『화엄석제』의 전체적인 내용을 '대방광불화엄경' 제명題名의 해석으로부터 일진법계一眞法界로 이어지는 화엄의 대의大義, 그리고 『천여어록』에서 선교일치로 이어지도록 구성하고 있다. 구체적으로 보면 그에 적합한 문구들을 원 텍스트의 전후와 상관없이 취사선택하고 있음을 확인할 수 있기 때문이다. 이러한 관점에서 보면, 『화엄석제』는 설잠이 화엄학을 연구하는 과정에서 작성한 일종의 '연구노트'가 아닐까 하는 추론도 가능하다. 그럼에도

---

146 善遇編, 『師子林天如和尙語錄』 卷2(『卍新纂續藏』 70, p.771下), "松江呂子潤宅會諸山師, 德建七日華嚴勝會, 薦度徐氏了心居士. 逐日請師升座提唱華嚴大意."
147 앞의 주 참조.

불구하고『화엄석제』는 설잠의 불교사상을 이해하는 데 있어 여전히 중요한 텍스트라 하겠다.

2. 『화엄석제』의 주요 사상

그렇다면『화엄석제』에서 전개하고 있는 사상적 내용은 과연 무엇인가? 여기에서 그 사상적 대강을 살펴보고자 한다.

우선 앞에서 언급한 바와 같이『화엄석제』는 측천무후의 서문에서 두 개의 단락을 인용하여 시작하고 있다.

『대방광불화엄경』은 바로 제불諸佛의 밀장密藏이며, 여래의 성해性海이다. 그것을 보려는 자는 그 궁극적인 뜻을 알 수 없고, 잡으려는 자는 그 끝을 헤아리지 못한다. 성해에 파도를 더하여 법계의 경계(彊城)를 통하게 하였으니, 대승의 돈교頓敎를 무궁한 후대를 두루 감싸고, 방광方廣의 진실한 통발은 방광放光에 굳은 성성城을 둘러싸고, 대승돈교는 중생을 먼 데까지 아우르게 된 것이다. 어찌 후의 오백세에 당한 말세에 홀연히 금구金口의 말씀을 받들며, 사바의 경계 중에서 문득 주함珠函의 비밀을 열게 될 줄을 이르겠는가?[148]

---

[148] 雪岑, 위의 책(『韓佛全』7, p.295中), "大方廣佛華嚴經者, 斯乃諸佛之密藏, 如來之性海. 視之者, 莫識其指歸, 挹之者, 罕測其涯際. 添性海之波瀾, 廓法界之彊城. 大乘頓敎普被於無窮, 方廣眞筌, 遐該於有識. 豈謂後五百歲, 忽奉金口之言, 娑婆境中, 俄啓珠-函之秘."

이는 앞에서 언급한 바와 같이 측천무후의 『신역화엄경서』에서
두 부분을 인용한 문구이다. 여기에서 기본적으로 『화엄경』에 대한
정의를 내리고 있는데, 바로 '제불의 밀장'이요, '여래의 성해'이고,
또한 '대승의 돈교'라는 것이다. 이렇게 『화엄경』을 정의한 다음에
설잠은 '법계法界'에 대하여 다음과 같이 인용하고 있다.

법계란 일체중생의 몸과 마음의 본체이다. 근본 이래로 신령스럽게
밝아 훤히 통하고, 광대하며 텅 비어 고요하고, 오직 하나의 참된
경계일 뿐이다. 형상과 모습이 없으면서도 대천세계의 삼라만상을
이루고, 변제邊際가 없으면서도 만유萬有를 품어 안는다. 심목心目
사이에 밝고 밝지만 서로 볼 수 없으며, 색진色塵 안에 밝게 빛나지
만 이理를 헤아릴 수 없다. 법을 꿰뚫는 혜일慧日과 망념을 떠난
밝은 지혜가 아니고서는 자심自心의 이와 같은 영통靈通함을 볼
수 없음이다. 그러므로 세존께서 처음 정각을 이루시고, 찬탄하여
"기이하도다! 내 지금 일체중생을 두루 관찰해 보니, 여래의 지혜와
덕상德相을 빠짐없이 갖추고 있지만, 단지 망상과 집착 때문에
능히 증득하지 못하는 것이다."라고 하시고, 화엄의 종지宗旨를
열어 보이셨던 것이다.[149]

---

149 雪岑, 위의 책(『韓佛全』7, p.295中), "無德而稱者, 其唯法界歟. 法界者, 一切衆生之
身心本體也. 從本以來, 靈明廓徹, 廣大虛寂, 唯一眞境而已. 無有形貌而森羅大
千, 無有邊際而含容萬有. 昭昭於心目之間, 而相不可覩, 晃晃於色塵之內, 而理
不可分. 非徹法之慧目離念之明智, 不能見自心, 如此之靈通也. 故世尊初成正
覺 歎曰: 奇哉. 我今普見一切衆生, 具有如來智慧德相, 但以妄想執着, 而不能證
得. 開示華嚴宗旨."

이는 앞에서 언급한 배휴의 『주화엄법계관문서』에서 인용한 구절이다. 앞에서 『화엄경』에 대한 정의를 내렸다고 한다면, 여기에서는 『화엄경』의 핵심적인 내용을 제시하였던 것이다. 즉 '제불의 밀장', '여래의 성해', '대승의 돈교'의 내용은 '법계'로부터 출현한다는 것이다. 이른바 중생과 여래의 '본체'로서 '법계'를 설정하고 있다고 하겠다. 이러한 '법계'의 성격에 대하여 설잠은 다음과 같이 인용한다.

갔다가 돌아옴에 끝이 없고, 움직임과 고요함이 하나의 근원이며, 온갖 현묘함을 머금었으되 남음이 있고, 언어와 사고를 초월해서 훌쩍 벗어나는 것은 법계일 뿐이다.[150]

이는 청량징관의 『화엄경소』의 「서문」을 인용한 단락이다. 법계에 미혹하여 육취六趣로 나아가는 것이 '가는 것(往)'이며 '움직이는 것(動)'이요, 법계를 깨달아 일심으로 돌아오는 것이 '오는 것(復)'이며 '고요한 것(靜)'이다. 여기에서 '가는 것'·'오는 것'·'움직이는 것'·'고요한 것' 등은 모두 법계의 평등한 작용이며, 서로 간에 모순되거나 걸림이 없다. 법계는 경전의 근본적인 취지(宗趣)이며, 경전의 모든 사상에 공통되는 본체(通體)이기도 하고, 또한 모든 법이 의지하는 근거(通依)이기도 하다. 일체중생의 미혹과 깨달음, 모든 부처님께서 증득하신 경지, 그리고 모든 보살행은 바로 이 법계로부터 나온다. 이러한 까닭으로 그것을 밝히는 의미로 제불의 '밀장'과 여래의 '성해'라

---

150 雪岑, 위의 책(『韓佛全』 7, p.295中), "往復無際, 動靜一源, 含衆妙而有餘, 超言思而 逈出者, 其唯法界歟." (唐)澄觀, 『華嚴經疏』 「序文」(大正藏 35, p.503上).

는 말을 빌려다 표현한 것이다.

이렇게 측천무후와 배휴, 그리고 징관의 저술들에서 인용하여 교학적으로 '법계'를 규정한 이후, 설잠은 본격적으로 『천여어록』으로부터 선학禪學적으로 '법계'를 해석하였다. 우선 설잠은 다음과 같은 문구를 인용한다.

> 일진법계를 말하자면, 무한한 세계를 함께 거두고 있으며, 열 가지 현문玄門은 무량한 법문을 모두 포섭하고 있으니, 사事이면서 이理이고, 성性이면서 상相이며, 인因이면서 과果이고, 주主이면서 반半이며, 범凡이면서 성聖이고, 정보正報이면서 의보依報이며, 다多이면서 일一이다.[151]

여기에서 설잠은 '일진법계'가 결코 현실과 괴리되어 있지 않다는 점을 강조하려고 한 의도를 엿볼 수 있다. 설잠은 이를 위하여 다시 다음과 같이 인용한다.

> 제산諸山의 대덕大德이 누군가를 위하여 십종의 현문玄門을 제시한 이유는 일진법계를 드러내고자 한 것이다. 어찌 모르는가? 화엄세계에 존재하는 티끌 그 하나하나에 법계가 나타나 있다. 여러분은

---

151 雪岑, 위의 책(『韓佛全』 7, p.297上), "說話大衆一眞法界, 無邊世界以俱收, 十種玄門, 無量法門而攝攝, 卽事卽理, 卽性卽相, 卽俗卽眞, 卽因卽果, 卽主卽伴, 卽聖卽凡, 卽正卽依, 卽多卽一." 善遇編, 『師子林天如和尙語錄』 卷2(『卍新纂續藏』 70, p.765下).

보았는가? 지금 산승의 염주(數珠)에 십종의 현문이 열려 있고, 염주 아래에 일진법계가 나타나 있다.[152]

이 부분은 본래 『천여어록』에서는 '불자拂子'를 좌우로 치며 말하는 것[153]으로 되어 있는데, 설잠이 '염주(數珠)'로 바꾸고 있음을 알 수 있다. 아마도 설잠은 인드라망의 화엄세계를 표현하는 데 있어서 '불자'보다는 '염주'가 더욱 적합하다는 판단으로 바꾸지 않았을까 하는 추론이 가능하다. 여하튼 설잠이 이 문구를 인용한 것은 '일진법계'는 결코 현상세계를 초월한 요원한 곳에 있는 것이 아니라, 바로 '지금 이 자리', 즉 '당하當下'에 있음을 강조하려는 의도를 찾을 수 있다. 그러한 의도를 더욱 부각시키려고 설잠은 다시 "문: 법계의 현묘한 문을 떠나서 『화엄경』은 대체 어느 곳에 있는 것입니까? 답: 현재 여러분의 손에 드러나 있다."[154]라는 구절을 인용하고 있다.

이렇게 '법계'를 '지금 이 자리(當下)'로 연결시켰다면, 당연히 지금 이 자리에서 현현하고 있는 '마음'과의 관계를 밝힐 필요가 있을 것이다.

---

152 雪岑, 위의 책(『韓佛全』 7, p.297中), "諸山大德, 爲某指示十種玄門, 顯揚一眞法界者是也. 豈不見道華藏世界所有塵, 一一塵中見法界. 諸人還見麼? 卽今山僧數珠頭上, 十種玄門開了也. 數珠下, 一眞法界現了也."

153 善遇編, 위의 책(『卍新纂續藏』 70, p.772中), "여러분들은 또한 보는가? 불자拂子를 왼쪽으로 치며, '열 가지 현문이 열려 있구나'라고 하고, 오른쪽으로 치며 '일진법계가 드러났구나'라고 하였다(諸人還見麼? 拂子左擊云: 十種玄門開了也. 右擊云: 一眞法界現了也)."

154 雪岑, 위의 책(『韓佛全』 7, p.296下), "問: 離却法界玄門, 華嚴經還在甚處? 答云: 現在諸人手裡." 善遇編, 위의 책(『卍新纂續藏』 70, p.771下).

300

앞에서 인용하였던 "법계란 일체중생의 몸과 마음의 본체(法界者, 一切
衆生之身心本體)"라는 구절로부터 이미 '본체'인 '법계'로부터 중생의
몸과 마음이 현현하고 있기 때문에 그 관계성은 아주 명확하다고
할 수 있다. 따라서 설잠은 보다 분명하게 '마음'의 문제에 대해 다음과
같이 설하고 있다.

제불의 마음 안에 중생들은 새롭게 부처를 짓고, 중생의 마음
가운데 제불은 생각마다 참됨을 증득하니, 움직여 천 가지로 변화
하지만 많은 것이 아니고, 사事와 이理가 교섭하되 서로를 잊으며,
성性과 상相이 융통하여 다함이 없다. 한 글자의 법문은 바닷물이
다하도록 먹을 갈아 쓴다 해도 다함이 없으며, 한 터럭의 선善함이
공계空界가 다하도록 무궁하니, 그 정定함을 말함이다.[155]

설잠은 여기에서 '마음'을 '중생심(凡心)'과 '불심佛心'의 두 가지로
나누지만, 그 둘이 서로 철저하게 상즉相卽하고 있음을 강조하고자
징관의 저술들을 인용하여 논증하였다. 이렇게 중생심과 불심으로
나뉘는 마음에 대하여 다시 다음과 같은 구절을 인용하고 있다.

이 마음을 깨닫기 이전에는 명상名相이 만 갈래로 나누어지지만,

---

155 雪岑, 위의 책(『韓佛全』7, p.295中), "諸佛心內, 衆生新新作佛, 衆生心中, 諸佛念念
證眞, 動千變而非多, 事理交涉而兩忘, 性相融通而無盡. 一字法門, 海墨書而不
盡, 一毛之善, 空界盡而無窮, 語其定也." (唐)澄觀,『貞元新譯華嚴經疏』卷1(『卍
新纂續藏』5, p.48中).

이 마음을 깨닫고 나면 체體와 용用은 일치한다.[156]

이로부터 '마음'을 통해 체용의 문제를 이끌고 있음을 알 수 있다. 여기에서 잠시 화엄학의 체용과 관련하여 설명을 하겠다. 이통현李通玄 은 "문수보살은 '이理'로써 '행行'을 융회하고, 보현은 '행'으로써 '이'를 융회하니, 문수와 보현은 각각 '체'와 '용'으로 서로를 꿰뚫어 일진법계 一眞法界를 완성한다."[157]라고 하고 있어, '체·용'을 '이·행'과 대비하고 있음을 알 수 있다. 설잠도 이와 유사한 사유로서 징관의 저술에서 다음과 같은 문구를 인용하고 있다.

진체眞體가 만화萬化의 영역에 그윽이 합하고 덕상德相이 중현重玄 의 문에 드러나니, 작용(用)이 번다하게 일어나지만 항상 여여하 고, 지혜가 두루 비추지만 항상 고요하다. 진眞과 망妄이 서로 통하니, 범부의 마음(凡心)에 즉하여 부처의 마음(佛心)을 보며, 사事와 이理를 함께 닦으니, 근본지에 의지하여 부처의 지혜(佛智) 를 구하도다. '이'와 '사'를 따라 변하니, 곧 일一·다多의 연기는 끝이 없으며, '사'가 '이'를 얻어 융통하니, 곧 천 가지 차별로 교섭하 여 들어가되 걸림이 없도다.[158]

---

156 雪岑, 위의 책(『韓佛全』7, p.298中), "此心未了, 則名相萬殊, 此心旣了, 則體用一 致." 善遇編, 앞의 책(『卍新纂續藏』70, p.772下).

157 (唐)李通玄, 『新華嚴經論』卷4(大正藏 36, p.740下), "文殊以理會行, 普賢以行會 理. 二人體用相徹, 以成一眞法界."

158 雪岑, 앞의 책(『韓佛全』7, p.295中), "冥眞體於萬化之域, 顯德相於重玄之門, 用繁興而恒如, 智周鑑而常靜. 眞妄交徹, 卽凡心而見佛心, 事理雙修, 依本智而

302

설잠은 여기에서 '체·용'과 '마음'의 관계를 '중생심·불심', '이·사', '일·다' 등과 연계하여 설명하고 있음을 알 수 있다. 앞에서 '법계란 일체중생의 몸과 마음의 본체'라고 밝힌 바와 같이 근본적인 '체'는 바로 '일진법계'인 것이고, 이러한 본체로부터 중생들이 현현하여 '번다한 작용(用)'을 일으키지만, 그것은 결코 독립적으로 발생한 것이 아니어서, 필연적으로 끊임없이 '상즉'하는 철저한 관계성을 지니고 있다고 보는 것이다. 그러므로 마음에 있어서 그것이 '중생심'이든지 '불심'이든지 철저하게 '깨닫고 나면 체와 용은 일치'한다고 결론을 내리고 있는 것이다.

이렇게 '마음'의 깨달음을 중시하게 된다면, '깨달음'을 통해서 도달하는 경계, 즉 '불경계佛境界'에 대한 설명이 나타나야 할 것이다. 『화엄석제』에서 '불경계'를 언급한 부분은 많이 나타나는데, 여기에서 그 대체적인 의미를 살펴보고자 한다.

만약 불경계를 알고자 한다면, 마땅히 그 뜻을 허공과 같이 청정하게 하고, 망상과 제취諸趣를 멀리 떠나고, 마음으로 하여금 모든 것에 걸림이 없게 하라. 무엇을 일러 불경계라고 하는가? 공空과 유有를 서로 밝히고, 이理와 사事가 걸림이 없고, 일과 다가 상즉하며, 작은 것과 큰 것이 서로 포용하는, 이러한 경계를 가리켜 불경계라 한다. 이로써 관찰해 보면, 하나의 티끌과 하나의 터럭까지 모두 불경계요, 하나의 모래알과 한 방울의 물까지 모두 불경계

求佛智, 理隨事變則一多緣起之無邊, 事得理融, 則千差涉入而無碍." (唐)澄觀, 『方廣佛華嚴經疏』 卷1(大正藏 35, p.503上).

인 것이다.[159]

이로부터 '불경계'는 앞에서 설명했던 '일진법계'의 '본체'와 그대로 계합하는 것으로 보아도 될 것이다. 그런데 징관은 "「여래출현품」에서 설한 불경계는 바로 불경佛境이요, 여래심을 설한 것은 바로 불심佛心을 말하는 것이다. … 제불의 마음을 알려면 마땅히 부처님의 지혜를 관해야 하니, 부처님의 지혜는 의지처가 없음이 마치 허공이 의지하는 대상이 없는 것과 같다."[160]라고 하여 '불경계'를 바로 '불심'으로 귀착시켰다. 설잠도 이러한 징관의 견해에 동의하고 있음을 엿볼 수 있으며, 그 때문에 "만약 불경계를 알고자 한다면, 마땅히 그 뜻을 허공과 같이 청정하게 하라."는 내용을 인용한 것이라고 하겠다. 따라서 앞에서 '마음'을 '중생심'과 '불심'으로 나누지만, 그 둘이 서로 철저하게 '상즉'하고 있음을 밝혔기 때문에 '불경계' 역시 '중생경계'와 끊임없이 '상즉'하게 될 것이다. 그런 까닭으로 설잠은 다음과 같은 구절을 인용한다.

비로자나불의 화장장엄해華藏莊嚴海는 모든 곳에 두루 펼쳐져 있

---

159 雪岑, 위의 책(『韓佛全』 7, p.299上), "若人欲識佛境界, 當淨其意如虛空, 遠離妄想及諸趣, 令心所向皆無碍. 何謂佛境界也? 空有迭彰, 理事無碍, 一多相卽, 小大互容, 夫是之謂佛境界也. 由是觀之, 一塵一毛, 皆佛境界. 一沙一滴, 皆佛境界." 善遇編, 앞의 책(『卍新纂續藏』 70, p.774上).

160 (唐)澄觀, 『演義鈔』 卷1(大正藏 36, p.3上), "如出現品說佛境界, 卽佛境也, 說如來心卽佛心也. … 如云欲知諸佛心, 當觀佛智慧, 佛智無依處, 如空無所依, 此令觀佛心也."

고, 『대방광불화엄경』은 모든 법을 두루 아우른다. 화장해가 모든
곳에 두루 펼쳐져 있다면, 말해 보라! 외양간과 마구간, 술집과
매춘굴, 도산刀山과 검수劍樹와 노탄爐炭과 확탕鑊湯이라는 지옥
등의 오염되고 악한 경계는 어디에 안착시켜야 할까? 안착할 곳이
특별히 없다면 노탄과 확탕, 도산과 검수를 화장해라고 불러도
되는가? 술집과 매춘굴, 외양간과 마구간을 화엄해라고 불러도
되는가? 만약 화엄해라고 부르지 못한다면, 가히 모든 곳에 두루
펼쳐져 있다고 말할 수 없을 것이다.[161]

온갖 더러운 곳과 지옥 등의 경계도 비로자나불의 경계인 화장해가
아닌 것이 없다. 본체를 깨달은 경지에서 보면 이들도 모두 비로자나불
의 경계가 다양하게 전개된 세계 중 하나로서 청정과 오염의 대립을
모두 벗어나 있기 때문이다. 그래서 분별의식의 근거를 청정히 만들어
바른 눈(正眼)을 열어야 불경계가 열린다는 의미를 『화엄석제』에서는
다음과 같이 인용하였다.

망령되게 갖가지 장애를 일으켜, 색의 장애를 받거나 소리의 장애
를 받거나 산수와 인물을 비롯한 삼라만상의 장애들 받아 지향하는
모든 것에 장애를 받으면서도 불경계를 알고자 한다면 영원히

---

161 雪岑, 앞의 책(『韓佛全』 7, p.298上), "毗盧華藏莊嚴海, 徧在一切處, 大方廣佛華嚴
經, 徧該一切法. 華藏海既徧一切處, 且道! 牛欄馬廄, 酒肆婬坊, 劍樹刀山, 鑊湯
爐炭等, 穢惡境界, 又向何處安着? 既無安著處, 便將爐炭鑊湯, 刀山劍樹, 喚作華
藏海得麼? 便將婬坊酒肆, 馬廄牛欄, 喚作華藏海得麼? 若不喚作華藏海, 則不可
謂之徧在一切處也." 善遇編, 앞의 책(『卍新纂續藏』 70, p.772下).

이루지 못할 것이다. 그러나 그대가 만일 단적으로 보고자 한다면 또한 어려울 것이 없다. 다만 갖가지 망상과 갖가지 집착과 온갖 장애를 통째로 하나로 엮어서 곧장 의근意根을 허공과 같이 청정하게 만들고, 정수리에서 바른 눈(正眼)을 활짝 열어 세간을 환하게 비추어 본 다음에는 천지가 모두 불경계가 될 것이다.[162]

삼라만상의 모든 것들이 불경계가 되어 망상집착과 장애가 있는 그대로 모두 부처의 경계라고 한다. 그에 따라 다음과 같은 인용문을 이끌어낸다.

이와 같은 경계는 유有가 아니지만 공空도 아니고, 이理가 아니지만 사事도 아니며, 일一이 아니지만 다多도 아니고, 소小가 아니지만 대大도 아니며, 미迷는 아니지만 오悟도 아니고, 수修가 아니지만 증證도 아니다. 그것은 불경계라고 불러도 될 것이고, 불경계라고 부르지 않아도 될 것이다. 이와 같은 미묘함은 말로 표현할 수 없고, 이와 같은 원융圓融을 말로 표현할 수 없으며, 이와 같은 자재自在를 말로 표현할 수 없고, 이와 같은 무애無碍를 말로 표현할 수 없으며, 이와 같은 이익을 말로 표현할 수 없으니, 이를 불가설不可說이라 하고, 또 불가설인 불경계라고 한다.[163]

---

162 雪岑, 위의 책(『韓佛全』 7, p.298中), "妄生種種障碍, 或被色碍, 或被聲碍, 或被山水人物, 萬像森羅之所障碍, 旣是所向皆碍, 要見佛境界, 驢年更驢年. 雖然如是, 汝若端的要見也不難, 但將種種妄想, 種種取着, 種種障碍, 和盤撳轉, 直教意根下, 淸淨如虛空, 向頂門上, 豁開正眼, 洞照世間然後, 天地是佛境界." 善遇編, 앞의 책(『卍新纂續藏』 70, p.774上).

이렇게 구현된 불경계는 모든 대립이 하나의 세계를 완성하는 도구 일 뿐, 서로 대립하지 않고 하나로 어울리게 된다. 그러므로 『화엄석 제』는 다음과 같은 내용을 인용하고 있다.

만약 누가 부처님의 경계를 알고자 한다면, 머리 위에 또 하나의 머리를 올려놓는 격이요, 마땅히 의근意根을 허공과 같이 청정하게 만들라고 하지만, 누가 일찍이 더럽힌 적이 있었던가?[164]

불경계가 실현된 다음에는 더 이상 알고자 하는 분별은 이미 있는 머리에 부질없이 머리를 또 올려놓는 격이라 한다. 또한 불경계를 보기 위해 의근을 청정히 하라고 하지만, 그것은 본래 청정 그 자체이기 때문에 어떤 조작도 필요 없다는 의미가 된다. 설잠은 천여유칙의 이러한 법어를 인용하여 선적禪的인 이해로 이끌고 있다.

망상과 여러 갈래 윤회의 길을 여의라 하지만, 물을 파헤치며 물을 찾는 격이고, 마음으로 하여금 지향하는 대상마다 모두 걸림 이 없도록 하라고 하지만, 눈 안에 가득 청산이다.[165]

163 雪岑, 위의 책(『韓佛全』 7, p.299下), "如是境界也, 非有也, 非空也, 非理也, 非事也, 非一也, 非多也, 非小也, 非大也, 非迷也, 非悟也, 非修也, 非證也. 喚作佛境界也 得, 不喚作佛境界也得, 如是微妙不可說, 如是圓融不可說, 如是自在不可說, 如 是無碍不可說, 如是利益不可說, 是名不可說, 又不可說之佛境界也." 善遇編, 『師子林天如和尙語錄』 卷2(『卍新纂續藏』 70, p.774中).

164 雪岑, 위의 책(『韓佛全』 7, p.299下), "若人欲識佛境界, 頭上安頭, 當淨其意如虛空, 誰曾染汚?" 善遇編, 앞의 책(『卍新纂續藏』 70, p.774中).

이 인용구 또한 선종에서 상용하는 비유로 교학적인 이치를 해석한 것이며, 이것으로 불경계의 실상을 모두 드러내고자 한 것이다. '눈에 가득 찬 청산'은 청정한 근根에 '일진법계'로서의 불경계가 나타난 것과 다르지 않다고 하겠다.

이렇게 '법계'와 '마음', 그리고 마음의 '체용'과 그로부터 도달하는 '불경계'에 대하여 설잠은 다양한 인용문들을 통하여 논증한 이후에, 최종적으로 그를 총괄하고 있는 '자기自己'의 문제로 다음과 같이 귀결시키고 있다.

원래 다만 하나의 '자기'일 뿐이다. 바로 이 '자기'가 하늘에 있으면 하늘과 같고, 땅에 있으면 땅과 같으며, 사람에게 있으면 사람과 같고, 만물에 있으면 만물과 같은 것이다. '자기'의 본분에 입각하여 혹은 '본래 갖추었다'라고 말하고, 혹은 '본공本空'이라고도 말하며, 혹은 '깨달음과 미혹'을 구별하여 말하고, '수행과 증득'을 나누어 말하기도 하는 등 쓸데없이 늘어진 수많은 말을 끌어들여 세우는 것이다. 봄빛에는 높거나 낮은 차별이 없건만, 꽃가지에 길거나 짧은 차별이 있을 뿐이다.[166]

---

165 雪岑, 앞의 책(『韓佛全』 7, p.299下), "遠離妄想, 及諸趣, 撥波求水, 令心所向, 皆無碍, 滿目靑山." 實叉難陀譯, (唐)澄觀疏義, 『大方廣佛華嚴經綱要』 卷15(『卍新纂續藏』 9, p.43上).

166 雪岑, 위의 책(『韓佛全』 7, p.300下), "元來只是一箇自己. 這箇自己, 在天同天, 在地同地, 在人同人, 在物同物. 於自己分上, 或說本具, 或說本空, 或說悟迷, 或說修證, 引起許多閑絡索. 春色無高下, 花枝自短長." 善遇編, 앞의 책(『卍新纂續藏』 70, p.775中).

이렇게 모든 것을 통일시키는 원리가 자기이며, 그것은 곧 '일진법계'와 다르지 않으며, 그 나머지 다양한 주장들은 이 '자기'에 대한 주석에 불과하다는 것이다. 무차별의 봄빛은 이 '자기'라는 하나의 '이理'를 상징하고, 길거나 짧은 꽃가지의 차별된 모습은 그러한 갖가지 주장과 현상으로서의 '사事'를 나타내며, 이 두 가지는 걸림이 없이 서로 상통한다. 설잠은 화엄의 세계를 이러한 선의 도리를 통하여 보이고자 한 것이다.

이상과 같이 설잠은 『화엄석제』에서 다양한 인용문들을 통하여 그 제명을 해석하면서 '법계'와 '마음', '체용'과 그로부터 도달하는 '불경계'를 논증하며, 최종적으로 그를 총섭總攝하고 있는 '자기'로 귀결시키는 사상을 전개하고 있다. 이러한 과정에서 설잠은 화엄학으로부터 선禪, 특히 임제종 계열인 천여유칙 선사의 『어록』을 대량으로 인용하고 있다. 이러한 『화엄석제』의 편제와 사상의 전개는 명확한 의도를 지니고 있는 것이다. 결론적으로 제시한다면, 그것은 화엄교학과 선의 일치라고 할 수 있다. 또한 여기에서 추론을 더한다면 이른바 '화엄선華嚴禪'의 제창이라고 하겠다.

3. 선교일치와 화엄선의 제창

설잠의 『화엄석제』는 앞에서 밝힌 바와 같이 대부분이 인용으로 이루어진 '편저'이다. 설잠은 인용문들의 편집을 통하여 자신의 사상을 밝히고자 한 것인데, 앞에서 고찰한 바와 같이 시작 부분에 측천무후와 배휴의 『서序』를 인용한 것을 제외하고는 주로 청량징관의 저작들과 천여유칙의 『어록』에서 인용하고 있음을 알 수 있다. 배휴와 징관, 유칙 등은 모두 공통점이 있는데, 이들은 모두 '선교일치禪敎一致'를 표방하였다는 점이다. 주지하다시피 배휴는 징관의 제자이며 화엄종의 제5조로 추앙받는 규봉종밀圭峯宗密과도 밀접한 관계를 맺고 있었다. 배휴의 권유로 종밀이 『중화전심지선문사자승습도中華專心地禪門師資承襲圖』를 찬술하였음은 널리 알려진 사실이다. 또한 배휴는 종밀의 저술인 『주화엄법계관문注華嚴法界觀門』과 『화엄원인론華嚴原人論』 등의 화엄과 관련된 다양한 저술에 「서」를 찬술하였으며, 종밀 선사가 입적한 후에 친히 찬술한 「규봉선사비명」에서는 "배휴와 대사는 법에 있어서는 형제요, 의義에서는 친구이고, 은恩에 있어서는 선지식善知識이요, 교敎에 있어서는 내외의 호법護法이었다."[167]라고 썼던 것이다. 후에 황벽黃檗 선사를 스승으로 삼았으며, 그의 법어집인 『전심법요傳心法要』와 『완릉록宛陵錄』 등의 편집을 맡았으니, 배휴는 화엄과 선禪을 일치시키는 데 상당한 공헌을 하였다고 볼 수 있다. 화엄종의 제6조인 징관 역시 스승인 종밀과 마찬가지로 '선교일치론'에 많은 공력을 들였던 것으로 유명하다. 천여유칙은 원대元代 남악계南嶽系 임제종臨濟宗 선사이다. 중봉명본中峰明本의 법을 이었는데, 이 계통은 영명연수永明延壽의 영향을 많이 받았다. 연수는 『종경록宗鏡錄』 100권을 편찬하여 선교일치, 특히 화엄과 선, 그리고 정토를 일치시키고자 노력하였음은 널리 알려진 사실이다. 천여유칙도 이러한 사상적 전통에 따라 그의 『어록』에는 선교, 특히 화엄과 선을 일치시키고자

---

167 (唐)裴休, 『圭峯禪師碑銘』(『全唐文』 卷743), "休與大師, 於法爲昆仲, 於義爲交友, 於恩爲善知識, 於敎爲內外護."

310

하는 사상이 농후하게 나타난다.

　이렇게 설잠이 인용하였던 문구들은 모두 철저하게 화엄과 선을 일치시키는 사상들을 제창한 인물들의 저술에서 발췌한 것이다. 또한 앞에서 고찰한 바와 같이 『화엄석제』는 그 편제가 '일진법계'로부터 출발하여 '마음'과 '체용', '불경계'와 그를 총섭하는 '자기'로 귀결시켰다. 이러한 과정은 바로 '선교일치'를 제창하고자 하는 의도라고 볼 수 있다. 이제부터는 『화엄석제』에서 어떻게 선교일치를 제창하는가?'를 구체적으로 고찰하고자 한다.

　우선 『화엄석제』에서는 다음과 같이 『천여어록』을 인용하고 있다.

　이미 일정한 체體가 없기에 또한 일정한 이름도 없다. 어느 때엔 '일진법계'라고 부르고, 어느 때엔 '대광명장大光明藏'이라 부르며, 어느 때엔 '법보리장法菩提場'이라 부르고, 어느 때엔 '묘장엄역妙莊嚴域'이라 부르며, 어느 때엔 '육상의六相義'라 부르고, 어느 때엔 '십현문十玄門'이라 부르며, 어느 때엔 '일심삼관一心三觀'이라 부르고, 어느 때엔 '직지단전直指單傳'이라 부르며, 어느 때엔 '고가전지故家田地'라 부르고, 어느 때엔 '향상뢰관向上牢關'이라 부르고, 혹은 '금강권金剛圈'이라 부르고 혹은 '철산도鐵酸餡'라 이름하며, 혹은 '암호자暗號子'라 칭하고, 혹은 '본래인本來人'이라 일컫는다. 작용함에 방棒이 되고, 변함에 할喝이 되는 것에 이르게 된다. 놓기도 하고 거두기도 하며, 천차만별로 써먹다가 밑바닥까지 뒤집어엎어 첫머리부터 간파하게 되면, 원래가 단지 하나의 '자기自己'일 뿐이다.[168]

이상에서 보듯이 화엄의 여러 주요 개념과 선종의 주제어를 하나의 '자기'에 귀착시키고, '방'과 '할' 등과 같은 작용까지 오로지 '자기'의 활용으로 간주한다. 그 전체적인 언어나 논리는 선종의 방법에 따르고 있고, 화엄교학의 설들은 모두 그것을 표현하기 위한 소재에 불과하기 때문에 선종에 근거한 '선교일치설'이라 할 수 있다. 다음의 문구에도 이러한 취지가 보인다.

제산諸山의 대덕大德이 누군가를 위하여 십종十種의 현문玄門을 제시한 이유는 일진법계를 드러내고자 한 것이다. 어찌 모르는가? 화엄세계에 존재하는 티끌 그 하나하나에 법계가 나타나 있다. 여러분은 보았는가? 지금 산승의 염주(數珠)에 십종의 현문이 열려 있고, 염주 아래에 일진법계가 나타나 있다. … 불국토에 있는 티끌의 수와 같이 무수한 향염운香焰雲과 화염운火焰雲과 등염운燈焰雲과 마니운摩尼雲과 사자당운獅子幢雲도 또한 여기에 있으며, 물음도 여기에 있고 대답도 또한 여기에 있으며, 원융도 여기에 있고 항포行布 또한 여기에 있고, 신信도 여기에 있으며, 해解도 여기에 있고, 행行도 여기에 있으며, 증證 또한 여기에 있고, 미륵보살이 손가락 한 번 퉁기는 사이에 누각의 문이 열린

---

168 雪岑, 앞의 책(『韓佛全』7, p.300下), "旣無定體, 亦無定名. 有時喚作一眞法界, 有時喚作大光明藏, 有時喚作法菩提場, 有時喚作妙莊嚴域, 有時喚作六相義, 有時喚作十玄門, 有時喚作一心三觀, 有時喚作直指單傳, 有時喚作故家田地, 有時喚作向上牢關. 或號金剛圈, 或名銕酸餡, 或稱暗號子, 或曰本來人, 乃至用之爲棒, 變之爲喝, 放去收來, 千差萬別, 及乎盡底掀翻, 從頭勘破, 元來只是一箇自己." 善遇編, 앞의 책(『卍新纂續藏』70, p.775中).

도리도 여기에 있으며, 문수보살이 손을 뻗어 선재동자의 정수리를 쓰다듬었던 이치도 여기에 있다. 그 밖에 오주五周와 육상六相과 십현문十玄門과 사법계四法界가 모두 여기에 있다. 이것이 어찌 그 자리에서 남김없이 드러나는 실상이 아니겠는가! 내가 이제 다시 누군가에게 친절하고 간요한 곳에다 총괄적으로 거두어 성聖과 범凡의 경계를 완전히 끊어줄 것이다. 세존께서 경을 설한 칠처七處가 바로 나의 이곳 일처一處요, 세존께서 펼치신 구회九會의 법회도 바로 나의 이곳 일회一會이며, 세존께서 설하신 『화엄경』 80권이 나의 이곳에서는 단지 한 구절(一句)일 뿐이다. 말해 보라! 어떤 것이 이 한 구절인가?[169]

법계의 모든 실상이 낱낱의 현상에 모두 드러나 있다는 소식을 보여주었다가 마지막에는 하나의 구절(一句)로 그 무수한 전개를 모두 귀착시킨다. 긍정에서 부정으로, 펼쳤다가 다시 거두는 선사들의 방법이 활용되고 있다. 범凡과 성聖의 경계를 완전히 끊어버리고, 『화엄경』

---

169 雪岑, 위의 책(『韓佛全』 7, p.297下), "諸山大德, 爲某指示十種玄門, 顯揚一眞法界者, 是也. 豈不見道? 華藏世界所有塵, 一一塵中見法界, 諸人還見麼? 卽今山僧數珠頭上, 十種玄門開了也. … 佛刹微塵數香燄雲, 花燄雲, 燈燄雲, 摩尼雲, 獅子幢雲, 亦在者裡. 問也在者裡, 答也在者裡, 圓融也在者裡, 行布也在這裡, 信也在這裡, 解也在這裡, 行也在這裡, 證也在這裡. 彌勒彈指開樓閣門也在這裡, 文殊伸手摩善財頂也在這裡. 乃至五周六相, 十玄門, 四法界, 都在這裡. 此豈不是當處全彰者哉! 我今更爲某, 向親切簡要處, 摠而收之, 絕斷聖凡境界. 世尊七處, 我這裡只一處, 世尊九會, 我這裡只一會, 世尊說經八十卷, 我這裡只一句. 且道! 那箇是一句?" 善遇編, 앞의 책(『卍新纂續藏』 70, p.772中). 여기에서 "絕斷聖凡境界" 부분은 설잠이 삽입한 것으로 보인다.

전체를 하나의 구절로 마무리하지만, 그 한 구절이 무엇인지는 정의하고 있지 않다. 이것 역시 선사들이 화두로 던지는 방법에 의존한 것이다. 화엄의 교법에 대하여 철저하게 선사로서의 본분에 충실한 방식으로 마무리한 것이다. 여기서 번잡하게 교학적으로 연결할 여지는 전혀 없다.

말해 보라! 염주(數珠)가 어찌하여 이처럼 기특한가? 만약 저 기특한 점을 안다면, 그것이 변화하여 나타나 융통하는 경계를 알 것이고, 그것이 변화하여 나타나 융통하는 경계를 안다면 그것이 모든 곳에 두루 있고, 모든 법을 두루 아우른다는 사실도 알게 될 것이다.[170]

일진법계의 진실을 하나의 염주를 소재로 하여 표현하고 있다. 염주는 없는 곳이 없고, 아우르지 못하는 법이 없는 일진법계의 상징으로 제시된 것이다. 천여유칙의 이 법문은 화엄의 법계가 어떻게 선의 진실 속에 합치될 수 있는지 잘 보여주고 있다.

어찌 모르는가? 대경大經의 의미가 하나의 티끌 속에 있으니, 어떤 지혜로운 사람이 이 미진을 부수어 대경을 꺼낸다. 만약 이 대경을 본다면, 『화엄경』 81권은 모두 쓸모없는 휴지가 될

---

170 雪岑, 위의 책(『韓佛全』 7, p.298中), "且道! 數珠因甚如此奇特? 若知他奇特處, 便知他變現融通處, 若知他變現融通處, 便知他徧在一切處, 徧該一切法也." 善遇編, 앞의 책(『卍新纂續藏』 70, p.772下). 설잠은 "主丈拂子"를 "數珠"로 바꾸었다.

것이다. 또한 모르는가? 진정한 선지식은 자기 자신을 떠나지 않고, 자기에게서 도를 구하고, 남에게서 찾지 않을 것이다. 만약 이 선지식을 본다면, 선재동자가 참방했던 저들 53분의 선지식은 모두 도로변에 무수히 깔린 흔한 사람에 불과할 것이다.[171]

티끌 속에 화엄의 진실을 발견하는 즉시 『화엄경』 80권 전체가 휴지조각에 불과하다는 말에서 '교외별전敎外別傳' 또는 '불립문자不立文字'와 같은 선종의 주제들이 보이고 있다. 그리고 선재가 찾아다녔던 53선지식도 '자기'에서 발견한 하나의 선지식에 미치지 못한다는 말에서는 어디에도 의존하지 않는 '자성自性'을 보라는 조사선의 가풍이 엿보인다. 이 논리 또한 앞의 것과 마찬가지로 화엄의 교법을 응용하여 선의 진실을 밝히는 방식이다.

기억하건대 선재동자는 남방의 53선지식을 두루 참방하고 나서, 마지막에 보현보살이 십종원왕十種願王을 발하여 극락정토로 인도하여 왕생하도록 하니, 그것으로 일생 공부할 일을 마쳤다고 하였다. 대단하구나, 선재여! 안목도 없이 참문하러 곳곳을 돌아다니느라 다리에 상처만 났을 뿐만 아니라 후인에게도 피해를 끼쳤다. 오래도록 길을 헤매었으나, 어찌 내가 문정門庭을 벗어나지 않고

---

171 雪岑, 위의 책(『韓佛全』 7, p.298中), "豈不見道? 有大經卷, 在一塵中, 有一智人, 破此微塵, 出大經卷. 若見得這箇大經, 那八十一卷, 都成閑故紙. 又不見道? 眞善知識, 不離自家, 道在己求, 不從他覓. 若見得者箇知識, 那五十三員, 摠是路傍人." 善遇編, 앞의 책(『卍新纂續藏』 70, p.773上).

두루 선지식을 참방하고, 화장해華藏海를 여의지 않은 채 안양安養
의 나라를 직접 본 것과 비교할 것인가? 왕생에 의지하지 않거늘,
어찌 번거로이 남의 인도를 받겠는가?[172]

이 인용문도 선재동자가 곳곳의 선지식을 참방한 것이 오로지 여기
있는 자기 자신의 진실을 벗어나지 못한다는 취지를 나타낸다. 현재
살고 있는 문정을 벗어나지 않고 선재의 노고를 모두 실현하고 극락왕
생조차도 같은 방식으로 이루기 때문에 선재가 받았던 선지식의 인도
도 필요 없다는 것이 된다.

『화엄석제』에서 보다 화엄과 선의 관계를 명확하게 설명하는 부분
은 다음과 같다.

어떤 이가 묻기를, "가없는 국토 경계에는 자自와 타他가 털끝만큼
도 떨어져 있지 않다'고 하였는데, 이미 자와 타가 있거늘 어찌하여
떨어져 있지 않다고 합니까?"라고 하자, 답하기를, "회주懷州의
소가 벼를 먹으니, 익주益州의 말이 배가 부르다."라고 하였다.
또 묻기를, "'십세十世와 고금의 시작과 끝이 지금 이 생각에서
떠나 있지 않다'고 하였는데, 이미 시작과 끝이 있거늘 어찌하여
떠나 있지 않다고 합니까?"라고 하자, 답하기를, "천하의 의원을

172 雪岑, 위의 책(『韓佛全』7, p.301中), "記得, 善財童子, 叅徧南方五十三員善知識,
末後遇普賢菩薩, 教發十種願王, 引道往生樂土, 喚作一生叅學事畢. 大小善財!
叅方無眼目, 走得脚生瘡, 帶累後人. 長年在途路, 爭似某不出門庭, 徧叅知識,
不離華藏海, 親見安養邦? 不待往生, 何煩引導?" 善遇編, 앞의 책(『卍新纂續藏』
70, p.775下).

찾았더니, 돼지 왼쪽 팔뚝에 뜸을 뜨노라."라고 하였다. 계속해서 묻기를, "이 법회는 교전教典을 펼쳐 베푸는 자리이니, 수고로이 선禪을 말씀하려 하지 마시고, 그저 선사께서는 교의教義를 직접 말씀해 주시길 바랍니다."라고 하자, 답하기를, "산승이 어찌 이전에 두 개의 혀를 가진 적이 있더냐?"라고 하였다. 또 묻기를, "그러면 일진법계와 10종 현문에도 역시 자와 타, 처음과 끝이 있습니까?"라고 하자, 답하기를, "어디서 그 많은 골동품들을 얻었느냐?"라고 하였다. 계속하여 묻기를, "이미 이 많은 골동품들이 없었다면, 결국에 화엄이 설하는 바는 무슨 뜻입니까?"라고 하자, 답하기를, "화엄을 설해 보라."라고 하였다. 또 묻기를, "법계와 현문을 떠났다면, 『화엄경』은 도대체 어느 곳에 있는 것입니까?"라고 하자, 답하기를, "여러분들의 손안에 있느니라."라고 하였다. 계속하여 묻기를, "이와 같다면, 보는 자든 듣는 자든, 산 자든 죽은 자든 모두 다 신수봉행해야 합니까?"라고 하자, 답하기를, "너에게 서 푼을 줄 터이니, 짚신이나 사거라."라고 하였다. 승려가 예배하자, 산승이 답하시기를, "선객은 선을 묻는 것인데, 산승에게 직접 교의를 말하라고 청하니, 산승은 다만 한 개의 혀만 있을 뿐인데, 선객은 도리어 두 개의 귓불을 가진 격이로구나."라고 하였다.[173]

---

173 雪岑, 위의 책(『韓佛全』 7, p.296下), "或有問, 無邊刹鏡, 自他不隔於毫端. 旣有自他, 因甚不隔? 答云, 懷州牛喫禾, 益州馬腹脹. 或問, 十世古今, 始終不離於當念, 旣有終始, 因甚不離? 答云, 天下覓醫人, 灸猪左膊上. 進云, 此會翻宣教典, 毋勞說禪. 且望禪師, 直談教義. 答云, 山僧何曾有兩箇舌頭? 或問, 一眞法界, 十種玄門, 還有自他終始也無? 答云, 那得許多骨董來? 進云, 旣無許多骨董, 畢竟華嚴所說何義? 答云, 說華嚴. 或問, 離却法界玄門, 華嚴經還在甚處? 答云, 現在諸人

　이 문답에 소재로 나오는 '십현문' 등은 화엄교학의 용어이지만, 그것을 처리하는 방법은 '골동품' 등의 대답으로 조사선의 도리를 취하고 있다. 선객인 승려와의 문답에서 첫 번째와 두 번째 문답을 먼저 살펴보면, 그 질문은 이통현의 문장을 인용[174]하여 의문을 제기한 것인데, 답은 대혜종고大慧宗杲 선사의 '상당법어上堂法語'를 인용[175]하여 답하고 있다. 이는 화엄의 대가인 이통현의 유명한 문구와 송대 간화선을 제창한 대혜종고의 '법어'를 인용한 문답으로 흥미로운 부분이다. 여기서 화엄학에 매료된 선객이 화엄가의 문장을 거론하여 힐난을 한 것인데, 산승은 선문답을 이끌어 답한다. 계속해서 선객이 다시 선문답으로 답하지 말고 화엄의 교의를 직접 이야기해 주실 것을 청하니, 이에 산승은 두 개의 혀, 즉 선과 교를 나누어 분별에 빠져 있음을 일갈하고 있다. 이어서 '일진법계'와 '십현문' 등 화엄교의를 들고 와서 다시 묻지만, 그것들을 '골동품'으로 매도하고 있음을 볼 수 있다. 다시 선객은 그러한 '골동품'들이 없다면 『화엄경』을 이해할 수 없다고 반박하게 되고, 산승이 '화엄'을 설하라는 말에 답이 궁해져 '법계'와 '현문' 등을 떠난 『화엄경』이 가능한가를 묻자 산승은 '지금 이 자리'의 '당하當下'인 '손안'에 있음을 강조한다.

　手裡. 進云, 與麼則見者聞者存者亡者, 皆得信受奉行去也. 答云, 贈汝三文眞草鞋. 僧禮拜. 山僧答云, 禪客問禪, 囑山僧直談敎義. 山僧只有一箇舌頭, 禪客却有兩片耳朶." 善遇編, 앞의 책(『卍新纂續藏』 70, p.771下).

174 (唐)李通玄撰, 『新華嚴經論』 卷1(大正藏 36, p.721上), "無邊刹鏡, 自他不隔於毫端. 十世古今, 始終不離於當念."

175 (宋)蘊聞編, 『大慧普覺禪師住徑山能仁禪院語錄』 卷2(大正藏 47, p.819下), "上堂. 僧問: 懷州牛喫禾, 益州馬腹脹. 天下覓醫人, 炙猪左膊上."

『화엄석제』의 이러한 인용문은 바로 『대방광불화엄경』의 이해를 선리禪理, 특히 '당하즉시當下卽是'의 조사선으로 이끌고자 하는 의도를 가졌다고 할 수 있다.

그렇다면 무엇 때문에 처음부터 직접적으로 조사선의 선리를 가지고 『대방광불화엄경』을 해석하지 않았는가. 무엇 때문에 배휴와 징관의 인용문들이 필요했는가. 여기에 바로 설잠의 의도가 담겨 있다고 하겠다. 설잠은 먼저 화엄교학을 바탕으로 하여 조사선의 사상에 깊이 매료된 배휴와 징관을 선택하여 『화엄경』의 핵심적인 사상인 '법계'와 '마음', 그리고 마음의 '체용'과 그로부터 도달하는 '불경계'를 논증하고 있다. 이러한 편제는 바로 조사선에 들어가기 위한 기본적인 이론과 실천의 토대로서 화엄교학을 인식시키고자 한 것으로 볼 수 있다. 이렇게 화엄교학을 통해 이론과 실천의 토대를 마련한 이후, 본격적으로 『천여어록』을 인용하여 화엄과 선리의 '일치'를 논증하고, 나아가 화엄을 통한 선, 즉 '화엄선'을 제창하였다고 할 수 있다. 이러한 측면은 『화엄석제』의 마지막 구절을 살펴본다면, 더욱 분명하다고 하겠다.

사바세계와 안양安養의 길은 차이가 없으니, 마음의 근원을 깨달아 얻으면 모두 한집이다. 앉아서 중중重重의 향수해香水海를 간看하면, 하얀 연꽃에 자금紫金의 빛이 비칠 것이다.[176]

---

176 雪岑, 앞의 책(『韓佛全』 7, p.296下), "娑婆安養路無差, 了得心源共一家. 坐看□重香水海, 紫金光照白蓮花." 『韓佛全』에서는 "坐看□重香水海"으로 되어 있지만, 『天如語錄』에서는 "坐看重重香水海"(『卍新纂續藏』 70, p.775下)로 되어 있어 그

『화엄석제』는 전체적으로 측천무후와 배휴, 징관과 천여유칙 등의
저술과 『어록』에서의 인용문으로 구성되어 있다. 따라서 설잠의 『화엄
석제』는 '편저' 혹은 '자료집', '연구노트'의 성격이 개재되었다 할 수
있다. 그러나 비록 대량의 인용문을 전재하고 있지만, 그 '편집'에
설잠의 사상이 농후하게 개입하고 있다는 점이다. 따라서 『화엄석
제』는 여전히 설잠의 불교사상을 고찰하는 데 중요한 자료라고 할
수 있다. 이러한 점에 착안하여 본 장에서는 『화엄석제』의 편제와
그 주요 사상, 그리고 그를 통한 선교일치와 화엄선의 제창에 대하여
고찰하였다.

『화엄석제』에서는 인용문을 통하여 『화엄경』을 '제불의 밀장密藏'
이요, '여래의 성해性海'이고, 또한 '대승의 돈교頓敎'라고 정의를 내렸
다. 그리고 여기에서부터 "일체중생의 몸과 마음의 본체本體"인 '법계'
의 성격을 경전의 근본적인 취지(宗趣), 경전의 모든 사상에 공통되는
본체(通體), 또한 모든 법이 의지하는 근거(通依)로서 규정하였다.
다시 그러한 '일진법계'는 바로 '지금 이 자리', 즉 '당하當下'에 있음을
천여유칙의 『어록』을 인용하여 강조하고 있다. 이렇게 '법계'를 규정한
이후에 지금 이 자리에서 현현하고 있는 '마음'을 '중생심(凡心)'과
'불심佛心'의 두 가지로 나누지만, 그 둘이 서로 철저하게 상즉相卽하고
있음을 강조하고, 또한 '마음'을 통해 체용의 문제를 이끌어 "깨닫고
나면 체와 용은 일치"함을 논증했다. 이렇게 '마음'의 깨달음을 언급한
이후, '깨달음'을 통해서 도달하는 경계, 즉 '불경계佛境界'를 논증하였

에 따라 해석함.

는데, '마음'을 '중생심'과 '불심'으로 나누지만, 그 둘이 서로 철저하게 '상즉'하고 있음을 밝혔기 때문에 '불경계' 역시 '중생경계'와 끊임없이 '상즉'하게 됨을 밝히고, '바른 눈(正眼)'을 열게 된다면 "천지가 모두 불경계"임을 밝혔다. 이후에 '법계'와 '마음', '체용'과 그로부터 도달하는 '불경계'들은 최종적으로 그를 총섭하고 있는 '자기'로 귀결시키는데, 이러한 일목요연한 과정은 바로 화엄과 선을 '일치'시키고자 하는 의도로서 해석할 수 있다. 이후에 대량의 『천여어록』을 인용하여 '선교일치론'을 논증하고, 나아가 화엄을 바탕으로 한 조사선, 즉 '화엄선'을 제창하고자 하는 의중을 충분히 드러냈다고 볼 수 있다.

이러한 설잠의 사상적 과정은 한국불교의 정체성과도 관련이 있다고 할 수 있다. 비록 지면 관계로 논술은 생략했지만, 한국선의 출발인 '구산선문九山禪門'이 화엄을 바탕으로 마조馬祖 계통의 조사선을 수용하고 있음은 주지의 사실이다. 고려시대의 의천義天 역시 화엄을 바탕으로 '천태'를 수용하여 '선'을 섭수하고자 하는 시도, 그리고 보조지눌普照知訥이 화엄선을 제창했다는 것은 이미 수많은 연구 성과들의 축적으로 확인되었다.[177] 이러한 사상적 전통으로 볼 때, 설잠이 '화엄선'을 제창하고자 했다는 결론은 결코 무리가 없다고 하겠다. 그리고 이러한 과정에서 간과할 수 없는 중요한 관점이 있으니, 그것은 바로 철저하게 '성기性起'적 관점으로 출발하여 조사선으로 귀결하고 있다

---

177 吉津宜英, 『華嚴禪の思想史的研究』, 東京: 大東出版社, 1985; 석길암, 「화엄선: 한국의 선, 화엄과 불가분의 관계: 대승보살의 수행」, 『禪苑』 112호, 선학원, 2004, pp.6~9; 김방룡, 「麗末 鮮初 普照 禪思想의 影響」, 『普照思想』 19집, 2003, pp.207~242.

는 점이다. 또한 그 과정에서 어느 정도의 '성구性具'의 관점을 수용하여 이른바 '병중竝重'을 보인다는 것이다. 다만, 그러한 과정을 은밀하게 암장暗藏시키고 있어 그 과정 및 성격을 정리하는 것이 간단하지는 않다.

제5장 설잠의 성구론

제1절 『연경별찬』에 나타난 성구론

의상義湘의 「법성게法性偈」를 주석한 『대화엄일승법계도주병서大華
嚴一乘法界圖註幷序』가 '법성法性'을 중심으로 하는 화엄의 성기론性起
論을 본격적으로 제창하였고, 그를 또한 선적禪的으로 회통하고자
하였다면, 설잠의 『연경별찬蓮經別讚』에서는 본격적으로 천태의 성구
론性具論을 제창하였으며, 『십현담요해十玄談要解』에서는 '성구性具'
를 바탕으로 '성기性起'를 융합하려고 하는 의도를 보이고 있다고 평가
할 수 있다. 따라서 본 절에서는 『연경별찬』에 나타나는 '성구론'에
대하여 논구하고자 한다.

1. 『연경별찬』의 찬술 시기와 그 목적

설잠이 『연경별찬』을 찬술한 구체적인 시기를 밝혀주는 문헌은 아직

밝혀지지 않았지만, 대체로 효령대군孝寧大君의 권유로 내불당內佛堂에서 『연경蓮經: 법화경法華經』을 새롭게 국역할 때 참여했으므로 이 시기에 찬술하지 않았을까 추론할 수 있다.[1] 이러한 추론은 『매월당속집梅月堂續集』의 권2 '내불당'에서 "계미년(세조 9년, 1463) 가을에 책을 사려고 한양에 가니, 주상이 『연경』을 번역하려 하고 있었다. 효령대군이 나의 식견을 알아주어 주상으로부터 교정보는 것을 허락받아 10여 일 동안 내불당에 머물렀다."[2]라는 기사로부터 근거한 것이다. 이러한 추론이 맞는다면 설잠의 29세 정도에 찬술한 것으로 보아야 할 것이다. 그러나 설잠의 다른 저술, 즉 본 장의 앞 절에서 고찰한 『법계도주』와 다음에 고찰할 『십현담요해』 등의 내용과 비교하였을 때, 유사한 부분이 많고, 오히려 후대에 찬술된 것이 아닌가 하는 지적도 제기되고[3] 있다.

이에 대하여 이기운은 설잠의 생애와 저술들을 분석하여 보다 구체적인 문구를 예시하였다. 즉 『연경별찬』의 찬술 연대를 『법계도주』와 『십현담요해』를 찬술한 이후, 혹은 거의 동시대로 추론하고 있다.[4] 이러한 『연경별찬』의 찬술 시기는 필자도 이기운의 설에 동의하지만, 그 사상적 영향의 관계에 있어서는 반드시 찬술 시기와 일치하지는

---

1 韓鐘萬, 「雪岑 金時習의 思想」, 『嵩山朴吉眞博士華甲祈念, 韓國佛敎史』 원광대학교출판국, 1975, p.804.

2 "癸未秋, 因買書入京時, 主上方譯蓮經. 孝寧大君以我識文之雙校, 一旬於內佛堂."

3 睦楨培, 「雪岑의 法界圖注考」, 『韓國華嚴思想硏究』, 동국대학교 불교문화연구원, 1986, pp.270~271.

4 이기운, 「雪岑의 法華經觀 硏究: 蓮經別讚을 중심으로」, 동국대 석사논문, 1992, pp.26~33.

않을 것이라고 본다. 이미 『법계도주』에서도 '천태'와 관련된 언급이 나타나고 있고, 『연경별찬』에 『법계도주』에서 인용된 것으로 보이는 문구가 있어[5] 비슷한 시기에 어떤 분명한 목적을 가지고 찬술하였을 것이라는 추론이 가능할 것이다. 그렇다면 그 어떤 분명한 목적은 과연 무엇일까?

여기에는 여러 가지 추론의 가능성이 존재할 수 있다. 그렇지만 필자는 설잠의 사상적 경향에서 이 문제에 대한 해법을 찾을 수 있다고 본다. 만약 설잠의 주된 사상적 경향을 이른바 교학을 선禪으로 회통시키고자 하는 것이었다면, 이른바 교학의 정점인 화엄학에 대하여 『법계도주』와 『화엄석제』를 찬술하고, 나아가 그 화엄학과 선을 회통시키는 『십현담요해』를 찬술하였다면 설잠은 무엇인가 부족함을 절실하게 느꼈을 것이라고 추론한다. 그것은 본서의 제3장에서 고찰한 바와 같이 중국의 불성론의 전개는 대체적으로 천태의 성구론이 정립된 이후에 그를 바탕으로 화엄의 성기론이 출현하며, 그러한 교학의 불성론을 바탕으로 하여 선종의 불성론이 전개되고 있음을 알 수 있기 때문이다. 이러한 동아시아 불교의 전통을 설잠이 결코 간과할 리가 없었을 것이라고 본다. 즉 설잠의 입장에서는 이른바 천태의 사상적 요체要諦가 반드시 필요했을 것이라고 추론한다. 그러한 결과로 출현한 것이 바로 『연경별찬』이 아닐까 한다. 물론 이는 필자의 추론일 뿐이다. 그러나 『연경별찬』이 설잠의 저술 가운데 가장 후대에 찬술되었을 것이라는 추론은 상당히 설득력이 있다. 비록 그를 확정할

---

5 위의 논문 참조.

326

어떠한 구체적 논거가 없다고 하더라도 설잠의 사상적 경향에 비추어
서 충분한 개연성이 존재한다고 하겠다. 이는 다시 『연경별찬』에
나타난 사상을 논구한다면, 더욱 명확해질 것으로 본다.

설잠은 『연경별찬』의 서문을 다음과 같이 시작하고 있다.

> 옛날 천태산의 지자 대사智者大師가 수선사修禪寺에 머물면서 『법
> 화현의法華玄義』와 『법화문구法華文句』를 저술하여 후세의 학사들
> 에게 보여주었고, 고려 사문 제관諦觀은 『천태사교의天台四敎儀』를
> 저술하여 나란히 세상에 유행하였는데, 이를 강의하는 자들이
> 따로 종취宗趣를 세워 '천태天台'라고 칭하였으나 선禪에 속하는
> 것이다.[6]

이러한 서문의 시작은 상당히 중요한 정보를 알려준다. 그것은
설잠이 천태종의 '종취宗趣'를 바로 '선禪'으로 귀결시키고 있다는 점과
이른바 천태지의의 대표적인 저작들인 『법화현의』와 『법화문구』 등을
이미 숙지하고 있으며, 고려 제관의 『천태사교의』에 대해서도 파악하
고 있는 것으로 유추할 수 있다. 더욱이 제관이 천태종의 흥기에
지의 대사만큼의 중요한 작용을 했음을 인정함을 엿볼 수 있다. 이러한
사실들은 바로 설잠이 천태의 '성구론'에 대하여 분명하게 의식하고
있음을 알려주는 것이다. 또 한편으로는 그를 다시 선, 특히 조사선祖師

---

6 雪岑, 『蓮經別讚』「序」(『韓佛全』 7, p.287上), "昔天台山智者大師, 居修禪寺, 作蓮經
玄義文句, 以示後之學士, 高麗沙門諦觀錄四教, 並行於世 學士講此經者, 別立宗
趣, 以天台名焉, 屬於禪."

禪으로 귀결시키고자 하는 의도를 알 수 있게 한다. 설잠은 서문에서
다음과 같이 설하고 있다.

> 만약 이 경전의 행간이나 따르고 글자 수나 세어서 문구와 글자에
> 걸리게 된다면, 더욱 지견知見만 늘어날 뿐이고, 종안宗眼은 밝히지
> 못하니, 이는 구경법究竟法이 아니다. 그러므로 향엄香嚴 선사는
> 설하였다. "글 가운데의 말이란 공허한 것이 많으니, 공허한 가운데
> 유무를 따지게 된다네. 돌이켜 글 이전을 향하여 알아차린다면,
> 도리어 의중意中의 구슬을 놓치리." 이렇게 되면, 불佛·조祖의
> 공안公案이 마치 노파가 누런 나뭇잎을 돈이라 하여 어린애를
> 달래어 울음을 그치게 하는 것과 같은 것이라 하겠다. 신전神全은
> 본래 돈이 아니다. 그러나 이 보배는 비로자나의 상자 가운데
> 들어 있어서 쓰기에는 분수分數가 있지만, 취하려고 하면 갖지를
> 못한다.[7]

이 말을 표면상으로 보면, 경문經文에 구애받지 말고 참다운 구경究
竟의 자리에서 종안宗眼을 얻음이 바로 진정한 『법화경』의 목적이라고
설하는 것이다. 그런데 그러한 얻음은 바로 '무수지수無修之修'를 통한
'무득지득無得之得'을 실현하라는 것으로 보인다. 한편으로 이러한

---

[7] 雪岑, 『蓮經別讚』 「序」(『韓佛全』 7, p.287上), "若乃循行數墨, 泥於句數, 轉益知見, 宗眼不明, 非是究竟法. 故香嚴云: 書中語多虛, 虛中帶有無, 却向書前會, 放却意中珠. 伊麽則佛祖公案, 正如老婆拈黃葉, 喚作金錢啼止兒, 神全不是金錢, 而這寶在毘盧篋中, 用則有分取則不可."

328

내용을 이른바 불성론의 관점에서 본다면, 역시 뚜렷한 '성구性具'의
입장을 대변하고 있다고 하겠다. 이러한 내용은 이『법화경』의 종승宗
乘에 대하여 다음과 같이 설하는 것에서도 확인할 수 있다.

축착개착(築着磕着: 이리저리 부딪치는 모습)하여 통하지 않는 곳이
없으며, 지견知見이 현전하여 유정有情이나 무정無情이나 모두
묘법妙法을 설하며, 또한 능히 들어서 삼라만상이 해인海印처럼
교참交參한다. 이제 나 혼자 말할 뿐만 아니라 세계도 설하고,
티끌도 설하고, 항상 설하니, 어떤 때에 마치겠는가? 또한 능히
설하는 것은 바깥에서 들어오는 것이 아니고, 가운데서 나가는
것도 아니며, 목구멍에서 나오는 것도 아니며, 의식을 조작하여
만드는 것도 아니니, 예부터 그러한 것도 아니고, 지금에 이르러
그러한 것도 아니다. 능히 듣는다는 것도 또한 천연天然의 법으로
자연히 이와 같으니, 마치 주머니 속의 송곳이 감추려고 하면
더욱 드러남과 같다.[8]

설잠의 이러한 표현은 천태 성구性具의 특징을 그대로 설명하는
것으로 이해하여도 결코 무리가 없어 보인다. 따라서 전체적인『연경별
찬』에서 '성구'의 논리가 충분하게 드러나고 있다고 하겠다.

---

8 雪岑,『蓮經別讚』(『韓佛全』7, p.287上), "築着磕著, 無處不通, 現前知見, 情與無情,
皆說妙法, 亦能聽法, 森羅萬像, 海印交參. 非但我今獨布言詮, 刹說塵說恒說常說
何時是了. 又能說者, 不從外入, 不從中出, 不是咽喉裡出來, 不是意識邊做着, 非古
然也, 非今然也. 能聽亦爾天然之法, 自然如是, 囊裡錐鋌, 欲隱彌露."

설잠은『잡설雜說』에서 "천태 대사는 모든 교학가 가운데 가장 정밀하고 뛰어나신 분(天台是敎家精祥人)"[9]이라고 하였는데, 이렇게 단정적인 평가에는 분명히 천태학에 대한 심오한 이해를 전제하고 있다고 하겠다. 더욱이『법계도주』에서도 제30구인 '구래로 부동함을 부처라고 함(舊來不動名爲佛)'을 다음과 같이 주석하였다.

상고하니, 천태교는 육즉六卽으로써 원교圓敎를 판석判釋하기를, 불佛의 이른바 '일체중생이 다 불성이 있다'고 함은 부처가 있든 없든 성성性과 상相이 상주常住하여 낮음으로부터 깊음에 이르기까지 위位와 위位가 둘이 아님을 부처라 하였다.[10]

여기에서 설잠이 궁극적으로 말하고자 하는 것은 물론 천태의 '성구'를 설명하고자 하는 것이 아니라 당연히 화엄의 '성기'를 보다 더 드러내고자 하는 의도를 지닌 것이다. 그러나 여기에서 설잠이 천태학에 대하여 상당히 깊게 이해하고 있음을 알 수 있다. 3장의 제2절 '천태의 성구론의 형성과 발전'의 항목에서 언급한 바와 같이 천태학은 일반적으로 '오시팔교五時八敎'·'삼제원융三諦圓融'·'일념삼천一念三千'·'일심삼관一心三觀'·'육즉六卽' 등의 과科로 구성되어 있는데, 그 가운데 '육즉'이란 이즉理卽, 명자즉名字卽, 관행즉觀行卽, 상사즉相似卽, 분증즉分證卽, 구경즉究竟卽을 말한다. 이렇게 성기론에 입각한

---

9 『梅月堂集』卷23,「雜說」, p.362下.
10 雪岑,『大華嚴法界圖註』(『韓佛全』7, p.306下), "按台敎, 以六卽判圓敎. 佛所謂一切衆生皆有佛性, 有佛無佛, 性相常住, 從淺至深, 位位不二, 名佛."

화엄의 『법계도주』에서 '성구'에 바탕을 둔 '육즉'을 언급하고 있음은 이미 설잠이 철저하게 '성기'와 '성구'를 '병중竝重'하고 있음을 무의식적으로 드러내고 있는 측면이라고 할 수 있다. 따라서 『연경별찬』의 전편에는 천태의 '성구론'이 깔려 있다고 하겠다. 그러므로 본 장에서는 『연경별찬』을 통해 설잠의 '성구'적 관점을 도출하고, 그를 통하여 설잠이 무엇을 제창하고자 했는가를 논구하고자 한다.

2. 『연경별찬』에 나타난 교판敎判사상

『연경별찬』의 구성은 대체로 앞에서 인용하였던 찬술 의도를 밝힌 '연경별찬서'와 '종승宗乘'을 밝힌 '찬讚'의 부분, 그리고 경전의 총 28품에 대한 '찬', 그리고 '결어'에 해당되는 서술과 게송으로 이루어져 있다. 이러한 구성은 그대로 『법화경』에 대한 가장 일반적인 형식의 '찬'이라고 할 수 있다. 그러나 '종승'에 대한 찬과 28품에 대한 찬 중간에 '다음으로 7축 대의를 듦(次擧七軸大意)'이라는 문구 아래 '서품을 찬함(序品讚曰)' 이전에 이르기까지 비교적 긴 문단을 서술하고 있음을 볼 수 있다. 전체적인 『연경별찬』의 구성으로 볼 때, 이 '다음으로 7축 대의를 듦'의 문구는 그대로 '제목'으로 볼 수 있다. 그렇다면 바로 설잠의 『법화경』에 대한 견해는 바로 여기에 집중되어 있다고 하겠다. 즉 '7축軸'은 '7권卷'으로 이루어진 『법화경』을 의미하는데, 설잠은 특히 구마라집鳩摩羅什의 역본譯本을 지칭하고 있음을 '서문'의 끝부분에 든 게송으로부터 짐작할 수 있다.[11] 따라서 '다음으로 7축 대의를 듦'이라는 것은 바로 구마라집이 번역한 『법화경』의 전체적인

'대의'를 밝혀 제시하겠다는 의도로 서술한 것이기 때문이다. 따라서 본 장에서는 이를 전체적으로 분석함으로써 설잠이 어떻게 『법화경』의 '대의'를 파악하고 있는가를 고찰하고자 한다.

우선 설잠은 다음과 같이 '대의'를 시작한다.

> 단지 이 『연경蓮經: 법화경』 7권은 사람들마다 본래 가지고 있는 것이므로, 명名과 언言으로써 종횡으로 구태여 말할 것이 못된다고 하겠다. 그러나 중생들은 때(垢)가 중重하기 때문에 세제世諦가 실상實相임을 알지 못하고, 추법麤法이 묘법妙法인 줄을 알지 못하고서, 화택火宅에 편안하게 앉아서 지지고 볶이기를 기다리고 있다. 그러므로 석가 늙은이(釋迦老子)가 처음 정각을 이루고는 적멸도량寂滅道場 가운데 노사나불의 법신法身을 나타내어 진귀한 의복(珍御服)을 입고서, 법신대사法身大士들과 함께 근기가 성숙한 팔부신중八部神衆들과 법계法界를 체體로 삼고, 허공을 용用으로 삼아 『화엄경』의 돈교頓教를 설하였다. 그 설은 상相을 떠나 적연寂然한 것이므로 중덕衆德을 모두 갖추어 하나의 추법이든 묘법이든 원교와 별교가 동시이다. 이른바 국토(刹)가 설하고, 티끌(塵)이 설하며, 부처가 설하고, 보살이 설하며, 삼세가 일시에 설함이 그것이다.[12]

---

11 雪岑, 『蓮經別讚』(『韓佛全』7, p.288上), "如是妙法已曾宣, 未降王宮明歷歷, 阿難結集強安名, 鳩摩羅什瀇飜譯, 我今讚唄令樂聞, 任你諸人能聽法, 佛法只在堪保任, 直下承當莫生惑."

12 雪岑, 『蓮經別讚』(『韓佛全』7, p.288上~中), "只這蓮經七軸, 人人本有, 不可名言縱橫強說. 但以衆生垢重, 不知世諦是實相, 麤法是妙法. 安處火宅, 坐待煎熬. 故釋

332

이로부터 설잠은 『법화경』의 대의를 밝히는 데 있어서 교판으로부터 출발하고 있음을 알 수 있다. 여기에 보이는 "석가 늙은이가 처음 정각을 이루고는 적멸도량 가운데 노사나불의 법신을 나타내어 진귀한 의복을 입고서, 법신대사들과 함께 근기가 성숙한 팔부신중들과 법계를 체로 삼고, 허공을 용으로 삼아 『화엄경』의 돈교를 설하였다(釋迦老子, 初成正覺, 在寂滅場中, 現舍那身, 服珍御服, 與法身大士, 根熟八部, 以法界爲體, 虛空爲用, 說華嚴頓敎)."는 구절은 바로 고려 제관의 『천태사교의天台四敎儀』에 보이는 "여래가 처음 정각正覺을 이루었을 때, 적멸도량에서 41위의 법신대사 및 숙세의 선근이 익은 천룡팔부가 일시에 에워싸기를 마치 구름이 달을 둘러쌓은 듯하였다. 그때 여래가 노사나불의 법신을 나타내어 원만수다라를 설하시니, 그러므로 돈교라고 한다." (如來初成正覺, 在寂滅道場, 四十一位法身大士, 及宿世根熟天龍八部一時圍繞, 如雲籠月. 爾時如來現盧舍那身, 說圓滿修多羅, 故言頓敎.)[13]에서 연원했음을 그 문구로부터 충분히 짐작할 수 있다.

이러한 사실로부터 설잠은 이미 제관의 『천태사교의』를 숙지하고 있었음을 알 수 있다. 또한 그를 원용한다는 사실은 고려 천태학의 전통을 인식하고 있다고 할 수 있다. 『연경별찬』의 여러 구절에서 『천태사교의』를 인용하는 것을 찾을 수 있다. 이는 제관의 학설에 동의하고 있음을 증명하는 것이고, 다른 한편으로는 제관-의천으로

迦老子, 初成正覺, 在寂滅場中, 現舍那身, 服珍御服, 與法身大士, 根熟八部, 以法界爲體, 虛空爲用, 說華嚴頓敎. 其說離相寂然, 衆德悉備, 一麤一妙, 圓別同時, 所謂刹說塵說, 佛說菩薩說, 三世一時說是也."

13 (高麗)諦觀, 『天台四敎儀』(大正藏 46, p.774下).

계승되는 고려 천태학의 전통을 조선시대에 계승하려는 의도가 은연중
에 개입되어 있었다고도 하겠다. 위에서 설잠이 설한 부분은 바로
'화엄시華嚴時'에 해당되는 부분이고, 곧 이어서 다음과 같이 서술하고
있다.

> 그러나 이 돈교는 십지十地의 보살 및 숙세의 상근기에 있어서는
> 맞지만, 이승二乘들에게는 맞지 않다. 그때 여래는 노사나불의
> 의복을 벗고서 하열下劣한 응신應身을 나타내었는데, 도솔천에서
> 내려와 마야摩耶 부인의 태胎에 머물다가 태어난 것이다. 아내를
> 맞이하여 자식을 낳고, 출가 고행하여 별을 보고 도를 깨달았으며,
> 6년 만에 산에서 나와 나무 아래 풀을 깔고 자리를 만들어 앉아
> 점교漸敎의 법문法門을 설하였다. 처음에는 다섯 사람을 위하여
> 사제四諦와 십이연기十二緣起를 설하여 수단修斷의 모습을 밝히었
> 으며, 다음으로 방등方等을 설하여 치우친 것을 지탄指彈하고 작은
> 것을 절복折伏시키며, 큰 것을 찬탄하고 원만한 것을 포양하여
> 반자교(半字敎: 小乘을 의미)와 만자교(滿字敎: 大乘을 의미)를 함께
> 말하여 점차 순숙純熟해지도록 하였다. 다음에는 반야를 설하여
> 제법이 공空함을 담론하고, 삼승을 융합하고 여럿(諸)을 도태시키
> 며, 교敎를 굴리고 재財를 부촉하여 가업家業을 잘 다스리도록
> 한다. 대중의 뜻(志)이 바르고 실實하게 되니, 비로소 이 대승원교大
> 乘圓敎를 설한다.[14]

---

14 雪岑, 『蓮經別讚』(『韓佛全』 7, p.288中), "然此頓敎, 冝於地上菩薩及宿世上根,
不宜於二乘. 尒時如來脫舍那服, 現劣應身, 示從兜率降托摩耶, 住胎出胎. 納妃

여기에서 『법화경』이 바로 대승원교임을 밝히고 있는데, 이러한 편제는 역시 제관의 교판에 따른 것이라 하겠다. 『천태사교의』에서는 그 첫머리에 다음과 같이 오시팔교五時八敎를 정의하고 있다.

천태지자 대사는 오시五時와 팔교八敎로 동쪽으로 흘러들어온 부처님의 일대 성교聖敎를 남김없이 판석判釋하셨다. '오시'란 첫째는 화엄시華嚴時이고, 둘째는 녹원시(鹿苑時: 四阿含을 설함), 셋째는 방등시(方等時: 『유마경維摩經』, 『사익경思益經』, 『능가경楞伽經』, 『능엄삼매경楞嚴三昧經』, 『금광명경金光明經』, 『승만경勝鬘經』 등의 경을 설함), 넷째는 반야시(般若時: 『마하반야摩訶般若』, 『광찬반야光讚般若』, 『금강반야金剛般若』, 『대품반야大品般若』 등 여러 반야경을 설함), 다섯째는 법화열반시法華涅槃時로서 '오시五時'가 되고, 또한 오미五味라고도 한다. 팔교八敎라는 것은 돈교頓敎·점교漸敎·비밀교秘密敎·부정교不定敎와 장교藏敎·통교通交·별교別敎·원교圓敎를 말한다. 돈교 등의 사교는 교화의 형식(化儀)으로서, 마치 세간에 약의 처방(藥方)과 같고, 장교 등 사교는 교화의 내용(化法)이니, 마치 약의 맛(藥味)을 구분하는 것과 같다.[15]

生子, 出家苦行, 見星悟道, 六年出山, 坐木樹下, 以草爲座說, 漸敎法門. 初爲五人, 說諦緣法, 以明修斷之相, 次說方等, 彈偏折小, 歎大褒圓 半滿俱說, 漸令純熟. 次說般若, 談諸法空, 融三汰諸, 轉敎付財, 俾克家業, 衆志貞實, 方說此大乘圓敎."

15 (高麗)諦觀, 『天台四敎儀』(大正藏 46, p.774下), "天台智者大師, 以五時八敎, 判釋東流一代聖敎, 罄無不盡. 言五時者, 一華嚴時, 二鹿苑時說四阿含, 三方等時說維摩思益楞伽楞嚴三昧金光明勝鬘等經, 四般若時說摩訶般若光讚般若金剛般若大

이러한 '오시팔교'의 교판을 앞에서 인용한 설잠의 논술과 대조한다면, '석존이 적멸도량寂滅道場에 머물 때 『화엄경』의 돈교頓教를 설한 것'이 바로 화엄시이고, '다섯 사람을 위하여 사제와 십이연기를 설함'이 녹원시이며, '다음으로 방등을 설함'이 방등시이고, '다음에는 반야를 설함'이 반야시이며, '비로소 이 대승원교를 설함'이 바로 법화열반시인 것이다. 따라서 설잠은 오시에 대해서는 제관의 설과 거의 일치하고 있음을 알 수 있다.

그 설은 방편(權)을 베풀어서 실實을 나타내어 보이고, 삼승을 회통하여 일승으로 귀납시키려고(會三歸一) 적멸도량의 근본적인 이념을 창달하기 위하여 영산靈山의 성대한 법회를 열어 과거의 돈교와 점교의 뜻을 원통하게 하고, 현재의 법의 말과 비유의 말을 융합하게 하였다. 그렇게 함으로써 공空과 가假 두 가지가 서로 드러나고, 시초와 끝이 일관되었다. 그러므로 사제와 십이연기와 육바라밀 등이 모두 다 섭취되지 않음이 없었다.[16]

여기에서 『법화경』의 '회삼귀일'을 이끌어 대승의 원교임을 논증하고 있다. 즉 권실(權實: 方便과 實相)을 사용하여 시설된 제법을 『법화

品般若等諸般若經, 五法華涅槃時, 是爲五時, 亦名五味. 言八教者, 頓漸祕密不定藏通別圓, 是名八教. 頓等四教是化儀, 如世藥方, 藏等四教名化法, 如辨藥味."
16 雪岑, 『蓮經別讚』(『韓佛全』 7, p.288中), "其說開權現實, 會三歸一, 暢寂場之本懷, 開靈山之勝會, 圓昔頓漸之義, 融今法喻之說. 空假雙彰, 始終一貫, 諦緣度等, 莫不同攝."

경』을 설함으로써 모두 하나, 즉 '일불승一佛乘'의 길로 융합시킨다는
것이다.

　이렇게 '오시팔교'의 교판으로써 『법화경』의 기본적인 성격을 확정
하고, 설잠은 이를 이어서 각 품에 대한 개괄을 하고 있다. 28품에
대하여 각각 그 핵심을 개괄하고 난 후, 설잠은 다음과 같이 총괄한다.

　이렇게 수많은 제창提唱이 모두 지혜(智)와 원행(行) 아닌 것이
　없다. 지혜는 능히 깨달음을 체증하고, 원행은 능히 덕을 성취하는
　것이다. 그러니 지혜와 원행의 둘이 다 완전하여야, 이에 그 미묘한
　것을 얻는다.[17]

　결국 설잠의 안목에서 『법화경』이 제시하는 것은 바로 '지혜(智)와
원행(行)'과 관련되었다고 보는 것이다. 설잠은 "처음에 삼주(三周:
법설주法說周, 비설주譬說周, 인연설주因緣說周) 설법을 한 것은 체體를 밝힌
것이고, 나중에 여섯 가지의 행行을 나타낸 것은 용用을 밝힌 것(初說三
周明體, 終顯六行明用也)"[18]이라고 하는 것처럼, 지혜와 행에 집중되어
있다고 보는 것이다. 이렇게 그 둘이 모두 완전해졌을 때에서야 비로소
'그 미묘함(其妙)'을 얻을 수 있다는 것이다. 또한 그러한 관점에서
그 제목을 『묘법연화경』(其題曰, 妙法蓮華經)이라고 하였다는 것이다.
따라서 설잠은 이에 대하여 다음과 같이 주석하고 있다.

17　雪岑, 『蓮經別讚』(『韓佛全』 7, p.288下), "許多提唱, 無非智行. 智能證覺, 行能成德.
　　智行兩全, 乃得其妙."
18　雪岑, 『蓮經別讚』(『韓佛全』 7, p.288下).

이제 간략하게 이 제목의 뜻을 풀이하면, 참다운 성품은 담연하여
서 말로 표현할 길은 아주 막연하므로 '묘妙'하다고 한 것이고,
실상은 어느 것에나 분명하게 통하여 나타나므로 '법法'이라고
한 것이며, 꽃과 열매가 동시에 있고 더러운 곳에 있으면서도
항상 깨끗하므로 '연蓮'이라 한 것이고, 속이 비었으면서도 매우
참되어서 온갖 행을 원만하게 갖추었으므로 '화華'라 한 것이며,
부처의 지견知見을 열어서 모든 사람들로 하여금 깨달아 들어가게
하였으므로 '경經'이라고 말한 것이다.[19]

설잠은 이러한 '석제釋題'의 형식을 즐겨 채택하는데, 앞에서 고찰한
『화엄석제華嚴釋題』 역시 '대방광불화엄경大方廣佛華嚴經'의 7자를 중
심으로 해석하고 있을 볼 수 있다. 설잠은 이러한 '석제'를 통하여
불지견佛知見을 중생들에게 개開·시示·오悟·입入시키려 이 세상에
출세出世하셨다는 『법화경』의 '일불승'사상을 간명하게 천명하고 있다
고 하겠다. 이러한 '석제'를 보충하기 위하여 설잠은 그를 이어서 "이
1부의 대의大義는 일대사인연一大事因緣으로 출세出世한 것은 순전히
일불승을 의한 것이었다."[20]라고 결론을 맺는다.

그에 이어 설잠은 다음과 같이 서술한다.

19 雪岑, 『蓮經別讚』(『韓佛全』 7, p.288下), "略釋題意, 則眞性湛然, 逈絶言辭, 謂之妙,
實相通該, 昭然顯着, 謂之法, 花果同時 處染常淨, 謂之蓮, 虛而甚眞, 萬行圓修謂
之華, 開佛知見, 普令悟入, 謂之經."
20 雪岑, 『蓮經別讚』(『韓佛全』 7, p.288下), "其一部大義, 則皆以一大事因緣出世,
純以一佛乘."

338

성性과 상相이 겸하여 갖추었고, 체體와 용用을 모두 드러냈으며,
미혹과 깨달음이 모두 다 없어지고, 종자와 열매가 원만하게 성취
되었다. 이는 마치 사자의 굴속에는 전부가 금빛 털이고, 전단栴檀
의 수풀 아래에는 순전히 진향眞香인 것과 같아서, 이 법을 듣고
성내는 이나 기뻐하는 이나 치우친 이나 원만한 이나 모두 흰
소의 수레(白牛之車)를 얻게 되고, 보는 이나 듣는 이나 또는 따라서
기뻐하는 이는 다 함께 푸른 연꽃의 수기(靑蓮之記)를 받게 되는
것이어서 하나의 일이나 하나의 현상이 미묘한 법(妙法) 아닌 것이
없으며, 한 번 찬탄하는 것이나 한 번 선양하는 것이 모두 이
미묘한 마음(妙心)이다.[21]

여기에서는 바로 '묘법妙法'과 '묘심妙心'을 강조하고 있음이 두드러
진다. 다시 말하여 '여래가 출세한 일대사인연'은 바로 이 '묘심'으로
'묘법'을 증득하게 함이라는 것이다. 또한 성상性相과 체용體用 역시
모두 드러나 있어, 이 '묘심'과 '묘법'을 벗어나지 못한다는 것이다.
그렇기 때문에 "산과 하천과 큰 땅덩이와 밝음과 어두움과 색상과
허공이 모두 묘체妙體를 나타내는 것이요, 생사와 열반과 보리와 번뇌
가 모두 묘용妙用이어서, 하나하나가 원융하고 하나하나가 주편周遍하
니, 취하여 가질 것도 없고 내어다 버릴 것도 없으며, 모자람도 없고
남음도 없는 것이다. 바람이 살랑이고 달이 휘영청 둥근 것은 등명불이

21 雪岑, 『蓮經別讚』(『韓佛全』7, pp.288下~289上), "性相兼該, 體用雙彰, 迷悟雙泯,
種果圓成. 比如師子窟中, 盡成金毛, 栴檀林下, 純是眞香, 瞋喜偏圓, 俱獲白牛之
車, 見聞隨喜, 盡授靑蓮之記, 一事一相, 無非妙法, 一讚一揚, 皆是妙心."

항상 눈앞에 나타나는 것이요, 새가 지저귀고 꽃이 떨기로 핀 것은 보현보살이 항상 법계에 행하는 것이다."[22]라고 설한다. 사실상 이러한 설명은 그대로 천태학 성구론의 토대인 '일념삼천一念三千'과 '진공묘유眞空妙有'의 사상적 취지를 충분히 보여주고 있다고 하겠다.

이상과 같이 '다음으로 7축 대의를 듦(次擧七軸大意)'에서는 기본적으로 제관의 『천태사교의』에 나타난 '교판'을 중심으로 하여 『법화경』을 '대승원교大乘圓教'로 규정하고, 전체적인 '일불승一佛乘'의 사상을 '묘법'과 '묘심', '묘체'와 '묘용'으로 설명하고 있다. 그 뒤를 이어서 설잠은 다음과 같이 '찬讚'한다.

'대승묘법연화경大乘妙法蓮華經' 일곱 글자를 따라 기뻐하겠노라. 찬탄한다. "한 줄기 빛이 동방으로 비춘 것은 전적으로 법체法體를 드러낸 것이요, 한 줄기 비가 널리 번성시킨 것은 여러 근기根機를 응화應化한 것이니, 이 일을 보임하면 마침내 헛되지 않아서, 성실한 진리의 말이 하나도 어긋나는 것이 없으리라. 이는 마치 지혜있는 의사가 약을 베푸는 것과 같으며, 전륜성왕轉輪聖王에게 구슬을 주는 것과 같다. 이러한 경지는 비가 개이고 구름이 걷히며 허공이 말쑥하고 바다가 널찍한 것과 같아서, 쾌히 영산회상의 흰 옥호를 볼 것이요, 다보여래의 묘탑을 뒤흔들어 놓을 것이다. 바로 이러한 때를 당하여 다시 말하여 보라. 한 광명이 어느 곳에

---

22 雪岑, 『蓮經別讚』(『韓佛全』 7, p.289上), "山河大地, 明暗色空, 皆顯妙體, 生死涅槃, 菩提煩惱, 皆是妙用, 一一圓融, 一一周遍. 無取無捨, 無欠無餘. 風颴颴月, 團團燈明, 常顯於目前, 鳥花蔟蔟, 普賢常行於法界."

있는가를? 일천 강에 물이 있으면 일천 강에 달이 있고, 일만
리에 구름이 없으면 일만 리가 한 하늘이지."[23]

여기에서 『묘법연화경』 앞에 '대승' 두 글자를 추가하고 있음을
볼 수 있다. 이러한 용례는 천태지의의 『법화삼매참의法華三昧懺儀』에
서도 『대승묘법연화경』이라는 명칭으로 사용하고 있고,[24] 원대에 중편
된 『칙수백장청규勅修百丈淸規』에서도 보이며,[25] 구마라집의 역본에
명대 영락제永樂帝에 의하여 붙여진 서문을 '어제대승묘법연화경서御
製大乘妙法蓮華經序'[26]라고 쓴 것에서 찾을 수 있다. 그렇지만 일반적인
경우에는 『묘법연화경』으로 사용하고 있다. 그런데 앞에서 살편 설잠
의 '석제'에 있어서도 '대승'을 사용하지 않고 있는데, 여기에서 '대승묘
법연화경'으로 명기하는 것은 바로 '대승원교'임을 강조하고자 하는
의도로 보인다.

또한 설잠의 '찬' 후반부에 보이는 "일천 강에 물이 있으면 일천
강에 달이 있고, 일만 리에 구름이 없으면 일만 리가 한 하늘이지(千江有
水千江月, 萬里無雲萬里天)."라는 구절은 남송 시기 뇌암정수雷庵正受가
편찬한 『가태보등록嘉泰普燈錄』에 게재된 "복주福州 서선차암西禪此庵

---

23 雪岑, 『蓮經別讚』(『韓佛全』 7, p.289上), "將大乘妙法蓮華經七字隨喜讚曰: 一光東
照, 全彰法體, 一雨普滋應化羣機, 保任此事, 終不虛也. 誠諦之語, 無有錯也.
如智醫之留藥, 若輪王之與珠, 直得雨霽雲收, 空澄海快覩靈山玉毫, 掀翻多寶妙
塔. 正當伊麼時, 且道, 一光在甚處? 千江有水千江月, 萬里無雲萬里天."

24 (隋)智顗, 『法華三昧懺儀』(大正藏 46, 950下), "一心奉請南無大乘妙法蓮華經."

25 (元)德輝奉重編, 『勅修百丈淸規』(大正藏 48, p.1114上).

26 (後秦)鳩摩羅什譯, 『妙法蓮華經』 卷1(大正藏 9, p.1下).

수정 선사守淨禪師"의 상당법어에 보이는 게송이다. 수정 선사는, 『속
전등록續傳燈錄』의 기록에 따르면, 간화선의 제창자인 대혜종고의
사법제자이다. 그러나 그의 구체적인 행적은 보이지 않고 법어만이
게재되어 있다.[27] 한편으로 명대 광릉廣陵 보성사寶城寺 무상無相이
찬술한 『법화대의法華大意』 권하卷下에도 이 게송을 인용하고 있어,[28]
설잠이 그를 참고하였을 가능성도 있다. 여기에서 '강'은 '중생', '달'은
'불지견' 혹은 '불성'으로 배대할 수 있고, '하늘'은 '불심佛心', '구름'은
'번뇌' 등으로 배대하여 해석할 수도 있다. 후대에 이 게송은 상당히
많이 인용되어 일반인들조차 즐겨 쓰고 있으니, 설잠의 인용 전거를
논구하는 것은 큰 의미는 없다고 하겠다.

설잠은 그를 이어서 다음과 같은 게송으로 '다음으로 7축 대의를
듦(次擧七軸大意)'을 마무리하고 있다.

구름은 일천 산의 새벽 피어오르고(雲起千山曉)
바람은 일만 나무의 가을에 드높구나(風高萬木秋).
석두성(남경에 있는 고성) 아래에 배를 대니(石頭城下泊)
물결이 고기잡이배에 부딪치네(浪打釣魚舟).[29]

27 『續傳燈錄』 卷31(大正藏 51, p.685中), "大鑑下第十七世徑山大慧杲禪師法嗣九十
四人: 教忠彌光禪師, 東林道顔禪師, 西禪鼎需禪師, 東禪思岳禪師, 西禪守淨禪
師." 『續傳燈錄』 卷32(大正藏51, p.687下)에 그의 法語가 게재되어 있다.

28 (明)無相說, 『法華大意』 卷下(卍續藏 31, p.509上).

29 雪岑, 『蓮經別讚』(『韓佛全』 7, p.289上).

이 게송은 송대에 활동한 불혜천佛慧泉의 작품으로 알려져 있다.[30]
불혜천의 행적은 상세하지는 않지만, 『인천안목人天眼目』[31]과 『불조통
기佛祖統紀』[32] 등에 왕안석(王安石, 1021~1086)과의 문답이 보이고 있
어 송대 건강(建康: 현 南京)에서 활동하였던 고승이었다고 볼 수 있다.
또한 역대의 게송들을 모아 놓은 『선종송고련주통집禪宗頌古聯珠通
集』에 불혜천의 게송이 수십 편 게재되어 있어 게송 찬술에 상당히
뛰어난 승려였음을 알 수 있다. 설잠이 이 불혜천의 게송을 인용한
이유는 아마도 일념삼천一念三千과 중도불성中道佛性의 성구性具를
나타내기 위한 것이 아닐까 한다. 바로 앞에서 번뇌 망상이 말끔히
개어버린 '만리천萬里天'을 논하여 순수하고 절대적인 법화의 세계를
밝혔다고 본다면, 그것이 그대로 전환하여 일상으로 표현하고 있음을
볼 수 있는데, 이것이 바로 또 다른 '성구'적 표현이라고 볼 수 있기
때문이다.

이상과 같은 '다음으로 7축 대의를 듦(次擧七軸大意)'의 분석을 통해
이 문단은 그 자체로 하나의 독립된 작품으로 편찬해도 조금도 모자라
지 않을 온전한 구성과 내용을 담고 있음을 알 수 있다. 설잠이 이를
통하여 강조하는 것은 바로 교판으로부터 출발하여 『법화경』이 '대승
원교'임을 밝히고, 또한 여래의 '일대사인연'인 '불지견의 개시오입開示
悟入'을 '묘법'과 '묘심', '묘체'와 '묘용'으로 설명하고 있는데, 이러한

30 (宋)法應集, (元)普會續集, 『禪宗頌古聯珠通集』卷36(卍續藏 65, p.700中), "雲起千
山曉, 風高萬木秋. 石頭城下水, 浪打釣魚舟.佛慧泉"
31 (宋)智昭集, 『人天眼目』卷5(大正藏 48, p.325中).
32 (宋)志磐撰, 『佛祖統紀』卷5(大正藏 49, p.170下).

방식은 바로 천태학의 성구론의 특색을 그대로 보여주고 있다고 말할
수 있다.

3. 『연경별찬』의 성구론

앞에서 『연경별찬』은 대체적으로 제관의 교판에 의거하고, 또한 전체
적인 관점은 제법실상諸法實相에 대한 일심삼관一心三觀과 삼제원융三
諦圓融의 성구性具사상을 토대로 하고 있음을 언급하였다. 그렇다면
『연경별찬』에서는 과연 어떻게 '성구론性具論'을 제시하고 있는가를
고찰해 보고자 한다. 우선 앞에서도 인용한 바가 있는 이른바 『법화
경』의 '종승宗乘'을 들어 밝히는 '찬讚'을 살피겠다. 구체적으로는 다음
과 같이 설한다.

축착개착(築着磕着: 이리저리 부딪치는 모습)하여 통하지 않는 곳이
없으며, 지견知見이 현전하여 유정有情이나 무정無情이나 모두
묘법妙法을 설하며, 또한 능히 들어서 삼라만상이 해인海印처럼
교참交參한다. 이제 나 혼자 말할 뿐만 아니라 세계도 설하고,
티끌도 설하고, 항상 설하니, 어떤 때에 마치겠는가? 또한 능히
설하는 것은 바깥에서 들어오는 것이 아니고, 가운데서 나가는
것도 아니며, 목구멍에서 나오는 것도 아니며, 의식을 조작하여
만드는 것도 아니니, 예부터 그러한 것도 아니고, 지금에 이르러
그러한 것도 아니다. 능히 듣는다는 것도 또한 천연天然의 법으로
자연히 이와 같으며, 마치 주머니 속의 송곳이 감추려고 하면

344

더욱 드러남과 같다.[33]

　여기에서 설잠이 '찬'하는 대상은 바로 제법諸法의 '실상實相'이라고
할 수 있다. 다시 말하여 천태에서 설하는 '정인불성正因佛性'으로서
'실상'이다. 즉 지의는『법화문구』에서 "실상은 무자성無自性에 상주하
며, 내지 무인성無因性이 없으며, '무성無性' 또한 '무성'하니, 이를
'무성'이라 한다. … 또한 '무성'은 바로 정인불성이다."[34]라고 하고,
『법화현의』에서는 "비유하자면, 연 씨(蓮子)와 같이 진흙 속에 있지만,
사미(四微: 色香味觸)에 오염되지 않음을 연 씨의 체體라고 한다. 일체
중생의 정인불성도 이와 같아서 상락아정常樂我淨하여 부동불괴不動不
壞함이 불계佛界의 여시체如是體라고 한다."[35]라고 보다 구체적으로
설명하고 있다. 이에 따르면, '실상'은 철저하게 무염정無染淨, 비선악
非善惡의 본체계本體界에 상주하는 것이라 하겠다. 설잠이 "지견이
현전하여 유정이나 무정이나 모두 '묘법'을 설하며, 또한 능히 들어서
삼라만상이 해인처럼 교참한다."라고 찬탄한 것은 바로 '불성佛性'이

---

33 雪岑,『蓮經別讚』(『韓佛全』7, p.287上), "築着磕著, 無處不通, 現前知見, 情與無情,
　　皆說妙法, 亦能聽法, 森羅萬像, 海印交叅. 非但我今獨布言詮, 刹說塵說恒說常說
　　何時是了. 又能說者, 不從外入, 不從中出, 不是咽喉裡出來, 不是意識邊做着,
　　非古然也, 非今然也. 能聽亦爾天然之法, 自然如是, 囊裡錐鎊, 欲隱彌露."

34 (隋)智顗說,『妙法蓮華經文句』卷4下(大正藏 34, p.58上), "實相常住無自性, 乃至
　　無無因性, 無性亦無性, 是名無性. … 又無性者卽正因佛性也."

35 (隋)智顗說,『妙法蓮華經玄義』卷7下(大正藏 33, p.773中), "譬如蓮子在淤泥中,
　　而四微不朽, 是名蓮子體. 一切衆生正因佛性, 亦復如是. 常樂我淨, 不動不壞,
　　名佛界如是體."

'본유本有'하여 그대로 현전하고 있는 상태인 이른바 '본체계'를 형용하고 있다고 할 수 있다. 그렇게 때문에 이는 조작하여 만드는 것도 아니니, 예부터 그러한 것도 아니고, 지금에 이르러 그러한 것도 아닌 세계일 수밖에 없는 것이다.

그렇지만 모든 중생들이 이러한 '본체계'를 인식하고, 여기에 머무는 것은 결코 아닌 것이다. 따라서 이를 실현하기 위하여 『법화경』에서는 이른바 '선교방편'이 필요하였던 것이다. 설잠은 그를 다음과 같이 서술한다.

법회를 시작할 때 문수보살을 앞에 둔 것은 실상實相의 지혜를 드러내기 위한 것이었고, 방편품方便品을 시작할 때 추자(鶖子: 舍利弗)가 첫머리에 있는 것은 방편의 지혜를 표방한 것이다. 그리고 비유품譬喩品에서 불난 집을 말한 것과 신해품信解品에서 빈궁한 아들을 말한 것, 또는 약초유품藥草喩品·수기품授記品은 중근기를 상대로 한 것이고, 화성유품化城喩品과 수학무학인기품授學無學人記品은 하근기를 상대로 한 것이며, 법사품法師品의 설명은 수기를 넓힌 것이다.[36]

여기에서는 근기에 따라 '일불승'을 설해 가는 과정을 설명한 것이다. 이렇게 권실(權實: 방편과 실상)을 세워서 설해야 하는 까닭을 또한

36 雪岑, 『蓮經別讚』(『韓佛全』7, p.288下), "法會之初, 文殊居先, 所以彰實智也. 方便之始, 鶖子在首, 所以標權智也. 火宅窮子, 藥草授記, 對中根也, 化城授記, 與學無學, 對下根也, 法師之說, 廣記也."

다음과 같이 설명하고 있다.

삼천三千의 미묘한 경지(妙境)를 어떻게 헤아릴 것인가? 항하사와
같은 많은 보살들도 믿기 어려워하였다. 그것은 바로 지엽적인
것이 없고, 오직 순수하고 참다운 실상實相만이 있어서이다.[37]

일대사인연으로 대지大智를 따라 체를 세우고, 무량의無量義 삼매
三昧에서 상행常行을 과果로 맺는다.[38]

여기에서는 이른바 '실상實相'을 바로 '일념삼천'의 '십계호구'로서
파악하고 있음을 엿볼 수 있다. 여기에서 나온 이러한 '묘경妙境'은
지극히 순수하고 참다운 '실상'이기 때문에 난해하여 보살들조차도
감히 믿기 어려웠던 것이기 때문에 '방편'이 필요했던 것으로 볼 수
있는 것이다. 그렇지만 그러한 방편도 역시 여래의 '일대사인연'으로부
터 발원한 지혜로 '체'를 세우고, 무량한 삼매로부터 원행願行을 이루는
것이다. 이렇게 방편과 비유 등을 통하여 최종적으로 중생들에게
'불지견佛知見'을 증득하여 불위佛位에 오른다는 '수기授記'를 받게 된다
는 내용을 다음과 같이 함축하여 설하고 있다.

---

37 雪岑, 『蓮經別讚』(『韓佛全』 7, p.289中), "三千妙境匯, 洹沙菩薩難信, 直得無復枝
葉, 純有貞實."

38 雪岑, 『蓮經別讚』(『韓佛全』 7, p.294中), "一大事因緣, 從大智而立體, 無量義三昧,
結常行以示果."

성性과 상相이 겸하여 갖추었고, 체體와 용用을 모두 드러냈으며, 미혹과 깨달음이 모두 다 없어지고, 종자와 열매가 원만하게 성취되었다. 이는 마치 사자의 굴속에는 전부가 금빛 털이고, 전단栴檀의 수풀 아래에는 순전히 진향眞香인 것과 같아서, 이 법을 듣고 성내는 이나 기뻐하는 이나 치우친 이나 원만한 이나 모두 흰소의 수레(白牛之車)를 얻게 되고, 보는 이나 듣는 이나 또는 따라서 기뻐하는 이는 다 함께 푸른 연꽃의 수기(青蓮之記)를 받게 되는 것이어서 하나의 일이나 하나의 현상이 미묘한 법(妙法) 아닌 것이 없으며, 한 번 찬탄하는 것이나 한 번 선양하는 것이 모두 이 미묘한 마음(妙心)이다.[39]

이러한 설명은 그대로 '일념삼천'과 '일심삼관', '십계호구' 등 천태 성구론의 토대가 되는 논리를 떠오르게 한다. 특히 지의는 "일심은 십법계를 구족하고, 일법계는 또 십법계, 백법계를 구족하며, 일계一界는 삽십종의 세간을 구족하니, 백법계는 삼천종 세간이다. 이 삼천은 일념심一念心에 있는 것으로, 만약 마음(心)이 없다면 그만이나, 한 찰나의 마음만 있으면 바로 삼천세간이 구족된다."[40] 혹은 "하나의 법계가 9법계를 구족함을 체광體廣이라 하고, 9법계는 바로 불법계佛法

---

[39] 雪岑, 『蓮經別讚』(『韓佛全』 7, pp.288下~289上), "性相兼該, 體用雙彰, 迷悟雙泯, 種果圓成. 比如師子窟中, 盡成金毛, 栴檀林下, 純是眞香, 嗔喜偏ţ, 俱獲白牛之車, 見聞隨喜, 盡授青蓮之記, 一事一相, 無非妙法, 一讚一揚, 皆是妙心."

[40] (隋)智顗說, 『摩訶止觀』 卷5上(大正藏 46, p.54上), "夫一心具十法界, 一法界又具十法界, 百法界, 一界具三十種世間, 百法界卽三千種世間. 此三千在一念心, 若無心而已, 介爾有心, 卽具三千."

界로 위고位高라 하며, 10법계는 즉공卽空·즉가卽假·즉중卽中으로 용
장용장用長이라 하고, 즉일卽一로서 삼三을 논하고, 즉삼卽三으로서 일一을
논하니, 각기 다르지도 않고, 횡횡橫하지도 않고, 일一도 아니니, 묘妙하
다고 칭한다."⁴¹라고 설했다. 이로부터 보자면, '성구론'에서 가장 핵심
적으로 추구하는 것은 '십계'를 능히 서로 갖출 수 있는 '일심一心'이요,
그것은 공가중空假中의 삼제를 모두 '원융'시키고 있다는 것이다. 따라
서 이는 '묘심妙心'과 '묘법妙法'이라고 할 수 있다. 바로 설잠이 인용문에
서 설한 바와 완전히 일치한다고 하겠다.

설잠은 또한 다음과 같이 설한다.

산과 하천과 큰 땅덩이와 밝음과 어두움과 색상과 허공이 모두
묘체妙體를 나타내는 것이요, 생사와 열반과 보리와 번뇌가 모두
묘용妙用이어서, 하나하나가 원융하고 하나하나가 주편周遍하니,
취하여 가질 것도 없고 내어다 버릴 것도 없으며, 모자람도 없고
남음도 없는 것이다. 바람이 살랑이고 달이 휘영청 둥근 것은
등명불이 항상 눈앞에 나타나는 것이요, 새가 지저귀고 꽃이 떨기
로 핀 것은 보현보살이 항상 법계法界에 행하는 것이다.⁴²

41 (隋)智顗說,『妙法蓮華經玄義』卷2上(大正藏 33, p.692下), "一法界具九法界, 名體
廣, 九法界卽佛法界, 名位高, 十法界卽空卽假卽中, 名用長. 卽一而論三, 卽三而
論一, 非各異, 亦非橫, 亦非一, 故稱妙也."
42 雪岑,『蓮經別讚』(『韓佛全』7, p.289上), "山河大地, 明暗色空, 皆顯妙體, 生死涅槃,
菩提煩惱, 皆是妙用, 一一圓融, 一一周遍. 無取無捨, 無欠無餘. 風颺颺月, 團團燈
明, 常顯於目前, 鳥花簇簇, 普賢常行於法界."

　여기에서는 '묘체'와 '묘용'을 더욱 강조하고 있음을 볼 수 있다.
이는 앞에서 설명한 '묘심'과 '묘법'과 함께 설잠이 『연경별찬』에서
가장 핵심적으로 운용하는 용어이다. 그런데 이러한 '묘妙'는 바로
천태의 '진공묘유眞空妙有'로부터 연원한 것이라 하겠다. 지의는『법화
현의』에서 불성을 다음과 같이 해석하고 있다.

　　그 일법一法이란 '실상'을 말함이다. 실상의 상은 무상불상無相不相
　　이다. 또 이 실상은 제불이 얻은 법이기 때문에 '묘유妙有'라 한다.
　　실상은 양변의 있는 것도 아니므로 필경공畢竟空이라 한다. 공리空
　　理는 담연湛然하여 하나도 다르지 않아 '여여如如'라고 한다. 실상은
　　적멸이니 열반이라 하고, 깨닫고 변하지 않으니 허공이라 이름하
　　고, 불성은 많은 것을 담고 있으므로 여래장이라 하며, 유有에도
　　무無에도 종속되지 않기에 중도中道라 한다. 최상으로 허물이 없기
　　에 '제일의제第一義諦'라 한다.[43]

　지의는 여기에서 불성과 실상·여래장·중도·묘유 등을 다 같은 것이
라고 지적하고, 또한 무상불상無相不相의 '묘유'이고, 즉유즉무卽有卽
無의 '중도'라고 말하고 있다. 따라서 설잠이 '묘체'와 '묘용', '묘심'과

43　(隋)智顗,『妙法蓮華經玄義』卷8下(大正藏 33, p.783中), "其一法者, 所謂'實相.'
　　實相之相, 無相不相. 又此實相, 諸佛得法, 故稱妙有'; 實相非兩邊之有, 故名畢竟
　　空; 空理湛然, 非一非異, 故名'如如'; 實相寂滅, 故名涅槃; 覺了不改, 故名虛空;
　　佛性多所含受, 故名如來藏; 不依於有, 亦不附無, 故名中道. 最上無過, 故名'第一
　　義諦.'"

'묘법' 등에서 사용하는 '묘'는 바로 이러한 천태지의의 전통에 따른 것이 아닐까 한다. 더욱이 설잠은 『연경별찬』에서 "일색一色, 일향一香이 실상實相 아닌 것이 없고, 하나의 칭稱과 하나의 탄歎이 모두 보리菩提를 취향趣向한다."[44]라고 하는데, 천태학에서는 이러한 문구를 도처에서 발견할 수 있다. 특히 지의는 『법화현의法華玄義』에서 "일색, 일향이 중도가 아님이 없다."[45]라고 쓰고 있다.

여기에서 이는 분명하게 천태의 '성구론'에서 영향을 받은 것이고, 또한 이러한 실례로부터 『연경별찬』은 '성구론'의 토대에서 서술되었다고 말할 수 있다.

제2절 『십현담요해』의 성구와 성기의 병중과 통섭

1. 『십현담요해』의 구성과 '정편오위'

본래 『십현담十玄談』은 중국 송대 조동종曹洞宗의 적통인 운거도응雲居道膺의 법사法嗣인 동안상찰同安常察이 조동종의 정편오위설正偏五位說의 실천적인 의미를 강조하여 편집한 저술이다. 상찰은 이 정正과 편偏의 오위五位를 ① 심인心印, ② 조의祖意, ③ 현기玄機, ④ 진이塵異, ⑤ 연교演敎, ⑥ 달본達本, ⑦ 환원還源, ⑧ 회기廻機, ⑨ 전위轉位, ⑩ 일색一色의 '십현十玄'으로 구분하여 상호 연관적으로 '회호回互'함으로써

---

44 雪岑, 『蓮經別讚』(『韓佛全』 7, p.289中), "一色一香, 無非實相, 一稱一歎, 咸趣菩提."

45 (隋)智顗說, 『妙法蓮華經玄義』 卷4上(大正藏 33, p.683上).

이理와 사事의 원융의 궁극적 경지를 선적으로 막힘이 없이 투득透得하
도록 하고자 한 것이다.[46]

이 상찰의 『십현담』에 대하여 당말 오대 시기 청량산淸凉山에서
활약한 청량문익淸凉文益이 주를 달았는데, 그것이 바로 『동안찰십현
담청량화상주同安察十玄談淸凉和尙註』이다. 그리고 동안상찰의 『십현
담』에 설잠이 주를 단 것이 바로 『십현담요해十玄談要解』이다. 그
서문[47]에 따르면 이것이 성종成宗 6년 을미(1475), 즉 설잠의 41세
때 주해한 것이라고 볼 수 있다. 이 『요해』는 이후 훈민정음으로
언해되었는데, 해인사 백련암에 가정嘉靖 27년(1548)에 판각된 언해본
이 소장되어 있다.[48] 그리고 1865년 설악산 오세암에서 만해萬海 한용운
韓龍雲이 청량과 설잠의 주석과 달리 새로운 주석을 내놓았는데, 『십현
담주해十玄談註解』가 그것이다. 따라서 『십현담주해』는 설잠의 '서문'
과 선종 '오가五家'의 흐름을 밝힌 '오파원류도五派源流圖', 그리고 각
'십현담'에 대한 본문, 청량문익의 '청량주淸凉註', 설잠의 '열경주悅卿
註'로 구성되어 있다.

이와 같이 설잠의 『십현담요해』는 조선 전기 조동선 사상에 관한
대표적인 저술이라 할 수 있다. 이는 고려 시기 일연一然의 『중편조동오

---

46 (宋)道原, 『景德傳燈錄』 卷29에 同安常察의 『十玄談』이 그대로 전재되어 있다(大
正藏 46, p.455中~下).

47 雪岑, 『十玄談要解』(『韓佛全』 7, p.309上), "成化乙未, 桃節 哉生覇, 淸寒芑蒭雪岑,
注于瀑泉山中."

48 신규탁, 「『십현담주해』에 나타난 만해 한용운의 선사상」, 『선문화연구』 16집,
2014, pp.8~9.

위重編曹洞五位』를 잇고 만해의 『십현담주해』로 이어지는 귀중한 자료라 할 수 있다. 일연의 『중편조동오위』는 동산양개洞山良价의 『조동오위현결曹洞五位顯訣』과 조산본적曹山本寂의 간揀 및 축위송逐位頌과 광휘光輝의 석釋을 검토하여 자기의 견해를 밝히고 있는 작품이다.[49]

그런데 이 『십현담요해』에는 천태의 성구론을 제시하고 있는 한편, 화엄의 성기 또한 논하고 있어 마치 성구와 성기설의 병중竝重과 통섭通攝을 제시하고자 하는 듯한 설잠의 관점을 보이고 있다. 비록 그것이 완벽하게 성공적이었는가는 평가할 수 없을지라도 그러한 시도를 보였다는 점에 있어서 중요한 사상적인 의의를 갖는다고 할 수 있다. 따라서 본 장에서는 『십현담요해』에 나타나는 성구론과 성기설의 병중과 통섭을 고찰하고자 한다.

우선 앞에서 언급한 바와 같이 『십현담요해』는 동산양개의 '조동오위曹洞五位'를 겨냥하고 있다. 따라서 먼저 '조동오위'에 대하여 간략하게 살펴보고자 한다.

'조동오위'는 조동종의 여러 가지 선법禪法 가운데 가장 특색 있는 것이라고 하겠다. 이 '오위五位'설은 동산양개의 '오위현결五位顯訣'을 계승한 조산본적이 구체화한 것이라 하겠다.

이들은 궁극적인 깨달음에 도달하는 과정을 정正·편偏으로 설정하여 상호배합을 '오위五位'로 설정한 것이다. '정편오위正偏五位'는 구체적으로 정중편正中偏, 편중정偏中正, 정중래正中來, 겸중지兼中至, 겸중도兼中到 등의 다섯 가지이다. 『보경삼매현의寶鏡三昧玄義』에 따르

---

49 한종만, 「고려시대의 조동선」, 『한국조동선사』, 불교영상, 1998, pp.116~117.

면, "이괘(離卦: ☲)의 효爻를 거듭하여(重火離卦), 치우침과 올바름(偏正)이 서로 갈마들어(回互), 겹치어 셋이 되며, 변함을 다해 다섯이 되었다."[50]라고 설명하고 있다. 따라서 이 '정편오위'는『주역』의 괘효로써 운용하고 있음을 알 수 있다. 이러한 것은 이른바 유불융합儒佛融合의 표현으로도 볼 수 있다. 즉 당대唐代로부터 세워진 유불융합의 전통에 따른 것이라고 볼 수 있다.『인천안목人天眼目』에 인용된 조산본적은 다음과 같이 설명한다.

정위正位는 바로 공계空界에 속하여 본래 무물無物이고, 편위偏位는 바로 색계色界로서 만상萬象의 형상形像이 있다. 정중편正中偏은 이치(理)를 등져 일(事)에 나아가고, 편중정偏中正은 일을 버리고 이치에 들어간다. 겸대兼帶는 중연衆緣에 그윽하게 상응하여 제유諸有에 떨어지지 않고, 오염되지도 않고 깨끗하지도 않으며, 옳지도 않고 치우치지도 않아, 그러므로 이르기를, "텅 비고 오묘한 대도大道는 집착이 없는(無著) 진종眞宗이다."라고 한다.[51]

따라서 이로부터 유추하자면, '정正'은 체體이고 이理이며 공空이고, '편偏'은 용用이고 사事이며 색色이라고 할 수 있다. 또한 '정'과 '편'은

---

50 (宋)雲外雲岫註,『寶鏡三昧玄義』(卍續藏 63, p.211下), "重離六爻, 偏正回互, 疊而爲三, 變盡成五."

51 (宋)智昭集,『人天眼目』卷3(大正藏 48, p.313下), "正位卽屬空界, 本來無物; 偏位卽色界, 有万象形. 正中偏者, 背理就事; 偏中正者, 捨事入理. 兼帶者, 冥應衆緣, 不墮諸有, 非染非淨, 非正非偏, 故曰: 虛玄大道, 無著眞宗."

354

군君·신臣, 진眞·속俗, 정淨·염染과도 배대할 수 있는 것이다. 『인천안
목』권3에는 동산양개의 '오위송五位頌'이 게재되어 있는데, 여기에서
는 그를 중심으로 '정편오위'에 대하여 간략히 설명하기로 하겠다.

첫째, 정중편正中偏은 "삼경三更의 첫날밤 달빛 밝은 앞에, 서로
만나 몰라봄을 의아해하지 말지니, 은은히 품은 뜻이 있어도 오히려
옛날을 따른다."[52]라고 한다. 이 위位에서는 '이를 등져 사에 나아감(背
理就事)'으로, 학인은 다만 사事, 용用, 색色을 알 뿐이고, 이理, 체體,
공空은 알지 못하여 바로 이사理事, 체용體用, 공색空色, 정염淨染 등의
관계를 나누게 된다. 은근하게 발심發心하지만, 여전히 훈습된 경계를
따른다는 것이다.

둘째, 편중정偏中正은 "잠에서 덜 깬 노파가 옛 거울을 보니, 얼굴을
마주함에 분명하여 달리 참됨이 없는데, 그만두고 다시 어리석음에
오히려 그림자를 찾는구나."[53]라고 한다. '편중정'은 '사를 버리고 이에
들어감(捨事入理)'으로, 학인은 비록 이理, 체體, 공空, 정淨 등을 인식하
고, 또한 사事, 용用, 색色, 염染 등이 '가假'이어서 실제로 존재하지
않음을 인식하지만, 사事를 버리고 이理에 들어가는 것도 단편적일
뿐만 아니라, 이, 체, 공, 정 등이 독립적인 존재가 아님을 인식하지
못한다.

셋째, 정중래正中來는 "없는 가운데 길이 있어 진애塵埃와 떨어지고,

---

52 (宋)智昭集, 『人天眼目』 卷3(大正藏 48, p.314下), "三更初夜月明前, 莫怪相逢不相
識, 隱隱猶懷昔日嫌."

53 (宋)智昭集, 『人天眼目』 卷3(大正藏 48, p.314下), "失曉老婆逢古鏡, 分明覿面別無
眞, 休更迷頭猶認影."

다만 능히 지금의 싫어함과 부딪치지 않을 수 있어야, 또한 전조前朝의
혀 잘린 재능을 가진 이를 이길 수 있으리."[54]라고 한다. '정중래'는
이를 버리고 사에 나아가는 것이 아니고, 사를 버리고 이에 들어가는
것도 아니다. 이미 이, 체, 공, 정을 인식하였으며, 이로부터 사,
용, 색, 염 등에 대한 인식에 도달하게 된다. 이른바 본체로부터 현상에
이른다는 것이다. 다만 양자 사이에 그 관계가 멀어 완전함에 이르지
못하였으며, 아직 이, 체, 공, 정이라는 일면에 치우쳐, 참으로 현상세
계에 속하지 못한다.

넷째, 겸중지兼中至는 "양쪽의 칼날이 서로 부딪쳐도 피하지 마라.
좋은 솜씨는 불속의 연꽃과 같아, 완연히 저절로 뜻이 하늘을 찌른다."[55]
라고 한다. 학인의 입장에서 말하자면, 그는 이미 현상세계에 깊이
들어갈 수 있으며, 진정으로 현상세계가 환유幻有임을 인식하고, 또한
이러한 '환유'를 통하여 본체계本體界를 인식하기를 시도한다는 것이
다. 이사理事, 체용體用, 공색空色, 정염淨染 등은 더 이상 이지理智적인
것이 아니며, 학인 자신이 이미 본체와 현상이 절대적인 것이 아니라
상대적인 것이며, 그것들은 모두 단지 사람들이 부여한 다른 호칭일
뿐으로, 그 자체는 결코 진정한 차별이 아니라 융합되어 하나의 정체整
體가 됨을 체험한다는 것이다.

다섯째, 겸중도兼中到는 "유무有無에 떨어지지 않음을 누가 감히

---

54 (宋)智昭集, 『人天眼目』 卷3(大正藏 48, p.314下), "無中有路隔塵埃, 但能不觸當今
諱, 也勝前朝斷舌才."
55 (宋)智昭集, 『人天眼目』 卷3(大正藏 48, p.314下), "兩刃交鋒不需避, 好手猶如火里
蓮, 宛然自有沖天志."

알겠는가. 사람마다 모두 중류衆流를 벗어나고자 하지만, 그를 끊어 다시 재구덩이로 돌아가 앉는다."[56]라고 한다. '겸중도'는 유무에 떨어지지 않고, 체용體用을 모두 사라지게 한 것이다.

조동종에서는 이理를 버려 사事를 취하고, 사를 버려 이에 들어가는 것은 모두 단편적이며, '정중래'와 '겸중지'의 양위兩位에서, 전자는 보다 이, 체, 공, 정에 머물고, 후자는 보다 사, 용, 색, 염의 측면을 강조하지만, 모두 여전히 단편성을 가지고 있으며, 이사, 체용, 공색, 정염에 대한 인식은 아직 완전에 이르지 못하였다. 다만 '겸중도' 이 계위는 "이치가 중연에 응하고, 중연이 이치에 응하는(理應衆緣, 衆緣應理)" '겸대兼帶'의 상태에 이르렀고, 오염되지도 깨끗하지도 않으며, 정正도 편偏도 아니며, 이사理事가 모두 밝고, 체용體用에 집착이 없으며, 이렇게 해야 비로소 대도大道에 합할 수 있어 진공眞空에 집착됨이 없는 것이다. 이로부터 가장 높은 경계는 바로 가장 평범한 경계임을 알 수 있는 것이다.

조동종의 '정편오위正偏五位'는 실질적으로는 '회호回互'와 '불회호不回互'가 서로 연계되었는데, 여기에 근거하여 논리 체계를 형성하였다. 이른바 '회호'는 그 가리키는 바가 이사, 체용, 공색, 정염 사이의 합일이다. '회호'는 다시 '불회호'와 상대적인 것이다. '불회호'는 이사, 체용, 공색, 정염 사이에 각각 스스로 갖추고 있는 상대적으로 안정된 상태를 가리킨다. '회호설回互說'은 『인천안목』에 게재된 석두희천石頭希遷의 「참동계參同契」 가운데 "영원靈源은 밝고 깨끗하며, 지파枝派는

---

56 (宋)智昭集, 『人天眼目』 卷3(大正藏 48, p.314下), "不落有無誰敢知, 人人盡欲出常流, 折合還歸炭里坐."

암암리에 흘러나간다. 사事에 집착하는 것은 원래 미혹이고, 이理에 계합하는 것도 깨달음이 아니다. 문門마다의 일체경계는 회호回互하거나 회호하지 않는다."[57]에 그 근원을 두고 있다. 조동종은 바르지도 않고, 치우치지 않으며, 오염되지도 깨끗하지도 않고, 이사理事가 모두 밝으며, 체용體用에 집착하여 얽매이지 않음을 설하는데, 이것이 바로 정편오위의 '회호'를 말한 것이다. '보경삼매寶鏡三昧'에서 말한 "한밤중의 밝음은 새벽이 되어도 드러나지 않는다."[58]는 것은 밝음과 어둠 사이의 내재적 합일을 말하며, 밝음 가운데 어둠이 있고, 어둠 가운데 밝음이 있어 밝음과 어둠은 회호한다는 것이다. '한밤중의 밝음(夜半正明)'은 어둠 가운데 밝음이 있음을 형용하며, 홀로 밝음으로 해석할 수 없다. '새벽이 되어도 드러나지 않음(天曉不露)'은 밝음 가운데 어둠이 있음으로, 홀로 어둠으로 해석할 수 없다. 명암 사이의 내재적인 통일이 바로 '회호'설이다.

다시 이사, 체용에서 말하면, 본적本寂은 "마음도 아니고, 경계도 아니며, 일도 아니고, 이치도 아니다. 이제까지 이름을 떠났으며, 천진天眞하여 성상性相을 잊었다."[59]라고 말하고 있다. 청량문익은 『종문십규론宗門十規論』에서 조동종은 "치우침이 있고 바름이 있으며, 밝음이 있고 어둠이 있다(有偏有正, 有明有暗)."라고 보아, 조동종의

---

57 (宋)智昭集,『人天眼目』卷5, '石頭參同契'(大正藏 48, p.327上), "靈源明皎潔, 枝派暗流注. 執事元是迷, 契理亦非悟. 門門一切境, 回互不回互."

58 (宋)智昭集,『人天眼目』卷3(大正藏 48, p.320下), "夜半正明, 天曉不露."

59 (日本)慧印校訂,『撫州曹山元證禪師語錄』卷1(大正藏 47, p.526下), "不是心, 不是境, 不是事, 不是理. 從來離名狀, 天眞忘性相."

358

근본사상이 이사상융理事相融이며, 이른바 "그 불이不二를 바란다면, 원융을 귀하게 해야 함(欲其不二, 貴在圓融)"을 언급하였으며, '정편회호'설은 "사事를 갖추고 이理를 갖추었으며, 이사理事가 서로 도우니, 사는 이를 의지하여 서고, 이는 사를 빌려 밝혀진다."[60]는 것이다.

이러한 '조동오위'와 '십현담'의 배대는 균등하게 이루어져 있을 것으로 추정된다. 그것은 '오위'는 서로 독립적이고 대립적인 개념이 아니라 정正과 편偏, 음陰과 양陽과 같이 상보적相補的인 개념이고, 이들이 서로 다섯의 범주를 이룬 것이기 때문이다. 따라서 이러한 '오위'가 '십현담'으로 확대되었을 때에는 당연히 균등한 비율로 전개되었을 것이다. 그러므로 '오위'와 '십현담'을 배대하면, 다음과 같다.[61]

① 정중편正中偏: 십현담의 '심인心印'과 '조의祖意'
② 편중정偏中正: '현기玄機', '진이塵異'
③ 정중래正中來: '불교(佛教: 演教)', '달본達本'
④ 편중지偏中至: '파환향곡(破還鄉曲: 還源)', '회기廻機'
⑤ 겸중도兼中到: '전위귀轉位歸', '정위전(正位前: 一色)'

본래 '십현담'의 제목은 ①심인心印, ②조의祖意, ③현기玄機, ④진이塵異, ⑤연교演教, ⑥달본達本, ⑦환원還源, ⑧전위轉位, ⑨회기廻機, ⑩일색一色인데, 설잠은 '입제立題'에 있는 '십현十玄'의 명칭과

---

60 (唐)清凉文益, 『宗門十規論』(卍續藏 63, p.37下), "具事具理, 理事相資, 事依理立, 理假事明."
61 한종만, 『한국조동선사』, 불교영상, 1998, pp.148~149. 여기에서도 이와 같은 배대를 하고 있다.

'변제목辨題目'에 있는 제목명 또는 다음에서 다루고 있는 십현十玄의
명칭도 조금씩 다르며, 그 순서도 한 군데가 바뀌어 있다.[62] 즉 심인心印,
조의祖意, 현기玄機, 진이塵異, 불교佛敎, 환향곡還鄕曲, 파환향곡破還
鄕曲, 회기迴機, 전위귀轉位歸, 정위전正位前[63]으로 되어 있다. 따라서
①심인, ②조의, ③현기, ④진이까지는 완전히 일치하지만, ⑤연교
演敎는 '불교佛敎'로 되어 있고, ⑥달본達本은 '환향곡還鄕曲', ⑦환원還
源은 '파환향곡破還鄕曲', ⑧전위轉位, ⑨회기迴機는 설잠의 '입제'에서
는 서로 순서가 바뀌어 있으며, ⑩'일색一色'은 '정위전正位前'으로
되어 있다.

2. '십현十玄'의 주해에 보이는 '성구'와 '성기'

앞에서 언급한 바와 같이 『십현담요해』는 동안상찰의 『십현담』에,
청량문익의 주에, 다시 설잠이 주해한 것으로 구성되어 있다. 따라서
『십현담요해』를 정확하게 설명하고자 한다면 동안상찰의 『십현담』에
대한 해석으로부터 청량문익의 주해, 그리고 설잠이 또한 어떻게
제시하는가를 비교하여 서로 어떻게 다르게 보고 있는가를 분석해야
그 면목을 제대로 파악할 수 있다. 그러므로 본 장에서도 동안상찰이
설정한 『십현담』에 대한 문익의 주와 설잠의 주해를 비교하는 형식으
로 진행하고자 한다.

62 金煐泰, 『韓國佛敎 고전명저의 세계』, 민족사, 1994, pp.306~307 참조.
63 雪岑, 『十玄談要解』(『韓佛全』 7, p.310下).

1) 심인心印

우선 첫째의 '심인'에 대하여 고찰하기로 하겠다. 본래 이 위位는 앞에서 언급한 바와 같이 '정중편正中偏'의 '정正'이라고 볼 수 있다. 여기에서 '정'을 다양하게 해석할 수 있다. 우선 문익은 이에 대하여 다음과 같이 설한다.

〔청량주〕허공에는 면목面目이 없으므로, 어떻게 눈썹에 화장을 할 수 있겠는가? 그러나 마음은 본래 무명無名이지만, 인연에 따라 이름을 붙였을 뿐이다. 그 이름을 혹은 심인心印, 혹은 심주心珠, 혹 심경心鏡, 심등心燈, 심월心月, 심원心源 등이라 한다. 호칭은 비록 다르지만 모두 한마음(一心)으로 이름한 것이다. 이는 천성千聖도 전하지 아니한 것으로, 배우는 사람이 얻으려고 노력하여도 마치 원숭이가 그림자를 잡으려는 것과 같다. 그러므로 '심인心印'이라고 한 것이 이미 억지로 말을 세운 것이다.[64]

여기에서 문익의 입장은 아주 분명하다. 즉 '일심一心'의 '본체本體'를 지적하여 '심인心印'이라고 하는 것이다. 이를 본서에서 추구하는 불성론佛性論의 입장에서 본다면, 이는 바로 '정인불성正因佛性'이며, '본유本有'라고 말할 수 있는 것이다. 따라서 이 '심인'에 대해서는 굳이 '성구性具'와 '성기性起'의 구별을 필요치 않을 것이다. 즉 양쪽의 입장,

---

64 雪岑, 『十玄談要解』(『韓佛全』 7, p.310下), "(清涼註)虛空無面目, 何用巧粧眉? 然心本無名, 隨緣假號, 或名心印, 或名心珠, 心鏡, 心燈, 心月, 心源等. 稱謂雖別, 皆一心爲名. 千聖不傳, 學者勞形, 如猿捉影. 呼爲心印, 已是强立言也."

나아가 선종의 불성론까지도 모두 포함할 수 있는 포괄적 '본체'의
입장을 지닌다고 할 수 있다. 그러면서도 조사선의 입장을 드러내고
있다. 즉 그를 '일심一心'으로 규정하고 있는데, 이는 분명하게 '명심견
성明心見性'을 의식하고 있다고 보인다. 이러한 '심인'에 있어서 문익
선사의 조사선적인 해석은 어쩌면 너무도 당연하다고 하겠다.
　이에 상응하는 설잠의 해석은 다음과 같다.

　[열경주] 달마가 서쪽으로부터 와서 불립문자不立文字로 심인을
　단전單傳하여 "직지인심直指人心, 견성성불見性成佛"을 제창하였
　다. 이 '심인'은 언어와 문자로 형용할 수는 없다. 그러나 일용의
　사물과 어묵동정語默動靜의 때, 그 문채文彩가 완전하게 드러나서
　당처當處가 분명하니, 그러므로 '심인'이라고 말한 것이다.[65]

　설잠은 여기에서 문익과 마찬가지로 '정위正位'로서의 '심인心印'의
본체성을 분명하게 인정하고 있음을 엿볼 수 있다. 그러나 문익은
그를 파악하려고 함은 마치 원숭이가 그림자를 잡으려는 것과 같다고
하였다. 그러나 보다 추상적인 본체로 이해하고자 했다면, 설잠은
그와 다르게 '문채文彩가 완전하게 드러나서 당처當處가 분명'한 그런
명확한 자리를 말하고 있다. 다시 말하여 설잠도 문익과 마찬가지로
'심인'을 언어 등으로는 표현할 수 없는 것임을 인정하면서도 '분명한

---

65 雪岑, 『十玄談要解』(『韓佛全』 7, p.310下), "(悅卿註)達摩西來, 不立文字, 單傳心
　印, 直指人心, 見性成佛. 此印不可以語言文字形容, 於日用事物上, 動靜語默時,
　文彩全彰, 當處歷然. 故曰: 心印."

당처가 현현함'을 제창하고 있음을 알 수 있다. 이를 화엄의 '이사무애理事無碍'와 '사사무애事事無碍'의 경지로 해석한다면 또한 '성기性起'의 입장이 되겠지만, '일심삼관一心三觀'과 '일념삼천一念三千'으로 해석한다면 바로 '성구性具'의 입장이라고도 할 수 있다. 한편으로 이를 선종禪宗의 불성론佛性論인 '명심견성明心見性'의 각도에서 본다고 해도 여전히 부합한다고 하겠다. 엄밀하게 말해서 후대로 갈수록 '성구'와 '성기'의 입장은 서로 비슷해지고 있으며, 서로 간에 영향을 주고받음으로써 점차 그 특색이 소실되고 있음도 사실이다. 더욱이 선종은 교학敎學과 같이 명확한 '교의敎義'와 같은 체계로서 제시하는 것이 아니기 때문에 그 판정이 더욱 어렵다고 할 수 있다.

이렇게 '심인'에 대해 규정한 후에, 그 "심인을 감히 어떤 사람에게 전하겠는가(心印何人敢授傳)?"에 대해서 또한 문익과 설잠은 사상적 차별을 보인다. 문익은 이에 대하여 "〔청량주〕 향상일로向上一路는 천성千聖이 전하지 않음이다. 그러나 전하지 않음을 전하기 때문에 '전수傳授'라고 가명假名한 것이다. 그러므로 전하지 않음이 비로소 전한 것이다."[66]라고 하고 있다. 여기서 조사선에서 흔히 나타나는 '무수지수無修之修'와 '무득지득無得之得'의 논리를 엿볼 수 있다. 무엇보다도 중국선中國禪은 '불성佛性'과 '반야般若'로 구성되어 있다고 할 수 있다. 그런데 '반야학'에서는 이른바 '소상파집掃相破執'의 논리에 따라 철저하게 '무주無住'와 '무상無相', '무념無念'을 강조하고 있음은 앞에서 언급하였다. 그렇다고 해서 '수修'와 '행行'은 어떤 교의敎義로서

---

66 雪岑, 『十玄談要解』(『韓佛全』 7, p.311上), "(淸涼註)向上一路, 千聖不傳, 然不傳而傳, 假名傳授. 無傳始是傳."

도 부정될 수 없는 것이다. 그러한 논리가 전개되어 나타난 것이 바로 '무수지수'와 '무득지득'이라고 할 수 있다.[67] 다시 말하여 어떠한 수증修證에도 얽매이지 않는 수증을 제창하였다는 의미이다. 이러한 논리를 '전수傳授'에 사용한다면 바로 문익의 '무전지전無傳之傳'의 해석이 되어버린다. 그런데 이에 상응하는 설잠의 주해는 다음과 같다.

〔열경주〕달마는 심인心印을 가지고 오지 않았으며, 이조二祖 또한 심인을 구하러 오지 않았다. 그러므로 준 것이 무엇인가? 전한 것이 무엇인가? 추울 때 불에 나아가고, 더울 때 서늘한 곳을 찾는다.[68]

이러한 설잠의 해석은 그대로 마조도일馬祖道一의 '평상심시도平常心是道'를 떠올리게 한다. 여기에서 설잠이 말하고자 함은 바로 '본래현성本來現成'의 입장인 것이다. 이는 앞에서 주해한 '일용日用의 사물과 어묵동정語默動靜의 때, 그 문채文彩가 완전하게 드러나서 당처當處가 분명함'과 완벽하게 호응, 조동종의 용어로는 '회호回互'하고 있음을 알 수 있다. 이러한 세계는 바로 천태학에서 제시하는 '성구性具'의 세계라고 말할 수 있다. 설잠은 『연경별찬』에서 "일색一色, 일향一香이 실상實相 아닌 것이 없고, 하나의 칭称과 하나의 탄歎이 모두 보리菩提를

---

67 이창안, 「如來禪과 祖師禪의 修證觀 비교-東山法門, 北宗과 『壇經』을 중심으로」, 『대각사상』 21집, 2014, pp.143~174 참조.

68 雪岑, 『十玄談要解』(『韓佛全』 7, p.311上), "(悅卿註)達摩不將心印而來, 二祖不求心印而往, 授个什麼? 傳个什麼? 畢竟作麼生道? 寒時向火, 熱時乘涼."

취향趣向한다."[69]라고 하였는데, 여기에서도 다시 그러한 입장을 드러내고 있다고 하겠다.

2) 조의祖意

다음으로 두 번째 '조의'에 대하여 고찰하고자 한다. 이 위位는 앞에서 언급한 바와 같이 '정중편正中偏'의 '편偏'이라고 하겠다. 이른바 '조의祖意'는 그대로 '조사서래의祖師西來意'의 줄임말로서 불교의 궁극적인 목적과 경지를 나타내는 선화禪話라고 할 수 있다.

이에 대한 문익文益과 설잠의 주해는 다음과 같다.

〔청량주〕 만약 나침반이 없다면 어떻게 길을 가겠는가? 그러므로 조사들은 대대로 서로 계승하여 현풍玄風을 드날렸다. 이 일은 환하게 드러나 있어 손바닥에 있는 것같이 분명하구나.
〔열경주〕 달마가 이 땅에 상근기가 있음을 알고 일부러 와서 오직 이 심인心印을 제창하여 혼미한 길을 개시開示하였다. 만약 문자文字 위에서 얻으려 하는 것도 옳지 않거늘, 하물며 문자가 없는 데서 얻으려 한다면, 그 거리가 어찌 만리萬里겠는가? 바로 뒷간에 가기 전에 터득해야 비로소 얻는다고 하겠다.[70]

---

69 雪岑, 『蓮經別讚』(『韓佛全』 7, p.289中), "一色一香, 無非實相, 一稱一歎, 咸趣菩提."

70 雪岑, 『十玄談要解』(『韓佛全』 7, p.311下), "(清凉註)若不指南, 云何措足? 所以祖師相繼, 時昌玄風. 此事昭然, 明於指掌也. (悅卿註)達摩遙知此土有大乘根機, 得得而來單提此印, 開示迷塗. 若於文字上薦得, 猶且不堪, 況於沒文字上薦得, 何啻白雲萬里? 直須未厠已前承當, 始得."

이로부터 보자면, 문익의 주해는 '조의'의 공능功能을 마치 나침반과 같이 인정하고 있음을 엿볼 수 있는 데 반해 설잠은 바로 일체중생一切衆生이 이미 '상근기上根機'임을 지적하고 있다. 이는 문익에 비해 더욱 '성기性起'적인 입장, 즉 '초발심시변정각初發心是便正覺'의 입장에 서 있음이 엿보인다.

이렇게 '조의'를 규정한 이후에 '조의는 마치 공空인 듯 공空이 아님(祖意如空不是空)'에 대하여 문익은 "상견常見을 파破하려고 하나 상견이 있음이 아니요, 단견斷見을 파하려고 하나 단견이 공空한 것이 아니며, 이미 단견과 상견이 아니기 때문에 두 가지 의미가 온전히 드러나며, 이러한 것을 역대의 조사들이 서로 전한 것이다."[71]라고 주해하였지만, 설잠은 "만약 공空하다고 말한다면 심인心印이 온전히 드러난 것이요, 만약 불공不空하다고 말한다면 이는 앞뒤가 없는 것이니, 결국에는 무어라고 말할 것인가?"[72]라고 하고 있다. 두 사람의 차별은 아주 분명한데, 여기에서도 이미 완전하게 갖추어진 법계에 공空·불공不空이 그대로 수용되는 화장세계華藏世界의 의취意趣가 드러나고 있다고 하겠다. 이러한 설잠의 입장은 앞에서 '심인'을 본체적인 입장을 강조하고 있다고 한다면, 여기에서는 오히려 그 본체를 체득한 이후의 입장을 말한다고 하겠다. 엄밀하게 구분하자면, 본체적인 입장에서는 그것이 '성구'가 되었든 '성기'로 설명하든 그다지 차별이 있을 것이 없는 것이

---

71 雪岑, 『十玄談要解』(『韓佛全』 7, p.313上), "爲破常見, 不是有見, 爲破斷見, 不是空見, 旣非斷常, 二意全彰, 列祖相傳."

72 雪岑, 『十玄談要解』(『韓佛全』 7, p.313上), "若言空也, 心印全彰, 若言不空, 了沒巴鼻, 畢竟作麼生道?"

366

다. 그러나 이미 그러한 본체를 완벽하게 체득한 상황이 된다면, 그 본체는 그대로 화장세계로서 눈앞에 현전할 뿐인 것이다. 여기에는 어떠한 군더더기도 필요치 않은 입장일 수밖에 없는 것이다.

3) 현기玄機

다음으로 세 번째 '현기玄機'인데, 편중정偏中正의 '편偏'에 해당하며, 문익과 설잠의 주해는 다음과 같다.

〔청량주〕 조사가 도道를 제창함에 상근기上根機는 그 기미를 알아 빗장을 열고 영롱한 소리를 내어 마침내 출세지出世智를 얻는다. 그러므로 현기玄機라고 하고, 드디어 이 칭호를 세웠다.
〔열경주〕 빗장을 한 번 돌리니 옥 소리도 영롱하게 들리고, 유연하게 잘 돌아가는구나. 티끌세상을 벗어났어도 반야지(一智)에 얽매이지 않고, 종횡역순縱橫逆順에 막히지 않고 걸림이 없다는 것이다. 어제는 술에 취하여 사람을 욕하고, 오늘은 향을 피워 예를 올린다.[73]

문익과 설잠의 주해는 모두 어디에도 걸림이 없이 자유롭게 벗어남을 말하고 있다. 그렇지만 설잠의 해석이 더욱 세속적인 현실감이

---

73 雪岑, 『十玄談要解』(『韓佛全』 7, p.313下), "(淸凉註)祖師昌道, 利器被機, 關捩玲瓏, 迥出世智, 故云玄機, 遂立斯號. (悅卿註)一轉關捩子, 玲玲瓏瓏, 宛宛轉轉, 迥出塵機, 不守一智, 縱橫逆順, 無有隔礙. 且道如何是玄機? 昨日醉酒罵人, 今夕燒香作禮."

강함을 느낄 수 있다. 더욱이 설잠은 '정위正位에도 앉지 않고, 편위偏位
에도 머물지 않음(不坐正不在偏)'을 밝히고 있는데, 이러한 전체적인
상황은 바로 '성구'의 '묘용'과 밀접한 관련이 있다고 하겠다. 엄밀하게
말한다면, 이 '편위偏位'는 사실상 앞의 '정위正位'와 동일한 공능功能을
가진다고 할 수 있다. 앞에서 '심인'이 '정위'로서 분명하게 '본체'의
자리를 지적하며 그를 '성구'와 '성기'의 양 측면을 모두 아우르는 입장에
서 사용하고 있었고, '편위'에 해당되는 '조의'는 깨달음을 체득한 상태
로서 이미 완벽하게 '현성現成'된 상태, 즉 '화장세계華藏世界'가 온전히
드러난 '성기'의 입장을 더욱 두드러지게 갖고 있음을 논했지만, 여기에
서는 도리어 그 반대의 입장을 보이고 있는 것이다. 이러한 상황은
다음과 같은 주해에서 더욱 분명하게 나타난다.

〔청량주〕 정위正位에 머물지 않고, 진로塵勞에 손을 드리우고서,
이류異類의 온전함(全)과 치우침(偏)에게까지도 도리어 모름지기
정위를 밝혀야 한다. 이를 일러 '정위면서도 정위에 머물지 않으며,
편위이면서도 편위에 빠지지 않는다'는 것이다.
〔열경주〕 천성千聖이 비단 방석에 앉지를 않고서 도리어 이 변邊으
로 돌아와 행하니, 근심스럽고 염려된다. 남을 위하여 수고함이
불속의 소와 같구나. '길을 돌린다'고 말함은 정위에도 있지 않고
편위에도 있지 않음이다.[74]

---

74 雪岑, 『十玄談要解』(『韓佛全』 7, pp.313下), "(淸凉註) 不居正位, 垂手塵勞, 異類全
偏, 却須明正. 所謂正不居正, 偏不涉偏也. (悅卿註) 不坐千聖絡襀, 却來這邊行
履, 忉口怛怛. 服勞爲人, 宛似火中之牛. 廻程言不坐正不在偏."

이로부터 앞에서의 '편위偏位'와는 전혀 다른 해석을 하고 있음을 알 수 있다. 즉 앞에서의 '조의'는 명확하게 본체를 체득함으로 그대로 본체가 현성現成된 상태로서의 '편위'였는데, 여기에서는 도리어 그 자리에 머물지 않고 '돌아와 행함'이다. 이러한 상황을 이미 앞에서 "티끌세상을 벗어났어도 반야지(一智)에 얽매이지 않고, 종횡역순縱橫逆順에 막히지 않고 걸림이 없다는 것이다."라고도 설명한 바와 같은 것이다. 여기에서는 또한 '성구'의 관점을 도출할 수 있는 것이고, 바로 조동종의 '회호回互'의 묘미를 만끽할 수 있는 부분이다.

4) 진이塵異

네 번째의 '진이塵異'는 편중정偏中正의 '정正'에 해당된다.

〔청량주〕조사가 출세한 것은 현기玄機를 은밀히 운용하고자 함이다. 비록 세속의 번뇌(塵)와 함께하여도 초연하여 다름이 있기 때문에 진이塵異라고 한다.
〔열경주〕진금眞金은 대장간에서 나왔더라도 다시 광석이 되지 않고, 형산의 옥(荊玉)은 다듬지 않은 상태에 있더라도 끝내 옥돌(珉)이 되지 않는다. 성인聖人이 비록 진로塵勞 가운데 있다고 하지만, 마치 연꽃이 진흙 속에서 나왔으나 진흙에 오염되지 않는 것과 같다. 비록 화광동진和光同塵하지만 섞이지 않는 것이다.[75]

---

75 雪岑,『十玄談要解』(『韓佛全』7, pp.313下~314上), "(清凉註)祖師出世, 密運玄機, 雖則同塵, 超然有異, 故曰塵異. (悅卿註)眞金出冶, 不復爲鑛, 荊玉在璞, 終不爲珉. 聖人雖在塵勞中, 如蓮出水不爲淤泥所染, 雖和光同塵而不爲混."

여기에서는 정위正位의 본체적本體的 성격을 '현기玄機'라는 용어로 사용하고 있다. 또한 그를 그대로 속진俗塵에 투영하여 '속진과 다름(塵 異)'으로 표현하고 있음을 알 수 있다. 비록 의미는 동일하지만, 그 내포하는 바는 오히려 천지현격天地懸隔이라고 하겠다. '현기'가 본체 적 성격을 지니고 있다면, 그것이 어디에 처한다고 해도 본질이 변할 수는 없는 것이다. 위의 문익이나 설잠의 주해에는 아주 분명한 '성구'의 관점이 농후하게 배어 있음을 알 수 있다. 여기에서 설잠이 사용한 '화광동진和光同塵'이라는 말은 본래 『노자老子』의 "그 예리함을 무디게 하고, 그 어지러움을 풀며, 드러나는 빛을 조화시키고, 그 티끌과 함께해야 한다(挫其銳, 解其紛, 和其光, 同其塵)."[76]라는 말의 '화기광和其 光, 동기진同其塵'을 줄인 말이다.

또한 설잠의 "〔열경주〕 흐린 것은 스스로 흐린 것이지 맑은 것으로 인하여 흐린 것이 아니다. 맑은 것은 스스로 맑은 것이지 흐린 것으로 인하여 맑은 것은 아니다. 생멸生滅의 광정狂情은 진여眞如로 인하여 어두워진 것이 아니며, 진여의 묘각妙覺은 생멸에 의하여 밝아진 것은 아니다. 법법法法이 위位에 머물면서 하나하나가 의지함이 없으므로 대대(待對: 의지하는 조건)가 끊어지고, 종적이 없다. 보리와 번뇌는 자성이 모두 공한 것이요, 생사와 열반의 진원震源은 본적本寂한 것으 로, 그러므로 성인이 출세하여 진로塵勞에 어울려 섞인다. 그러나 그 진기眞機는 티끌과 분명하게 다른 것이다."[77]라는 주해에서는 바로

---

76 『老子』 4章, 56章.

77 雪岑, 『十玄談要解』(『韓佛全』 7, p.314上), "(悅卿註)濁者自濁, 不因淸而濁. 淸者自 淸, 不因濁而淸. 生滅狂情, 不因眞如而暗, 眞如妙覺, 不因生滅而明. 法法住位,

'천연자성심天然自性心'을 설명하는 것으로, 아주 분명하게 '성구론性具論'을 채택하고 있다.

5) 연교演教

다섯 번째 '연교演教'[78]는 정중래正中來의 '정위正位'이며, 문익과 설잠의 주해는 다음과 같다.

〔청량주〕역대 조사들의 현기玄機는 티끌(塵) 가운데 스스로 다르고, 여래의 연교演教는 완연한 청규淸規이다. 그러므로 '차제연교次第演教'라고 한 것이다.
〔열경주〕제불諸佛의 현기는 티끌과 스스로 다르다. 그러므로 한 티끌 가운데에서도 대법륜大法輪을 굴리고, 일원음一圓音으로 간곡하게 근기에 순응하였으니, 마치 봄바람이 땅을 움직임에 천 가지 꽃과 만 가지 나무가 각자 탐스럽게 되는 것과 같다고 하겠다.[79]

여기에서는 석존의 일대시교一代時教를 '청규淸規'로서 본체화本體化하고 있음이 주목된다. 그것은 정편오위正偏五位의 입장에서 보았을

个个無依, 絶對待沒蹤. 由菩提煩惱, 自性皆空, 生死涅槃, 眞源本寂, 故聖人出世, 混雜塵勞. 然其眞機, 迥與塵異."
78 설잠은 이 '演教'를 '佛教'로 바꾸어서 설하기도 했다. 雪岑, 『十玄談要解』(『韓佛全』7, p.314下) 각주 참조.
79 雪岑, 『十玄談要解』(『韓佛全』7, p.314中), "(淸凉註)列祖玄機, 塵中自異, 如來演教, 完尒淸規, 故云次第演教. (悅卿註)諸佛玄機, 與塵自異. 故於一塵中, 轉大法輪, 以一圓音, 曲順機宜, 如春風動地, 千花萬卉, 各自數榮."

때, '정위'는 본체의 입장이기 때문이다. 그렇다면 석존의 제법시설諸法施設을 무엇 때문에 본체화하는 것인가? 바로 티끌(塵) 가운데 스스로 다른(塵中自異) 현기玄機로부터 발현되기 때문이라는 것이 문익의 해석이다. 설잠의 주해도 크게 다르지 않다. 티끌과 스스로 다른(與塵自異) 현기로부터 나왔기 때문에 대법륜을 굴리고, 일원음一圓音으로 자상하게 중생들의 근기에 맞게 교화시키며, 그로부터 만물을 윤택하게 한다는 것이다. 이러한 측면은 그대로 '성구'적인 성격이 보다 드러나고 있다고 하겠다.

6) 달본達本

여섯째 '달본達本'은 '환향곡還鄕曲'[80]이라고도 하며, 앞의 '연교演敎'에 따른 '득도得度'의 단계를 의미한다고 하겠다. 문익은 이를 "달마 대사가 서쪽에서 온 것이나, 세존이 출현하신 것은 중생들에게 불지견佛知見을 깨닫게 하려는 것이라. 그러므로 달본達本이라 한다."[81]라고 정의하고 있다. 그 뒤를 이어서 "지팡이를 짚고 돌아와 모름지기 고향에 도달한다(策杖還須達本鄕)."는 구절에 대한 문익과 설잠의 주해는 다음과 같다.

[청량주] 빈각擯却 성聲·색色·견見·문聞·각覺·지知 등을 모두 털어버리면 편안하고 아름답고 고요함을 얻을 것이니, 한 생각(念)도

---

80 雪岑, 『十玄談要解』(『韓佛全』 7, p.317上) 간주 참조.
81 雪岑, 『十玄談要解』(『韓佛全』 7, p.317上), "(淸凉註) 達摩西來, 世尊出現欲令衆生, 悟佛知見. 故云達本."

생하지 않으면 온갖 기연機緣이 모두 없어지며, 아주 고요하여 자취가 끊어지고, 아주 아득하여 자취를 잊어버리는 한편, 일체가 머물러 있지 않아 기억할 것도 없게 된다. 그렇다면 말하여 보라. 성색聲色은 어떻게 할 것인가? 한참 있다가 말한다. 소리를 초월하는 데 이근문耳根門을 막지 않거늘, 색色을 초월하는 데 어찌 눈을 감아야만 하겠는가?

〔열경주〕 미묘함을 말하고 현묘한 것을 논함이 바로 중로中路이며, 보리菩提로 나아가 향하려는 것이 곧 부처(空王)를 섬기는 것이다. 무릇 학인學人은 주장자拄杖子를 비스듬히 취모검吹毛劍을 거꾸로 잡고서, 어금니는 칼자루(劍樹)처럼 하고 입은 피동이(血盆)같이 하여 불조佛祖의 성명性命을 한칼로 잘라버린다 해도 오히려 둔한 자라 하겠거늘, 하물며 허공을 잡아 어루만지려 하여 생각(思)과 기틀(機)을 모두 정지하는 자들이겠는가? 그래서 말한다. 산에 오르려면 모름지기 정상까지 이르고, 바다에 들려면 모름지기 밑바닥까지 내려가라.[82]

문익과 설잠의 주해는 설명이 필요 없을 정도로 철저함을 강조한다. 설잠의 주해에 나타나는 "산에 오르려면 모름지기 정상까지 이르고,

---

82 雪岑, 『十玄談要解』(『韓佛全』7, p.317上), "(淸涼註) 擯却聲色見聞覺知, 得寧謐寂, 一念不生, 萬機俱罷, 寂寂絶迹, 杳杳忘蹤, 一切不留, 無可記憶. 且道: 聲色作麼生麼? 良久云 超聲不塞耳根門, 越色何曾眼睛黑. (悅卿註) 說妙談玄, 猶是中路, 趣向菩提, 卽事空王. 大凡學人, 橫拈拄杖, 倒握吹毛, 牙如劍樹, 口似血盆, 佛祖性命, 一刀截斷, 猶是鈍漢, 況掠虛摸空, 佇思停機? 所以道: 登山須到頂, 入海須到底."

바다에 들려면 모름지기 밑바닥까지 내려가라(登山須到頂, 入海須到底)."라는 게송은 『황룡혜남선사어록黃龍慧南禪師語錄』[83]에서 인용한 것으로 선가禪家에서 자주 사용하는 것이다. 설잠의 주해에서는 또한 철저하게 깨달음을 향한 철저함을 강조하지만, 도리어 그 경계에 집착하여 안주하는 것도 '불조佛祖의 성명性命을 한칼로 잘라버린다 해도 오히려 둔한 자'라고 하여 역설적으로 강조하고 있음을 엿볼 수 있다.

이 '정중래正中來'의 '연교'와 '달본'은 바로 '수증修證'을 밝히고 있는 것이라고 할 수 있다. 앞에서 언급한 '정중편正中偏'의 '심인'과 '조의'가 불교의 본체와 그로부터 얻어지는 증과證果를 상징적으로 제시하였다고 한다면, '연교'와 '달본'에 이르러서는 보다 구체적인 수증을 제시하였다고 하겠다. 그렇지만 모두 철저하게 그 '수증'에 집착함이 없는 조사선의 '무수지수無修之修'와 '무증지증無證之證'의 입장에서 논하고 있음을 또한 충분히 엿볼 수 있다고 하겠다.

7) 환원還源

일곱 번째는 '환원還源'[84]이다. 이에 대하여 문익은 "처음 발심하여 깨달았을 때는 달본達本이 먼저가 된다. 이미 마음의 근원을 깨달았다면, 응당 머무는 데가 없이, 꿰매고 연마하여야 바야흐로 안락한 문이 되며, 흰 암소와 고양이가 비로소 소요逍遙할 곳을 다하였다고 하겠

---

[83] (宋)惠泉集, 『黃龍慧南禪師語錄』(大正藏 47, p.637中).

[84] 설잠은 이 '還源'을 '破還鄕曲'으로 바꾸어서 설하기도 했다. 雪岑, 『十玄談要解』(『韓佛全』 7, p.318下) 각주 참조.

다."[85]라고 주해하고 있다. 따라서 '환원'은 바로 앞의 '달본'에 이른 이후에 지속적으로 진행되는 경계라고 할 수 있다. 이에 대한 설잠의 주해는 다음과 같다.

〔열경주〕 집에 돌아와 남쪽 이웃과 북쪽 집에서 닭과 돼지의 집을 짓고 노래 부르며 노는 가운데 촌 막걸리로 평생을 복되고 유쾌하게 지내고자 생각하였으나, 집에 돌아오고 보니 의탁할 만한 땅이 따로 없다. 종전의 잘못된 계탁計度은 한쪽에 내버려두고, 어떠한 것이 오늘에 와서 새로 긍정할 수 없는 소식인가? 집이 파산되고 사람은 흩어져서 소식마저 끊겼는데, 공연히 밝은 달만 배꽃에 비치네.[86]

이러한 설잠의 주해는 마치 향엄지한香嚴智閑의 "작년 가난은 가난이 아니고, 금년 가난이 비로소 가난이다. 작년 가난은 송곳 세울 땅이 없었으나 금년 가난은 송곳조차 없다(去年貧未是貧, 今年貧始是貧. 去年貧無卓錐之地, 今年貧錐也無)."는 게송을 연상시킨다. 설잠 주해의 "의탁할 만한 땅이 따로 없다(無地可托)."라는 부분은 바로 '금년 가난은 송곳조차 없다'는 '도출수증道出修證'의 여래선如來禪에 해당된다고

85 雪岑, 『十玄談要解』(『韓佛全』 7, p.318上), "(淸凉註)初心搦悟, 達本爲先. 旣悟心源, 應無所住, 縫達磨方, 爲安樂之門, 白牯狸奴, 始盡消遙之處."

86 雪岑, 『十玄談要解』(『韓佛全』 7, p.318上), "(悅卿註)擬欲還家, 南鄰北舍結鷄豚社, 昌巴歌中村醪慶快平生及乎. 到家無地可托. 從前錯計抛在一邊, 如何是今時無肯底消息? 家破人亡音信斷, 空餘明月照梨花."

할 수 있다. 앞에서 설명한 '정중래正中來'의 '연교'와 '달본'의 과정을 거쳐 수증을 완성한 상태를 의미하고 있는 것이라 하겠다. 그렇지만 그 수증에 만족한다면 얻은 경계에 집착되는 여래선의 단계에 지나지 않는 것이다. 그에 따라 종전의 잘못된 계탁計度은 한쪽에 내버려둠(從前錯計拋在一邊)을 통하여 "집이 파산되고 사람은 흩어져서 소식마저 끊겼는데, 공연히 밝은 달만 배꽃에 비치네(家破人亡音信斷, 空餘明月照梨花)."라는 조사선의 경지를 설하고 있는 것이다.

앞에서 설잠은 '환원'을 '파환향곡破還鄉曲'으로도 사용한다고 했는데, 마지막 단에 '환향곡還鄉曲'과 관련한 주해가 보인다.

[열경주] 환향곡조還鄉曲調에는 궁상宮商의 오음五音에 속하지 않으니, 어찌 관현管弦 등의 악기로 연주하겠는가? 핵심은 석녀石女로 하여금 쟁箏을 타게 하고, 목인木人이 박자를 맞추어 노래를 부른다. 명월당明月堂 앞에는 한여름이 찌는 듯 더운데, 고목古木의 가지 위에는 천 가지 꽃이 찬란하게 피는구나.[87]

여기에서는 완전한 임운자재任運自在의 경지가 설해지고 있다. '궁상각치우宮商角徵羽'의 오음五音은 바로 '격내格內'의 형식과 도리로서 '격외格外'의 조사선은 그러한 도리로는 설명할 수 없음이 당연한 것이다. 석녀石女가 악기를 연주하고, 목인木人이 노래하는 것이 형식과 논리에 맞추어진 세계에서 어찌 가능한 일인가? 고목古木에 수많은

---

87 雪岑, 『十玄談要解』(『韓佛全』7, p.318上), "(悅卿註)還鄉曲調, 不屬宮商, 那被管弦. 要使石女彈箏, 木人敲柏昌. 出明月堂前, 九夏煩蒸, 枯木枝頭, 千花爛熳."

꽃이 찬란하게 피어남은 그대로 여래성기如來性起의 화장세계華藏世界
가 현현한 것으로 이해하여도 결코 무리가 아닐 것이다.

8) 전위轉位

여덟 번째는 '전위轉位'이다. 이에 대한 문익과 설잠의 주해는 다음과
같다.

> [청량주] 처음에는 달본達本하는 것을 밝혀서 비로소 법문을 깨닫
> 게 하였고, 다음에는 환향還鄉으로 복귀시켜 정위正位에 거하지
> 않게 하였으나, 이 둘이 모두 걸림(滯)이 있어서 아직 종宗을 얻었다
> 고 할 수가 없다. 앞의 지위가 안정된 것이 아니므로, 여기에서
> 모름지기 전위轉位라고 한 것이다.
> [열경주] 동산洞山이 말하기를, "기연機緣이 지위를 벗어나지 아니
> 하면, 독해毒海에 떨어지게 된다."라고 하였다. 이러한 소식마저
> 모름지기 버려 없애기를, 마치 금시조金翅鳥가 허공에 날아올라가
> 서 마음대로 하되 떨어지지 않듯이, 비록 공空한 데를 의지하여
> 유희하지만, 공에 기대지 않고 또한 구애받지도 않는다. 그러므로
> 회기廻機라고 한다.[88]

---

88 雪岑, 『十玄談要解』(『韓佛全』7, p.318上~中), "(淸涼註)初明達本, 刪悟法門, 次返
還鄉, 不居正位, 二俱有滯, 未稱其宗. 前位非安, 故須轉位. (悅卿註)洞山云: 機不
離位, 墮在毒海. 知有那邊消息, 便須捨却, 如金翅鳥, 飛騰虛空, 自在翺翔, 而不墮
落, 雖依空以戲, 而不據空, 亦不爲空之所拘礙, 名曰廻機."

문익은 이전의 위位가 아직 차제次第에 머물고 있는 것으로, '걸림
(滯)'이 있다는 말이고, 설잠은 '지위를 벗어나지 아니하면, 독해毒海에
떨어진다'는 동산洞山의 말을 인용하여 철저한 무착無着을 강조하고
있음을 알 수 있다. 이 역시 '무념無念'·'무상無相'·'무주無住'를 제창하
는 조사선의 사상으로부터 제시된 해석이라고 할 수 있다. 불위佛位가
아무리 성聖스럽다고 하더라도 그 위位에 머문다면 그것은 단지 '상相'
의 완성일 뿐이기 때문이다. 또한 "도리어 진귀한 옷을 입은 분을
누구라 부를 것인가? 종래부터 이름을 얻을 수 없었다(却裝珎御復名誰?
從來不得名)."라는 것에 대하여 문익과 설잠은 다음과 같이 주해하고
있다.

[청량주] 이는 편위偏位를 지키지 않는 것이다. 진귀한 옷은 가장
좋은 의복이니, 정위正位에 있으면서도 정위에 앉지 아니하고,
편위에 있으면서도 편위에 떨어지지 않는 것으로서, 이를 '정중래正
中來'라고 부른다. 열반에도 머물지 아니하고 생사에도 머물지
않기에 전위轉位라고 말한 것이다.
[열경주] 진흙을 걸치고 물을 띤 자를 가정假定하여 이름과 모양을
내세워서 이미 높고 귀함을 허락한다면, 저 높고 높은 금전金殿에서
여러 해 동안 나오지 않는 자를 어떠한 이름과 모양을 붙일 것인가?
그렇다면 말해 보라. 그 이름과 모양이 있는 것이 부처인가? 이름과
모양이 없는 것이 부처인가? 부처라는 글자를 나는 듣기를 좋아하
지 않는다.[89]

---

89 雪岑, 『十玄談要解』(『韓佛全』 7, p.318中), "(淸凉註)此乃不守偏位也. 珎御者上服

앞에서 정正·편偏을 설명할 때, '정위正位'는 '정정'은 체體이고 이理이며 공空이고, '편위偏位'은 용用이고 사事이며 색色으로, '정정·편偏'은 '군君·신臣', '진眞·속俗', '정淨·염染'과도 배대할 수 있는 것이라고 하였는데, 문익의 주해는 바로 깨달음의 당체當體인 불체佛體를 통하여 '전위轉位'를 설명하고자 하는 것이다. 만약 불체가 형상으로서 나투어 그 자리에 그대로 군림한다면 그것은 이미 불체가 아닌 것이지만, 그럼에도 그 자리에 존재할 수밖에 없는 것이다. 그에 따라 설잠 역시 역설적으로 "그 이름과 모양이 있는 것이 부처인가? 이름과 모양이 없는 것이 부처인가?"라고 일갈하고 있는 것이다. 이러한 입장은 다음의 주해에서 더욱 극명하게 드러난다.

[열경주] 밝은 달이 공중에 달려 있으면서 맑은 못에 내려 비추는 것이, 만고천추에 완연히 그대로거니, 어찌 반드시 '두세 번 건져내 본 뒤에 안다' 하는가? 이는 대기대용大機大用을 통제함(把柄)이 내 손에 있어서, 가로 잡으나 거꾸로 쓰는 것이 맞지 않은 것이 없음을 비유한 것이다. 회기廻機니 전위轉位니 하는 것이 마치 어린애들의 소꿉장난과 같다고 하겠다.[90]

也, 正不坐正, 偏不垂偏, 名正中來. 不住涅槃, 不住生死, 故云轉位. (悅卿註)拖泥帶水者, 假立名狀, 已許尊貴, 其迢迢金殿, 長年不出者, 作什麼名狀? 且道. 名狀底是佛耶, 沒名狀底是佛耶. 佛之一字, 吾不喜聞."

90 雪岑, 『十玄談要解』(『韓佛全』7, p.320中), "(悅卿註)明月懸空, 下照澄潭, 萬古千秋, 宛然如作, 何必再三撈摝而後知乎? 以喻大機大用, 把柄在手, 橫拈倒用, 無有不是. 廻機轉位, 猶是兒戲."

여기에서 설잠은 '돈오頓悟'의 입장에서 '십현十玄'을 힐난하고 있다. 본래 돈오의 입장에서는 이 우주법계가 완전하게 '불이不二'의 상태로 담연湛然하게 상조相照함을 강조한다. 그렇기 때문에 마땅히 밝은 달이 공중에 달려 있으면서 맑은 못에 내려 비추는 것이, 만고천추에 완연히 그대로여야 하는데, 두세 번 건져내 본 뒤에 안다라는 것은 돈오의 조사선이 아니라 여전히 '수증修證'에 떨어진 여래선의 입장인 것이다. 그에 따라 완연히 "대기대용大機大用을 통제함(把柄)"을 드러 내고 있는 조사선을 강조하는 것이고, 그에 따라 '회기廻機니 전위轉位 니 하는 것이 마치 어린애들의 소꿉장난과 같다'라고 일갈하고 있음을 엿볼 수 있다. 설잠은 '입제立題'에서나 주해에서 '전위'와 '회기'를 서로 혼용하고 있는데, 그 원인을 이로부터 유추할 수 있다고 하겠다.

9) 회기廻機

아홉 번째는 '회기廻機'로서 문익과 설잠의 주해는 다음과 같다.

〔청량주〕 '기機'가 만약 정위正位나 편위偏位를 벗어나지 못하면, 이는 물이 스며들고 새는(滲漏) 허물이다. 회기廻機하는 일문一門 은 전위轉位 다음이다.
〔열경주〕 이미 회기할 수 있으면, 모름지기 마땅히 전위를 하게 된다. '기機'라 함은 비로소 발發함을 말하는 것인데, 전위에 이르면 진기眞機는 이미 발동한 것이어서, 가로 잡고 거꾸로 쓰며, 역순종 횡逆順縱橫, 그리고 동쪽에서 솟아나고 서쪽에서 꺼지며, 한 번 놓고 한 번 거두는데, 대용大用이 앞에 나타나서 일정한 궤칙軌則이

380

없다. 이는 마치 어떤 때는 땅에 쭈그리고 앉은 사자와 같고, 어떤 때는 금강보검金剛寶劍과 같으며, 어떤 때는 곧 천 가지 차별을 끊어 없애고, 어떤 때에는 물결치는 대로 따라서 가는 것(隨波逐浪) 과 같다. 이것이 어떠한 경계인가? 돌咄![91]

'회기'는 '기틀(機)을 돌림'의 의미로서 문익의 주해에서는 '전위'의 다음으로 '차제次第'를 설정하고 있음을 유추할 수 있으며, '기機'의 상태가 아무리 온전하게 '현성現成'된다 하더라도 또한 정正·편위偏位 에 머문다면 역시 수증修證에 떨어지는 '삼루滲漏'의 허물임을 강조한 다. 그러나 설잠은 회기廻機를 전위轉位의 선행으로도 보고 있는데, 그 까닭은 전위에 있어서 대기대용의 진기眞機가 이미 발했기 때문이라 는 것이다. 앞에서도 언급했듯이 '전위'와 '회기'를 서로 혼용하고 있는 데, 여기서의 주해에 따르면 혼용이 아니라 명확하게 '전위' 이후에 '회기'의 관점을 보인다고 하겠다. 그에 따라 설잠은 '회기'를 '전위귀轉 位歸'라는 용어로 사용하기도 한다.[92]

그런데 설잠의 주해에 '수파축랑隨波逐浪'의 구절이 보이는데, 이는 바로 운문종雲門宗에서 사용하는 '운문삼구雲門三句'에 속하는 것이다. 이 '삼구三句'는 운문문언雲門文偃이 제창하고, 그를 이은 덕산연밀德山

雪岑, 『十玄談要解』(『韓佛全』 7, p.320中), "(淸凉註)機若不離位, 是滲漏之過, 廻機 一門, 轉位之後. (悅卿註)旣能廻機, 須當轉位. 機者, 始發之名, 至於轉位, 則眞機 已發, 橫拈倒用, 逆順縱橫, 東湧西沒, 一放一收, 大用現前, 不存軌則. 有時如踞地 師子, 有時如金剛寶劍, 有時坐斷千差, 有時隨波逐浪, 如何境界. 咄!"

雪岑, 『十玄談要解』(『韓佛全』 7, p.320中), "廻機一本作轉位歸."

緣密에 의하여 이루어진 것으로, 『오등회원五燈會元』에는 다음과 같은 덕산연밀의 상당법어가 있다. "내게 삼구어三句語가 있어 너희들에게 보여주겠다. 일구一句는 함개건곤函蓋乾坤이고, 일구는 절단중류截斷衆流이며, 일구는 수파축랑隨波逐浪이다. 무엇으로 변론을 하겠느냐? 만약 변론이 얻어 나오면 참학參學에 분위分位가 있음이요, 만약 변론이 나오지 않으면 장안長安의 길 위에서 나란히 굴러갈 것이다."[93]라고 했다. 여기에서 세 번째의 '수파축랑'을 설잠이 인용하고 있는 것이다. 이러한 운문의 '삼구'에 대하여 『운문광진선사광록雲門匡眞禪師廣錄』에서 덕산연밀의 해석은 바로 다음과 같다.

함개건곤函蓋乾坤: 건곤乾坤과 만상萬象, 지옥 및 천당, 모든 사물들이 모두 진眞을 드러내고 있으며, 하나하나가 모두 이지러짐이 없다.

절단중류截斷衆流: 퇴적된 산악이, 하나하나 다하여 티끌이 되고, 다시 현묘玄妙함을 헤아리면, 얼어붙은 쇠사슬이 와해되어 부서진다.

수파축랑隨波逐浪: 예리한 물음은, 높고 낮음이 모두 이지러지지 않고, 여전히 병에 맞는 약처럼, 진단은 때에 맞음에 있다.[94]

---

93 (宋)普濟集, 『五燈會元』卷15(卍續藏 80, p.308上), "我有三句語示汝諸人: 一句函蓋乾坤, 一句截斷衆流, 一句隨波逐浪. 作麼生辨? 若辨得出, 有參學分; 若辨不出, 長安路上輥輥地."

94 (宋)守堅集, 『雲門匡眞禪師廣錄』卷下(大正藏 47, p.576中), "函蓋乾坤: 乾坤幷萬象, 地獄及天堂, 物物皆眞現, 頭頭總不傷. 截斷衆流: 堆山積岳來, 一一盡塵埃, 更擬論玄妙, 氷鎖瓦解摧. 隨波逐浪: 辯口利舌問, 高低總不虧, 還如應病藥, 診候

382

이에 대한 설명은 상당히 복잡하지만 간략하게 설명하자면, '함개건
곤'은 우주법계가 모두 본체本體를 드러내는 것으로서 '본래현성本來現
成'을 의미한다고 하겠고, '절단중류'는 '중류衆流', 즉 모든 번뇌와
사량 분별을 끊어버리는 수행의 본처本處를 의미하며, '수파축랑'은
학인學人을 제접提接할 때 근기根機에 따라 임운자재任運自在함을 말한
다. 이러한 운문의 '삼구三句'와 '십현十玄'은 체제가 다르지만, 결국
의미하는 바는 크게 벗어나지 않는다. 그렇다면 설잠은 무엇 때문에
'삼구' 가운데 '수파축랑'을 선택한 것일까? 우선 『인천안목人天眼目』
권2에서는 운문종에 대하여 "운문雲門의 종지宗旨는 중류衆流를 절단
하고, 의논을 용납하지 않으며, 범부와 성인이 길이 없어, 정해情解가
통하지 않는다."[95]라고 정의하고, 다시 운문종이 학인들을 제접할
때, "북두칠성에 몸을 감추고, 동산東山의 물 위를 홀로 걷는다. 바르게
밝혀 돌아보고 살피며, 털끝도 범하지 않고, 격외格外로 놓았다 잡았다
하며, 말 앞에서 반드시 빼앗으니, 다만 칼끝에 길이 있고, 철벽에
문이 없으며, 칡덩굴과 등나무로 뒤엉킨 길을 치고 뒤집어 상정常情의
견해를 자르니, 어찌 맹렬한 불길에 머묾을 용납하겠는가, 빠른 번개가
사량思量에 미치지 못한다."[96]라고 하고 있다.

在臨時."

[95] (宋)智昭集, 『人天眼目』 卷2(大正藏 48, p.313上), "雲門宗旨, 截斷衆流, 不容擬議,
凡聖無路, 情解不通."

[96] (宋)智昭集, 『人天眼目』 卷2(大正藏 48, p.313中), "藏身北斗星中, 獨步東山水上.
端明顧鑒, 不犯毫芒, 格外縱擒, 言前定奪, 直是劍峰有路, 鐵壁無門, 打飜路布葛
藤, 剪却常情見解, 寧烈焰容湊泊, 迅雷不及思量."

또한 송대 소해蘇澥가 쓴 『운문광진선사광록雲門匡眞禪師廣錄』의
서문에서는 "조사의 등불을 서로 이어, 수백 년간 중류衆類를 벗어나고
인륜에서 멀어지며, 고금을 초월하여 묘함을 다하고 신통함을 다하여
도, 천하에 도道가 성한 자는 몇 사람일 뿐이다. 운문 대종사가 특히
최고로 여겨진다. 잡아들이고 놓아주고(擒縱) 부정과 긍정함(卷舒)이
종횡으로 변화한다. 강과 바다를 열어 물고기와 용이 수영하는 방법을
얻었고, 하늘과 땅을 끊어 귀신이 다닐 길이 없다. 초목 또한 마땅히
머리를 조아리고, 흙과 돌이 그것을 위해 빛을 발한다."[97]라고 평가하고
있다. 여기에서 말하는 '진묘진신盡妙盡神', '금종서권擒縱舒卷, 종횡변
화縱橫變化'라는 것이 바로 운문종풍雲門宗風의 소재인 것이다. 따라서
앞에서 언급한 '가로 잡고 거꾸로 쓰며, 역순종횡逆順縱橫, 그리고
동쪽에서 솟아나고 서쪽에서 꺼지며, 한 번 놓고 한 번 거두는데,
대용大用이 앞에 나타나서 일정한 궤칙軌則이 없다. 이는 마치 어떤
때는 땅에 쭈그리고 앉은 사자와 같고, 어떤 때는 금강보검金剛寶劍과
같으며, 어떤 때는 곧 천 가지 차별을 끊어 없앰'이라는 설잠의 주해와
그 성격이 거의 일치하고 있음을 알 수 있다. 그렇기 때문에 비록
조동종의 '십현十玄'을 논하면서 운문의 '수파축랑隨波逐浪'을 사용한
것이 아닐까 한다. 더욱이 '수파축랑'은 바로 임운자재하는 학인의
교화를 의미하고 있기 때문이다. 이러한 측면은 다시 문익과 설잠의

---

97 (宋)守堅集, 『雲門匡眞禪師廣錄』卷上(大正藏 47, p.544下), "祖燈相繼, 數百年間,
　出類邁倫, 超今越古, 盡妙盡神, 道盛於天下者, 數人而已. 雲門大宗師, 特爲之最.
　擒縱舒卷, 縱橫變化. 放開江海, 魚龍得游泳之方; 把斷乾坤, 鬼神無行走之路.
　草木亦當稽首, 土石爲之發光."

주해를 살핀다면 더욱 분명해진다.

[청량주] 지인至人이 교화를 드리움에 있어서 근기를 따라 사물에 응하므로 무위無爲에 앉지 않는다. 흰 암소(白牯)와 살쾡이 등의 다른 무리(異類)에 다니면서, 완전한 편위偏位에서 정위正位에 머물지 않는다. 그러나 등등騰騰하고 올올兀兀하여 마음대로 소요逍遙하니, 비록 금시今時에 있으면서도 금시에 떨어지지 않는다. 그래서 금시에 연연하지 아니하고, 게으르게 공겁空劫에 산다고 이른 것이다.

[열경주] 정위正位에도 머물지 아니하거니, 어찌 편위偏位를 지키겠는가? 이변二邊에 머무르지 아니하면서 이류異類에서 행한다. 문: '다르다(異)'라고 하면 '무리(類)'가 아닐 것이고, '무리'라고 하면 '다르지' 아니할 것인데, 지금 '다른 무리(異類)'라고 이름을 내세움은 그 뜻이 어디에 있는가? 답: 고인古人이 '이류異類'를 해석한 것이 매우 많다. '왕래이류往來異類'라는 것은 체體가 구별되는 것을 '다르다'라고 하고, 하나가 아니므로 '무리'라 하였으며, 성품(性)이 항상 윤회하는 것이 '무리'가 되고 성품을 스스로 잃지 않으므로 '다르다'라고 한 것이다. '보살이류菩薩異類'라고 말한 것은 형상이 육도六道의 중생과 같음을 '무리'라고 하고, 자기自己는 생사윤회를 같게 하지 않으므로 '다르다'라고 한 것이다. '사문이류沙門異類'라고 말한 것은 털을 입고 뿔을 인 것을 '무리'라고 하고, 변역變易하지 않는 것을 '다르다'라고 한 것이다. '종문중이류宗門中異類'라는 것은 일체의 언어를 '무리'라고 하고, 지혜가 이르지

못하는 곳을 '다르다'라고 한 것이다. 이는 조동종의 종풍宗風에서 이류異類를 논하는 것이다. 만약 임제臨濟의 문중門中을 행하여 '이류'를 말한다면, 큰 우레와 빠른 번개가 하늘을 놀라게 하고 땅을 움직이게 하여, 돌릴 것도 돌릴 위位도 없으며, '다른' 것도 없고 '무리'도 없어서 시방세계의 범凡·성聖이 동생동사同生同死하고 동출동입同出同入하여 네가 확탕鑊湯지옥에 들어가면 나도 확탕지옥에 들어가고, 네가 만약 노탄爐炭지옥에 들어가면 나도 또한 노탄지옥에 들어가 몸을 감추는 곳에 종적이 없고, 종적이 없는 곳에 몸을 감추지 말아야, 비로소 이류異類라고 이름할 수 있다.[98]

여기에서 문익은 '회기廻機'의 본연을 '이류중행異類中行'으로 설정하고 있음을 알 수 있다. 그에 따라 설잠도 '이류'를 논하면서 '왕래이류往來異類'·'보살이류菩薩異類'·'사문이류沙門異類'·'종문중이류宗門中異類'의 '사종이류四種異類'를 설명하고 있다. 이 '사종이류'는 바로 『조동오위현결曹洞五位顯訣』에서 나타나는 것으로,[99] 설잠은 그를 바탕으로

----

[98] 雪岑, 『十玄談要解』(『韓佛全』7, pp.320中~下), "(淸涼註)至人垂化, 隨機應物, 不坐無爲. 白牯狸奴行異類, 全偏不住於正位, 騰騰兀兀, 任運逍遙, 雖在今時, 不墮今時. 故云不戀今時, 懶居空刼. (悅卿註)不住正位, 那守於偏, 二邊不住, 行於異類. 問: 異則不類, 類則不異, 立名異類, 其義安在? 荅云: 古人釋異類者甚衆. 言往來異類者, 體別爲異, 非一爲類, 性常輪廻爲類, 性不自失爲異. 言菩薩異類者, 形似六道衆生爲類, 自己不同生死輪廻爲異. 言沙門異類者, 披毛戴角爲類 得不變易爲異. 言宗門中異類者, 一切語言爲類智不到處爲異. 此是洞下宗風, 論異類者, 若向臨濟門中言異類者, 轟雷制電驚天動地, 無轉無位, 不異不類, 與十方聖凡, 同生同死, 同出同入, 你若入鑊湯, 我也入鑊湯, 你若入爐炭, 我也入爐炭, 藏身處沒蹤迹, 沒蹤迹處莫藏身, 方始得名爲異類."

386

핵심적인 내용만을 간추려서 설명하고 있음이 돋보인다. 그런데 여기에서 설잠은 다시 임제종의 종풍을 언급하고 있음이 눈에 띈다. 『인천안목』 권2에서는 "임제종은 대기대용大機大用으로, 그물과 굴레에서 벗어나 둥지에서 나왔다. 호랑이가 도망치듯 용이 달아나듯 하고, 별이 질주하듯 우레가 격노하듯 한다. 천관天關을 바꾸고, 지축地軸을 돌려, 충천된 의기意氣를 안고, 격외格外를 사용하여 제시하고 지킨다. 권서(卷舒: 부정과 긍정)와 종금(縱擒: 놓아주고 잡아들임), 살활(殺活: 죽이고 살림)이 모두 자재自在하였다. … 대체로 임제종풍은 이와 같음에 지나지 않는다. 임제를 알고 싶은가? 푸른 하늘에 뇌성벽력이 치고, 육지에 파도가 인다."[100]라고 설명하듯이 활달한 대기대용을 운용하고 있음을 그 특징으로 한다.

설잠은 앞에서 운문종풍의 '수파축랑隨波逐浪'을 인용하면서 다시 임제종풍을 언급하고 있음을 알 수 있다. 설잠이 이렇게 조동종의 '십현'을 논함에 있어서 운문과 임제의 활달한 종풍을 언급하는 것은 바로 '전위轉位'와 '회기廻機'에 있어서 활달무애한 대기대용의 풍격을 제시하고자 하는 의도로 해석할 수 있다.

---

99 (宋)慧霞編, 廣輝釋, 『重編曹洞五位顯訣』(卍續藏』 63, pp.214中~215下) 참조.
100 (宋)智昭集, 『人天眼目』 卷2(大正藏 48, pp.311中), "臨濟宗者, 大機大用, 脫羅籠, 出窠臼. 虎驟龍奔, 星馳電激. 轉天關, 斡地軸, 負冲天意氣, 用格外提持. 卷舒縱擒, 殺活自在. … 大約臨濟宗風不過如此. 要識臨濟麽? 青天轟霹靂, 陸地起波濤."

10) 일색一色

열 번째는 '일색一色'으로, 문익과 설잠의 주해는 다음과 같다.

〔청량주〕 일색一色이란 정위正位이다. 바로 불이 꺼진 싸늘한 재나 고목枯木과 같아서 완전히 기식氣息이 없는 것이다. 학인學人이 여기에 이르면 하나의 관문(一關)이 되니, 예로부터 이르기를, "황량한 밭(荒田)은 풀을 가리지 않지만, 깨끗한 땅(淨地)는 도리어 사람을 헤매게 한다."라고 하였다. (또 말한다) "가시덩굴의 숲속에는 발을 내딛기가 쉽지만, 날이 새는 주렴 밖에서는 몸을 뒤치기가 어렵다."라고 하였는데, 이는 곧 주저앉은 것이어서 옳지 못하다. 〔열경주〕 무어라 이름을 지을 수도 없고 어떻게 형용할 수도 없다. 그러니 만약 '드러난 땅의 흰 소(白牛)'라 한다면, 그것은 오히려 '겉치레(文彩)'이다. 곧바로 겉치레가 나기 이전의 것을 찾아보아야 비로소 '정위전正位前'이라고 할 것이다.[101]

앞의 '회기廻機'와 '일색一色'은 바로 조동오위曹洞五位의 '겸중도兼中到'의 단계로서, 유무有無에 떨어지지 않고, 체용體用이 모두 사라져 그대로 완연한 상태를 가리킨다. 문익의 주해에는 이를 '일관一關'으로 설명하고 있는데, 그것은 대중의 교화를 의미하는 '회기'에 이르러

---

101 雪岑, 『十玄談要解』(『韓佛全』 7, pp.321下~322上), "(淸涼註)一色者, 正位也. 正是 寒灰枯木全無氣息. 學人到此, 是爲一關. 古云: 荒田不揀草 淨地却迷人. (又云) 荊棘林中下脚易, 夜明簾外轉身難. 此乃坐著卽不可也. (悅卿註)名不得狀不得. 若言露地白牛, 猶是文彩. 直須向文彩未生處看看, 方名正位前."

그러한 교화조차도 완전하게 '일여一如'가 된 상태로 나아가기에는 다시 한차례의 '향상向上'이 필요하다는 의미이다. 설잠의 주해에서는 이를 '무어라 이름을 지을 수도 없고 어떻게 형용할 수도 없는 경계'로 설명하고 있음을 알 수 있다. 그런데 그러한 경계를 '정위전正位前'으로 설명하고 있는데, 이를 이해하기 위해서는 십현十玄의 시작인 '심인心印'과 연계시켜야만 할 것이다. 설잠은 "이 '심인'은 언어와 문자로 형용할 수는 없다. 그러나 일용日用의 사물과 어묵동정語默動靜의 때, 그 문채文彩가 완전하게 드러나서 당처當處가 분명하니, 그러므로 '심인'이라고 말한 것이다."[102]라고 주해하고 있다. 그러니까 설잠은 이른바 '정위正位'에 해당하는 '심인'에 있어서는 '문채'와 '당처'가 아주 분명한 경계임을 인정하지만, 이 '일색'에 이르러서는 그조차도 모두 부정하고 있음을 짐작할 수 있다. 따라서 설잠은 이를 '정위전'이라고 칭해야 한다는 것이다.

다시 문익과 설잠의 주해는 다음과 같이 이어진다.

[청량주] 만약 밖으로 만법萬法을 요달了達한 것을 일색一色으로 여긴다면, 이는 또 문 위와 지개 밑(門頭戸尾)의 일로서 온갖 차별을 요달하여 다한다 하여도, 아직 집에는 이르지 못한 것이다. 만약 안으로 한마음을 지킨다면, 이는 또한 자기自己만을 밝힌 것이어서, 눈앞의 것을 요달하지 못했다고 하겠다. 바로 안과 밖이 화和·융融한 것이 마치 긴 하늘과 가을 물(長天秋水)처럼 된다 하여도,

---

102 雪岑, 『十玄談要解』(『韓佛全』 7, p.310下), "(悅卿註)此印不可以語言文字形容, 於日用事物上, 動靜語默時, 文彩全彰, 當處歷然. 故曰: 心印."

아직 서로 응한 것이 못되어, 이는 모두 발을 헛디디어 넘어진
것이므로 정로正路는 밝히지 못한 것이라 하겠다.

〔열경주〕'고목암전枯木岩前'이라고 한 것은 말하자면, 붉게 스산하
고(赤瀟瀟), 말라비틀어진(乾剝剝) 것으로서, 이는 또한 항상 홀로
행하고 홀로 걷는 전지田地인 것이다. 그러니 만약 여기에서도
벗어나야만 능히 농부의 밭 가는 소를 몰며, 굶주린 사람의 먹을
것을 빼앗아 사람을 죽이고도 폄貶되지 않는 솜씨라 하겠다. 혹
그렇지 못하다면, 이는 마치 학鶴이 달 비치는 전각에 집을 짓고
살며, 눈이 갈대꽃을 덮은 격이어서, 숙세宿世로부터 타고 나온
영골靈骨이 아니면 여기를 향하여 헤맴을 면치 못할 것이다. 왜냐하
면 보경寶鏡을 처음 갈아서 만들었을 적에는 그림자와 형질形質을
분간하기 어려운 것이니, 장강長江에 바람이 고요해야 물과 하늘이
일색一色이 된다.[103]

이러한 문익과 설잠의 주해는 그대로 '무수지수無修之修'와 '무증지
증無證之證'조차도 넘어선, 완벽하게 계합契合되었다는 생각이나 의식
도 없이 계합된 경계를 의미하고 있다고 하겠다. 이는 그대로 유무有無

---

[103] 雪岑,『十玄談要解』(『韓佛全』7, p.322上), "(淸凉註)若也外了萬法, 以爲一色,
又是門頭戶尾底事, 千差了盡, 猶未到家. 若也內守一心, 又是單明自己, 不了目
前. 直饒內外和融, 似長天秋水, 猶未相應, 盡是蹉跎, 不明正路. (悅卿註)枯木
岩前, 卽所謂赤瀟瀟乾剝剝地, 亦所謂常獨行常獨步田地. 若也於此透脫, 便能
驅耕夫之牛, 奪飢人之食, 殺人不眨底手脚, 其或未然, 悅如鶴捿月殿, 雪覆蘆
花, 除非夙有靈骨, 向這裏, 未免遲廻, 何也 寶鏡初磨, 影質難分, 長江風靜, 水天
一色."

나 체용體用이 모두 사라진 완연한 상태이며, 앞에서 언급한 '무념無念'·
'무상無相'·'무주無住'의 조사선祖師禪이 실현된 경계라고 할 수 있다.
그러므로 설잠은 "여기에 이르면 찬탄하여도 미치지 못하고, 헐뜯어도
미치지 못한다. 만약 온갖 일을 완전히 깨닫는다면 천상天上과 인간人
間, 고古·금今도 알지 못하니, 깨달음과 깨달아야 할 것의 두 깨달음을
모두 깨닫게 되어서 마침내 깨달음 그 자체도 없으며, 체體가 현묘하고
용用이 현묘한 두 현묘함 모두 현묘하여 마침내 형상이 없는 것이다."[104]
라고 주해한다.

  '십현十玄'의 마지막인 '일색一色'에 대한 문익과 설잠의 주해는 다음
과 같이 끝난다.

  [청량주] 물속의 짠맛과 물질 속의 아교 기운(膠精)을 필경에는
어떻게 결정할 것인가? 이는 있는 것이라 하여도 그 형체를 얻을
수 없다. 그러므로 말하기를, "허공을 더듬고 메아리를 치려는
것은 너의 심신心神만 수고롭게 하는 것이다. 꿈을 깨면 깬 것도
아니고, 깼다는 것도 있는 것이 아니다."라고 한다. 이미 이와
같다면 말해 보거라! 어떻게 나아가야 하는지 또한 아는가? 알음알
이(解)가 다하여 지견(見)이 없어지면 공功이 이미 끝나거니, 더
현묘한 것을 의론議論하고 헤아릴 것이 없구나.
  [열경주] 어떠한 말이 잘못되었는가? 맨 나중의 한 동그라미는

---

104 雪岑, 『十玄談要解』(『韓佛全』 7, p.322下), "(悅卿註)到這裏, 讚不及毁不及. 若了
    一萬事畢, 天上人間, 古今不識, 能了所了, 二了皆了, 終無可了, 體玄用玄, 二玄
    俱玄, 畢竟無狀."

대아신검大阿神劍을 휘두르는 것과 서로 비슷하다. 그렇다면 말해
보라! 허공 속에 달빛을 보기에는 분수가 있지만, 움켜잡으려
하면 얻을 수가 없다. 그러나 만약 움켜잡는다면, 너는 '창자가
넓고 위장이 큰 놈'이라고 인정하겠다.[105]

이러한 문익과 설잠의 주해는 모두 '무념無念'·'무상無相'·'무주無住'
라는 조사선의 핵심사상을 통한 '무수지수無修之修'와 '무증지증無證之
證'조차도 다시 '향상向上'하는 경계를 의미하고 있는 것이다. 설잠의
주해에서 '위장이 큰 놈(大肚漢)'이라는 표현이 보이는데, 원래 이는
'대식가大食家'를 뜻하며 우리말로는 '먹보'라는 의미이다. 그렇다면
설잠은 무엇 때문에 '먹보'라는 말을 썼을까? 먹보는 음식에 대한
욕심이 많아 그저 주는 대로 먹기에는 양이 차지 않을 것이고, 끊임없이
먹을 것을 찾아 헤맬 것이다. 그를 선가禪家에 대입시키자면, 끊임없이
'수증修證'을 갈구하는 학인學人에 비할 수 있을 것이다. 본래 '돈오頓悟'
의 입장에서는 "스스로의 성품(自性)을 스스로 깨달아 돈오돈수頓悟頓
修하는 것이지, 점차漸次는 없는 것이다."[106]라는『단경壇經』의 구절처
럼 불이不二의 자성自性을 '돈오頓悟'하여 '돈수頓修'로서 방하착放下著

105 雪岑,『十玄談要解』(『韓佛全』7, p.323上), "(淸涼註)水中塩味, 色裏膠精, 畢竟如
何? 決之是有, 不得其形, 所以道: 捫空槌響, 勞汝心神, 夢覺覺非, 覺亦非有.
旣然如是, 且道! 如何趣向, 還知麼? 解盡見除功已畢, 更無玄妙可論量 (悅卿註)
是什麼語言錯, 末後一圈, 如揮大阿相似, 且道! 空裏蟾光, 看之有分, 撮之不得.
若也撮之, 許你寬腸大肚漢."
106 宗寶本,『六祖大師法寶壇經』(大正藏 48, p.358下), "自性自悟, 頓悟頓修, 亦無
漸次."

하는 것이다. 그렇기 때문에 끊임없이 새로운 수행과 그에 대한 증과를 찾는다면 영원히 수증에 목이 타는 '먹보'가 되어버린다는 질책인 것이다.

3. 『십현담요해』의 선사상

이상으로 심인心印·조의祖意·현기玄機·진이塵異·연교演敎·달본達本·환원還源·전위轉位·회기廻機·일색一色 등의 '십현十玄'에 대한 문익과 설잠의 주해를 각각 비교하여 분석하였다.

'심인'과 '조의'는 '정중편正中偏'의 정위正位와 편위偏位에 배대할 수 있다. 그 가운데 정위正位인 '심인'은 바로 '일심一心'의 '본체本體'를 드러내고 있는데, 설잠의 주해에서는 '문채文彩가 완전하게 드러나서 당처當處가 분명'한 경계를 말한다. 이는 명확히 성구性具와 성기性起의 관점은 물론 선종의 불성론까지 모두 배대하여 이해할 수 있는 경계라고 하겠다. 편위偏位에 해당하는 '조의祖意'에 있어서 설잠의 주해에서는 이 '조의'의 경계를 본체를 완벽하게 터득하여 이미 완전하게 갖추어진 법계에 공空·불공不空이 그대로 수용되는 화장세계華藏世界로서 설명하고자 하는 의취意趣가 드러나고 있다. 따라서 이는 명확하게 성기론性起論의 입장에 서 있는 것이다.

'현기玄機'와 '진이塵異'는 편중정偏中正의 편위偏位와 정위正位에 배대할 수 있는데, 설잠의 주해는 편위인 '현기'에 도리어 '성구性具'의 '묘용妙用'으로서 설명하고 있다. 또한 '진이'에 있어서도 성구론性具論적인 입장이 더욱 두드러진다고 하겠다. 그것은 편중정偏中正의 입장

이 바로 교화적인 측면이 강조되고, 그에 따라 '성기性起'된 화장세계의
입장보다는 제법실상諸法實相의 '묘용'을 채택하였기 때문이다. 그러
나 그렇다고 해서 '성기性起'적인 입장으로 해석될 수 있는 여지가
없는 것은 아니다. 그것은 '십현' 전체가 기본적으로 '회호回互'의 관점
에서 제시된 것이기 때문이다.

'불교(佛敎: 演敎)'와 '달본達本'은 정중래正中來에 해당한다. 또한
이들은 '십현'에서 이른바 '수증修證'의 입장을 보이고 있다. 문익과
설잠의 주해에서는 모두 철저하게 그 '수증'에 집착함이 없는 조사선의
'무수지수無修之修'와 '무증지증無證之證'의 입장에서 논하고 있음을
엿볼 수 있다. 또한 '환원還源'과 '전위轉位'는 편중지偏中至에 해당되고,
이는 앞의 수증을 통해 현현하는 경계를 설명한다. 그에 따라 '환원'에
대한 설잠의 주해에서는 조사선의 '격외格外'를 논하여 석녀石女가
악기를 연주하고, 목인木人이 노래하는 그대로 여래성기如來性起의
화장세계가 현현한 것으로 설명하고 있음을 알 수 있다. 또한 설잠은
문익과는 다르게 '전위轉位' 이후에 '회기廻機'라는 관점을 보이는데,
그 까닭은 바로 대기대용大機大用과 관련이 있다고 하겠다. '회기'와
관련된 설잠의 주해는 운문종의 '삼구三句' 가운데 '수파축랑隨波逐浪'
을 언급하고 있으며, 또한 조동종의 '사종이류四種異類'를 언급하면서
다시 임제종풍을 끌어들이는데, 이 또한 대기대용과 관련이 있다고
하겠다. 마지막 겸중도兼中到의 '일색一色'에서는 문익은 이를 정위正位
로 보지만, 설잠은 도리어 모든 것을 부정하여 이를 '정위전正位前'이라
고 칭해야 한다는 것이다. 또한 설잠은 『십현담요해十玄談要解』의
대미大尾를 '수증修證'에 목말라하는 '먹보'가 되지 말 것을 질책하면서

394

마무리한다.

이로부터 설잠은 '십현'을 해석하면서 각 위位의 성격에 따라 각각 '성구론性具論'과 '성기론性起論'의 관점을 사용하고 있음을 알 수 있으며, 나아가 조사선의 불성론을 병용並用한다고 하겠다. 또한 이러한 논술의 과정에서 설잠은 의도했든 아니든 간에 성구와 성기의 화회和會 및 통섭通攝의 모습이 보이고 있어 불성론의 관점에서 상당히 중요한 의의를 찾을 수 있다고 하겠다.

그렇다면 설잠이 이『십현담요해』를 통하여 제시하고자 했던 선사상禪思想은 과연 어떠한 것인가?

우선 조동종 계통의 조동오위曹洞五位와 관련이 깊은『십현담十玄談』을 텍스트로 선정하여 주해를 진행한 것으로 볼 때, 설잠의 기본적인 선사상은 당연히 조동종의 선사상을 바탕으로 하고 있음을 알 수 있다. 중국 선종의 발전은 혜능惠能의 남종南宗으로부터 오가칠종五家七宗으로 분화한 후기 조사선에 이르러서는 이른바 '임천하臨天下, 조일각曹一角'이라고 칭한다.[107] 그것은 송대 이후에는 오가五家 가운데 임제종이 주류를 이루고, 조동종이 한 부분을 차지하고 있었다는 말이다. 이러한 원인에는 다양하지만, 특히 임제종에서는 대혜종고大慧宗杲의 '간화선看話禪'이 출현하고, 조동종에서는 굉지정각宏智正覺의 '묵조선默照禪'이 출현하면서 조사선의 맥을 이었기 때문이다. 또한 이 둘의 선풍禪風을 비교하여 '임제장군臨濟將軍, 조동사민曹洞士民'[108]이라고 평가하는데, 그것은 임제종의 가풍은 마치 장군과 같이 '대기대

107 董群 著, 金鎭戊·盧善煥 共譯,『祖師禪』, 운주사, 2000, p.447 참조.
108 王志躍 著, 김진무·최재수 共譯,『分燈禪』, 운주사, 2002, p.163 참조.

용大機大用'을 활달하게 운용하지만, 조동종에서는 '선비(士民)'와 같이 부드러운 선풍禪風을 가졌음을 의미하고 있다. 이러한 조동종의 종풍宗風에 대하여 『인천안목』 권3에서는 "가풍家風이 세밀하고, 언행言行이 상응하며, 기연機緣에 따라 사물을 통하고, 말에 나아가 학인을 제접한다."[109]라고 하였다. 그리고 『오가종지찬요五家宗旨纂要』에서는 "조동가풍은 군신이 도를 합하고, 정正과 편偏이 서로 도우며, 조도鳥道와 현도玄途를 제시하고, 금바늘에 옥실(金針玉線)이며, 안과 밖이 회호回互하고, 이理와 사事가 함께 융합한다."[110]라고 평가한다. 이러한 평가는 바로 조동종의 선법禪法과 밀접한 관련이 있다. 조동종의 선법은 '견삼루見滲漏·정삼루情滲漏·어삼루語滲漏'의 '삼종삼루三種滲漏'와 '조도鳥道·현로玄路·전수展手'의 '삼로접인三路接人', '유타類墮·수타隨墮·존귀타尊貴墮'의 '삼종타三種墮', 그리고 '사빈주四賓主' 등이 있지만, 그들을 모두 포섭하는 것은 바로 '정편오위正偏五位·공훈오위功勳五位·군신오위君臣五位·왕자오위王子五位' 등의 '오위설五位說'이라고 할 수 있다. 앞에서 언급한 바와 같이 이를 보다 구체적으로 논한 것이 『십현담』이기 때문에 설잠의 『십현담요해』는 바로 조동종의 핵심적인 선사상을 직접적으로 운용했다고 하겠다.

이러한 조동종의 종풍이 바로 설잠의 마음에 깊이 계합할 수 있었던 원인을 짐작할 수 있다. 설잠은 어려서부터 유학儒學을 학습하였기에

---

109 (宋)智昭集, 『人天眼目』 卷3(大正藏 48, p.320下), "家風細密, 言行相應, 隨機利物, 就語接人."

110 (淸)性統編, 『五家宗旨纂要』 卷中(卍續藏 65, p.266中), "曹洞家風, 君臣道合, 正偏相資, 鳥道玄途, 金針玉線, 內外回互, 理事混融."

기본적으로 그는 유가적 사유로부터 출발하였다고 볼 수 있다. 그가 조동종을 '사민土民'으로 표현한 것에는 그 종풍에 유가적 색채가 가득 담겨 있기 때문에 보다 친숙하게 접할 수 있었던 것이 아닐까 한다. 앞에서 설명한 것과 같이 조동종풍曹洞宗風의 가장 커다란 특징이 바로 '회호回互'라고 하였는데, 이러한 성격은 바로 『주역周易』의 괘卦 를 운용하였던 까닭이다.[111] 또한 그 전체적인 설명의 과정에서 유가, 특히 당시에 유행하였던 '이학理學'과 관련된 내용이 상당히 많이 포함 되어 있어 설잠에게는 더욱 친밀하게 느껴졌다는 판단이다. 그러나 기본적으로 조동종은 조사선에 속하는 것이고, 그에 따라 임제종이나 운문종과 같은 선사상도 이끌고 있다. 즉 앞에서 언급한 바와 같이 운문종풍의 색채가 가득 담긴 '수파축랑隨波逐浪'을 인용하는가 하 면, 임제종풍의 색채가 가득한 '대기대용大機大用'을 언급하고 있는 것이다.

따라서 설잠은 비록 조동종 계통의 『십현담』에 대한 주해를 달고 있지만, 그의 안목에는 '조사선'을 철저하게 제시하려는 의도가 강했다 고 말할 수 있다. 이러한 설잠의 의도는 그의 행적과 밀접한 관련이 있는 것이다. 다시 말하면 설잠은 화엄의 성기론性起論과 천태의 성구 론性具論을 모두 '회호回互'하는 조사선의 선사상을 통하여 유가儒家의 윤리설倫理說과 어긋나는 현실적 상황을, 한편으로는 '질책'의 입장을 드러내고 있으면서도, 한편으로는 구제救濟의 측면을 제시하려는 것 이다.

---

111 (宋)雲外雲岫註, 『寶鏡三昧玄義』(卍續藏 63, p.211下), "重離六爻, 偏正回互, 疊而 爲三, 變盡成五."

제6장 성기론·성구론의 병중과 조사선

설잠의 불교와 관련된 저술에서 불성론佛性論과 관련된 내용은 상당히 풍부하게 나타난다. 불성론은 바로 동북아시아 불교의 가장 커다란 특징 가운데 하나이기 때문이기도 하지만, 한편으로는 설잠의 의식 속에 불성론을 중심으로 불교를 파악하고자 하는 의도를 가졌기 때문이라 하겠다. 그에 따라 본서의 제4장 '설잠의 성기론'에서는 설잠의 저술 가운데 '성기性起'적 관점이 두드러진 『대화엄일승법계도주병서大華嚴一乘法界圖註幷序』와 『화엄석제華嚴釋題』를 통해 여래성기如來性起의 화장세계華藏世界를 밝혔으며, 이를 통하여 '화엄선'을 제창하고자 하였음을 논구하였다. 또 제5장에서는 『연경별찬蓮經別讚』을 통해 설잠이 천태의 성구론을 어떻게 이해하고 있는가를 도출하였으며, 『십현담요해』에서는 이러한 성구론과 성기론을 모두 중시하는 의도를 밝히고, 이러한 과정을 통해 설잠은 당시 시대 상황이 요구하는 다양한 사상을 제시하고자 했음을 밝혔다. 다시 말하면 설잠이 '성구'와 '성기'의 '병중'을 통해서 제시하고자 했던 것은 바로 조사선의 완성이라고 할 수 있다.

따라서 본 장에서는 설잠이 성구론과 성기론적인 측면을 어떻게 운용했으며, 또한 최종적으로 어떻게 조사선으로 귀결시키는가를 정리해 보고자 한다.

제1절 설잠의 성기론과 성구론

1. 설잠의 성기론

'성기론性起論'은 바로 '여래성기如來性起'로부터 비롯한 것으로, 간단히 말한다면 모든 만법이 여래의 성性으로부터 일어났다는 것으로, 이를 두 가지 측면에서 해석할 수 있다. 첫째는 중생과 부처의 관계인데, 이로부터 말하자면 일체중생이 본래 여래의 지혜智慧를 구족하였고, 그렇기 때문에 '칭성이기稱性而起'한다면 즉시 부처를 이룰 수 있다는 것이다. 둘째는 불성과 만법의 관계로서, 이로부터 말하자면 일체의 제법諸法은 모두 불성佛性의 현현顯現으로 보아야 하며, 그에 따라서 불성을 떠나서는 하나의 법도 없다는 것이다. 다시 말하여 모든 법계는 바로 '여래성기'에 근원한 것이고, 그에 따라 중중무진重重無盡한 법계는 그대로 '자성청정원명체自性淸淨圓明體'[1]라는 것이다. 이렇게 모든 법계가 청정한 상태로서 그대로 여여如如하게 존재하지

---

1 (唐)法藏, 『修華嚴奧旨妄盡還原觀』(大正藏 45, p.637上), "顯一體者, 謂自性淸淨圓明體. 然此卽是如來藏中法性之體, 從本以來, 性自滿足, 處染不垢, 修治不淨, 故云自性淸淨. 形體遍照, 無幽不燭, 故曰圓明."

만, 중생들은 무시이래無始以來의 훈습된 망념妄念으로 그를 보지 못하고 망념에 의지하기 때문에 중생이 되지만, 망념을 여의면 그대로 불지佛地에 들어간다는 것이다. 이러한 화엄종의 성기론은 『단경壇經』의 "자성에 미迷하면 부처가 바로 중생이요, 자성을 깨달으면 중생이 바로 부처(自性迷, 佛卽是衆生: 自性悟, 衆生卽是佛)"[2]라는 사상과 상당히 유사하다. 앞에서 언급한 바와 같이 이러한 '성기론'은 설잠의 저술 가운데 『대화엄일승법계도주병서』(이하 『법계도주』로 약칭)와 『화엄석제』에 비교적 두드러지게 나타난다. 여기에서 '비교적'이라는 한정사를 쓰는 이유는 설잠의 모든 저술들은 항상 하나의 입장에서만 서술되지 않기 때문이다. 다시 말하여 화엄종학華嚴宗學의 색채가 아주 두드러진 『법계도주』에서도 분명하게 '선해禪解'의 입장이 두드러지기 때문이다. 그렇지만 그럼에도 불구하고 역시 '성기론'의 관점은 분명히 남아 있다고 하겠다.

『법계도주』는 의상義湘의 「법성게法性偈」를 설잠이 「서문」과 함께 선禪의 게송을 인용하여 해석한 것이다. 설잠은 「서문」, 총찬總讚, 대의와 「법성게」 각 구절의 주석을 순차적으로 서술하고 있다. 그 「서문」은 다음과 같이 시작한다.

저 대화엄의 화장법계華藏法界라는 것은 허공虛空으로 체體를 삼고 법계法界로 용用을 삼으며, 일체처一切處에 두루함을 불佛로 삼고 연기緣起의 법체法體로 중회衆會를 삼아 원만수다라圓滿修多羅를

2 敦煌本, 『六祖壇經』(大正藏 48, p.341中).

설하니, 교敎에는 이른바 국토가 설하고 티끌이 설하며 불佛이
설하고 보살이 설하며 삼세三世인 일시一時가 설한다고 함이 이것
이다.

『법계도』는 하나의 해인도海印圖로서 끝이 없는 교법을 원만하게
거두었다. 해인도 가운데 '일중일체다중일一中一切多中一'이라고
한 구절과 '일즉일체다즉일一卽一切多卽一'이라고 한 구절이 그것이
다. 동토東土의 의상義湘 대사가 처음 이 도圖를 제작한 것은 삼세간
과 삼법계 장엄의 무진한 의의를 드러내어 몽매한 중생을 이끌었던
것인데, 전문專門의 후학이 거듭 설명하여 유포하고자 여러 가지
기록초紀錄鈔를 남겨 세간에 편만遍滿하게 되어 본의가 상실되었으
니, 타고난 왕자가 이미 서인으로 되어버린 격이다.[3]

설잠은 이러한 「서문」에서부터 명확한 '성기론'을 보이고 있다.
'성기론'을 여래의 성기性起로서 일체一切가 그대로 제불諸佛의 본체를
나투는 것이라고 한다면, 허공을 체體로 삼고 법계를 용用으로 삼은
화장법계는 명확한 '성기'의 세계를 설명하는 것이다. 또 이렇게 간명하
게 성기의 화장세계를 설한 『법계도』에 후학들이 '기록초'를 남김으로
오히려 본의를 잃게 되었음을 지적하며, 그를 바로 '교망敎網의 억해臆

---

3 雪岑,『大華嚴法界圖註』「序文」(『韓佛全』7, p.301下), "夫大華嚴華藏法界者, 以虛
空爲體, 以法界爲用, 以遍一切處爲佛, 以緣起法體爲衆會說圓滿修多羅, 敎所謂
利說塵說佛說菩薩說三世一時說, 是也. 法界圖者, 以一海印圖, 圓攝無邊之敎海,
圖中所謂, 一中一切, 多中一, 一卽一切, 多卽一, 是也. 東土義湘法師, 始製此圖,
表三世間, 十法界莊嚴, 無盡之義, 以牖冥蒙, 專門舊學, 重演流布, 辨記錄鈔, 遍滿
世間, 誕生王子, 已爲庶人矣."

解'⁴라고 비판한다. 그에 따라 설잠은 「서문」의 마지막을 다음과 같이
기술하고 있다.

> 다만 '돈頓' 가운데 '점漸'이 있고, '점' 가운데 '돈'이 있으며, '원圓'
> 가운데 '별別'이 있고, '별' 가운데 '원'이 있음과 같이 원활하게
> 대용大用이 현전하여 살殺과 활活이 자유로우니, 장육丈六의 존상
> 尊像이 한줄기 풀이요, 한줄기 풀이 장육의 존상이어서, 손닿는
> 대로 집어내어도 맞지 않음이 없으니, 이것이 어떤 경계인가?
> 신라 의상 화상의 『법계도』 일권을 보라! ○⁵

이로부터 의상의 『법계도』에는 이른바 돈頓·점漸, 원圓·별別의 대
립적인 개념이 모두 원활하게 드러나 있다는 극도의 찬사를 보내고
있음을 알 수 있다. 또한 설잠은 이를 완벽하게 주해하고 있다는
자신감을 드러내고 있는 대목이라고 할 수 있다. 한편 설잠의 「법성게」
에 대한 주해는 이통현李通玄의 『신화엄경론新華嚴經論』으로부터 선종
의 『무문관無門關』과 『인천안목人天眼目』, 『증도가證道歌』, 그리고 여
러 선사들의 어록 등 모두 선과 밀접한 관련이 있는 것을 인용하고
있다.⁶ 설잠이 이렇게 다양한 선구禪句를 인용한 것은 『법계도』의

---

4 雪岑, 『大華嚴法界圖註』「序文」(『韓佛全』 7, p.302上), "羅代義湘法師, 製作此圖,
其來尙矣. 全家宿德, 各以敎網臆解, 支離蔓延, 遂成卷袠."

5 雪岑, 『大華嚴法界圖註』「序文」(『韓佛全』 7, p.302中), "只如頓中有漸, 漸中有頓,
圓中有別, 別中有圓, 圓陁陁阿轆轆地大用現前, 殺活自由丈六莖草, 莖草丈六, 信
手枯來, 無有不是, 是什麼境界? 看取新羅義相和尙法界圖一圈○."

6 이 점은 본서의 〈第4章 雪岑의 性起論〉의 '第1節 『華嚴法界圖註』의 性起論',

선해禪解를 목적으로 하고 있기 때문이다.

설잠은 "법이란 육근六根의 문門 앞의 삼라만상인 유정有情과 무정無情이요, 성性이란 육근의 문 앞에 항상 수용하는 것이다."[7]라고 하여 '법'과 '성'을 규정하였다. 또한 '원융圓融'이란 일체법이 곧 일체의 성품이며, 일체의 성품이 곧 일체법이라 정의하고, 이 뜻을 확장하여 현상이 곧 본래의 성품이요, 본래의 성품이 곧 변화하는 현상이라는 원융의 이치를 "청산녹수가 곧 본래의 성품이고, 본래의 성품이 곧 청산녹수이다."[8]라고 하여 이른바 무정유성無情有性의 입장에서 표현하고 있다. 삼라만상의 실상이며 성은 삼라만상의 수용으로 보고 법과 성을 무이無二의 본체本體로 이해한 것이다.[9] 이러한 내용으로부터 설잠의 '성기론'적인 입장을 여실하게 확인할 수 있다고 하겠다.

『화엄석제』는 경전의 제목인 '대방광불화엄경' 일곱 자를 중심으로 80권 『화엄경』의 사상을 해석한 전적이다. 그렇지만 이 책은 거의 모든 내용이 인용문으로 이루어져 있다. 따라서 이 책의 성격을 설잠에 의한 '편저編著'라고 평가할 수 있다.[10] 그러나 설잠은 『화엄석제』의

'1. 『華嚴法界圖註』의 구성과 내용'에서 정리한 표를 참조하기 바란다.

7 雪岑, 『大華嚴法界圖註』(『韓佛全』7, p.303上), "法者, 卽六根門頭, 森羅萬像, 情與無情也. 性者, 六根門頭, 常常受用."

8 雪岑, 위의 책, p.303上. "圓融者, 一切法卽一切性, 一切性卽一切法, 卽今, 靑山綠水卽是本來性. 本來性卽是靑山綠水也."

9 이상은 "법성은 원융하여 두 가지 차별상이 없음(法性圓融無二相)"의 구절에 대한 설잠 주석의 대체이다. 雪岑, 위의 책, p.303上.

10 본서의 〈第4章 雪岑의 性起論〉, '第2節 『華嚴釋題』에 나타난 禪敎一致와 華嚴禪의 제창', '1. 『화엄석제』의 구성과 인용 전거' 참조.

전체적인 내용을 측천무후의 서문으로부터 배휴裴休와 청량징관清凉澄觀에 이어 천여유칙天如惟則의 어록을 인용하고 있으며, 그 사상적 전개 역시 '대방광불화엄경' 제명題名의 해석으로부터 일진법계一眞法界로 이어지는 화엄의 대의大義, 그리고 『천여어록』에서 선교일치禪敎一致로 이어지도록 치밀하게 구성하고 있다. 따라서 『화엄석제』는 비록 편저의 성격이지만, 역시 설잠의 불교사상을 충분히 엿볼 수 있는 중요한 저술이라고 하겠다.

『화엄석제』는 측천무후의 「신역화엄경서」 가운데 다음과 같은 두 개의 단락을 인용하면서 시작하고 있다.

『대방광불화엄경』은 바로 제불諸佛의 밀장密藏이며, 여래의 성해性海이다. 그것을 보려는 자는 그 궁극적인 뜻을 알 수 없고, 잡으려는 자는 그 끝을 헤아리지 못한다. 성해性海에 파도를 더하여 법계의 경계(彊域)를 통하게 하였으니, 대승의 돈교頓敎는 무궁함을 두루 감싸고, 방광方廣의 진실한 통발은 중생을 먼 데까지 아우르게 된 것이다. 어찌 후오백세後五百世의 말세에 홀연히 금구金口의 말씀을 받들며, 사바의 경계 중에서 갑자기 주함珠函의 비밀을 가르치겠는가?[11]

---

11 雪岑, 위의 책(『韓佛全』 7, p.295中), "大方廣佛華嚴經者, 斯乃諸佛之密藏, 如來之性海. 視之者, 莫識其旨歸, 抱之者, 罕測其涯際. 添性海之波瀾, 廓法界之彊域. 大乘頓敎普被於無窮, 方廣眞筌, 遐該於有識. 豈謂後五百歲, 忽奉金口之言, 娑婆境中, 俄啓珠-函之秘."

404

여기에서 기본적으로『화엄경』에 대한 정의를 내리고 있는데, 그는 '제불의 밀장'이요, '여래의 성해'이고, 또한 '대승의 돈교'라는 것이다. 이렇게『화엄경』을 정의한 다음에 설잠은 '법계法界'에 대하여 다음과 같이 인용하고 있다.

법계法界란 일체중생의 몸과 마음의 본체本體이다. 근본 이래로 신령스럽게 밝아 훤히 통하고, 광대하며 텅 비어 고요하고, 오직 하나의 참된 경계일 뿐이다. 형상과 모습이 없으면서도 대천세계의 삼라만상을 이루고, 변제邊際가 없으면서도 만유萬有를 품어 안는다. 심목心目 사이에 밝고 밝지만 서로 볼 수 없으며, 색진色塵 안에 밝게 빛나지만 이理를 헤아릴 수 없다. 법을 꿰뚫는 혜목慧目과 망념을 떠난 밝은 지혜가 아니고서는 자심自心의 이와 같은 영통靈通함을 볼 수 없음이다. 그러므로 세존께서 처음 정각을 이루시고, 찬탄하여 "기이하도다! 내 지금 일체중생을 두루 관찰해 보니, 여래의 지혜와 덕상德相을 빠짐없이 갖추고 있지만, 단지 망상과 집착 때문에 능히 증득하지 못하는 것이다."라고 하시고, 화엄의 종지宗旨를 열어 보이셨던 것이다.[12]

---

12 雪岑, 위의 책(『韓佛全』7, p.295中), "無德而稱者, 其唯法界歟. 法界者, 一切衆生之身心本體也. 從本以來, 靈明廓徹, 廣大虛寂, 唯一眞境而已. 無有形貌而森羅大千, 無有邊際而含容萬有. 昭昭於心目之間, 而相不可覩, 晃晃於色塵之內, 而理不可分. 非徹法之慧目離念之明智, 不能見自心, 如此之靈通也. 故世尊初成正覺歎曰: 奇哉. 我今普見一切衆生, 具有如來智慧德相, 但以妄想執着, 而不能證得. 開示華嚴宗旨."

이는 배휴裴休의 『주화엄법계관문서註華嚴法界觀門序』에서 인용한 구절이다. 앞에서 『화엄경』에 대한 정의를 내렸다고 한다면, 여기에서는 『화엄경』의 핵심적인 내용을 제시한 것이다. 즉 '제불의 밀장', '여래의 성해', '대승의 돈교'의 내용은 바로 '법계'로부터 출현한다는 것이다. 이른바 중생과 여래의 '본체'로서 '법계'를 설정하였던 것이다. 이러한 '법계'의 성격에 대하여 설잠은 다음과 같이 인용한다.

> 갔다가 돌아옴에 끝이 없고, 움직임과 고요함이 하나의 근원이며, 온갖 현묘함을 머금었으되 남음이 있고, 언어와 사고를 초월해서 훌쩍 벗어나는 것은 법계일 뿐이다.[13]

이는 청량징관의 『화엄경소』의 「서문」을 인용한 단락이다. 법계에 미혹하여 육취六趣로 나아가는 것이 '가는 것(往)'이며 '움직이는 것(動)'이요, 법계를 깨달아 일심으로 돌아오는 것이 '오는 것(復)'이며 '고요한 것(靜)'이다. 여기에서 '가는 것'·'오는 것'·'움직이는 것'·'고요한 것' 등은 모두 법계의 평등한 작용이며, 서로 간에 모순되거나 걸림이 없다. 법계는 경전의 근본적인 취지(宗趣)이며, 경전의 모든 사상에 공통되는 본체(通體)이기도 하고, 또한 모든 법이 의지하는 근거(通依)이기도 하다. 일체중생의 미혹과 깨달음, 모든 부처님께서 증득하신 경지, 그리고 모든 보살행은 바로 이 법계로부터 나온다. 이러한 까닭으로 그것을 밝히는 의미로 제불의 '밀장'과 여래의 '성해'라

---

13 雪岑, 위의 책(『韓佛全』 7, p.295中), "往復無際, 動靜一源, 含衆妙而有餘, 超言思而迥出者, 其唯法界歟." (唐)澄觀, 『華嚴經疏』「序文」(大正藏 35, p.503上).

는 말을 빌려다 표현한 것이다. 이러한 설명은 그대로 화엄종의 '성기론'을 완벽하게 드러내고 있다고 볼 수 있다.

앞에서 언급한 『법계도주』는 '성기론'을 직접적으로 표현하지 않고 단지 은유적으로 제시하였다고 한다면, 『화엄석제』에서는 더 이상의 설명이 필요치 않을 정도로 명확하게 '성기론'을 제시하고 있다. 그러나 『법계도주』이건 『화엄석제』이건 모두 '성기론'으로 귀결시키지는 않는다. 설잠은 그러한 '성기론'의 관점을 넘어서 '선교일치禪敎一致'의 관점을 제시하고, 거기에서 더 나아가 조사선으로 귀결시키고 있음을 볼 수 있다.

『화엄석제』에서 '성기론'을 조사선으로 귀결시키고자 하는 의도는 천여유칙天如惟則의 『어록語錄』을 인용하는 부분에서 두드러지게 나타난다.

이미 일정한 체體가 없기에 또한 일정한 이름도 없다. 어느 때엔 '일진법계'라고 부르고, 어느 때엔 '대광명장大光明藏'이라 부르며, 어느 때엔 '법보리장法菩提場'이라 부르고, 어느 때엔 '묘장엄역妙莊嚴域'이라 부르며, 어느 때엔 '육상의六相義'라 부르고, 어느 때엔 '십현문十玄門'이라 부르며, 어느 때엔 '일심삼관一心三觀'이라 부르고, 어느 때엔 '직지단전直指單傳'이라 부르며, 어느 때엔 '고가전지故家田地'라 부르고, 어느 때엔 '향상뢰관向上牢關'이라 부르고, 혹은 '금강권金剛圈'이라 부르고 혹은 '철산도鐵酸餡'라 이름하며, 혹은 '암호자暗號子'라 칭하고, 혹은 '본래인本來人'이라 일컫는다. 작용함에 방봉이 되고, 변함에 할喝이 되는 것에 이르게 된다. 놓기도

하고 거두기도 하며, 천차만별로 써먹다가 밑바닥까지 뒤집어엎어 첫머리부터 간파하게 되면, 원래가 단지 하나의 '자기自己'일 뿐이다.[14]

여기에서 아주 분명하게 '성기性起'된 '일진법계一眞法界', '대광명장大光明藏', '묘장엄역妙莊嚴域' 등을 '자기自己'로 귀결시키고 있음을 알 수 있다. 여기에서 말하는 '자기'는 바로 앞에서 언급한 『단경』의 "자성에 미迷하면 부처가 바로 중생이요, 자성을 깨달으면 중생이 바로 부처이다(自性迷, 佛卽是衆生: 自性悟, 衆生卽是佛)."[15]에서 말하는 '자성自性'이다. 물론 『단경』에서 사용하는 '자성'의 개념에 화엄종학의 '성기론'이 개입되어 있는 것도 명확한 역사적 사실이지만, 여기에서 명확하게 '여래성기如來性起'의 '화장세계華藏世界'를 '자기'로 귀결시키는 의도는 바로 조사선을 염두에 둔 것이라고 볼 수 있다. 이러한 관점을 더욱 분명하게 드러내는 부분은 다음과 같다.

어떤 이가 묻기를, "가없는 국토 경계에는 자自와 타他가 털끝만큼도 떨어져 있지 않다'고 하였는데, 이미 자와 타가 있거늘 어찌하여

---

14 雪岑, 『華嚴釋題』(『韓佛全』 7, p.300下), "旣無定體, 亦無定名. 有時喚作一眞法界, 有時喚作大光明藏, 有時喚作法菩提場, 有時喚作妙莊嚴域, 有時喚作六相義, 有時喚作十玄門, 有時喚作一心三觀, 有時喚作直指單傳, 有時喚作故家田地, 有時喚作向上牢關. 或號金剛圈, 或名銕酸餡, 或稱暗號子, 或曰本來人, 乃至用之爲棒, 變之爲喝, 放去收來, 千差萬別, 及乎盡底掀翻, 從頭勘破, 元來只是一箇自己." 善遇編, 『師子林天如和尙語錄』 卷2(『卍新纂續藏』 70, p.775中).

15 敦煌本, 『六祖壇經』(大正藏 48, p.341中).

떨어져 있지 않다고 합니까?"라고 하자, 답하기를, "회주懷州의 소가 벼를 먹으니, 익주益州의 말이 배가 부르다."라고 하였다. 또 묻기를, "'십세十世와 고금古今의 시작과 끝이 지금 이 생각에서 떠나 있지 않다'고 하였는데, 이미 시작과 끝이 있거늘 어찌하여 떠나 있지 않다고 합니까?"라고 하자, 답하기를, "천하의 의원을 찾았더니, 돼지 왼쪽 팔뚝에 뜸을 뜨노라."라고 하였다. 계속해서 묻기를, "이 법회는 교전敎典을 펼쳐 베푸는 자리이니, 수고로이 선禪을 말씀하려 하지 마시고, 그저 선사께서는 교의敎義를 직접 말씀해 주시길 바랍니다."라고 하자, 답하기를, "산승이 어찌 이전에 두 개의 혀를 가진 적이 있더냐?"라고 하였다. 또 묻기를, "그러면 일진법계와 10종 현문玄門에도 역시 자와 타, 처음과 끝이 있습니까?"라고 하자, 답하기를, "어디서 그 많은 골동품들을 얻었느냐?"라고 하였다. 계속하여 묻기를, "이미 이 많은 골동품들이 없었다면, 결국에 화엄이 설하는 바는 무슨 뜻입니까?"라고 하자, 답하기를, "화엄을 설해 보라."라고 하였다. 또 묻기를, "법계와 현문을 떠났다면, 『화엄경』은 도대체 어느 곳에 있는 것입니까?"라고 하자, 답하기를, "여러분들의 손안에 있느니라."라고 하였다. 계속하여 묻기를, "이와 같다면, 보는 자든 듣는 자든, 산 자든 죽은 자든 모두 다 신수봉행해야 합니까?"라고 하자, 답하기를, "너에게서 푼을 줄 터이니, 짚신이나 사거라."라고 하였다. 승려가 예배하자, 산승이 답하시기를, "선객은 선을 묻는 것인데, 산승에게 직접 교의를 말하라고 청하니, 산승은 다만 한 개의 혀만 있을 뿐인데, 선객은 도리어 두 개의 귓불을 가진 격이로구나."라고 하였다.[16]

이 문답에 소재로 나오는 '십현문' 등은 화엄교학의 용어이지만, 그것을 처리하는 방법은 '골동품' 등의 대답으로 조사선의 도리를 취하고 있다. 선객인 승려와의 문답에서 첫 번째와 두 번째 문답을 먼저 살펴보면, 그 질문은 이통현李通玄의 문장을 인용[17]하여 의문을 제기한 것인데, 답은 대혜종고大慧宗杲 선사의 '상당법어上堂法語'를 인용[18]하여 답하고 있다. 이는 화엄의 대가인 이통현의 유명한 문구와 송대 간화선을 제창한 대혜종고의 '법어'를 인용한 문답으로 흥미로운 부분이다. 여기서 화엄학에 매료된 선객이 화엄가의 문장을 거론하여 힐난을 한 것인데, 산승은 선문답을 이끌어 답한다. 계속해서 선객이 다시 선문답으로 답하지 말고 화엄의 교의를 직접 이야기해 주실 것을 청하니, 이에 산승은 두 개의 혀, 즉 선과 교를 나누어 분별에 빠져 있음을 일갈하고 있다. 이어서 '일진법계'와 '십현문' 등 화엄교의

---

16 雪岑, 위의 책(『韓佛全』7, p.296下), "或有問, 無邊刹鏡, 自他不隔於毫端. 旣有自他, 因甚不隔? 答云, 懷州牛喫禾, 益州馬腹脹. 或問, 十世古今, 始終不離於當念, 旣有終始, 因甚不離? 答云, 天下覓醫人, 灸猪左膊上. 進云, 此會翻宣敎典, 毋勞說禪. 且望禪師, 直談敎義. 答云, 山僧何曾有兩箇舌頭? 或問, 一眞法界, 十種玄門, 還有自他終始也無? 答云, 那得許多骨董來? 進云, 旣無許多骨董, 畢竟華嚴所說何義? 答云, 說華嚴. 或問, 離却法界玄門, 華嚴經還在甚處? 答云, 現在諸人手裡. 進云, 與麼則見者聞者存者亡者, 皆得信受奉行去也. 答云, 贈汝三文眞草鞋. 僧禮拜. 山僧答云, 禪客問禪, 囑山僧直談敎義. 山僧只有一箇舌頭, 禪客却有兩片耳朶." 善遇編, 앞의 책(『卍新纂續藏』70, p.771下).

17 (唐)李通玄撰, 『新華嚴經論』卷1(大正藏 36, p.721上), "無邊刹鏡, 自他不隔於毫端. 十世古今, 始終不離於當念."

18 (宋)蘊聞編, 『大慧普覺禪師住徑山能仁禪院語錄』卷2(大正藏 47, p.819下), "上堂. 僧問: 懷州牛喫禾, 益州馬腹脹. 天下覓醫人, 灸猪左膊上."

를 들고 와서 다시 묻지만, 그것들을 '골동품'으로 매도하고 있음을 볼 수 있다. 다시 선객은 그러한 '골동품'들이 없다면 『화엄경』을 이해할 수 없다고 반박하게 되고, 산승이 '화엄'을 설하라는 말에 답이 궁해져 '법계'와 '현문' 등을 떠난 『화엄경』이 가능한가를 묻자, 산승은 '지금 이 자리'의 '당하當下'인 '손안'에 있음을 강조한다.

　『화엄석제』의 이러한 인용문은 바로 『대방광불화엄경』의 이해를 선리禪理, 특히 '당하즉시當下卽是'의 조사선으로 이끌고자 하는 의도를 가졌다고 할 수 있다.

2. 설잠의 성구론

설잠의 '성구론'적인 관점을 보여주는 저술은 바로 『연경별찬蓮經別讚』이다. 앞에서 『연경별찬』을 저술한 시기는 『법계도주』와 『화엄석제』, 『십현담요해』 등을 찬술한 이후로 설정함을 밝혔는데, 필자가 보기에 그 가장 중요한 동기는 바로 '성구론'과 관련된 저술의 필요성으로 추론한다. 설잠이 화엄의 '성기론'을 『법계도주』와 『화엄석제』를 통하여 밝히고, 또한 『십현담요해』에서 '성기론'과 '성구론'을 '병중並重'하여 조사선으로 귀결시키고자 하는 의도를 가지고 있었다고 한다면, '성구론'에 대한 전문적인 저술이 분명하게 필요했다는 추론이다. 이런 입론에서 나온 그 저술이 바로 『연경별찬』이라는 것이다.[19]

　설잠은 『연경별찬』의 서문을 다음과 같이 시작하고 있다.

19　〈第5章 雪岑의 性具說〉, '第1節 『蓮經別讚』에 나타난 性具說'의 '1. 『연경별찬』의 찬술 시기와 그 목적' 참조.

옛날 천태산天台山의 지자 대사智者大師가 수선사修禪寺에 머물면
서 『법화현의法華玄義』와 『법화문구法華文句』를 저술하여 후세의
학사들에게 보여주었고, 고려 사문 제관諦觀은 『천태사교의天台四
敎儀』를 저술하여 나란히 세상에 유행하였는데, 이를 강의하는
자들이 따로 종취宗趣를 세워 '천태天台'라고 칭하였으나 선禪에
속하는 것이다.[20]

이러한 서문의 시작은 상당히 중요한 정보를 알려준다. 그것은
설잠은 천태종의 '종취宗趣'를 바로 '선禪'으로 귀결시키고 있다는 점과
이른바 천태지의의 대표적인 저작들인 『법화현의』와 『법화문구』 등을
이미 숙지하고 있으며, 고려 제관의 『천태사교의』에 대해서도 파악하
고 있는 것으로 유추할 수 있다. 더욱이 제관을 천태종의 홍기에
지의 대사만큼의 중요한 작용을 하였음을 인정함을 엿볼 수 있다.
이러한 사실들은 바로 설잠이 천태의 '성구설'에 대하여 분명하게
의식하고 있음을 알려주는 것이다. 또 한편으로는 그를 다시 선, 특히
조사선祖師禪으로 귀결시키려는 의도를 알 수 있게 한다.

축착개착(築着磕着: 이리저리 부딪치는 모습)하여 통하지 않는 곳이
없으며, 지견知見이 현전하여 유정有情이나 무정無情이던 모두
묘법妙法을 설하며, 또한 능히 들어서 삼라만상이 해인海印처럼

---

20 雪岑, 『蓮經別讚』「序」(『韓佛全』 7, p.287上), "昔天台山智者大師, 居修禪寺, 作蓮
經玄義文句, 以示後之學士, 高麗沙門諦觀錄四敎, 並行於世 學士講此經者, 別立
宗趣, 以天台名焉, 屬於禪."

교참交叅한다. 이제 나 혼자 말할 뿐만 아니라 세계도 설하고, 티끌도 설하고, 항상 설하니, 어떤 때에 마치겠는가? 또한 능히 설하는 것은 바깥에서 들어오는 것이 아니고, 가운데서 나가는 것도 아니며, 목구멍에서 나오는 것도 아니며, 의식을 조작하여 만드는 것도 아니니, 예부터 그러한 것도 아니고, 지금에 이르러 그러한 것도 아니다. 능히 듣는다는 것도 또한 천연天然의 법으로 자연히 이와 같으며, 마치 주머니 속의 송곳이 감추려고 하면 더욱 드러남과 같다.[21]

설잠의 이러한 표현은 천태 성구性具의 특징을 그대로 설명하는 것으로 이해해도 결코 무리가 없어 보인다. 앞에서 '성구론性具論'의 가장 중요한 특징으로 '진공묘유眞空妙有'와 '일념삼천一念三千'을 설명 하였는데, 이러한 인용문에서 그러한 분위기를 재삼 엿볼 수 있다. 이 점은 『묘법연화경』을 해석하는 데 있어서 더욱 두드러진다.

이제 간략하게 이 제목의 뜻을 풀이하면, 참다운 성품은 담연하여 서 말로 표현할 길은 아주 막연하므로 '묘妙'하다고 한 것이고, 실상은 어느 것에나 분명하게 통하여 나타나므로 '법法'이라고 한 것이며, 꽃과 열매가 동시에 있고 더러운 곳에 있으면서도

21 雪岑, 『蓮經別讚』(『韓佛全』 7, p.287上), "築着磕著, 無處不通, 現前知見, 情與無情, 皆說妙法, 亦能聽法, 森羅萬像, 海印交叅. 非但我今獨布言詮, 刹說塵說恒說常說 何時是了. 又能說者, 不從外入, 不從中出, 不是咽喉裡出來, 不是意識邊做着, 非古然也, 非今然也. 能聽亦爾天然之法, 自然如是, 囊裡錐鉈, 欲隱彌露."

항상 깨끗하므로 '연蓮'이라 한 것이고, 속이 비었으면서도 매우 참되어서 온갖 행을 원만하게 갖추었으므로 '화華'라 한 것이며, 부처의 지견知見을 열어서 모든 사람들로 하여금 깨달아 들어가게 하였으므로 '경經'이라고 말한 것이다.[22]

설잠은 이러한 '석제釋題'의 형식을 즐겨 채택하는데, 앞에서 고찰한 『화엄석제華嚴釋題』 역시 '대방광불화엄경大方廣佛華嚴經'의 7자를 중심으로 해석하고 있음을 볼 수 있다. 설잠은 이러한 '석제'를 통하여 불지견佛知見을 중생들에게 개開·시示·오悟·입入시키려 이 세상에 출세出世하셨다는 『법화경』의 '일불승'사상을 간명하게 천명하는 것이다. 이러한 '석제'를 보충하기 위하여 설잠은 그를 이어서 "이 1부의 대의大義는 일대사인연一大事因緣으로 출세出世한 것은 순전히 일불승을 의한 것이었다."[23]라고 결론을 맺고서, 다음과 같이 서술하였다.

성性과 상相이 겸하여 갖추었고, 체體와 용用을 모두 드러냈으며, 미혹과 깨달음이 모두 다 없어지고, 종자와 열매가 원만하게 성취 되었다. 이는 마치 사자의 굴속에는 전부가 금빛 털이고, 전단旃檀 의 수풀 아래에는 순전히 진향眞香인 것과 같아서, 이 법을 듣고

---

22 雪岑, 『蓮經別讚』(『韓佛全』 7, p.288下), "略釋題意, 則眞性湛然, 逈絶言辭, 謂之妙, 實相通該, 昭然顯着, 謂之法, 花果同時 處染常淨, 謂之蓮, 虛而甚眞, 萬行圓修謂 之華, 開佛知見, 普令悟入, 謂之經."
23 雪岑, 『蓮經別讚』(『韓佛全』 7, p.288下), "其一部大義, 則皆以一大事因緣出世, 純以一佛乘."

성내는 이나 기뻐하는 이나 치우친 이나 원만한 이나 모두 흰
소의 수레(白牛之車)를 얻게 되고, 보는 이나 듣는 이나 또는 따라서
기뻐하는 이는 다 함께 푸른 연꽃의 수기(靑蓮之記)를 받게 되는
것이어서 하나의 일이나 하나의 현상이 미묘한 법(妙法) 아닌 것이
없으며, 한 번 찬탄하는 것이나 한 번 선양하는 것이 모두 이
미묘한 마음(妙心)이다.[24]

여기에서는 바로 '묘법妙法'과 '묘심妙心'을 강조하고 있음이 두드러
진다. 다시 말하여 여래가 출세한 일대사인연은 바로 이 '묘심'으로
'묘법'을 증득하게 함이라는 것이다. 또한 성상性相과 체용體用 역시
모두 드러나 있어, 이 '묘심'과 '묘법'을 벗어나지 못한다는 것이다.
그렇기 때문에 "산과 하천과 큰 땅덩이와 밝음과 어두움과 색상과
허공이 모두 묘체妙體를 나타내는 것이요, 생사와 열반과 보리와 번뇌
가 모두 묘용妙用이어서, 하나하나가 원융하고 하나하나가 주편周遍하
니, 취取하여 가질 것도 없고 내어다 버릴 것도 없으며, 모자람도
없고 남음도 없는 것이다. 바람이 살랑이고 달이 휘영청 둥근 것은
등명불이 항상 눈앞에 나타나는 것이요, 새가 지저귀고 꽃이 떨기로
핀 것은 보현보살이 항상 법계에 행하는 것이다."[25]라고 말할 수 있는

---

24 雪岑, 『蓮經別讚』(『韓佛全』 7, pp.288下~289上), "性相兼該, 體用雙彰, 迷悟雙泯,
   種果圓成. 比如師子窟中, 盡成金毛, 旃檀林下, 純是眞香, 嗔喜偏圓, 俱獲白牛之
   車, 見聞隨喜, 盡授靑蓮之記, 一事一相, 無非妙法, 一讚一揚, 皆是妙心."
25 雪岑, 『蓮經別讚』(『韓佛全』 7, p.289上), "山河大地, 明暗色空, 皆顯妙體, 生死涅槃,
   菩提煩惱, 皆是妙用, 一一圓融, 一一周遍. 無取無捨, 無欠無餘. 風颺颺月, 團團燈
   明, 常顯於目前, 鳥花簇簇, 普賢常行於法界."

것이다. 이러한 설명은 그대로 '일념삼천一念三千'과 '진공묘유眞空妙
有'의 '성구론'의 사상적 취지를 충분히 보여주고 있는 것이다. 이에
따라 전체적인『연경별찬』에서 '성구론'의 논리가 충분하게 드러나고
있다고 하겠다.

  그런데 설잠은 이른바『법화경』을 의미하는 '7축의 대의大意'를 다음
과 같은 게송으로 읊고 있다.

  구름은 일천 산의 새벽 피어오르고(雲起千山曉)
  바람은 일만 나무의 가을에 드높구나(風高萬木秋).
  석두성(石頭城: 남경에 있는 고성) 아래에 배를 대니(石頭城下泊)
  물결이 고기잡이배에 부딪치네(浪打釣魚舟).[26]

  앞에서 언급한 바와 같이 이 게송은 송대에 활동한 불혜천佛慧泉의
작품이다.[27] 불혜천의 행적은 상세하지는 않지만,『선종송고련주통집
禪宗頌古聯珠通集』에 수십 편의 조사선과 관련된 게송이 게재되어 있다.
그런데 설잠이 이 불혜천의 게송을 인용한 이유는 분명하게 '일념삼천'
과 '중도불성中道佛性'의 '성구性具'를 나타내기 위한 것이라고 할 수
있다. 그렇다면 무엇 때문에 천태의 성구론을 언급하는 곳에서 조사선
의 색채가 가득 담긴 불혜천의 게송을 인용했을까? 이 게송의 바로
앞에는 "일천 강에 물이 있으면 일천 강에 달이 있고, 일만 리에 구름이

---

26 雪岑,『蓮經別讚』(『韓佛全』7, p.289上).

27 (宋)法應集, (元)普會續集,『禪宗頌古聯珠通集』卷36(卍續藏 65, p.700中), "雲起千
  山曉, 風高萬木秋. 石頭城下水, 浪打釣魚舟.佛慧泉"

없으면 일만 리가 한 하늘이지(千江有水千江月, 萬里無雲萬里天)."라는
게송을 인용하고 있는데, 그 작자는 대혜종고의 사법제자인 '서선차암
西禪此庵 수정 선사守淨禪師'이다. 이 게송에서의 '강'은 '중생', '달'은
'불지견' 혹은 '불성'으로 배대할 수 있으며, '하늘'은 '불심佛心', '구름'은
'번뇌' 등으로 배대하여 해석할 수도 있다. 그런데 그러한 배대는 바로
선종禪宗에서 논하는 '여래선如來禪'의 경계라고 할 수 있다. 즉 '도출수
증導出修證'이 명확한 법화의 세계를 노래한 것으로 볼 수 있다. 그러나
설잠은 그에 이어 바로 불혜천의 게송을 인용하고 있다. 여기에서는
'수증修證'이 존재하지 않는다. 다만 '구름'이 피어오르고, '바람'이 드높
을 뿐이다. 그저 '물결'이 배에 부딪칠 뿐, 그대로의 일상日常이다.
이는 바로 조사선의 평상심平常心의 경계라고 할 수 있다. 따라서
설잠의 이러한 배대는 바로 '성구론'을 언급하면서 '조사선'으로의 귀숙
歸宿을 선적으로 제시한 것이 아닐까 한다.

제2절 성기론·성구론의 병중竝重과 조사선으로의 귀숙

설잠의 저술 가운데 성구론과 성기론을 모두 제시하고, 또한 전체적인
설잠의 사상을 함축적으로 귀결시키고 있는 것이 바로 『십현담요해』라
고 본다. 앞에서 고찰한 바와 같이 『십현담요해』는 동안상찰同安常察의
『십현담』에, 청량문익의 주註에, 다시 설잠이 주해한 것으로 구성되어
있다. 또한 이러한 '십현十玄'을 '정편오위正偏五位'와 배대하여 '정중편
正中偏'은 십현담十玄談의 ①'심인心印'과 ②'조의祖意', '편중정偏中正'
은 ③'현기玄機', ④'진이塵異', '정중래正中來'는 ⑤'불교(佛敎: 演敎)',

⑥'달본達本', '편중지偏中至'는 ⑦'파환향곡(破還鄕曲: 還源)', ⑧'회기 廻機', '겸중도兼中到'는 ⑨'전위귀轉位歸', ⑩'정위전(正位前: 一色)' 등 으로 주해하고 있다. 따라서 이와 관련된 내용을 고찰하기로 하겠다.

1. 성기론·성구론의 병중

우선 '심인心印'에 있어서 설잠은 다음과 같이 주해하고 있다.

〔열경주〕 달마가 서쪽으로부터 와서 불립문자不立文字로 심인心印을 단전單傳하여, "직지인심直指人心, 견성성불見性成佛"을 제창하였다. 이 '심인心印'은 언어와 문자로 형용할 수는 없다. 그러나 일용日用의 사물과 어묵동정語默動靜의 때, 그 문채文彩가 완전하게 드러나서 당처當處가 분명하니, 그러므로 '심인'이라고 말한 것이다.[28]

이 '심인'은 제불여래의 근거이면서 바로 본체라고 할 수 있는데, 설잠은 그를 문익과 다르게 '문채가 완전하게 드러나서 당처가 분명'한 그런 명확한 자리를 말하고 있다. 다시 말하여 설잠도 문익과 마찬가지로 '심인'을 언어 등으로는 표현할 수 없는 것임을 인정하면서도 '분명한 당처가 현현함'을 제창하고 있음을 알 수 있다. 이를 화엄의 '이사무애理

---

28 雪岑, 『十玄談要解』(『韓佛全』 7, p.310下), "(悅卿註)達摩西來, 不立文字, 單傳心印, 直指人心, 見性成佛. 此印不可以語言文字形容, 於日用事物上, 動靜語默時, 文彩全彰, 當處歷然. 故曰: 心印."

事無碍'와 '사사무애事事無碍'의 경지로 해석한다면 또한 '성기性起'의
입장이 되겠지만, '일심삼관一心三觀'과 '일념삼천一念三千'으로 해석한
다면 바로 '성구性具'의 입장이라고도 할 수 있다. 한편으로 이를 선종의
불성론인 '명심견성明心見性'의 각도에서 본다고 해도 여전히 부합한다
고 하겠다. 또한 "심인을 감히 어떤 사람에게 전하겠는가(心印何人敢授
傳)?"에 대한 설잠의 주해는 다음과 같다.

> [열경주] 달마는 심인心印을 가지고 오지 않았으며, 이조二祖 또한
> 심인을 구하러 오지 않았다. 그러므로 준 것이 무엇인가? 전한
> 것이 무엇인가? 추울 때 불에 나아가고, 더울 때 서늘한 곳을
> 찾는다.[29]

여기에서는 아주 분명하게 조사선의 색채를 보이고 있다. 즉 그대로
마조도일馬祖道一의 '평상심시도平常心是道'를 떠올리게 한다. 여기에
서 설잠이 말하고자 함은 바로 '본래현성本來現成'의 입장인 것이다.
이는 앞에서 주해한 '일용의 사물과 어묵동정의 때, 그 문채가 완전하게
드러나서 당처가 분명함'과 완벽하게 호응하고 있음을 알 수 있다.
이러한 세계는 바로 천태학에서 제시하는 '성구'의 세계라고 말할
수 있다. 설잠은 『연경별찬』에서 "일색一色, 일향一香이 실상實相 아닌
것이 없고, 하나의 칭稱과 하나의 탄歎이 모두 보리菩提를 취향趣向한
다."[30]라고 하였는데, 여기에서도 다시 그러한 입장을 드러내고 있다고

---

29 雪岑, 『十玄談要解』(『韓佛全』 7, p.311上), "(悅卿註)達摩不將心印而來, 二祖不求
心印而往, 授個什麼? 傳個什麼? 畢竟作麼生道? 寒時向火, 熱時乘涼."

하겠다. 따라서 비록 조사선의 '본래현성'의 입장을 논증하면서도 '성구론性具論'을 원용하고 있다고 하겠다.

다음으로 '조의祖意'에 있어서 설잠은 다음과 같이 주해한다.

〔열경주〕달마가 이 땅에 상근기가 있음을 알고 일부러 와서 오직 이 심인心印을 제창하여 혼미한 길을 개시開示하였다. 만약 문자文字 위에서 얻으려 하는 것도 옳지 않거늘, 하물며 문자가 없는 데서 얻으려 한다면, 그 거리가 어찌 만리萬里겠는가? 바로 뒷간에 가기 전에 터득해야 비로소 얻는다고 하겠다.[31]

여기에서 설잠은 직접적으로 '성기론'적인 입장을 드러내고 있다. 바로 일체중생이 이미 '상근기上根機'임을 지적하고 있는데, 이는 바로 '성기性起'적인 '초발심시변정각初發心是便正覺'의 입장에 서 있음이 엿보인다. 이에 이어서 설잠은 "만약 공空하다고 말한다면 심인心印이 온전히 드러난 것이요, 만약 불공不空하다고 말한다면 이는 앞뒤가 없는 것이니, 결국에는 무어라고 말할 것인가?"[32]라고 주해하고 있다. 여기에서도 이미 완전하게 갖추어진 법계에 공空·불공不空이 그대로

<hr>

30 雪岑, 『蓮經別讚』(『韓佛全』7, p.289中), "一色一香, 無非實相, 一稱一歎, 咸趣菩提."

31 雪岑, 『十玄談要解』(『韓佛全』7, p.311下), "(悅卿註)達摩遙知此土有大乘根機, 得得而來單提此印, 開示迷塗. 若於文字上薦得, 猶且不堪, 況於沒文字上薦得, 何啻白雲萬里? 直須未屙已前承當, 始得."

32 雪岑, 『十玄談要解』(『韓佛全』7, p.313上), "若言空也, 心印全彰, 若言不空, 了沒巴鼻, 畢竟作麼生道?"

수용되는 화장세계의 의취意趣가 드러나고 있다고 하겠다. 이러한 설잠의 입장은, 앞에서 '심인'을 본체적인 입장을 강조하고 있다고 한다면, 여기에서는 오히려 그 본체를 체득한 이후의 입장을 말한다고 하겠다. 엄밀하게 구분하자면, 본체적인 입장에서는 그것이 '성구'가 되었든 '성기'로 설명하든 그다지 차별이 있을 것이 없다. 그러나 이미 그러한 본체를 완벽하게 체득한 상황이 된다면, 그 본체는 그대로 화장세계로서 눈앞에 현전할 뿐인 것이다. 여기에는 어떠한 군더더기도 필요치 않은 입장일 수밖에 없는 것이다.

세 번째, '현기玄機'에 대하여 설잠은 다음과 같이 주해한다.

〔열경주〕 빗장을 한 번 돌리니 옥 소리도 영롱하게 들리고, 유연하게 잘 돌아가는구나. 티끌세상을 벗어났어도 반야지(一智)에 얽매이지 않고, 종횡역순縱橫逆順에 막히지 않고 걸림이 없다는 것이다. 어제는 술에 취하여 사람을 욕하고, 오늘은 향을 피워 예를 올린다.[33]

여기에서 설잠은 어디에도 걸림이 없이 자유롭게 벗어남을 말하고 있다. 그렇지만 설잠의 해석이 더욱 세속적인 현실감이 더욱 강함을 느낄 수 있다. 더욱이 설잠은 '정위正位에도 앉지 않고, 편위偏位에도 머물지 않음(不坐正不在偏)'을 밝히고 있는데, 이러한 전체적인 상황은

---

33 雪岑, 『十玄談要解』(『韓佛全』 7, p.313下), "(悅卿註)一轉關振子, 玲玲瓏瓏, 宛宛轉轉, 逈出塵機, 不守一智, 縱橫逆順, 無有隔礙. 且道如何是玄機? 昨日醉酒罵人, 今夕燒香作禮."

바로 '성구'의 '묘용妙用'과 밀접한 관련이 있다고 하겠다. 엄밀하게 말한다면, 이 '편위'는 사실상 앞의 '정위'와 동일한 공능을 가진다고 할 수 있다. 앞에서 '심인'이 '정위'로서 분명하게 '본체'의 자리를 지적하며 그를 '성구'와 '성기'의 양 측면을 모두 아우르는 입장에서 사용하고 있었고, '편위'에 해당되는 '조의祖意'는 깨달음을 체득한 상태로서 이미 완벽하게 '현성現成'된 상태, 즉 '화장세계'가 온전히 드러난 '성기'의 입장을 더욱 두드러지게 갖고 있음을 논했지만, 여기에서는 도리어 그 반대의 입장을 보이는 것이다.

네 번째, '진이塵異'에 대한 문익과 설잠의 주해는 다음과 같다.

〔청량주〕 조사가 출세出世한 것은 현기玄機를 은밀히 운용하고자 함이다. 비록 세속의 번뇌(塵)와 함께하여도 초연超然하여 다름이 있기 때문에 진이塵異라고 한다.
〔열경주〕 진금眞金은 대장간에서 나왔더라도 다시 광석이 되지 않고, 형산의 옥(荊玉)은 다듬지 않은 상태에 있더라도 끝내 옥돌(珉)이 되지 않는다. 성인聖人이 비록 진로塵勞 가운데 있다고 하지만, 마치 연꽃이 진흙 속에서 나왔으나 진흙에 오염되지 않는 것과 같다. 비록 화광동진和光同塵하지만 섞이지 않는 것이다.[34]

여기에서는 정위의 본체적 성격에 '현기玄機'라는 용어를 사용하고

---

34 雪岑, 『十玄談要解』(『韓佛全』 7, pp.313下~314上), "(淸凉註)祖師出世, 密運玄機, 雖則同塵, 超然有異, 故曰塵異. (悅卿註)眞金出冶, 不復爲鑛, 荊玉在璞, 終不爲珉. 聖人雖在塵勞中, 如蓮出水不爲淤泥所染, 雖和光同塵而不爲混."

있으며, 또한 그를 그대로 속진俗塵에 투영하여 '속진과 다름(塵異)'으로 표현하고 있다. '현기'가 본체적 성격을 지니고 있다면, 그것이 어디에 처한다고 해도 본질이 변할 수는 없는 것이다. 위의 문익이나 설잠의 주해에는 아주 분명한 '성구'의 관점이 농후하게 배어 있음을 알 수 있다. 여기에서 설잠이 사용한 '화광동진和光同塵'이라는 말은 본래 『노자老子』의 "그 예리함을 무디게 하고, 그 어지러움을 풀며, 드러나는 빛을 조화시키고, 그 티끌과 함께해야 한다(挫其銳, 解其紛, 和其光, 同其塵)."[35]라는 말의 '화기광和其光, 동기진同其塵'을 줄인 말이다. 또한 이에 이어진 설잠의 "[열경주] 흐린 것은 스스로 흐린 것이지 맑은 것으로 인하여 흐린 것이 아니다. 맑은 것은 스스로 맑은 것이지 흐린 것으로 인하여 맑은 것은 아니다. 생멸의 광정狂情은 진여眞如로 인하여 어두워진 것이 아니며, 진여의 묘각妙覺은 생멸에 의하여 밝아진 것은 아니다. 법법法法이 위位에 머물면서 하나하나가 의지함이 없으므로 대대(待對: 의지하는 조건)가 끊어지고, 종적이 없다. 보리와 번뇌는 자성이 모두 공한 것이요, 생사와 열반의 진원震源은 본적本寂한 것으로, 그러므로 성인聖人이 출세하여 진로塵勞에 어울려 섞인다. 그러나 그 진기眞機는 티끌과 분명하게 다른 것이다."[36]라는 주해에서는 바로 '천연자성심天然自性心'을 설명하는 것으로, 아주 분명하게

---

35 『老子』4章, 56章.

36 雪岑, 『十玄談要解』(『韓佛全』7, p.314上), "(悅卿註)濁者自濁, 不因淸而濁. 淸者自淸, 不因濁而淸. 生滅狂情, 不因眞如而暗, 眞如妙覺, 不因生滅而明. 法法住位, 个个無依, 絶對待沒蹤. 由菩提煩惱, 自性皆空, 生死涅槃, 眞源本寂, 故聖人出世, 混雜塵勞. 然其眞機, 迥與塵異."

'성구론性具論'을 채택하고 있다.

다섯 번째 '연교演教'에서 설잠은 "〔열경주〕 제불의 현기玄機는 티끌과 스스로 다르다. 그러므로 한 티끌 가운데에서도 대법륜大法輪을 굴리고, 일원음一圓音으로 간곡하게 근기에 순응하였으니, 마치 봄바람이 땅을 움직임에 천 가지 꽃과 만 가지 나무가 각자 탐스럽게 되는 것과 같다고 하겠다."[37]라고 주해하는데, 곧 석존釋尊의 가르침을 본체화本體化하고 있다. 그것은 '티끌과 스스로 다른(與塵自異)' 본체인 '현기玄機'로부터 나왔기 때문에 대법륜을 굴리고, 일원음으로 자상하게 중생들의 근기에 맞게 교화시키며, 그로부터 만물을 윤택하게 한다는 것이다. 이러한 측면은 그대로 '성구'적인 성격이 보다 두드러진다고 하겠다.

여섯째 '달본達本'과 일곱 번째 '환원還源', 여덟 번째 '전위轉位', 아홉 번째 '회기廻機', 열 번째 '일색一色'은 대체적으로 조사선祖師禪의 입장을 더욱 드러내고 있다고 하겠다.

설잠의 '십현十玄' 가운데 앞의 '심인', '조의', '현기', '진이', '연교'의 다섯은 아주 분명하게 '성기론'과 '성구론'을 채택하여 논리를 구성하고 있음을 알 수 있다. 즉 '심인'은 본체로서 당연히 '성구'와 '성기', 나아가서는 선종의 불성론까지도 포괄할 수 있는 입장을 보이지만, '조의'에서는 그대로 '성기'의 관점이 명현하였고, 또한 '현기'와 '진이', '연교'에서는 '성구'의 관점이 농후하다고 하겠다. 따라서 이렇게 '성구'과 '성기'의 관점을 상황에 따라 운용함을 바로 본서에서는 '병중竝重'이라고 명명

---

37 雪岑, 『十玄談要解』(『韓佛全』 7, p.314中), "(悅卿註)諸佛玄機, 與塵自異. 故於一塵中, 轉大法輪, 以一圓音, 曲順機宜, 如春風動地, 千花萬卉, 各自敷榮."

424

하고 싶다.

2. 조사선으로의 귀숙

설잠의 불교와 관련된 저술은『화엄석제』,『일승법계도주병서』,『연
경별찬』,『십현담요해』,『조동오위요해』 등이다. 이 가운데『화엄석
제』,『일승법계도주병서』에서는 화엄종의 '성기론'을 중심으로 운용
하고 있고, 또한『연경별찬』은 철저하게 천태종의 '성구론'을 견지하고
있다고 하겠다. 한편『십현담요해』와『조동오위요해』에서는 '성구'와
'성기'의 두 관점을 모두 '병중竝重'하는 입장을 보이며, 이러한 관점은
최종적으로 '조사선'으로 귀결시킨다고 할 수 있다. 그러나 앞에서
언급한 바와 같이『화엄석제』와『일승법계도주병서』에서도 사실상
명확하게 '선해禪解'를 지향하고 있다. 더욱이 설잠의 불교관련 저술
가운데 가장 늦게 찬술된 것으로 보이는『연경별찬』에서는 "옛날
천태산의 지자 대사가 수선사修禪寺에 머물면서『법화현의』와『법화
문구』를 저술하여 후세의 학사들에게 보여주었고, 고려 사문 제관은
『천태사교의』를 저술하여 나란히 세상에 유행하였는데, 이를 강의하
는 자들이 따로 종취宗趣를 세워 '천태天台'라고 칭하였으나 선禪에
속하는 것이다."[38]라고 하여 '천태'의 종취를 '선禪'으로 귀결시키고
있음을 볼 수 있다. 따라서 설잠의 의중에는 선, 특히 조사선으로의

---

38 雪岑,『蓮經別讚』「序」,(『韓佛全』7, p.287上), "昔天台山智者大師, 居修禪寺, 作蓮
經玄義文句, 以示後之學士, 高麗沙門諦觀錄四敎, 並行於世 學士講此經者, 別立
宗趣, 以天台名焉, 屬於禪."

귀숙이 깊게 담겨 있다고 하겠다.

이러한 관점이 가장 두드러지는 것은 『십현담요해』라고 할 수 있는데, 설잠이 제시하고자 했던 선사상은 과연 어떠한 것인가?

'십현담'의 여섯째 '달본達本'은 '환향곡還鄕曲'[39]이라고도 하며, 앞의 '연교演敎'에 따른 '득도得度'의 단계를 의미한다고 하겠다. "지팡이를 짚고 돌아와 모름지기 고향에 도달한다(策杖還須達本鄕)."는 구절에 대한 설잠의 주해는 다음과 같다.

〔열경주〕 미묘함을 말하고 현묘한 것을 논함이 바로 중로中路이며, 보리菩提로 나아가 향하려는 것이 곧 부처(空王)를 섬기는 것이다. 무릇 학인學人은 주장자를 비스듬히 취모검을 거꾸로 잡고서, 어금니는 칼자루(劍樹)처럼 하고 입은 피동이(血盆)같이 하여 불조佛祖의 성명性命을 한칼로 잘라버린다 해도 오히려 둔한 자라 하겠거늘, 하물며 허공을 잡아 어루만지려 하여 생각(思)과 기틀(機)을 모두 정지하는 자들이겠는가? 그래서 말한다. 산에 오르려면 모름지기 정상까지 이르고, 바다에 들려면 모름지기 밑바닥까지 내려가라.[40]

여기에 보이는 '산에 오르려면 모름지기 정상까지 이르고, 바다에 들려면 모름지기 밑바닥까지 내려가라(登山須到頂, 入海須到底)'라는

---

39 雪岑, 『十玄談要解』(『韓佛全』 7, p.317上) 간주 참조.

40 雪岑, 『十玄談要解』(『韓佛全』 7, p.317上), "(悅卿註) 說妙談玄, 猶是中路, 趣向菩提, 卽事空王. 大凡學人, 橫拈柱杖, 倒握吹毛, 牙如劍樹, 口似血盆, 佛祖性命, 一刀截斷, 猶是鈍漢, 況掠虛摸空, 佇思停機? 所以道: 登山須到頂, 入海須到底."

게송은 『황룡혜남선사어록』[41]에서 인용한 것으로 선가禪家에서 자주 사용하는 것이다. 설잠의 주해에서는 또한 철저하게 깨달음을 향한 철저함을 강조하지만, 도리어 그 경계에 집착하여 안주하는 것도 '불조佛祖의 성명性命을 한칼로 잘라버린다 해도 오히려 둔한 자'라고 하여 역설적으로 강조하고 있음을 엿볼 수 있다. 이로부터 '달본達本'이 철저하게 그 '수증修證'에 집착함이 없는 조사선의 '무수지수無修之修'와 '무증지증無證之證'의 입장에서 논하고 있음을 또한 충분히 엿볼 수 있다고 하겠다.

또한 일곱 번째 '환원還源'에 대한 설잠의 주해는 다음과 같다.

〔열경주〕집에 돌아와 남쪽 이웃과 북쪽 집에서 닭과 돼지의 집을 짓고 노래 부르며 노는 가운데 촌 막걸리로 평생을 복되고 유쾌하게 지내고자 생각하였으나, 집에 돌아오고 보니 의탁할 만한 땅이 따로 없다. 종전의 잘못된 계탁計度은 한쪽에 내버려두고, 어떠한 것이 오늘에 와서 새로 긍정할 수 없는 소식인가? 집이 파산되고 사람은 흩어져서 소식마저 끊겼는데, 공연히 밝은 달만 배꽃에 비치네.[42]

이 설잠의 주해는 마치 향엄지한香嚴智閑의 "작년 가난은 가난이

(宋)惠泉集, 『黃龍慧南禪師語錄』(大正藏 47, p.637中).

雪岑, 『十玄談要解』(『韓佛全』 7, p.318上), "(悅卿註)擬欲還家, 南鄰北舍結鷄豚社, 昌巴歌中村醪慶快平生及乎. 到家無地可托. 從前錯計抛在一邊, 如何是今時無肯底消息? 家破人亡音信斷, 空餘明月照梨花."

아니고, 금년 가난이 비로소 가난이다. 작년 가난은 송곳 세울 땅이 없었으나 금년 가난은 송곳조차 없다(去年貧未是貧, 今年貧始是貧. 去年貧無卓錐之地, 今年貧錐也無)."는 게송을 연상시킨다. 설잠 주해의 "의탁할 만한 땅이 따로 없다(無地可托)."라는 부분은 바로 '금년 가난은 송곳조차 없다'는 '도출수증道出修證'의 여래선如來禪에 해당된다고 할 수 있다. 앞에서 설명한 '정중래正中來'의 '연교'와 '달본'의 과정을 거쳐 '수증'을 완성한 상태를 의미하고 있는 것이라 하겠다. 그렇지만 그 수증에 만족한다면 얻은 경계에 집착되는 여래선의 단계에 지나지 않는 것이다. 그에 따라 종전의 잘못된 계탁은 한쪽에 내버려둠(從前錯計抛在一邊)을 통하여 "집이 파산되고 사람은 흩어져서 소식마저 끊겼는데, 공연히 밝은 달만 배꽃에 비치네(家破人亡音信斷, 空餘明月照梨花)."라는 조사선의 경지를 설하고 있는 것이다.

여덟 번째 '전위轉位'에 대한 설잠의 주해는 다음과 같다.

〔열경주〕 동산洞山이 말하기를, "기연機緣이 지위를 벗어나지 아니하면, 독해毒海에 떨어지게 된다."라고 하였다. 이러한 소식마저 모름지기 버려 없애기를, 마치 금시조金翅鳥가 허공에 날아올라가서 마음대로 하되 떨어지지 않듯이, 비록 공空한 데를 의지하여 유희하지만, 공에 기대지 않고 또한 구애받지도 않는다. 그러므로 회기廻機라고 한다.[43]

---

43 雪岑, 『十玄談要解』(『韓佛全』 7, p.318上~中), "(淸凉註)初明達本, 抑悟法門, 次返還鄕, 不居正位, 二俱有滯, 未稱其宗. 前位非安, 故須轉位. (悅卿註)洞山云: 機不離位, 墮在毒海, 知有那邊消息, 便須捨却, 如金翅鳥, 飛騰虛空, 自在翶翔, 而不墮

여기에서 설잠은 '지위를 벗어나지 않으면, 독해毒海에 떨어진다'라는 동산洞山의 말을 인용하여 철저한 무착無着을 강조하고 있음을 알 수 있다. 이는 바로 앞에서 논술한 『단경』의 '무념無念'·'무상無相'·'무주無住'를 제창하는 조사선의 사상으로부터 제시된 해석이라고 할 수 있다. 불위佛位가 아무리 성聖스럽다고 하더라도 그 위位에 머문다면 그것은 단지 '상相의 완성일 뿐이기 때문이다. 이러한 입장은 다음의 주해에서 더욱 극명하게 드러난다.

〔열경주〕 밝은 달이 공중에 달려 있으면서 맑은 못에 내려 비추는 것이, 만고천추에 완연히 그대로거니, 어찌 반드시 '두세 번 건져내 본 뒤에 안다' 하는가? 이는 대기대용大機大用을 통제함(把柄)이 내 손에 있어서, 가로 잡으나 거꾸로 쓰는 것이 맞지 않은 것이 없음을 비유한 것이다. 회기廻機니 전위轉位니 하는 것이 마치 어린애들의 소꿉장난과 같다고 하겠다.[44]

여기에서 설잠은 '돈오頓悟'의 입장에서 '십현十玄'을 힐난하고 있다. 본래 돈오의 입장에서는 이 우주법계가 완전하게 '불이不二'의 상태로 담연湛然하게 상조相照함을 강조한다. 그렇기 때문에 마땅히 밝은 달이 공중에 달려 있으면서 맑은 못에 내려 비추는 것이, 만고천추萬古

落, 雖依空以戱, 而不據空, 亦不爲空之所拘礙, 名曰廻機."
44 雪岑, 『十玄談要解』(『韓佛全』 7, p.320中), "(悅卿註)明月懸空, 下照澄潭, 萬古千秋, 宛然如作, 何必再三撈攄而後知乎? 以喩大機大用, 杷柄在手, 橫拈倒用, 無有不是. 廻機轉位, 猶是兒戱."

千秋에 완연히 그대로여야 하는데, 두세 번 건져내 본 뒤에 안다는
것은 돈오頓悟의 조사선이 아니라 여전히 '수증'에 떨어진 여래선의
입장인 것이다. 그에 따라 완연히 "대기대용大機大用을 통제함(把柄)"
을 드러내고 있는 조사선을 강조하는 것이고, 그에 따라 '회기廻機니
전위轉位니 하는 것이 마치 어린애들의 소꿉장난과 같다'라고 일갈하고
있음을 엿볼 수 있다. 설잠은 '입제立題'에서나 주해에서 '전위'와 '회기'
를 서로 혼용하고 있는데, 그 원인을 이로부터 유추할 수 있다고
하겠다.

아홉 번째 '회기廻機'에 대한 문익과 설잠의 주해는 다음과 같다.

〔청량주〕 '기機'가 만약 정위正位나 편위偏位를 벗어나지 못하면,
이는 물이 스며들고 새는(滲漏) 허물이다. 회기廻機하는 일문一門
은 전위轉位 다음이다.
〔열경주〕 이미 회기할 수 있으면, 모름지기 마땅히 전위를 하게
된다. '기機'라 함은 비로소 발發함을 말하는 것인데, 전위에 이르면
진기眞機는 이미 발동한 것이어서, 가로 잡고 거꾸로 쓰며, 역순종
횡逆順縱橫, 그리고 동쪽에서 솟아나고 서쪽에서 꺼지며, 한 번
놓고 한 번 거두는데, 대용大用이 앞에 나타나서 일정한 궤칙軌則이
없다. 이는 마치 어떤 때는 땅에 쭈그리고 앉은 사자와 같고,
어떤 때는 금강보검金剛寶劍과 같으며, 어떤 때는 곧 천 가지 차별을
끊어 없애고, 어떤 때에는 물결치는 대로 따라서 가는 것(隨波逐浪)
과 같다. 이것이 어떠한 경계인가? 돌咄![45]

---

45 雪岑, 『十玄談要解』(『韓佛全』 7, p.320中), "(淸凉註)機若不離位, 是滲漏之過, 廻機

'회기'는 '기틀(機)을 돌림'의 의미로서 문익의 주해에서는 '전위'의 다음으로 '차제次第'를 설정하고 있음을 유추할 수 있으며, '기機'의 상태가 아무리 온전하게 '현성現成'된다고 하더라도 또한 정正·편위偏位에 머문다면 역시 수증에 떨어지는 '삼루滲漏'의 허물임을 강조한다. 그러나 설잠은 회기를 전위의 선행으로도 보고 있으며, 그 까닭은 전위에 있어서 대기대용大機大用의 진기眞機가 이미 발했기 때문이라는 것이다. 앞에서도 언급했듯이 '전위'와 '회기'를 서로 혼용하고 있는데, 여기서의 주해에 따르면 혼용이 아니라 명확하게 '전위' 이후에 '회기'의 관점을 보인다고 하겠다. 그에 따라 설잠은 '회기'를 '전위귀轉位歸'라는 용어로 사용하기도 한다.[46] 설잠의 주해에 '수파축랑隨波逐浪'의 구절이 보이는데, 이는 바로 운문종雲門宗에서 사용하는 '운문삼구雲門三句'에 속하는 것으로 임운자재하는 학인의 교화를 의미하고 있다. 또한 설잠은 다시 다음과 같이 주해한다.

[열경주] 정위正位에도 머물지 아니하거니, 어찌 편위偏位를 지키겠는가? 이변二邊에 머무르지 아니하면서 이류異類에서 행한다. 문: '다르다(異)'라고 하면 '무리(類)'가 아닐 것이고, '무리'라고 하면 '다르지' 아니할 것인데, 지금 '다른 무리(異類)'라고 이름을 내세움은 그 뜻이 어디에 있는가? 답: 고인古人이 '이류異類'를

一門, 轉位之後. (悅卿註)旣能廻機, 須當轉位. 機者, 始發之名, 至於轉位, 則眞機已發, 橫拈倒用, 逆順縱橫, 東湧西沒, 一放一收, 大用現前, 不存軌則. 有時如踞地師子, 有時如金剛寶劒, 有時坐斷千差, 有時隨波逐浪, 如何境界. 咄!"

46 雪岑, 『十玄談要解』(『韓佛全』 7, p.320中), "廻機一本作轉位歸."

해석한 것이 매우 많다. '왕래이류往來異類'라는 것은 체體가 구별되는 것을 '다르다'라고 하고, 하나가 아니므로 '무리'라 하였으며, 성품(性)이 항상 윤회하는 것이 '무리'가 되고 성품을 스스로 잃지 않으므로 '다르다'라고 한 것이다. '보살이류菩薩異類'라고 말한 것은 형상이 육도六道의 중생과 같음을 '무리'라고 하고, 자기는 생사윤회를 같게 하지 않으므로 '다르다'라고 한 것이다. '사문이류沙門異類'라고 말한 것은 털을 입고 뿔을 인 것을 '무리'라고 하고, 변역變易하지 않는 것을 '다르다'라고 한 것이다. '종문중이류宗門中異類'라는 것은 일체의 언어를 '무리'라고 하고, 지혜가 이르지 못하는 곳을 '다르다'라고 한 것이다. 이는 조동종曹洞宗의 종풍宗風에서 이류異類를 논하는 것이다. 만약 임제臨濟의 문중門中을 행하여 '이류異類'를 말한다면, 큰 우레와 빠른 번개가 하늘을 놀라게 하고 땅을 움직이게 하여, 돌릴 것도 돌릴 위位도 없으며, '다른' 것도 없고 '무리'도 없어서 시방세계의 범凡·성聖이 동생동사同生同死하고 동출동입同出同入하여 네가 확탕鑊湯지옥에 들어가면 나도 확탕지옥에 들어가고, 네가 만약 노탄爐炭지옥에 들어가면 나도 또한 노탄지옥에 들어가 몸을 감추는 곳에 종적이 없고, 종적이 없는 곳에 몸을 감추지 말아야, 비로소 이류異類라고 이름할 수 있다.[47]

---

47 雪岑, 『十玄談要解』(『韓佛全』 7, pp.320中~下), "(悅卿註)不住正位, 那守於偏, 二邊不住, 行於異類. 問: 異則不類, 類則不異, 立名異類, 其義安在? 荅云: 古人釋異類者甚衆. 言往來異類者, 體別爲異, 非一爲類, 性常輪廻爲類, 性不自失爲異. 言菩薩異類者, 形似六道衆生爲類, 自己不同生死輪廻爲異. 言沙門異類者, 披毛戴角爲類 得不變易爲異. 言宗門中異類者, 一切語言爲類智不到處爲異. 此是洞下宗

여기에서 설잠은 '회기'의 본연을 '이류중행異類中行'으로 설정하여 '왕래이류往來異類'·'보살이류菩薩異類'·'사문이류沙門異類'·'종문중 이류宗門中異類'의 '사종이류四種異類'를 설명하고 있다. 이 '사종이류' 는 바로 『조동오위현결曹洞五位顯訣』에서 나타나는 것으로,[48] 설잠은 그를 바탕으로 핵심적인 내용만을 간추려서 설명하고 있음이 돋보인 다. 그런데 여기에서 설잠은 다시 임제종의 종풍을 언급하고 있음이 눈에 띈다. 『인천안목』 권2에서는 "임제종은 대기대용大機大用으로, 그물과 굴레에서 벗어나 둥지에서 나왔다. 호랑이가 도망치듯 용이 달아나듯 하고, 별이 질주하듯 우레가 격노하듯 한다. 천관天關을 바꾸고, 지축地軸을 돌려, 충천된 의기意氣를 안고, 격외格外를 사용하 여 제시하고 지킨다. 권서(卷舒: 부정과 긍정)와 종금(縱擒: 놓아주고 잡아들임), 살활(殺活: 죽이고 살림)이 모두 자재自在하였다. … 대체로 임제종풍은 이와 같음에 지나지 않는다. 임제를 알고 싶은가? 푸른 하늘에 뇌성벽력이 치고, 육지에 파도가 인다."[49]라고 설명하듯이 활달한 대기대용을 운용하고 있음을 그 특징으로 한다. 설잠은 앞에서 운문종풍의 '수파축랑隨波逐浪'을 인용하면서 다시 임제종풍을 언급하 고 있음을 알 수 있다. 설잠이 이렇게 조동종의 '십현'을 논함에 있어서

風, 論異類者, 若向臨濟門中言異類者, 轟雷制電驚天動地, 無轉無位, 不異不類, 與十方聖凡, 同生同死, 同出同入, 你若入鑊湯, 我也入鑊湯, 你若入爐炭, 我也入 爐炭, 藏身處沒蹤迹, 沒蹤迹處莫藏身, 方始得名爲異類."

48 (宋)慧霞編, 廣輝釋, 『重編曹洞五位顯訣』(卍續藏 63, pp.214中~215下) 참조.
49 (宋)智昭集, 『人天眼目』 卷2(大正藏 48, pp.311中), "臨濟宗者, 大機大用, 脫羅籠, 出窠臼. 虎驟龍奔, 星馳電激. 轉天關, 斡地軸, 負冲天意氣, 用格外提持. 卷舒縱 擒, 殺活自在. … 大約臨濟宗風不過如此. 要識臨濟麼? 青天轟霹靂, 陸地起波濤."

운문과 임제의 활달한 종풍을 언급하는 것은 바로 '전위'와 '회기'에 있어서 활달무애한 대기대용의 풍격을 제시하고자 하는 의도로 해석할 수 있다.

열 번째는 '일색一色'으로, 설잠의 주해는 다음과 같다.

[열경주] 무어라 이름을 지을 수도 없고 어떻게 형용할 수도 없다. 그러니 만약 '드러난 땅의 흰 소(白牛)'라 한다면, 그것은 오히려 '겉치레(文彩)'이다. 곧바로 겉치레가 나기 이전의 것을 찾아보아야, 비로소 '정위전正位前'이라고 할 것이다.[50]

앞의 '회기'와 '일색'은 바로 조동오위曹洞五位의 '겸중도兼中到'의 단계로서, 유무有無에 떨어지지 않고, 체용體用이 모두 사라져 그대로 완연한 상태를 가리킨다. 문익의 주해에는 이를 '일관一關'으로 설명하고 있는데, 그것은 대중의 교화를 의미하는 '회기'에 이르러 그러한 교화조차도 완전하게 '일여一如'가 된 상태로 나아가기에는 다시 한차례의 '향상向上'이 필요하다는 의미이다. 설잠의 주해에서는 이를 '무어라 이름을 지을 수도 없고 어떻게 형용할 수도 없는 경계'로 설명하고 있음을 알 수 있다. 그런데 그러한 경계를 '정위전正位前'으로 설명하고 있는데, 이를 이해하기 위해서는 십현十玄의 시작인 '심인心印'과 연계시켜야만 할 것이다. 설잠은 "이 '심인'은 언어와 문자로 형용할 수는 없다. 그러나 일용의 사물과 어묵동정語默動靜의 때, 그 문채文彩가

---

50 雪岑, 『十玄談要解』(『韓佛全』 7, pp.321下~322上), "(悅卿註)名不得狀不得. 若言露地白牛, 猶是文彩. 直須向文彩未生處看看, 方名正位前."

완전하게 드러나서 당처當處가 분명하니, 그러므로 '심인'이라고 말한
것이다."[51]라고 주해하고 있다. 그러니까 설잠은 이른바 '정위正位'에
해당하는 '심인'에 있어서는 '문채'와 '당처'가 아주 분명한 경계임을
인정하지만, 이 '일색一色'에 이르러서는 그조차도 모두 부정하고 있음
을 짐작할 수 있다. 따라서 설잠은 이를 '정위전正位前'이라고 칭해야
한다는 것이다.

'십현'의 마지막인 '일색一色'에 대한 설잠의 주해는 다음과 같이
끝난다.

[열경주] 어떠한 말이 잘못되었는가? 맨 나중의 한 동그라미는
대아신검大阿神劍을 휘두르는 것과 서로 비슷하다. 그렇다면 말해
보라! 허공 속에 달빛을 보기에는 분수가 있지만, 움켜잡으려
하면 얻을 수가 없다. 그러나 만약 움켜잡는다면, 너는 '창자가
넓고 위장이 큰 놈'이라고 인정하겠다.[52]

이러한 문익과 설잠의 주해는 모두 '무념'·'무상'·'무주'라는 조사선
의 핵심사상을 통한 '무수지수無修之修'와 '무증지증無證之證'조차도
다시 '향상向上'하는 경계를 의미하는 것이다. 설잠의 주해에서 '위장이
큰 놈(大肚漢)'이라는 표현이 보이는데, 원래 이는 '대식가大食家'를

---

51 雪岑, 『十玄談要解』(『韓佛全』 7, p.310下), "(悅卿註)此印不可以語言文字形容,
  於日用事物上, 動靜語默時, 文彩全彰, 當處歷然. 故曰: 心印."
52 雪岑, 『十玄談要解』(『韓佛全』 7, p.323上), "(悅卿註)是什麼語言錯, 末後一圈, 如揮
  大阿相似, 且道! 空裏蟾光, 看之有分, 撮之不得. 若也撮之, 許你寬腸大肚漢."

뜻하며 우리말로는 '먹보'라는 의미이다. 그렇다면 설잠은 무엇 때문에 '먹보'라는 말을 썼을까? 먹보는 음식에 대한 욕심이 많아 그저 주는 대로 먹기에는 양이 차지 않을 것이고, 끊임없이 먹을 것을 찾아 헤맬 것이다. 그를 선가禪家에 대입시키자면, 끊임없이 '수증'을 갈구하는 학인에 비할 수 있을 것이다. 본래 '돈오頓悟'의 입장에서는 "스스로의 성품(自性)을 스스로 깨달아 돈오돈수頓悟頓修하는 것이지, 점차漸次는 없는 것이다."[53]라는 『단경』의 구절처럼 불이不二의 자성을 '돈오'하여 '돈수頓修'로서 방하착放下著하는 것이다. 그렇기 때문에 끊임없이 새로운 수행과 그에 대한 증과證果를 찾는다면 영원히 수증에 목이 타는 '먹보'가 되어버린다는 질책인 것이다.

이상과 같이 '십현十玄'에 대한 설잠의 주해는 모두 '성기'와 '성구'의 '병중'을 통한 조사선으로의 귀숙歸宿이라고 할 수 있다.

그렇다면 설잠의 『십현담요해』를 통하여 제시하고자 했던 선사상禪思想은 과연 어떠한 것인가?

우선 조동종 계통의 조동오위와 관련이 깊은 『십현담』을 텍스트로 선정하여 주해를 진행한 것으로 볼 때, 설잠의 기본적인 선사상은 당연히 조동종의 선사상을 바탕으로 하고 있음을 알 수 있다. 중국 선종의 발전은 혜능惠能의 남종南宗으로부터 오가칠종五家七宗으로 분화한 후기 조사선祖師禪에 이르러서는 이른바 '임천하臨天下, 조일각曹一角'이라고 칭한다.[54] 그것은 송대 이후에는 오가五家 가운데 임제종

---

53 宗寶本, 『六祖大師法寶壇經』(大正藏 48, p.358下), "自性自悟, 頓悟頓修, 亦無漸次."

54 董群 著, 金鎭戊·盧善煥 共譯, 『祖師禪』, 운주사, 2000, p.447 참조.

436

이 주류를 이루고, 조동종이 한 부분을 차지하고 있었다는 말이다. 이러한 원인에는 다양하지만, 특히 임제종에서는 대혜종고의 '간화선' 이 출현하고, 조동종에서는 굉지정각의 '묵조선'이 출현하면서 조사선 의 맥을 이었기 때문이다. 또 이 둘의 선풍禪風을 비교하여 '임제장군臨 濟將軍, 조동사민曹洞士民'[55]이라고 평가하는데, 그것은 임제종의 가풍 은 마치 장군과 같이 '대기대용大機大用'을 활달하게 운용하지만, 조동 종에서는 '선비(士民)'와 같이 부드러운 선풍禪風을 가졌음을 의미하고 있다. 이러한 조동종의 종풍에 대하여 『인천안목』 권3에서는 "가풍家風 이 세밀하고, 언행이 상응하며, 기연機緣에 따라 사물을 통하고, 말에 나아가 학인을 제접한다."[56]라고 하며, 『오가종지찬요』에서는 "조동가 풍曹洞家風은 군신君臣이 도를 합하고, 정正과 편偏이 서로 도우며, 조도鳥道와 현도玄途를 제시하고, 금바늘에 옥실(金針玉線)이며, 안과 밖이 회호回互하고, 이리와 사사가 함께 융합한다."[57]라고 평가한다. 이러한 평가는 바로 조동종의 선법禪法과 밀접한 관련이 있다.

이러한 조동종의 종풍이 바로 설잠의 마음에 깊이 계합할 수 있었던 원인을 짐작할 수 있다. 설잠은 어려서부터 유학儒學을 학습하였기에 기본적으로 그는 유가적 사유로부터 출발하였다고 할 수 있는데, 바로 조동종을 '사민士民'으로 표현한 것에는 그 종풍에 유가儒家적

55 王志躍 著, 김진무·최재수 共譯, 『分燈禪』, 운주사, 2002, p.163 참조.
56 (宋)智昭集, 『人天眼目』 卷3(大正藏 48, p.320下), "家風細密, 言行相應, 隨機利物, 就語接人."
57 (淸)性統編, 『五家宗旨纂要』 卷中(卍續藏 65, p.266中), "曹洞家風, 君臣道合, 正偏相資, 鳥道玄途, 金針玉線, 內外回互, 理事混融."

색채가 가득 담겨 있어 더욱 친숙하게 접할 수 있었던 것이 아닐까
한다. 앞에서 설명한 것과 같이 조동종풍의 가장 커다란 특징이 바로
'회호回互'라고 하였는데, 이러한 성격은 바로 『주역周易』의 괘를 운용
하였던 까닭이고,[58] 또한 그 전체적인 설명의 과정에서 유가, 특히
당시에 유행하였던 '이학理學'과 관련된 내용이 상당히 많이 포함되어
있어 설잠에게는 더욱 친밀하게 느껴졌다고 생각된다. 그러나 기본적
으로 조동종은 바로 조사선에 속하는 것이고, 그에 따라 임제종이나
운문종과 같은 선사상도 이끌고 있다. 즉 앞에서 언급한 바와 같이
운문종풍의 색채가 가득 담긴 '수파축랑隨波逐浪'을 인용하는가 하
면, 임제종풍의 색채가 가득한 '대기대용大機大用'을 언급하고 있는
것이다.

　따라서 설잠은 비록 조동종 계통의 『십현담』에 대한 주해를 달고
있지만, 그의 안목에는 철저한 '조사선'을 제시하고자 했다고 말할
수 있다. 이러한 설잠의 의도는 바로 그의 행적과 밀접한 관련이
있는 것이다. 다시 말하여 설잠은 바로 화엄의 성기설性起說과 천태의
성구론性具論을 모두 '회호回互'하는 조사선의 선사상을 통하여 유가의
윤리설과 어긋나는 현실적 상황을, 한편으로는 '질책'의 입장을 드러내
고 있으면서, 한편으로는 자비慈悲와 구제救濟의 측면을 제시하는
것이다.

---

[58] (宋)雲外雲岫註, 『寶鏡三昧玄義』(卍續藏 63, p.211下), "重離六爻, 偏正回互, 疊而
　　爲三, 變盡成五."

제7장 한국불교사상사에서의 설잠의 위치와 영향

설잠의 불교사상을 대별하여 이해하면 화엄과 천태 그리고 선사상으로 나눌 수 있다. 즉 화엄의 성기사상性起思想과 천태의 성구사상性具思想이 병존하면서 상호 조화를 이루고 있으며, 나아가 선교일치, 유·불·도 삼교일치 등의 사상적 특징을 보이고 있다. 앞에서 설잠의 사상과 그 특징을 밝혔다면, 본 장에서는 이러한 설잠의 불교사상이 한국불교사상사에서 어떠한 위상을 지니며 아울러 그의 사상이 지니는 불교사상사적 의의가 무엇인지를 살펴보고자 한다.

우선 설잠 김시습의 사상을 불교사상사에 국한하여 살펴볼 수 있는가? 하는 문제가 제기된다. 그의 사상은 불교는 물론 유교와 도교 및 문학사상에 이르기까지 다양한 분야에서 일가一家를 이루고 있으며, 조선 전기 한국사상사의 우뚝 선 봉우리라 할 수 있다. 일찍이 율곡 이이는 출가 후 설잠의 행적을 '심유적불心儒迹佛'로 평가한 사실[1]

---

1 李珥, 「金時習傳」, 『梅月堂全集』, 대동문화연구원, 1973, p.9, "自以聲名早盛而一

과 『매월당집』에 불교관련 저술이 수록되지 않은 사실에서 알 수 있듯이, 한동안 그의 모습은 유학자로서 더 평가받아 온 것이 사실이다. 그러나 마음은 유학에 두면서도 외형적으로 승려의 행세를 했다는 율곡의 평가는 유학사상사의 입장에서는 의의를 지닐 수 있지만, 김시습의 전존 사상을 평가하는 데 있어서 분명한 한계를 지닌다고 할 수 있다.

물론 유학과 도교의 사상과 분리하여 설잠의 불교사상만을 국한시켜 논의하는 것 또한 호교론적 입장의 해석이란 평가를 면하기 어려운 점이 있다. 불교학자인 신규탁이 조선 전기 함허득통의 유교 비판에 대하여 "당나라의 경우 불교 측의 당시 유교 비판이 새 시대를 여는 데 일조했다면, 우리나라의 경우 함허득통에 의해 제기된 불교 측의 유교 비판은 오히려 유학의 이념으로 새 체제를 건설하는 움직임에 반동으로 작용했다고 할 수 있을 것이다."[2]라고 평가한 바와 같이, 설잠의 불교사상 또한 불교 호교론적 입장에만 치우치지 않고 한국사상사의 큰 흐름을 염두에 두면서 접근할 필요성이 있다고 보인다. 김시습의 사상을 종합적으로 고찰한 최귀묵은 『김시습의 사상과 글쓰기』를 통하여, 기존의 연구 결과 "김시습을 유자儒者로, 선승禪僧으로, 방외인方外人으로 이해해야 하고, 김시습은 이기이원론理氣二元論의 이理와 불교의 공空과 기일원론氣一元論의 기氣를 세계의 궁극적 근거로 파악했다고 하는 주장이 선행 연구를 통하여 각기 제기되었다."[3]고

朝逃世 心儒迹佛取怪於時."

2 신규탁,「함허득통에 나타난 불교윤리와 유교윤리의 충돌」,『東方學誌』95집, 1997, p.62.

말한다. 이러한 전제 아래 그는 김시습의 글쓰기를 정명正名 글쓰기,
가명假名 글쓰기, 무명無名 글쓰기, 실사명實事名 글쓰기의 네 가지
범주로 획정하고 이에 대하여 다음과 같은 설명을 붙이고 있다.

> 정명正命 글쓰기는 유학의 경전에 근거해서 탐구한 실리(實理:
> 義理)를 드러내고자 하는 의도에서 산출된 글쓰기이다. 가명假名
> 글쓰기는 일체의 존재가 공空이라는 것이 진실이라는 전제하에,
> 언어의 횡포에 의하여 가려진 진실을 언어를 파괴하여 드러내려
> 하고, 비유와 상징을 적극 이용해서 언어 표현의 가능성을 크게
> 하고자 해서 산출된 글쓰기이다. 무명無名 글쓰기는 역리逆理를
> 활용해서 세계의 실상을 충격적으로 드러내려는 의도에서 산출된
> 글쓰기이다. 도교 내단사상內丹思想에서 이론적 근거를 찾을 수
> 있다고 하는 선행 연구를 받아들여 검토한다. 실사명實事名 글쓰기
> 는 기氣가 순역順逆·생극生克으로 운동하는 양상을 탐구해서 밝혀
> 낸다는 의도에서 산출된 글쓰기이다. 탐구한 결과인 기氣의 실상을
> 글쓰기를 통하여 드러내려 한다.[4]

위의 내용은 비록 문학적인 입장에서 김시습의 사상을 바라보고
있지만 설잠의 사상을 유학 내에서 이기의 융화, 그리고 유·불·도
삼교의 융화에서 찾으려는 의도를 잘 보여주고 있다.
　설잠이 살았던 조선 초 한국사상계는 신흥사대부가 주도한 억불숭유

---

3 최귀묵, 『김시습의 사상과 글쓰기』, 소명출판, 2001, p.13.
4 위의 책, pp.14~15.

442

정책에 의하여 불교계의 사회적 위상이 급격히 위축되던 시기이다. 정도전의 『불씨잡변佛氏雜辨』으로 대표되듯이 당시 사대부들의 불교에 대한 입장은 비판의 수준을 넘어 억압과 탄압으로 이어졌다. 세종과 태종 그리고 세조 대에 있어서 왕조를 중심으로 호불護佛의 움직임이 있긴 하였지만, 성종과 연산군 대에 이르면 억불의 정도는 극심해진다. 함허와 설잠 모두 유학자 출신으로 승려가 된 인물이지만 함허가 정도전의 억불의 논리에 적극적으로 대응하였다면, 설잠은 오히려 유교와 불교 그리고 도교에 이르기까지 자유롭게 넘나들어 억불숭유의 논리를 무화시켰다고 평할 수 있다.[5]

조선 왕조의 지배적인 양반관료들은 성리학의 이념을 내세우며, 불교뿐만 아니라 도교와 민간신앙들을 억압하여 유교정치의 기틀을 굳건히 하고자 하였다. 그럼에도 불구하고 유교사상은 현세지향적인 성격으로 인하여 인간의 사후문제에 대하여 일정한 한계를 지닐 수밖에 없다. 김용조가 "조선 초기의 문화는 성리학을 지도이념으로 하여 불교·도교·풍수지리·민간신앙 등이 부분적으로 흡수되고, 또 여기에 공리적功利的이고 패도적覇道的인 성격을 지닌 한당유학漢唐儒學이 가미된 독특한 성격을 띠었다. 설잠의 생존 시기는 일종의 과도기로서 문화의 성격 또한 절충적이다. 설잠의 내면세계에 불교·유교·도교 등 다양한 사상들이 마찰 없이 융섭될 수 있었던 것은 그러한 문화적

---

5 이에 관한 연구물로는 신규탁, 「함허득통에 나타난 불교윤리와 유교윤리의 충돌」, 『동방학지』 95집, 1997; 최연식, 「聖과 俗의 대립: 조선 초기의 유불논쟁」, 『정치사상연구』 11집, 2005; 이정주, 「사상가로서 정도전의 새로운 모습: 불교계 교류와 『心問天答』 속의 反功利思想」, 『한국사학보』 2호, 1997 등을 들 수 있다.

배경에서 그 원인을 찾을 수 있을 것 같다. 설잠의 불교관 또한 그러한 문화적 배경을 염두에 두고 검토해야 한다."[6]라고 지적한 바와 같이, 설잠 당시의 사상계는 억불숭유의 정치논리가 완전히 정착되지는 못한 것으로 보인다.

조선 전기 불교사상계를 주도하고 있던 세력은 나옹과 무학과 기화를 잇는 나옹계의 승려라고 볼 수 있다. 박해당이 "태고 법통설은 자신들이 이미 그 영향력 안에 들어 있는 이전의 한국불교 전통(보조지눌의 영향)을 부정하고 태고보우라는 매개를 통하여 중국의 임제종 전통과 직접 연결하고자 하는 조선 승려들의 의식지향성을 여실히 보여주고 있다. 즉 조선을 건국한 사대부들이 건국이념의 하나로 내세웠고, 조선의 멸망에 이르기까지 면면히 이어갔던 '사대모화事大慕華', '소중화의식'의 연장선상에 있는 것이다. 그 결과 휴정 이후의 조선불교는 실질적으로 지눌의 영향 아래 있으면서도 법통으로는 중국의 임제종에서 태고보우로 이어지는 법계에 속하는 기형적인 이중구조를 형성하게 되었다."[7]라고 지적한 바와 같이, 일반에게 알려진 '임제-태고 법통설'은 조선 중기 청허휴정淸虛休靜과 부휴선수浮休善修의 법손들에 의하여 주장된 것으로서 설잠 당시 불교계의 상황과는 다소 차이가 있다.

설잠의 법계가 나옹계인지는 확증할 수는 없지만, 조선 전기 불교사상사에서 그가 차지하는 위상은 독보적이라 할 수 있다. 세종 17년

---

6 김용조, 「설잠 김시습의 한국불교사상사적 위치」, 『경상대 논문집-인문계편』 241집, 1985, p.72.
7 박해당, 「조계종의 법통설에 대한 비판적 검토」, 『철학사상』 11호, 2000, p.69.

444

(1435)부터 성종 24년(1493)까지 생존했던 설잠은 유교와 도교에 대한 해박한 지식을 기반으로 출가하여 불교사상에 대한 독자적인 경지를 구축하였다. 설잠은 조선 전기 함허기화와 허응당 보우 사이에서 다양한 사상을 자유롭게 넘나들었으며, 불교와 관련된 많은 저술을 남겼다. 그는 유교·불교·도교의 개별 사상 및 문학의 진수를 논하면서도 삼교의 융합을 꾀하였다. 그리고 불교사상에 있어서도 선과 교의 진수와 회통성을 겸비하고 있다.

앞 장에서 설잠의 불교사상을 천태의 성구사상과 화엄의 성기사상이 조화를 이루면서도 교학사상에 얽매이지 않고 선의 경지에서 이들 사상을 화해시키고 있음을 밝힌 바 있다. 그동안 불교계 및 학계에서 설잠의 불교사상이 제대로 평가되지 못한 것은 설잠 사후 조선 성리학의 융성과 억불숭유의 상황 속에서 그의 불교사상을 크게 드러내지 못한 측면도 있었지만, 설잠 사후 불교계의 흐름이 임제선 중심으로 흘러간 측면도 있다. 조선 전기 불교사상에 대한 학계의 연구에서도 주로 유불논쟁과 임제선의 법맥을 계승한 승려에 초점이 맞추어져 있어서 설잠의 불교사상에 대한 연구는 상대적으로 소홀한 감이 있어 왔다.

본 장에서는 설잠의 불교사상이 한국불교사에서 차지하는 위상을 구체적으로 검토하기 위해 화엄사상사, 천태사상사, 선사상사 등 개별적인 불교사상에서의 설잠의 사상사적 위상과 의의를 고찰하고자 한다. 그 연후에 이를 종합하여 한국불교사상사에서의 위치와 그 영향에 대하여 살펴보고자 한다.

제1절 화엄사상사에서의 위치

설잠의 화엄사상을 추론할 수 있는 자료는 『화엄석제華嚴釋題』와 『법계도주法界圖註』 및 몇몇 화엄 관련 시詩들이다. 이러한 저술에서 보이듯이 설잠은 화엄종 소속의 승려로서 화엄사상에만 천착한 인물은 아니다. 그럼에도 불구하고 앞에서 밝힌 바와 같이 그의 화엄에 대한 해석은 화엄의 성기사상을 통하여 실천적인 해동화엄의 특징을 잘 드러내고 있다. 특히 의상의 『화엄일승법계도』에 주목하여 이에 대한 주석을 선교일치의 측면에서 시도하고 있는 점은, 당시 불교계가 임제선의 강한 영향 속에 있었음을 상기할 때, 해동화엄의 계승에 대한 남다른 안목이 있었다고 평가할 수 있다.

설잠의 화엄사상을 한국 화엄사상사의 주요한 반열에 올려놓은 학자는 김지견金知見이다. 김지견은 해동화엄의 원류를 원효가 아닌 의상에 두고, 의상계의 화엄사상이 고려의 균여均如와 체원體元으로 이어졌다고 보았다. 나아가서 그는 의상계 화엄 전통과 선사상이 융합되어 보조지눌의 화엄선華嚴禪 사상이 만들어졌다고 주장한다. 그러한 전통을 이은 이가 바로 설잠 김시습이며, 조선 후기 연담蓮潭으로 이어졌다고 설명한다. 한국 화엄사상사에 있어서 설잠의 위상을 평가하기 위해서는 설잠이 왜 『화엄일승법계도』에 주목하였는가의 측면과 아울러 주석의 내용에 나타난 특징이 지닌 사상사적 의의가 무엇인지를 밝혀야 한다.

김지견은 「설잠 김시습의 한국불교사상사적 위치」에서 한국불교에서 일연의 화엄사상의 역사적 계승에 대하여 다음과 같이 밝히고

446

있다.

　이상과 약술한 바와 같이 해동화엄의 근원이 부석사 의상에 있었고, 그의 대표적인 저술이 다름 아닌 『법계도기法界圖記』이다. 『법계도기』는 『법성게』라는 이름으로 한국불교의 오랜 역사 속에 끊임없이 유전되고 있음을 본다. 첫째는 불교의 의식이 집행될 때 『법성게』는 다라니처럼 독송되고 있다. 종교에 있어서 의식이 생명이라면 의상의 『법성게』는 그 몫을 다하고 있다.
　그리고 다른 하나는, 『법계도기』는 균여가 『법계도기원통초法界圖記圓通鈔』 상·하 두 권으로 저술을 남겨 현대에 이르고, 신라와 고려를 이르는 동안 『법계도기』를 연구한 (체원의) 『법계도기총수록法界圖記叢髓錄』 4권이 전해오고, 조선의 설잠의 『화엄일승법계도주병서華嚴一乘法界圖註幷序』 1권이 있고, 조선 후기 연담의 『법계도과주法界圖科註』라는 작은 논문이 있다는 것으로 보아서 의상의 사상이 간단없이 연구되어 오고 있음을 본다.[8]

　위에서 김지견은 의상이 해동화엄의 초조이고 그의 사상은 『법계도기』에 집약되어 있음을 밝히고 있다. 이어 바로 이 『법계도기』에 대한 관심과 연구의 흐름 속에서 해동화엄의 흐름을 논하고 있다. 그것은 바로 균여와 체원 그리고 설잠과 연담으로 이어지는 역사적 흐름이다. 이 중 설잠의 『법계도주』의 발견이야말로 화엄종의 맥이 끊긴 시기에 저술된 작품이자, 이후 조선 후기와 현대의 해동화엄의

8 김지견, 「설잠 김시습의 한국불교사상사적 위치」, 『범한철학』 4집, 1989, p.52.

맥을 보존하게 하였다는 점에서 큰 의미를 부여하고 있다.

설잠의 『법계도기』에 나타난 사상적 특징은 선적인 주석을 통하여 화엄과 선의 일치를 시도하고 있다는 점이다. 화엄과 선의 일치를 통하여 선교일치를 주창한 인물은 보조지눌이며, 김지견 또한 화엄사상에 있어서 지눌과 설잠의 연계성에 크게 주목하고 있다. 그는 「설잠의 화엄과 선의 세계」에서 의상과 지눌과 설잠의 사상적 관련성에 대하여 다음과 같이 기술하고 있다.

원래 화엄의 오주五周·육상六相·십현문十玄門·사법계四法界는 불경계佛境界를 중생의 지평에서 향외적向外的으로 본 것에 지나지 않고, 그와 같은 지평들을 유출流出하는 포괄자包括者로서 법계(法性) 그것의 현현顯現 자체가 아니다. 법계 자체를 바꾸어 말하면 향내적인 불경계에서만 성기性起의 세계는 참다운 모습을 드러내게 된다.
지눌이 지적하듯이 의상의 『법계도』 자체가 이미 해인정海印定 속에 현현한 자내증自內證의 세계를 표상한 것으로 의상이 '법성게'에서 "법성'이란 원융하여 개념과 형상을 떠나 주객의 대립이 끊어진 세계"라고 한 것 또한 자성自性이 본래 담적湛寂하여 개념과 현상을 떠난 자리를 친증親證함으로써 사사무애事事無碍의 '근원'을 나타낸 것이지 그로부터 유출되는 사사무애를 표상한 것은 아니었다.
그래서 설잠의 '법성게'는 "법성원융무이상法性圓融無二相, 제법부동본래적諸法不動本來寂, 무명무상절일체無名無相絶一切, 증지소지비여경證智所知非餘境"의 처음 4구로써 이미 할 말을 마친 것이요, 그 다음 "진성심심극미묘眞性甚深極微妙"의 제5구부터는 유정有情의 지평에서 증입證入을 문제 삼은 연기분緣起分이며 교분敎分이라 본 것이다.[9]

위의 인용문은 법계와 법성을 성기의 입장에서 바라보고 있는 의상과 지눌 그리고 설잠의 사상 간에 공통점을 지적하고 있는 한 예증이다. 김지견은 "설잠의 화엄과 선을 살펴보기 전에 우선 기억해 두지 않으면 안 되는 것은 의상 이후 설잠에 이르기까지의 중간에 화엄과 선의 한 고봉高峯으로서 보조국사 지눌의 『원돈성불론圓頓成佛論』이 있었다는 사실이다. 지눌은 선에서 출발하여 의상의 화엄을 그 근저에서 이해하였으며 이통현李通玄의 실천적인 화엄교학을 수용하여 적극적으로 선교를 일치시킴에 성공한 승려이기 때문이다. 설잠의 화엄과 선은 결코 전前 시대와 단절되어 이루어진 것이 아니고 사실은 의상과 지눌을 연결한 사상사의 맥락 위에서 전개된 것이라고 보아야 한다."[10] 라고 밝히고 있다.

결국 설잠의 화엄사상이 한국 화엄사상사에 차지하는 위치는 『법계도기』에 대한 연구를 통하여 조선 전기 해동화엄의 원류인 의상화엄의 전통을 계승하고 있으며, 선과 화엄을 회통시킨 보조지눌의 화엄선적 전통을 동시에 계승하고 있는 점이라 하겠다. 이러한 점에 대하여 좀 더 살펴보도록 하겠다.

9 김지견, 「설잠의 화엄과 선의 세계」, 『화엄사상과 선』, 민족사, 2002, pp.237~238.
10 위의 책, p.231.

설잠의 화엄사상은 그의 『법계도주』에서 알 수 있듯이 법장法藏과 원효元曉의 화엄사상이 아닌 의상의 화엄사상을 계승하고 있다. 먼저 지엄智儼의 사상을 계승한 의상과 법장 사이에 사상적 차이가 존재하는 것은 많은 선행 연구를 통하여 밝혀진 바 있다. 즉 법장의 화엄은 이론적이며 법계연기를 강조하고, 의상의 화엄은 실천적이며 성기사상을 강조한다는 측면에서 차이점을 제시해 왔다. 석길암은 「한국 화엄사상의 성립과 전개에 보이는 몇 가지 경향성」에서 의상화엄의 독자성에 대한 기존의 연구 성과를 다음과 같이 정리하고 있다.

의상의 화엄사상이 지엄의 화엄사상을 계승하면서도 독자적인 사상체계를 정립한 것이었다는 점에 대하여 크게 이견이 없는 것 같다. 다만, 그의 사상체계의 특징을 정의하는 데는 차이가 있다. 정병삼은 2000년 발표한 「의상의 화엄사상과 통일기 신라사회」(서울: 『불교학연구』 1, p.67.)에서 "의상의 화엄사상의 중심은 중도의中道義에 바탕한 법계연기설"이라고 주장하며, 사또우 아츠시(佐藤 厚)는 2002년 발표한 「의상의 진리관」(서울: 『의상만해연구』 창간호, p.57.)에서 "『법계도』를 통해 볼 수 있는 의상의 진리관, 환언하면 일승一乘의 입장은 중도이다."라고 주장하고, 전해주全海住는 1988년 발표한 「일승법계도에 나타난 의상의 성기사상」(서울: 『한국불교학』 13, p.134.)에서 "『법계도』에 나타난 의상의 화엄성기사상은 지엄의 성기관과 무관한 것은 아니나, 의상 자신의 법성관法性觀·구래성불설舊來成佛說·해인삼매론海印三昧論 등을 통하여 독자의 성기사상을 형성"한 것이라고 지적한다. 한편 전해주는 『의상

450

화엄사상사연구』(서울: 민족사, 1992)에서 앞의 논문을 재확인하는
한편, 의상의 중심사상인 성기사상이 보조지눌의 선사상 형성에
직간접적인 영향을 주고 있음을 강조하여, 의상의 성기사상이
선사상과 매우 가까움을 지적하고 있다. 또 이시이 코우세이(石井
公城)는 2003년에 발표한 「禪宗に對する華嚴宗の對應 - 智儼·義相の
場合」(東京:『韓國佛敎學Seminar』9)에서 의상이 664년부터 종남산
에 주석하였던 노안(老安, 582~709)의 북종선에 영향을 받았음을
지적하고 있다. 이에 대하여 김천학은 2002년 발표한 「의상과
동아시아 불교사상」(서울:『의상만해연구』창간호, p.19.)에서 의상
이 선종의 용어나 개념을 끌어들여 일승을 증명하는 논리로 사용하
지만, 한편으로는 그것을 비판하여 수용과 비판의 양면을 보여준다
고 주장한다.[11]

김지견은 신라 화엄학의 주류를 의상으로 보고 있다. 이는 권상로와
김잉석 등이 원효를 주류로 보던 기존의 관점을 비판하고 주류를
의상으로, 비주류를 원효로 본 것이다. 이는 원효를 폄하하고자 하는
의도가 아니라, 의상의 화엄사상이 가지는 실천성과 역사적 계승성을
중시하여 해동화엄의 사상사를 구축하려는 의도가 있다고 보인다.
설잠이 의상의 『법계도』에 주석을 가했다는 사실을 상기할 때, 해동화
엄의 주류가 누구인가 하는 점은 중요할 수 있다. 실제로 원효와
의상의 화엄사상은 그 형성부터 차이가 남을 알 수 있다. 석길암에

11 석길암, 「한국 화엄사상의 성립과 전개에 보이는 몇 가지 경향성」,『동아시아
　불교문화』13호, 2013, pp.13~14의 각주 18.

의하면, 원효가 화엄사상의 직접적인 계기로 작용한 것은 『대승기신론』에 대한 연구이며 그 핵심 키워드는 '보법화엄普法華嚴' 혹은 '화쟁일승의和諍一乘義'라 할 수 있다고 한다. 또 지엄이 섭론학을 통하여 그의 사상을 활용하고 지론종 남도파의 사상을 적극적으로 활용하고 있다면, 원효는 지론종 남도파의 사상을 거의 활용하지 않는 점에서 차이가 난다고 말한다.[12]

김상현金相鉉 또한 신라 화엄의 주류를 의상으로 보는 데에 동의한다. 다만 비주류를 원효 계열뿐만 아니라 이후 법장의 제자인 승전勝詮과 심상審詳을 비롯하여, 화엄학 관계저술을 남긴 명효明晶, 견등지見登之, 표원表員, 그리고 오대산 진여원眞如院에서 활동한 보천寶川과 효명孝明, 천관사와 관련된 영통靈通과 홍진洪震, 황룡사와 인연이 있는 표원表員, 연기緣起, 법해法海, 지해智海 및 원표元表, 범여梵如, 범수梵修를 들고 있다. 특히 9세기 말부터 의상계와 대립된 법장계가 존재했으며 대표적인 인물로 결언決言, 현준賢俊, 최치원崔致遠 등을 들고 있다. 이를 통하여 신라 화엄에는 주류인 의상계와 비주류인 비의상계로 대별할 수 있다고 보고 있다.[13] 이와 같이 해동화엄의 주류는 의상이었고, 그를 계승한 인물이 설잠이라는 점을 알 수 있다.

의상은 해동화엄의 초조이자 주류로서 실수實修·실증實證하는 것을 특징으로 하고 있다. 균여는 『일승법계도원통기』에서 '30구 201자를 반회盤回 곡절曲折하여 하나의 해인海印을 만든 것은 7처 8회 34품의

---

12 위의 논고, pp.11~12.

13 김상현, 「신라 화엄학승의 계보와 그 활동」, 『한국화엄사상사연구』, 민족사, 1988, pp.72~73.

화엄의 방대한 내용을 간략히 도해한 것이며, 처음 19구는 자리행을 요약한 것이며, 다음의 4구는 이타행을 요약한 것이고, 마지막 4구는 '수행자의 방편 및 이익을 얻는 것'으로 분과하여 의상의 화엄사상의 특징이 실천에 있음으로 파악하고 있다. 이처럼 의상 사후 『법계도』를 중심으로 한 실천적 화엄 전통은 설잠에게까지 계승되고 있는데, 이에 대하여 이종익은 다음과 같이 밝히고 있다.

> 신라 명효明晶 찬 『해인삼매론』도 이 『법계도』를 모방한 것이며, 청구사문 견등지집見登之集의 『화엄일승성불묘의華嚴一乘成佛妙義』도 교의敎義와 학문적 이론을 떠나 성불의 관행문을 천명하였으며, 고려 보조국사는 이통현의 화엄논지에 의하여 『원돈성불론圓頓成佛論』을 지어서 화엄교의를 선문으로 회통하여 하나의 원돈관행의 성불문을 건설하였으며, 려말 태고보우의 '화엄삼매가'는 화엄법계를 완전히 '통만법명일심統萬法明一心'의 선지禪旨로 귀일시키고, 조선시대에도 화엄을 또한 '통만법명일심'의 선문으로 돌린 것이라든가, 매월당 김시습의 『법계도주』는 그대로 선송禪頌으로 찬양하였던 것이다.[14]

이처럼 의상의 화엄사상이 면면히 이어져 오고 있음을 알 수 있다. 나말여초 선종의 유입 이후 화엄과 선의 관계를 염두에 두고 선교일치를 주장한 인물은 보조지눌이다. 지눌 당시 화엄종은 청량징관의

---

14 이종익, 「한국불교사상사 위에서 본 균여법계도기 고찰」, 『한국화엄사상사연구』, 민족사, 1988, p.415.

교판적 영향 아래 선종을 돈교로, 이사무애理事無碍의 경지에 머무는 것으로 이해하였다. 따라서 선종의 깨친 자들은 성정지체性淨之體는 알지만, 마음의 상相과 용用은 갖추지 못했다고 생각하였다. 지눌은 이러한 교가의 지적에 대하여 화엄가들이 존경하는 법장과 의상의 글을 인용하여 중생들의 자성이 부처의 온갖 공덕을 온전히 구유具有하고 있으며, 그 덕들은 모든 현상의 무애 융통하는 사사무애법계의 원리에 따라 현전함을 보여주고 있다. 즉 "의상 법사의 세운 '법의 본성이 원만하게 융통하여 이름도 없고 모양도 없다. 모든 대립이 끊어진다. 오직 증득한 지혜의 알 바요 다른 경지가 아니다'라는 것도, 또한 친히 자기의 본성의 본래 깊고 고요하여 이름을 여의고 모양이 끊어진 곳을 증득하여 현상마다 걸림이 없는 법계의 근원을 삼은 것이다. 어찌 말을 떠났다고 하는 것으로 돈교와 같다고 하겠는가?"[15] 라고 말하고 있다. 지눌에게 있어서 화엄의 성기법계와 선 체험은 근원적으로 상의相依의 관계 속에 있음을 알 수 있다. 그러기에 선 체험에 의하여 깨달은 자는 당연히 사사무애의 상과 용을 모두 갖추고 있는 것이다. 지눌은 이에 대하여 다음과 같이 말하고 있다.

만일 언어적인 방편과 의리의 분별을 몰록 잊고 밀실에 고요히 앉아 가슴을 비우고 생각을 맑게 하며 자기의 마음을 반조하여 그 연원을 터득한다면, 곧 현재 지금의 한 생각의 본성이 깨끗하고

---

15 知訥, 『圓頓成佛論』, 『普照全書』, 불일출판사, 1987, p.82. "湘師所立法性 圓融無名無相 絶諸待對唯證智所知非餘境界者 亦是親證自性. 本來湛寂離名絶相處 而爲事事無碍法界之源 豈以離言同於頓教耶."

454

오묘한 마음으로 더러움에 따르는 본래 깨달음(本覺)이라고 하더
라도 또한 옳으며, 본성이 깨끗한 본래 깨달음이라고 하더라도
또한 옳으며, 막힘이나 걸림이 없는 법계라고 하더라도 또한 옳으
며, 움직이지 않는 지혜(不動智)의 부처라고 하더라도 또한 옳으며,
노사나불이라고 하더라도 또한 옳다. 이치에 즉하고 현상에 즉하며
나에 즉하고 남에 즉하니, 어느 것을 따라도 무방하다. 그러므로
알아야 한다. 『기신론』의 성정본각을 현수국사가 터득하여 곧
2가지 작용과 3가지 보편의 근원이라고 하였다. 돈교의 말을 여의
고 모양이 끊어짐을 의상 법사가 증득하여 또한 본성의 과위의
경지는 부처의 지혜로 아는 경지라고 하였다. 그러므로 알아야
한다. 옅은 근기의 사람이 말에 따라 집착하면 곧 다르고, 깨달은
선비가 뜻을 터득하여 이해하면 곧 같다.[16]

이러한 지눌의 선교일치사상은 설잠에게 그대로 나타나고 있다
설잠의 화엄사상은 화엄의 여러 주요 개념과 선종의 주제어를 하나의
'자기'에 귀착시키고, '방'과 '할' 등과 같은 작용까지 오로지 '자기'의
활용으로 간주한다. 그 전체적인 언어나 논리는 선종의 방법에 따르고
있고, 화엄교학의 설들은 모두 그것을 표현하기 위한 소재에 불과하기
때문에 선종에 근거한 '선교일치설'이라 할 수 있다. 다음의 문구에도

16 위의 책, pp.82~83. "若能頓忘言敎施設 義理分別 密室靜坐 虛襟澄慮 返照自心
得其淵源 則將現今一念性淨妙心 作隨染本覺亦得 作性淨本覺亦得 作無障碍法
界亦得 作不動智佛亦得 作盧舍那佛亦得 卽理卽事 卽自卽他隨擧無妨也. 故知起
信 性淨本覺 賢首得之則爲二用三遍之源 頓敎離言絶相. 湘師證之則亦爲性海果
分 佛智所知之境. 是知小根如言執之則異 達士得意會之則同也."

이러한 취지가 보인다.

제산諸山의 대덕大德이 누군가를 위하여 십종十種의 현문玄門을 제시한 이유는 일진법계를 드러내고자 한 것이다. 어찌 모르는가? 화엄세계에 존재하는 티끌 그 하나하나에 법계가 나타나 있다. 여러분은 보았는가? 지금 산승의 염주(數珠)에 십종의 현문이 열려 있고, 염주 아래에 일진법계가 나타나 있다. … 원융圓融도 여기에 있고 항포行布 또한 여기에 있고, 신信도 여기에 있으며 해解도 여기에 있고, 행行도 여기에 있으며 증證 또한 여기에 있고, 미륵보살이 손가락 한 번 퉁기는 사이에 누각의 문이 열린 도리도 여기에 있으며, 문수보살이 손을 뻗어 선재동자의 정수리를 쓰다듬 었던 이치도 여기에 있다. 그 밖에 오주五周와 육상六相과 십현문十 玄門과 사법계四法界가 모두 여기에 있다. 이것이 어찌 그 자리에서 남김없이 드러나는 실상이 아니겠는가! 내가 이제 다시 누군가에 게 친절하고 간요한 곳에다 총괄적으로 거두어 성聖과 범凡의 경계를 완전히 끊어줄 것이다. 세존께서 경을 설한 칠처七處가 바로 나의 이곳 일처一處요, 세존께서 펼치신 구회九會의 법회도 바로 나의 이곳 일회一會이며, 세존께서 설하신 『화엄경』 80권이 나의 이곳에서는 단지 한 구절(一句)일 뿐이다. 말해 보라! 어떤 것이 이 한 구절인가?[17]

---

[17] 金時習 撰, 『華嚴釋題』 1권(『韓佛全』 7冊, p.297下), "諸山大德 爲某指示十種玄門 顯揚一眞法界者 是也. 豈不見道. 華藏世界所有塵 一一塵中見法界 諸人還見麽. 卽今山僧數珠頭上 十種玄門開了也. … 佛刹微塵數香燄雲 花燄雲 燈燄雲 摩尼雲 獅子幢雲 亦在者裡. 問也在者裡 答也在者裡 圓融也在者裡 行布也在這裡 信也在

위에서 보이듯이 설잠은 법계의 모든 실상이 낱낱의 현상에 모두 드러나 있다는 소식을 보여주었다가 마지막에는 하나의 구절(一句)로 그 무수한 전개를 모두 귀착시킨다. 긍정에서 부정으로, 펼쳤다가 다시 거두는 선사들의 방법이 활용되고 있다. 범凡과 성聖의 경계를 완전히 끊어버리고, 『화엄경』 전체를 하나의 구절로 마무리하지만, 그 한 구절이 무엇인지는 정의하고 있지 않다. 이것 역시 선사들이 화두話頭로 던지는 방법에 의존한 것이다. 화엄의 교법에 대하여 철저하게 선사로서의 본분에 충실한 방식으로 마무리한 것이다. 여기서 번잡하게 교학적으로 연결할 여지는 전혀 없다. 설잠이 천여유칙의 "말해 보라! 염주(數珠)가 어찌하여 이처럼 기특한가? 만약 저 기특한 점을 안다면 그것이 변화하여 나타나 융통하는 경계를 알 것이고, 그것이 변화하여 나타나 융통하는 경계를 안다면 그것이 모든 곳에 두루 있고, 모든 법을 두루 아우른다는 사실도 알게 될 것이다."[18]라는 말을 인용하고 있는 데에서도 이러한 점이 잘 드러난다. 즉 일진법계의 진실을 하나의 염주를 소재로 하여 표현하고 있는데, 염주는 없는 곳이 없고, 아우르지 못하는 법이 없는 일진법계의 상징으로 제시된 것이다.

這裡. 解也在這裡. 行也在這裡. 證也在這裡. 彌勒彈指開樓閣門也在這裡. 文殊伸手摩善財頂也在這裡. 乃至五周六相 十玄門 四法界 都在這裡. 此豈不是當處全彰者邪. 我今更爲某 向親切簡要處 摠而收之 絶斷聖凡境界. 世尊七處 我這裡只一處 世尊九會 我這裡只一會 世尊說經八十卷 我這裡只一句. 且道 那箇是一句."

18 위의 책, 298中. "且道 數珠因甚如此奇特. 若知他奇特處 便知他變現融通處 若知他變現融通處 便知他徧在一切處 徧該一切法也."

설잠에게 있어 화엄의 성기사상은 법성 그대로의 세계를 인식하고 실천하는 삶을 살자는 데 본의가 있다. 연기적 차원의 불경계佛境界가 지해의 차원에서 바라본 부처의 입장이라면 성기 그대로의 불경계는 견불見佛·견성見星의 입장이라 할 수 있다. 설잠은 이러한 경지가 다름 아닌 일체중생의 신심본체身心本體라고 밝히고 있다.

> 법계라는 것은 다름 아닌 일체중생의 신심본체이다. 본래부터 신령스럽게 밝아 막힌 데가 없으며 광대하여 텅 비고 고요한 것, 이것이 유일한 진경이다. 모양이 없되 대천세계를 벌려놓고 끝이 없되 만유를 함용한다. 심목心目의 사이에 뚜렷하지만 상相을 취할 수 없고, 색진色塵의 안에서 빛을 발하되 이理를 헤아릴 수 없다. 진리를 꿰뚫는 혜안과 망념을 여읜 밝은 지혜가 아니고서는 자심의 이와 같은 영통을 보지 못한다.[19]

이상에서 살펴본 바와 같이 의상에 의하여 정착된 화엄사상은 이후 나말여초에 유입된 선사상에 영향을 미치게 된다. 구산선문의 개산조들의 대부분은 화엄사상에 심취하였다가 선으로 귀의하였다는 점과 중국의 선사상 또한 화엄적인 토대 위에서 만들어졌다는 사실에서 화엄과 선의 친연성을 알 수 있다. 설잠은 해동화엄 초조인 의상의

---

19 위의 책, 295中, "法界者 一切衆生之身心本體也. 從本以來 靈明廓徹 廣大虛寂 唯一眞境而已. 無有形貌而森羅大千 無有邊際而含容萬有 昭昭於心目之間 而相不可覩晃晃於色塵之內 而理不可分 非徹法之慧目 離念之明智 不能見自心 如此之靈通也."

『법계도』에 주를 다는 작업을 통하여 해동화엄사상의 맥을 잇고 있다.

고려시대에 들어와 화엄사상은 균여에 의하여 꽃이 피고, 대각국사 의천과 보조지눌로 이어지면서 화엄과 천태·화엄과 선의 융회와 회통 사상으로 이어진다. 나말여초 남북의 화엄사상을 회통시킨 균여의 화엄학은 의천에 의하여 배격되었으며, 의천은 화엄과 천태를 통하여 선교일치의 회통을 시도한다. 이어 보조지눌은 규봉종밀과 이통현 그리고 대혜종고의 영향 아래 화엄과 선의 일치를 통하여 선교일치를 시도하게 된다. 설잠의 화엄사상 또한 이러한 사상사적 흐름과 그 궤를 같이하였던 것이다. 조선 초기 유학의 주도 아래 불교사상이 위축되었던 현실 속에서 '화엄선'의 새로운 경지를 개척한 설잠의 사상이 가치는 독자적인 위상과 함께 한국 화엄사상사의 흐름을 면면 히 잇고 있다고 할 것이다.

제2절 천태사상사에서의 위치

천태종은 『법화경』을 소의경전으로 하지만 천태지의天台智顗에 의하 여 만들어진 종파이다. 물론 천태종의 계보는 혜문慧文과 혜사慧思를 거쳐 지의로 이어진다. 법화사상과 천태사상은 구분할 필요가 있는데, 천태사상은 『법화경』의 사상이 천태지의에 의하여 재해석되고 교리화 된 종파라 볼 수 있다. 천태의 대표적인 저술로는 『법화문구』, 『법화현 의』, 『마하지관』 등을 들 수 있다.

한국에서의 천태사상의 전개는 크게 고려 대각국사 의천에 의하여 천태종이 개창된 12세기 이전과 이후로 나누어 볼 수 있다. 고려 천태종 개창 이전의 대표적인 인물로는 제관諦觀, 의통義通, 덕선德善, 지종智宗 등을 들 수가 있다. 이 중 제관은 오월왕 전홍숙錢弘淑이 고려에 사신을 파견하여 천태지의의 전적을 요청하자, 광종 12년(961) 천태논소를 가지고 중국에 들어가 천태전적을 전해주었던 인물이다. 그는 이후 돌아오지 않고 천태산에서 생을 마감하였는데, 그가 남긴 『천태사교의天台四教儀』는 이후 천태종의 교판을 알게 하는 대표적인 저술로 알려져 있다.

의천이 천태종을 개창한 이래 고려사회에 많은 영향을 끼치게 되는데, 크게 세 시기로 나누어 볼 수 있다. 첫 번째 시기는 의천이 중국의 자변종간慈辨從諫으로부터 천태사상을 사사하고 귀국하여 국청사國淸寺에서 천태종을 개창하여 천태종을 번창시킨 것이다. 두 번째 시기는 의천의 사후 약 1세가 경과한 1232년에 원묘국사 요세了世에 의한 백련결사白蓮結社를 들 수 있다. 강진 만덕사에서 이루어진 이 결사는 여산혜원의 백련사의 전통을 계승하고자 하는 의식이 있었으며, 법화삼매의 수행을 통하여 극락정토에 왕생할 것을 목표로 하고 있었다. 또한 참회수행을 강조하여 일반대중의 많은 참여를 끌어냈으며, 무신집권기 지눌의 정혜결사와 더불어 대표적인 양대 결사였다. 세 번째 시기는 원 간섭기에 개경의 묘련사를 중심으로 백련결사가 이어졌는데, 이 묘련사의 천태종단은 친원세력인 조인규 가계와 긴밀하게 연결되면서 그 성격이 변절하게 된다. 조선 초기에 이르러 불교종단의 통합과정에서 설잠 당시에 이르게 되면 천태종단은 사라지게 된다. 따라서 설잠에게 있어 한국 천태종의 계승의식을 기대하기는 어려움이 있다.

설잠의 천태사상을 알 수 있는 저서는『연경별찬蓮經別讚』인데,
『십현담요해十玄談要解』를 비롯하여 그의 시문 곳곳에서도『법화
경』에 대한 언급이 확인된다.『연경별찬』의 서문에서 설잠은 다음과
같이 이 글을 쓰게 된 동기에 대하여 밝히고 있다.

옛날 천태산의 지자 대사가 수선사修禪寺에 주석하여『법화현
의』와『법화문구』를 저술하여 후세 학사들에게 보여주었고, 고려
사문 제관은『천태사교의』를 지어 이것이 세상에 나란히 행해졌다.
그런데 이 경을 강하는 학사들이 종취를 가려 세워 '천태'라 이름했
으나, '선'에 속하는 것이다. 근래로 오면서 이 경을 강론하는 자들이
이 경을 좋아하고 숭상하여서 그 종지를 연구하고자 하면서도,
다만 敎 가운데 글귀나 글자 수를 향하여 논쟁만을 일삼을 뿐,
선가의 입장에서 감히 분별할 생각은 하지 못한다.[20]

위의 내용에서 알 수 있는 바와 같이 설잠은『법화경』을 이해함에
있어서 천태지의의『법화현의』와『법화문구』및 제관의『천태사교
의』를 통하여 이해해야 함을 전제하고 있다. 그러면서도 천태사상은
본래 선에 속하는 만큼 글자에 얽매이지 말고 본래 하나인 세계에서
일체의 분별을 놓아야 함을 강조하고 있다. 그런데 당시『법화경』을

---

20 淸寒子 雪岑撰,『蓮經別讚序』(『韓佛全』7冊, p.287上), "昔天台山智者大師 居修禪
寺 作蓮經玄義文句 以示後之學士. 高麗沙門 諦觀錄四敎 並行於世. 學士講此經
者 別立宗趣 以天台名焉 屬於禪. 而近代講者 好尙此經 欲究宗旨 但向敎中句數
諍論 不向禪家勘辨."

강론하는 자들은 글귀나 글자 수에 얽매여 그 종취를 바로 헤아리지 못함을 안타까워하고 있다. 이어서 "다만 백호상의 광명이 동방으로 비치는 것만 알았지, 이 광명이 고금에 뻗치고 사무쳐서 전부가 본분 자리(沒巴鼻)인 줄은 알지 못한다. … 이 경을 열람하면서 눈으로 보고 사변할 때면 선가禪家의 풍취가 있어야 하지 않겠는가!"[21]라고 말하고 있다. 즉 설잠이 『연경별찬』을 저술하였던 동기는 선종의 입장에서 『법화경』을 새롭게 이해하려는 시도임을 알 수 있다.

『연경별찬』의 '7축 대의七軸大意'에서 설잠은 '묘법연화경'의 경명에 대하여 다음과 같이 해석하고 있다.

진실한 성품이 맑고 고요하여 말로 표현할 길이 없어서 '묘妙'라고 한다. 실상은 어느 사물에나 두루 통하여 분명히 나타나므로 '법法' 이라 한다. 꽃과 열매가 동시에 있고 더러운 곳에 있으면서도 항상 깨끗함을 나타내므로 '연蓮'이라 한다. 속이 비어 있으면서도 아주 진실하여 온갖 행을 갖추었으므로 '화華'라 한다. 부처님의 지견을 열어서 널리 깨달아 들어가게 하는 것을 '경經'이라 한다. 그래서 그 일부의 대의는 일대사인연으로 세상에 나와 순전히 일불승으로서 그 보배를 열어 보이는 것이다.[22]

---

21 위의 책. "只認白毫相光 照于東方 不知這介光明 亘徹古今 全沒巴鼻 豈不見道. … 因覽是經眼辦目覩 悠然有禪家之趣."

22 梅月堂 金時習撰, 『蓮經別讚』(『韓佛全』 7冊, 288下). "故摽其題曰. 妙法蓮華經 略釋題意則 眞性湛然 逈絶言辭 謂之妙. 實相通該 昭然顯着 謂之法. 花果同時通 該 昭然顯着 謂之法. 花果同時處染常淨 謂之蓮. 虛而甚眞 萬行圓脩謂之華. 開佛知見 普令悟入 謂之經. 而其一部大義 則皆以一大事因緣出世 純以一佛乘

이처럼 설잠은 이 '묘법연화경'이야말로 언어와 가량을 떠난 본성
자리를 '묘'함을 통해 밝히고, 제법실상이 구현되는 것을 '법'을 통하여
밝히고 있다. 또한 묘법의 개권현실開權顯實의 뜻을 '연'을 통하여
밝히고, 삼승을 원만한 일승으로 제도하게 함을 '화'를 통하여 밝히면서
일대사의 불지견을 열어 온 중생을 깨달음으로 이끄는 일불승의 경전
임을 '경'을 통하여 밝히고 있다.[23]

『연경별찬』은 '7축 대의'에 이어 28품의 『법화경』의 순서에 따라
각 품의 요지를 밝히고 있다. 그리고 마지막 부분의 송頌을 통하여
법설송法說頌과 유설송喩說頌을 밝히고 지원송智圓頌과 행원송行圓頌
을 밝혀 구원송俱圓頌으로 일치시키며 유통송流通頌으로 귀결시키고
있다. 그리고 "본지本智는 체가 되고, 묘행妙行은 용이 되고, 지와
행이 겸전하고, 성냄과 기쁨과 치우침과 원만함이 하나의 경지에
들어간다."라고 하였다. 또 이러한 『법화경』은 "부처님의 지견智見을
열어 보인 것이며, 부처님의 본래의 뜻을 드러내는 것이어서 말과
말이 홀로 현묘하고 법과 법이 순연하게 원만하다."라고 하고 있다.[24]

『연경별찬』을 통하여 설잠의 천태사상을 살펴볼 수는 있지만, 한국
천태사상사 속에서 설잠을 위치를 단정하기는 쉽지 않다. 따라서
설잠과 관련된 선행 연구를 살펴볼 필요가 있다. 설잠의 천태사상
및 『연경별찬』에 관한 대표적인 연구로는 한종만의 「설잠 김시습의
천태사상 연구」, 차차석의 「설잠의 연경별찬에 나타난 법화천태사상

開示其實."
23 이기운, 「설잠의 법화경 일불승 사상」,『도교학연구』 17집, 2001, p.68 참조.
24 한종만, 「설잠 김시습의 천태사상 연구」,『한국불교학』 21집, 1996, p.175.

고찰-특히 불신관을 중심으로」,[25]와 이기운의 「설잠의 법화경 일불승사상」과 「『연경별찬』을 통해 본 설잠 김시습의 문학과 사상」,[26] 등을 들 수 있다.[27] 이러한 연구에서는 설잠의 천태사상이 한국불교사상사에서 지니는 의의에 대하여 대략적으로 밝히고 있다.

우선 한종만은 한마디로 설잠의 『연경별찬』[28]은 『법화경』과 선사상의 융합을 꾀하려는 작품으로 해석하고 있다. 그 증거로 설잠이 글 안에서 선종의 공안을 제시하고 있는 점 등을 들고 있다. 바로 이러한 특징이 고려의 제관이나 의천의 천태사상과 다른 설잠의 독특한 천태사상이라 밝히고 있다. 또한 설잠의 입장은 중국의 천태사상과도 다른데, 즉 중국에서는 천태와 화엄의 사상을 수용하여 선사상이 이루어진 반면, 설잠은 역으로 선을 통하여 천태사상을 해석하고 있다는 것이다.[29] 한종만은 또 설잠의 천태사상사의 위치를 밝히기 위하여 설잠의 『연경별찬』을 천태지자의 『법화경현의』 및 고려시대 정명천인靜明天因의 『법화경수품별찬法華經隨品別讚』과의 비교를 시도하고 있다. 이러한 작업을 통하여 다음과 같은 결론을 도출하고 있다.

---

25 차차석, 「설잠의 연경별찬에 나타난 법화천태사상 고찰-특히 불신관을 중심으로」, 『한국불교학』 21집, 1996, pp.217~242.

26 이기운, 「『연경별찬』을 통해 본 설잠 김시습의 문학과 사상」, 『동서비교문학저널』 6호, 2002, pp.131~160.

27 이외에도 권기종의 『한국 천태사상』(불교문화연구원)의 저술에서 설잠의 천태사상을 논하고 있다.

28 한종만은 『연경별찬』이 아닌 『법화경별찬』으로 표현하고 있다.

29 한종만, 앞의 책, p.183.

464

설잠은『법화경별찬』을 통하여 선의 입장에 입각하여 천태사상을
바라보는 그의 독특한 천태관을 제시하였다. 이는 한국 천태사상사
에 있어서 제관諦觀이 중국으로부터 천태사상을 우리나라에 체계
적으로 이식하고,[30] 의천이 천태종을 개창하여 교와 선을 아우르고,
요세了世와 천인이 천태사상을 다시 일으킨 후 맥이 끊어졌다가
다시금 이 땅에 천태사상이 살아나게 된 것이다. 특히 설잠의
『법화경별찬』끝의 송은 격외선적인 특징을 지니는 것으로서,
이러한 점은 천태지자의 사상과도 구별되는 설잠의 특징으로,
천태사상의 특징이 지행 양면에 있음을 중시하는 것이라 하겠다.[31]

차차석은 위의 글에서 설잠의『연경별찬』의 내용이 천태지의의
천태사상을 잘 계승하고 있는 측면을 강조하고 있다. 그는『연경별
찬』에서 보이는 오시설五時說이 천태가 제시한 화엄시, 아함시, 방등
시, 법화열반시의 설과 큰 차이점이 없음을 유비시켜 확인시킨다.
또한 천태의 삼제원융설이 설잠의 사상에 이어지고 있음을 밝히고
있다. 이러한 내용을 전제로 하여『연경별찬』의 불신관의 특징을
즉사이진卽事而眞과 무정설법無情說法을 들어 설명하고 있다. 결론적
으로 차차석은 "설잠은 배불의식에 고취되어 있던 당시에 독자적인
불교의 세계를 보여주고 있다. 그것은『연경별찬』을 저술하면서 철저
하게 천태의 기본사상에 충실하고 있는 한편으로 대승돈교인 화엄사상

---

30 이는 사실이 아니다. 제관은 고려 광종 때 천태전적을 가지로 항주 지역으로
　　건너가 천태사상을 전파하고 중국에서『천태사교의』를 남기고 열반한 인물이다.
31 한종만, 앞의 책, p.194.

까지 융합하여 선종으로 회통하고 있다는 점이다."라고 밝히고 있다.[32]

다음으로 이기운은 「설잠의 법화경 일불승 사상」에서는 먼저 설잠의 교판론으로 오시팔교의 설을 제관의 『천태사교의』와의 유비를 통하여 밝히고 있다. 이에 대한 결론으로 그는 "설잠의 오시팔교의 교설은 고려 제관의 『천태사교의』의 교상敎相을 수용하고 있어서 조선 초기까지 이어온 고려 천태학의 명맥을 보여주고 있다."라고 주장하고 있다.[33] 또 『연경별찬』에 나타난 일불승 사상으로 삼주설법三周說法과 일불승 실상관을 강조하고 있는데, 이 또한 지의와 제관의 사상적 영향임을 강조하고 있다. 다음으로 「『연경별찬』을 통해 본 설잠 김시습의 문학과 사상」에서도 이러한 입장은 그대로 유지되고 있다. 다만 여기에서 달리 강조하고 있는 점은 설잠이 법화와 선을 일치시키고 있다는 점을 강조하고 있다. 그리고 그것을 한국불교사상사 속에서 규명하고 있는데, 그가 말하고 있는 것은 다음과 같다.

설잠이 법화경을 선으로 회통한 것은 대각국사 의천이 '교관쌍수'로 화엄에서 선, 천태에서 선을 규봉종밀의 정혜겸수의 입장에서 받아들여 주장하였고, 보조국사 지눌에 이르러 대혜종고의 선과 화엄을 쌍수하는 입장에서 선교일치를 주장하였으며, 설잠 후대 서산 대사 휴정은 암담한 불교 현실 속에서 혜명을 계승하기 위하여 선禪 속의 교敎를 포함한 사교입선捨敎入禪으로 교와 선이 융합되었다는 것과 비교하면, 설잠의 이러한 입장은 그 중간의 과도기적

---

32 차차석, 앞의 논고, p.241.
33 이기운, 「설잠의 법화경 일불승 사상」, 앞의 논고, p.60.

불교사상사를 점하고 있다고 하겠다. 설잠의 주의 주장으로 선교일치를 주장하지는 않았고, 또 선교일치를 의식한 저술도 아니었다. 그는 단지 자신이 불교를 이해하고 깨달아 얻은 자신의 체계화된 선적인 진리 체득의 방법론 속에서 화엄과 법화도 선의 진리 속에 회통시킨 것이라 할 수 있다.[34]

결국 설잠의 천태사상은 『연경별찬』을 통하여 살펴볼 수 있다. 문제는 한국 천태사상사 속에서 설잠을 어떻게 위치지을 수 있는가 하는 점이다. 설잠이 비록 제관과 의천 그리고 요세와 정인의 천태사상과 상관관계를 가진다 하여도 이들과 근본적으로 다른 점은 천태종 승려가 아니란 점이다. 즉 설잠에게는 천태종의 종파적인 입장이 없으며, 그가 속한 종파를 굳이 밝힌다면 선종, 그중에서도 임제종의 법맥을 계승하고 있다고 할 수 있다. 또 『연경별찬』에서 보이는 사상사적 계보는 천태지의와 제관이라 할 수 있으며, 그의 사상적 정체성은 조사선이라 할 것이다.

설잠의 『연경별찬』은 억불상황에 처한 조선 초기 천태의 성구사상을 제법실상의 일불승 사상을 견지하고, 아울러 제관의 천태교판론의 입장을 견지하는 속에서 선적인 경지에 입각하여 『법화경』을 새롭게 이해하려는 설잠의 한 시도라 할 수 있다. 그가 『연경별찬』 서문에서 천태지의와 제관의 사상을 계승하고 있음을 천명하면서도 대각국사 의천과 이후 고려 천태종의 인물에 대하여 언급이 없는 이유는 무엇일

---

34 이기운, 「『연경별찬』을 통해 본 설잠 김시습의 문학과 사상」, 앞의 논고, pp.155~156.

까? 더군다나 그가 비판의 대상으로 삼은 '근래의 법화경을 좋아하는 무리'는 누구를 지칭하는 것일까? 아마도 이는 『법화경』을 선적인 차원에서 이해하려는 설잠의 의도를 드러낸 것으로 보인다.

제3절 선사상사에서의 위치

설잠이 한국 선사상사에서 차지하는 위치를 논하기 위해서는 두 가지의 방향에서의 접근이 가능하다. 하나의 그의 법맥을 통하여 접근하는 방법이고, 다른 하나의 선과 관련된 저술을 통하여 접근하는 방법이다.

우선 설잠의 법계에 대하여 살펴보면, 그의 법계를 분명히 알 순 없지만 많은 논문에서 조선 전기의 사상계를 주도한 나옹계의 일원으로 추정하고 있음을 볼 수 있다. 예를 들어 김용조는 "설잠의 불교관에 큰 영향을 끼친 승려는 준상인峻上人으로 생각된다. 준상인은 함허의 문인 홍준弘濬이라 한다. … 홍준은 일찍이 세종의 두 왕자(수양·안평대군)에게 경율을 강설한 바 있거니와, 세조의 명에 따라 신미信眉·수미守眉 등과 함께 불전국역사업에 종사하기도 하였다. 그리고 설잠의 시문집에는 지공指空·나옹懶翁 선사의 유덕을 기리는 시가 종종 보이는데, 이것은 설잠의 법계를 파악할 수 있는 좋은 자료라 하겠다. 설잠은 함허나 홍준·신미와 마찬가지로 나옹계였음을 짐작케 한다."[35]라고 주장하고 있다.

그런데 준상인을 홍준으로 비정한 것은 이능화이다. 이능화는 『조선

---

35 김용조, 앞의 논고, pp.72~73. 이는 일찍이 목정배가 「설잠의 法界圖注考」, 『한국 화엄사상』, 동국대출판부, 1985, p.270에서 주장한 것이다.

불교통사』 상편에서 "『유문쇄록諛聞瑣錄』에 이르기를, 세종이 말년에
불교경전을 좋아하였다. 당시 준화상이 경률에 가장 유명했다.…"라고
했는데, 이에 대하여 이능화는 "살펴보건대 준俊화상은 곧 홍준弘濬을
말함이니 '俊'은 '濬'과 통용된다. … 이런 까닭에 또 홍준弘濬은 곧
홍준弘俊이며, 함허의 문인임을 알 수 있다."라고 말하고 있다.[36] 그러나
이에 대하여 김지견은 설잠이 제시한 것은 준상인峻上人이고, 이능화
가 말하고 있는 것은 준화상俊和尚으로 다르며 더욱이 홍준弘濬으로
보기에는 문제가 있다고 말한다. 또 심경호는 『김시습평전』에서 뒷날
정인사 주지가 되었던 설준雪峻 화상으로 비정하고 있다. 어쨌든 준화
상이 누구인지를 확정하는 것은 쉽지 않아 보인다. 다만 『매월당시집』
권3에 '준상인에게 20수를 바침(贈峻上人二十首)'의 서두에서 준상인에
대하여 다음과 같이 밝히고 있다.

준상인峻上人은 선문의 노인이다. 처음에 호남 땅에 숨어 살만한
곳이 있어서 몇 해 동안 석장(錫杖: 지팡이)을 머물러 두었다. 도력이
성취되면서 운수행각을 시작하여 홀연히 서울에 들어오니 선비와
여인들이 바큇살 모이듯 하였으니, 풍문을 바라만 보고서도 휩쓸려
교화한 것이 다름이 있었다. 이에 이름난 재상들과 잘 믿는 거사들
이 한결같이 청하니 그러한 대원大願이 마침내 이루어졌다. 다시
호남에 머무르게 되니 용모에 위의가 있고 도道는 강직하였다.
내가(설잠) 임신년(1452) 여름에 상기喪期를 마쳤을 때 (준상인은)
조계사(송광사)에 머물고 있었는데, 그를 따라 함께 사대社臺에

36 李能和 編, 『譯註 朝鮮佛教通史』 권2, 東國大學校出版部, 2010, pp.72~73.

있게 되었다. 과연 듣는 바와 같이 (준상인은) 도를 사모하면서도
초탈한 마음이 말하는 곳마다 드러나고, 매일 선과 관련된 말(禪關
語)을 여쭈어도 낭랑하게 말씀해 주었다. 이에 지난날 찾아 구경한
경치를 따라 두어 수 휘둘러 써서 푸른 봉우리 맑은 시냇물에서
자고 먹는 한맛으로 삼고자, 붓을 잡아 내달리었다.[37]

위에서 알 수 있듯이 설잠은 1452년 18세의 나이에 송광사의 준상인
을 만나 그로부터 선禪을 배웠음을 알 수 있다. 또 설잠은 이 준상인을
공경하고 흠모하였으니 그에게 20여 수의 시를 바치게 된 것이다.
그러나 그렇다 하더라도 설잠이 이 준상인에게 출가하였거나 선법을
이어받았다고 확정할만한 단서는 없다. 준상인이 송광사에 머물고
있었던 것으로 보아 수선사 계통의 승려였거나 혹은 나옹계의 승려라
고 짐작할 순 있지만, 결국 법계를 통하여 설잠의 선사상을 추정하기에
는 어려움이 있다고 할 수 있다.
　한국의 선은 나말여초 화엄종의 승려들이 입당구법入唐求法하여
선사상을 가지고 돌아와 소위 구산선문九山禪門을 개산하면서 정착되
게 된다. 이들의 주류는 남악회양과 마조도일을 잇는 마조계이며,
비주류는 청원행사와 석두희천을 잇는 석두계이다. 이러한 구산선문

---

37 梅月堂 金時習撰, 『梅月堂詩集』 卷1(『韓佛全』 7冊, p.249上), '贈峻上人二十首'條,
　"峻上人 禪門老宿. 初於湖南 有可隱之處 住錫數年. 道力旣成 歷遍雲水 忽過京洛
　士女輻湊 望風而靡 所化無同. 乃因名宰及善信居士固請 因雅適大願訖. 復遊湖
　南 容儀有道骨焉. 僕於壬申夏制 弭錫曹溪 遂同住上社臺. 果如素聞 其慕道超脫
　之心 著於語辭之表 每日扣問禪關語琅然. 因其曩日探翫景却掃數聯 以資碧峯
　清潤眠食之一味 拈翰走爾."

의 선사상이 위축되게 된 직접적인 계기는 고려 광종 때 왕권강화를 위해 법안종을 유입한 것과, 문종 때 대각국사 의천에 의하여 천태종이 개창되면서 기존의 선종세력은 크게 위축하게 된다. 이후 한국선이 다시 부활하게 된 것은 보조국사 지눌에 의해서이며, 나말여초에 이르면 여말 삼사에 의하여 임제종의 선풍이 크게 유행하게 된다. 설잠이 생존하던 당시 불교계의 선사상은 이미 학계에 널리 알려진 바와 같이 몽산덕이와 고봉원묘의 간화선 선풍이 유행하고, 나옹과 무학의 법손들을 중심으로 지공선과 임제선의 선풍이 크게 유행하고 있었다.

그런데 설잠은 이러한 당시의 분위기와는 조금 떨어진 상태에서 조동종 계열의 『십현담요해』를 내놓았다. 설잠이 요해한 『십현담』은 앞서 언급한 바와 같이 송대 조동종 운거도응雲居道膺의 법사法嗣인 동안상찰同安常察이 정편오위설의 실천적인 의미를 강조하여 편집한 저술이다. 이 상찰의 『십현담』에 대하여 당말 오대 시절 청량산에서 활약한 청량문익淸凉文益이 주를 단 것이 『동안찰십현담청량화상주同安察十玄談淸凉和尙註』이다. 그리고 동안상찰의 『십현담』에 설잠이 주를 단 것이 바로 『십현담요해』이다. 이 요해는 이후 훈민정음으로 언해되었는데, 해인사 백련암에 가정 27년(1548)에 판각된 언해본이 소장되어 있다.[38] 그리고 1865년 설악산 오세암에서 만해 한용운이 청량과 설잠의 주석과 다른 새로운 주석을 하여 발간하였는데, 『십현담주해十玄談註解』가 그것이다.

---

38 신규탁, 「『십현담주해』에 나타난 만해 한용운의 선사상」, 『선문화연구』 16집, 2014, pp.8~9.

　이와 같이 설잠의 『십현담요해』는 조선 전기 조동선 사상에 관한 대표적인 저술이라 할 수 있다. 이는 고려시기 일연의 『중편조동오위重編曹洞五位』를 잇고 만해의 『십현담주해』로 이어지는 귀중한 자료라 할 수 있다. 일연의 『중편조동오위』는 동산양개洞山良价의 『조동오위현결曹洞五位玄訣』과 조산본적曹山本寂의 간揀 및 축위송逐位頌과 광휘의 석釋을 검토하여 자기의 견해를 밝히고 있는 작품이다.[39]

　그렇다면 설잠이 『십현담요해』를 통하여 드러내는 선사상의 특징은 무엇일까? 이에 대하여 한종만은 다음과 같이 정리하고 있다.

　첫째, 현실인식의 전환이다. 현실긍정에 도달하는 과정 속에서 절대의 본체의 세계를 알아야 한다. 공이라든가 일심一心·무심無心 등의 본체세계를 경험한 뒤에 현실로 돌아와야 한다.
　둘째, 현실세계에 구속되지 않고 일상생활에서 생활하면서 진리를 실현하는 것이다. 삼라만상 속에서 살면서 불교적 의지를 실천한 사람이 바로 설잠의 인생이다.
　셋째, 설잠은 일관되게 격외선 도리를 강조하고 있다. 선을 성품의 묘용에 입각한 활선으로 보고 있다. 곧 선은 세간을 떠나서 무사안일하는 것이 아니라 어묵동정 간에 마땅히 기뻐하고 마땅히 노하는 가운데 언제나 자성을 떠나지 않는다는 것이다. 곧 본성을 상황에 맞게 활용하는 활선으로 보고 있다.[40]

---

39 한종만, 「고려시대의 조동선」, 『한국조동선사』, 불교영상, 1998, pp.116~117.
40 한종만, 「조선시대의 조동선」, 『한국조동선사』, p.165.

그렇다면 설잠이 한국 선사상사에 차지하는 위상은 어떻게 평가될 수 있을까? 임제종이 주류인 한국 선사상사의 흐름에 비추어 볼 때 설잠이 남긴 『십현담요해』는 이질적인 것임에 틀림없다. 그럼에도 불구하고 임제선 일색의 불교계에 조동종의 핵심적인 종지를 철학적으로 논구했다는 점에 있어서 독자적인 가치가 있다 하겠다. 일본에서 조동종이 크게 발전한 반면 한국에서는 임제종이 크게 발전하였다. 그렇다면 한국에서 조동선의 전개는 전혀 없었던 것일까? 그렇지는 않은 것 같지만, 이에 대한 역사적 정리는 미흡한 것이 현실이다.

이는 조선 중기 청허와 부휴의 법손들에 의하여 '임제-태고 법통설'이 정착되면서 대부분의 승려들이 자신의 법맥을 임제종에 대면서 조동선을 소홀하게 인식하였던 흐름에서 기인한다. 그리고 개화기 원종圓宗이 공권력으로부터 공인을 받으려고 일본의 조동종과 맹약한 것이 문제가 되어 임제종 운동이 일어나면서[41] 한국불교의 정체성을 임제종으로 내세우게 되자, 조동종 맹약의 반발심으로 인해 한국 조동선의 역사에 대한 배척이 은연중 있었던 점을 살필 수 있다. 그럼에도 불구하고 1998년에 한종만에 의하여 『한국조동선사』가 단행본으로 발간되었다는 사실은 주목할 내용이다. 한종만은 이 책의 머리말에서 다음과 같이 밝히고 있다.

중국과 일본의 불교 선사상사는 임제선과 조동선의 두 가지 큰 주류를 이루고 있다. 그러나 한국은 신라 말, 고려 초에 조동선이

41 김광식, 「1910년대 불교계의 조동종맹약과 임제종운동」, 『한국 근대불교사연구』, 민족사, 1996.

전래되었으나 그 후 맥이 끊어진 것으로 이해되어 왔다. 최근년에 일연의 『중편조동오위』와 김시습의 『조동오위요해』가 발견됨으로써 한국조동선사의 맥이 이어지게 되었다.[42]

설잠의 법계를 통해 볼 때 그가 비록 『십현담요해』를 저술하긴 하였으나 조동종의 종파의식이 존재하였다고 보기는 어려운 점이 있다. 아마도 임제종과 조동종의 어느 종파에도 연연하지 않았다고 하는 편이라고 볼 수 있을 것이다. 실제로 『십현담요해』의 내용 속에는 격외선적인 면이 다수 나타나고 있다. 이는 그가 임제선의 전통과 반대의 측면에 서 있다기보다는 오히려 유학과의 대립에 서 있던 당시 선사상에 대하여 상보적이고 방어적인 측면에서 조동선을 강조했다는 해석도 가능하다.

제4절 한국불교사상사에서의 위치와 그 영향

한국사상사 전반에 있어서 조선 초의 우뚝한 봉우리의 정상에 설잠 김시습이 있다. 김시습은 유교·불교·도교의 모든 방면에 있어서 최고의 경지를 지니고 있음은 잘 알려진 사실이다. 현실 속에서의 철저한 소외와 고독에 찬 그의 평생의 삶과 대조적으로 그의 사상 전반에 흐르는 회통성과 삶과 세계에 대한 긍정성은 현대의 인문학 측면에서 의미를 찾을 수 있다. 유교·불교·도교의 개별 사상의 진수를 논하면서

---

42 한종만, 위의 책, 머리말.

도 삼교의 융합을 꾀하고 있고, 불교사상에 있어서도 선과 교의 진수와 회통성을 겸비하고 있다.

조선 전기 불교사상계는 정도전으로 대표되는 사대부들이 강조한 억불의 철학적 논리와 정치 사회적 측면에서 강화된 숭유억불 정책에 대응하는 불교계의 새로운 활로를 모색하는 것이 관건이었다. 바로 이 시기에 함허기화와 더불어 설잠 김시습은 대표적인 불교사상가였 다. 함허가 정도전의 억불 논리에 대한 대응과 『금강경』에 대한 연구에 주력했다면, 설잠은 대승교학의 꽃이라 할 수 있는 천태와 화엄, 그리고 남종선의 주류인 조동선과 임제선의 핵심적인 문제에 관심을 기울여 대승불교사상을 보다 완벽하게 구현하려는 의지가 있었다고 볼 수 있다. 특히 유·불·도 삼교 전체에 대한 해박한 지식을 바탕으로 천태와 화엄의 병중과 조화를 꾀하는 동시에 천태사상과 선, 화엄사상과 선사상의 회통과 화해를 시도하였다. 아울러 임제선에 기울어져 있던 한국불교계의 흐름 속에서 조동선의 오위사상을 새롭게 해석함으로써 임제선과 조동선의 회통을 꾀함과 아울러 유학으로부터 임제종에 대한 비판을 방어할 논리적 기제를 제공하였다. 이런 사상과 행보는 다양한 측면에서 탐구 및 연구할 가치가 무궁무진하다.

설잠은 당대 불교계의 승려들이 관심을 가지진 않았지만 한국불교사 상사에 있어서 중요한 저작들을 내놓았다. 그가 내놓은 화엄, 천태, 선의 전적들은 모두 난해한 저작으로 일반인들이 쉽게 접근할 수 없는 한계를 지니고 있지만, 한국불교사상사에 있어서 각 분야에 절대의 위상을 확보하고 있다고 평할 수 있겠다.

본 장에서 밝힌 바와 같이 설잠의 화엄사상은 『화엄석제』와 『법계도주』로 대표되는데, 전자는 화엄을 법계와 법성을 성기의 입장에서 바라보고 있으며, 이는 의상의 전통을 계승하면서도 고려 중기 지눌의 화엄선 사상과 상통하는 부분이다. 즉 의상과 지눌의 화엄선의 전통을 조선 전기에 설잠이 되살려 놓고 있음을 확인할 수 있는 것이다. 또 후자는 김지견이 밝힌 바와 같이 해동화엄의 주류인 의상의 화엄사상이 『법계도』를 통하여 획정되었듯이, 이후 해동화엄의 특징은 실천 위주의 성기사상에 있음을 알 수 있다. 이 중 『법계도주』야말로 균여와 체원體元을 계승하고 있으며, 또 조선 후기 연담으로 이어지고 있음을 볼 수 있다.

다음으로 설잠의 천태사상은 『연경별찬』을 통하여 알 수 있다. 이 저서를 통하여 설잠은 특히 제관에게 사상적 영향을 받고 있음을 알 수 있다. 또한 그의 저술이 의천과 요세와 정인으로 이어지는 고려의 천태사상을 계승하고 있다는 점에서 사상사적 의의가 있다 할 것이다.

마지막으로 설잠의 선사상은 그의 법맥을 통해서는 밝힐 수가 없고, 『십현담요해』를 통하여 설명할 수 있다. 이는 조선 전기 조동선 사상에 관한 대표적인 저술이라 할 수 있는데, 고려 일연의 『중편조동오위』를 잇고 근대기 만해의 『십현담주해』로 이어지는 귀중한 불교사상적, 철학적 텍스트라 할 수 있다.

설잠의 불교사상은 그가 처한 실존적·사회적 상황과 긴밀하게 맞물려 있다. 그가 불교와 유교 및 도교의 사상을 넘나들며 제 사상 간의 융회를 꾀하려 한 점이 주목된다. 그는 불교사상에 있어서 화엄과 천태를 논하면서도 선사상의 입장에서 화엄과 천태를 새롭게 해석하려고 하였거니와 이것이 설잠의 불교사상의 큰 특징이라 할 수 있다. 또한 그는 성구와 성기의 융회, 교학과 선학의 융회, 나아가 불교와 유교 및 도교의 융회를 꾀하려는 입장을 개척하고, 그를 실현하였다. 이는 그가 처한 실존적·사회적 상황이 만들어낸 철학적 산물이라고 해석할 수 있다.

그동안 한국불교사상사에 있어서 설잠의 불교사상에 대한 종합적 이해와 객관적인 평가는 소홀하였다. 또 설잠 이후 불교계의 상황에 있어서 설잠의 사상은 중심부에 서 있거나 주목을 받아오지 못한 것이 사실이다. 이러한 원인은 조선 후기 불교사상계가 임제종, 화엄사상, 정토사상이 주류가 되었던 것에 비해 조동선과 천태철학이 열악했기 때문이다. 특히 일제 강점기를 거치면서 천태사상과 조동종의 사상이 우세한 일본불교에 대한 대결의식, 비판의식이라는 흐름이 더해지면서 설잠의 사상이 주목받지 못한 요인으로 작용했다.

한편 설잠의 불교 저술들은 뚜렷한 종파적 입장을 견지하고 있지 않기 때문에 저술 상호 간의 유기적 연계성에 대하여 분명하게 정의하기 어려운 점이 있다. 지눌의 경우 선과 화엄의 사상적 통합과 화엄에 대한 선의 실천적 우위성을 강조하고 있음이 분명히 나타나며, 이는 당시 그가 소속된 수선사의 입장을 분명하게 반영하고 있다. 그러나 설잠의 경우 종파가 사라진 불교계의 상황, 유교에 의하여 불교계가 탄압받는 정치적 상황 등과 맞물려 있어서 그의 저술들이 개인적 관심에 의하여 이루어진 것으로 이해된다. 그럼에도 불구하고 화엄, 천태, 선의 영역을 넘나들고 있는 그의 저술 전체에 내적인 유기성이 없다고 단정할 수는 없다. 논자는 그 내적 유기성을 화엄성기華嚴性起

와 천태성구天台性具의 병중幷重, 즉 지관겸수와 마찬가지로 두 사상을 동시에 취하여 조화와 통섭通攝을 꾀하는 것으로 파악하였다. 아울러 선교일치를 통하여 언어와 이론의 그물을 벗어나고 있다고 파악하였다. 앞 장에서 천태와 화엄과 선의 불성론에 대한 소개를 하였던 것도 설잠의 사상 속에 이들의 불성론이 가진 장점이 융합融合되어 있다는 점을 드러내고자 한 것이다.

결국 설잠이 강조하고 있는 화엄의 성기사상, 천태의 일불승 사상, 선의 십현담 사상 등은 모두 우리가 현재 살고 있는 이 땅에서 중생 그대로 부처인 삶을 살아가자는 적극적인 의미를 지니고 있다. 또한 화엄성기와 천태성구를 병중, 화회시키고, 선사상의 입장에서 화엄과 천태를 재해석하는 독특한 철학적 세계를 구축하고 있다. 이는 원효와 의상, 그리고 지눌에 이어 조선 전기 한국불교사상을 대표하는 불교사 상가로서 손색이 없음을 말하고 있는 것이다.

제8장 결어

숭유억불의 조선시대를 일컬어 불교의 쇠퇴기, 침체기 또는 무종파의 산중불교시대라 일컫는다. 그런데 『한국불교전서韓國佛敎全書』에 수록된 내용을 살펴보면 그 질과 양의 면에 있어서 통일신라나 고려시대에 결코 뒤지지 않음을 볼 수 있다. 불교학의 분야에 있어서 조선불교가 쇠퇴하였다는 점은 연구자의 미비로 인하여 제대로 평가되지 못한 측면이 있다. 이는 조선 중·후기뿐만 아니라 조선 초기 불교사상에 있어서도 마찬가지라 할 수 있다.

조선 초기의 불교사상을 주도한 대표적인 인물로 함허涵虛 기화己和와 설잠雪岑 김시습을 거론하지만 그동안 대부분의 연구는 기화에 집중되었다. 그것은 조선시대의 사상의 중심이 성리학性理學에 있다는 전제 아래 정도전鄭道傳을 위시한 유학자들의 불교 비판에 대한 이론적 대응과 유불회통儒佛會通의 논리를 함허가 제시하고 있기 때문이다. 그런데 불교사상사의 관점에서 보면 불교 자체의 철학적 논의를 본격적으로 제시한 설잠의 사상을 재인식하고, 더욱 주목해야 하지 않을까 생각한다.

　설잠 김시습은 계유정난을 통하여 등극한 세조世祖에 대한 부정으로 인하여 한동안 조선사회에서 금기시되던 인물이었다. 그러나 중종中宗 대에 이르러 복권이 되었고, 17세기 서인西人 세력들에 의하여 그들의 정치적인 목적에 의하여 절의節義를 지킨 인물로 부각되었다. 이러한 과정에서 계유정난 이후 대부분의 삶을 승려로 살았던 설잠의 본모습은 유학자들의 프리즘을 통하여 왜곡되어진 측면이 있다. 이러한 점 때문에 세월이 한참 흐른 지금에 와서 설잠의 불교사상을 총체적으로 접근하는 것 자체가 어렵다.

　필자는 오랜 시간 설잠의 불교사상에 천착해 왔다. 설잠이 저술한 『화엄석제華嚴釋題』, 『일승법계도주병서一乘法界圖註幷序』, 『연경별찬蓮經別讚』, 『십현담요해十玄談要解』, 『조동오위요해曹洞五位要解』 등의 저술은 그 자체가 난해함으로 인하여 쉽게 다가갈 수 없었다. 더욱 어려운 점은 이러한 저술 사이에 보이는 내적 연관성이라 할 수 있다. 성리학을 비롯한 유학사상에 해박한 지식을 습득하였던 설잠은 분명 그 한계를 벗어나기 위하여 불교에 뛰어들었다. 그리고 그의 마지막 삶 또한 승려로 마감하였다. 이러한 사실로 미루어 볼 때 설잠의 불교 저술들은 당시 성리학이 가지는 철학적 문제를 함축하면서도 한국불교사상사에 흐르는 사상적 맥을 계승하면서도 커다란 결함을 보완하고자 하는 설잠의 의도가 개입되어 있다는 가정을 하지 않을 수 없다.

　고려 말 불교사상계의 주된 흐름은 간화선이라 할 수 있다. 남송의 대혜종고大慧宗杲가 주창한 간화선은 화두를 통하여 깨달음을 얻는 방법으로서 큰 장점을 지니고 있었다. 그러나 임제선이 주장하는 '작용시성作用是性'이 지니는 문제점은 이미 주자朱子에 의하여 비판을 받고서 '성즉리性卽理'의 성리학性理學을 주창하기에 이른 것이다. 따라서 주자의 성리학을 새로운 건국이념으로 표방한 조선에 있어서, 임제선의 불성론佛性論은 유학자들의 지지를 얻기는 어려운 점이 있었다. 설잠의 저술이 천태와 화엄, 그리고 조동선의 사상을 논하면서도 이를 다시 임제선의 관점에서 해석하고 있는 점은 당시의 유학자들의 불교 비판을 보다 근본적으로 해결하고자 하는 철학적 작업이라고 평가할 수 있다.

불교는 한마디로 부처가 되고 부처로서의 삶을 살아가는 것을 목표로 한다. 그래서 깨침과 자비가 새의 양 날개와 같이 두 축을 이루고 있다. 그런데 동아시아 대승불교에 있어서 부처의 인식은 결국 '심성心性'의 문제로 환원되고, 부처 되는 방법 또한 '심성心性'의 체인體認에 있다. 그러한 문제를 철학적으로 다루고 있는 것이 바로 불성론佛性論이라 할 수 있다. '불성'에 대한 문제는 결국 동아시아 불교의 핵심이라할 수 있다. 역사적으로 한국불교에서 가장 중요시한 불교의 텍스트는 『화엄경』, 『십지론』, 『경덕전등록』, 『선문염송』 등이며, 이를 수행의 지남으로 삼아 근·현대에 이르고 있다. 신규탁은 "이것을 사상적 측면에서 말하자면, 근현대기의 승려들은 '법성法性'사상을 근간으로 하면서, 간경자看經者들은 혜안구족慧眼具足을, 참선자參禪者들은 의단독로疑團獨露를, 염불자念佛者들은 삼매현전三昧現前을 추구했다."[1]라고

---

1 신규탁, 『한국 근현대 불교사상 탐구』, 새문사, 2012, p.12.

482

지적하였다. 즉 한국불교의 사상의 핵심을 '법성사상'으로 바라보고 있는데, 이는 본 고찰에서 강조하고 있는 '불성론'의 관점과 동질적인 것이라 하겠다. 설잠의 불교사상 또한 마찬가지로 볼 수 있다. 그의 불교적 저술들 사이의 내적인 연관성 또한 불성론의 관점에서 바라볼 때 제대로 이해될 수 있다는 전제하에 본서를 집필한 것이다.

필자는 본서에서 설잠의 불교 관련 저술들을 주 텍스트로 하면서, 설잠의 천태와 화엄 및 선사상을 논구하였다. 연구 방법에 있어서는 '불성론'의 전개를 기저로 하여 설잠의 불교사상에 대한 분석을 시도하였다. 다시 말하여 동아시아 불성론 전개의 핵심인 천태의 '성구론'과 화엄의 '성기설', 나아가서는 선종의 '명심견성明心見性'과 '무정유성無情有性'의 불성론을 잣대로 하여 설잠의 불교사상을 밝히고, 설잠이 그를 통하여 무엇을 제시하고자 했는가를 밝히고자 한 것이 연구의 목표였다. 이와 관련된 경전을 중심으로 하여 그 내용을 밝혔다. 이하 각 장의 내용을 요약하면 다음과 같다.

먼저 제2장, 〈설잠의 시대적 배경과 생애〉에서는 설잠의 불교사상과 불성론에 대한 이해를 돕기 위하여 그가 살았던 당시 불교계가 처했던 시대적 상황과 그의 생애에 대하여 논구하였다.

설잠이 살았던 세종과 성종 사이의 기간은 숭유억불의 상황이 토착화되면서 제도적으로 그런 분위기가 강화되던 시기였다. 즉 불교계의 종단이 축소되었고 승려의 수와 사찰의 수가 감소됨은 물론 불교 탄압의 정책이 확대되어 갔다. 물론 세조 당시에는 일시적으로 흥불의 정책들이 실시되었지만, 계유정난을 인정하지 않는 설잠의 완고한 입장으로 인하여 그러한 정책에 설잠은 소극적이었다. 설잠의 삶에 지대한 영향을 미친 것은 계유정난이었다. 요컨대 설잠을 유학자의 길에서 승려의 길로 변화하게 한 직접적인 계기였다. 그의 삶에 유학자의 모습과 승려의 모습이 동시에 보이는 것 또한 계유정난을 겪으면서 유학이 가진 한계를 스스로 느꼈던 것으로 파악된다. 또한 조선 전기 불교사상사에 있어서 그는 전대 인물인 함허기화, 그의 사후 허응당 보우 및 청허휴정 사이에 존재하는 대표적인 사상가였다. 함허는 정도전의 불교 비판에 대하여 적극적으로 대응하는 한편 유불회통의 논리를 전개하였고, 또 허응당 보우는 정치적으로 흥불을 위해 노력하였으며, 청허휴정이 유불도 삼교회통에 대한 이론적 대응을 한 것과는 다르게 그는 천태와 화엄 그리고 선 분야에 있어서 독자적인 이론을 전개함으로써 조선 불교사상의 외연을 확대하고 철학적 논의를 심화시켰다.

'설잠의 생애'에 있어서는 우선 율곡의 『김시습전金時習傳』에 언급되어진 내용이 유학자의 시각을 견지하고 있으며, 또한 17세기 이후 정치적 이유에 의하여 김시습이 유학자로서 크게 부각되었기 때문에, 승려 설잠의 삶에 대한 객관적인 조명이 필요함을 도출했다. 이러한 관점에서 설잠의 삶은 '재가기, 출가기, 입세간기, 재출가기'로 나누어 볼 수 있다. 그의 저술 시기에서 『십현담요해』는 성종 6년(1475)에, 『화엄석제』는 대략 40대 초반에 집필된 것으로 추정되며, 『법계도주병서』도 47세 이전에 완성되었을 것을 분석하였다. 또 설잠이 『연경별찬』을 찬술한 구체적인 시기를 밝혀주는 문헌은 아직 밝혀지지 않았지만, 『법계도주』와 『십현담요해』를 찬술한 이후나 혹은 거의 동시대로 추정된다.

484

　이어 제3장에서는 〈성기와 성구의 사상적 연원과 전개〉라는 제명題 名 하에 설잠의 불성론을 이해하기 위해 그 사상적 연원과 기초가 되는 중국의 불성론에 대하여 살펴보았다. 그래서 우선적으로 초기 중국 불성론의 전개과정을 개괄하였고, 천태의 성구론과 화엄의 성기 설의 형성과 발전과정을 논술하였으며, 최종적으로 선종의 불성론을 서술하였다.

　구체적으로는, 제1절인 '초기 중국 불성론의 전개'에서는 중국에서 윤회의 주체아主體我 탐구로부터 제시된 여산廬山 혜원慧遠의 '신불멸 론神不滅論'을 토대로 하는 '법성론法性論'에 대하여 검토하였다. 혜원 의 '법성론'은 승가제바僧伽提婆가 번역한『아비담심론阿毘曇心論』과 『삼법도론三法度論』의 두 논서의 서문과『사문불경왕자론沙門不敬王 者論』을 통하여 제시한 '신불멸론'으로 대표된다. 이는 초기불교에서 윤회의 주체아를 부정하는 '무아론'에 대한 당시 중국불교계의 의문을 해소하면서 후대에 상당히 중요한 영향을 미치기는 하였지만, 그 자체로는 상당히 문제가 많은 과도기적인 불성론이라고 할 수 있다.

　혜원의 문하에서 수학하고 구마라집에게 가서 중관반야학을 수학하 였던 축도생은 초기에 '선불수보善不受報'과 '돈오의頓悟義'를 세웠으 며, '일천제도 모두 성불할 수 있다(一闡提皆得成佛)'는 주장으로 당시 불교계로부터 이단아의 취급을 받았다. 그렇지만 그가 만년에 주장하 였던 '돈오성불론'은 중국불교 불성론의 새로운 전기를 마련하였다. 그는 '불佛'을 '이理'로서 해석하여, '이理를 관관觀觀하여 득성得性'함을 '열반'의 원인으로 설명한다. 도생의 '불성'은 십이연기의 '중도'와 반야 의 '제법성공'을 그 기초로 삼고 있는데, 이는 혜원의 '법성론'과는 상당한 차별이 있다. 혜원의 법성이 다분히 실체성을 지녔다면, 도생은 '실상무상實相無相'의 제법성공을 토대로 하여 불성을 제시하였던 것이다. 또 그의 '돈오론'은 이理'에 부여한 '불이不二', '무이無二', '불가분不可分', '상일常一', '불역지체不易之體', '담연상조湛然常照' 등의 성격과 '이체理體', '이극理極' 등의 본체적 역할을 통하여 전개되었다. 즉 돈오의 근거가 바로 '이치'의 '나눌 수 없는(不可分)' 성격이고, 또한 그것은 '불이'의 깨달음과 부합함으로 '돈오'를 이룬다는 것이다. 이는 전체적인 대상과 내용은 반드시 전체적인 인식과 깨달음만이 가능하다는 말로서 그것이 바로 '돈오'라는 것이다. 이러한 돈오성불론은 본격적인 중국 불성론의 출발을 알리는 신호탄이며, 이후에 전개되는 다양한 불성론의 가장 원형적인 형태를 제시하였다.

도생의 '돈오성불론'의 제창 이후 중국의 불성론은 다양한 형태로 발전하였다. 근본적인 원인은 경전에서 '불성'을 다양한 명칭으로 표현하고 있기 때문이다. '불성'은 법성, 진여, 실제(實際: 無住實際), 열반, 일승, 수능엄삼매, 사자후삼매獅子吼三昧, 여래장자성청정심, 팔식 등 다양한 명칭에 따라 다르게 해석될 여지가 상당히 많다. 또한 각 경론에서는 여러 가지 각도에서 불성을 논하기 때문에, 불성에 또한 인불성因佛性, 과불성果佛性 등 여러 종의 설법이 있다. 특히 인위因位와 과위果位 등의 구분은 다양한 불성론의 핵심적이고 본질적인 내용이다. 그래서 다양한 '불성론'에 대하여 역대의 종사들은 각각 종합적으로 정리하였다. 대표적으로 길장은 『대승현론大乘玄論』에서 정인불성正因佛性의 11가家를 열거하였고, 원효는 『열반종요涅槃宗要』에서 불성을 해석하는 데 있어서 6사師를 열거하였으며, 균정均正의

『대승사론현의大乘四論玄義』는 정인불성 본本 3가家, 말末 10가家를 나열하고 있다. 본서에서는 이를 종합하여 12가지로 정리하였다.

　이러한 불성론에 관한 담론은 몇 가지 주요한 논의를 도출시켰다. 대표적인 것이 불성의 '본유本有'와 '시유始有'에 대한 논의이다. '본유'는 중생이 모두 불성이 있으므로 결국은 모두 성불한다는 말이고, '시유'는 청정한 불과佛果가 묘인妙因으로 생하고, 중생의 각성은 인연을 기다려서 비로소 일어나 장애를 부수고 깨달음을 얻어 응당 성불을 할 수 있다는 것이다. '본유'를 주장한 대표적인 인물은 도생이며, '시유'를 주장한 대표적인 인물은 정영사淨影寺 혜원이다. 또 반야의 중관中觀적인 입장에서 본유와 시유에 대한 논의를 한 차원 끌어올린 인물은 길장이다. 길장은 반야에서 일체제법은 모두 불가득不可得이요 언어도단言語道斷으로서, 불가사의한 진리의 세계를 설명하고 있다. 불성 역시 마찬가지로 불성을 지극至極으로 하지만 그 소재는 설명할 수 없다. 따라서 이것도 맞고 저것도 맞으며, 진眞인 동시에 속俗이고, 인因인 동시에 과果이며, 본本인 동시에 시始이다. 하지만 응병여약應病與藥의 방편설의 입장에서는 진眞도 속俗도 아닌 중도中道로서, 이를 정인불성正因佛性으로 삼는다고 말함으로써 기존의 불성론에 대한 비판을 통해 통합적인 불성론을 새롭게 제시하였다.

　제2절인 '천태 성구론의 형성과 발전'에서는 초기 불성론이 어떤 과정을 거쳐 천태종에서 '성구론'로 귀결하는가를 논구하였다. 지의는 '불성'을 '실상'·'묘유'·'진선묘색'·'필경공'·'여여'·'열반'·'허공'·'여래장'·'중실리심'·'중도'·'제일의제' 등과 동등한 것이라고 말한다. 지의는 불성을 '중도'에 의하여 말하고 있는데, 중도는 '즉유즉무卽有卽無

본시상즉本始相卽'에 토대를 둔 묘유妙有로 설명하고 있다. 또 '불성 속에 선善과 악惡이 구유되어 있다'라는 성구선악설性具善惡說을 통하여 '묘유'를 표현하고 있다. 그리고 성구성악설은 '정인正因·요인了因·연인緣因' 등의 '삼인불성三因佛性'의 과정에서 나타난다. 기본적인 관점은 비유비무非有非無, 불염부정不染不淨의 실상實相을 정인불성으로 삼고, 실상에 대한 관조觀照를 드러내는 반야지혜般若知慧를 요인불성으로 하고, 각지覺智를 돕고 정성正性을 열어 나타나게 하는 공덕선행功德善行을 연인불성으로 삼는다고 할 수 있다. 또한 이러한 삼인 가운데 '실상'인 정인불성을 철저하게 무염정無染淨, 비선악非善惡의 본체계本體界에 상주함으로 정의하고 있고, 이에 반하여 '연인'과 '요인'은 염정染淨과 선악善惡을 갖춘다고 제창한다. 이러한 삼인불성은 본래부터 구족된 것이며, 나아가 이러한 삼인을 공가중空假中의 삼제와 연계시켜 이들이 철저하게 '호구互具'함을 제창하고 있다. 따라서 천태의 불성론은 '삼인호구三因互具'와 '성구선악性具善惡'이 가장 기본적인 토대라고 할 수 있겠다.

지의는 혜문의 '일심삼관', 혜사의 '십여시실상'과 자기의 '십계호구'를 혼합하고, 아울러 제법실상을 최후의 일념심一念心으로 귀결시켜서 '일념삼천설一念三千說'을 제창한다. 이렇게 '마음에서 일념이 일어나는 순간 동시에 삼천의 세간이 구족된다'는 논리는 중생의 성품(性)에 선과 악이 구족된다는 내용과 완벽하게 호응되게 된다. 지의는 '성구선악설'과 서로 연계하여 '탐욕즉도貪慾卽道'의 이론을 제시하였다. 이는 불교에서 탐진치貪瞋癡를 '삼독三毒'이라고 하여 근본적인 번뇌와 업장業障으로 보지만, 지의의 입장에서는 그 자체를 '도道'로서 보는 것이다.

'탐욕이 곧 도'라고 하는 것은 우둔한 자, 비천하고 박복한 자들은 선善에서 수도할 수 없기 때문에 이러한 부류의 중생은 악惡에서 수도하게 하였던 것이다. 즉 지의가 설한 '탐욕즉도'는 바로 방편설이고, 중생들의 근기에 따라 교화하는 수기섭화隨機攝化라고 할 수 있다. 이러한 '탐욕즉도' 사상은 '삼제원융三諦圓融'설에서 집중적으로 나타나는데, '삼제원융'이란 바로 '공', '가', '중'의 삼제가 상즉호구相卽互具하고 원융무애하다는 것이다. 이러한 이론이 불성론에 철저하게 스며들어, '대천세계의 일체제법은 그것이 선법이든 악법이든 관계없이 실제로 공空이고, 중中인 것이다. 중은 바로 중도불성中道佛性이다'라는 이론체계가 형성된다. 그리고 이와 같은 논리에서 탐욕제악법貪慾諸惡法은 바로 불성이며, 도道로서 실로 이치에 맞는 것이 된다. 천태종 계통의 학자들은 '성구선악'과 '탐욕즉도'를 제창하였지만, 결코 이 때문에 수행을 부인하지는 않았다. 이와 반대로 천태종의 역대 조사祖師들은 모두 수행을 대단히 중시하였으며, 지의에 이르러서는 '지관병중止觀竝重'의 수행법을 제시하였다.

제3절인 '화엄사상의 출현과 성기론'에서는 화엄사상이 성립하면서 출현한 '성기론性起論'에 대하여 논구하였다. 『화엄경』의 불성론은 '법신불法身佛'과 관련되어 있는데, 그것은 이른바 '본체本體'로서의 중국 불성론은 바로 '상주불변常住不變'의 '법신法身'과 밀접한 관계가 있기 때문이다. 화엄종의 '성기설'은 기본적으로 인과원융因果圓融과 즉본즉시卽本卽始의 입장에서 원융무애圓融無碍를 제창하고 있다. 즉 구분하여 말하면, 본本·시始는 한 가지 이론의 양면으로서, 통합하여 말하면 즉본즉시卽本卽始이다. 즉 화엄에서 인과는 원래 선후先後,

본시本始의 구분이 없고 일체법은 모두 일시적으로 이루는 것임을
강조하고 있다. 이러한 기본적인 불성론에 대한 해명을 통하여 화엄에
서는 '여래성기如來性起'의 '성기론性起論'을 본격적으로 제창하였던
것이다.

　법장은 『화엄일승교의분제장華嚴一乘教義分齊章』과 『수화엄오지
망진환원관修華嚴奧旨妄盡還源觀』를 통하여 불성을 본원적인 각성覺性
이요, 자성청정원명체自性淸淨圓明體라고 규정함으로부터 그 성격을
명확히 했다. 이러한 불성에 대한 표현은 천태종이 설한 것과 상당한
차별이 있다. 천태종이 성악性惡에 대한 극단적인 제창을 하는 반면에,
화엄종은 바로 불성이 순선純善하며 정법淨法으로서 청정하고 지고지
선至高至善한 원명체圓明體이자 본각지本覺智라고 주장하였던 것이다.
징관은 『대승기신론』의 '일심이문설'을 높게 평가하고 있다. 그는
법장의 유심설의 기초에서 다시 일심법계一心法界 무진연기無盡緣起설
을 제창한다. 여기에서 화엄성기사상을 발전시키고, 세계만유를 모두
일심一心에 귀결시키면서 '일체의 만유는 바로 일심이다'라고 말하였
으며, '영지지심靈知之心'으로서 『기신론』의 본각本覺 등을 해석했다.

　화엄종에서는 일체제법의 존재 형태를 법계연기를 통하여 논지를
전개하였다. 이는 법계연기설로서 다른 종파 연기관과 구별하는 상징
으로 삼기 때문에, 진일보하여 '법계'에 특정한 함의를 부여하고 또한
'법계'를 하나의 순정지선純淨至善의 본체로 간주한다. 화엄종에는
법계연기에 대한 많은 논술들이 있다. 그중 하나의 중요한 사상은
법계연기의 체용관계로서 진심본체와 제법만상의 상호관계를 설명하
는 것이다. 법계연기의 체용설은 바로 만물의 본원이 되는 것이니,

일정한 조건을 의지해서 만물을 변화시키고 파생하여 나오게 한다. 화엄종에서 설한 '법계'는 그 주요한 경향에서 본다면 '여래장자성청정심', '진심' 혹은 '청정묘유'에 속하지만, 법장과 징관 및 종밀의 주소註疏와 논저에서는 '심'을 구체적인 심으로 보는 경향이 있다. 이와 같이 화엄종에서는 일체제법이 모두 서로 체가 되고 용이 되어, 일진一塵을 들면 이理이고 사事인 것이고, 한 가지 사事를 말하면 인이고 과이며, 일법一法에 연이 있으면 만법이 일어나고, 만법에 연을 가져 일법에 들어간다고 주장한다. 또 무진연기의 사상은 화엄종의 '육상원융六相圓融', '사법계四法界' 및 '십현무애十玄無礙'의 설에서 집중적으로 표현된다. 화엄의 불성사상은 법장과 징관 및 종밀에 의하여 체계화되었는데, 법장의 '법성융통法性融通 사상'을 비롯하여 본서에서 상세히 다루었다.

제4절 '선종의 불성론'에서는 동산법문과 북종의 선사상, 『단경』의 돈오견성, 여래선과 조사선의 분화와 불성론 등으로 나누어 선종에 있어서 불성론이 어떻게 전개되었는지를 고찰하였다. 우선 중국의 선은 달마-혜가계의 '남천축일승종南天竺一乘宗'에 의하여 발아되었지만, 선종의 정착은 도신-홍인의 동산법문에 의하여 이루어졌다. 도신에 관한 유일한 자료는 『능가사자기楞伽師資記』이며, 『능가사자기』의 '도신전'에 의하면 그의 저술로 『보살계법菩薩戒法』 1권과 『입도안심요방편법문入道安心要方便法門』이 있었다고 한다. 도신은 '일행삼매'를 강조하였으며, 이에 득입得入하는 방편으로서 '염불'과 '좌선' 및 '오문선요五門禪要'를 설하였다. 그 내용의 핵심은 '수일불이守一不二'이며, 이는 마음을 하나의 사물에 집중시켜 간看하는 것이다. 이는 입도안심

入道安心의 경지로 볼 수 있는데, 바로 도신의 핵심적인 선사상이라 할 수 있다. 이러한 도신의 선법을 그대로 계승한 이는 오조五祖 홍인弘忍이다. 홍인의 선사상은 『최상승론最上乘論』을 통하여 살펴볼 수 있는데, 그 핵심은 '수심守心'에 있다. '수심'은 열반법涅槃法이 드러나는 수행법이며, '자성청정심'을 찾아내는 실천법이다. 이러한 홍인의 '수심'은 '수진심守眞心', '수아본심守我本心', 혹은 '수본진심守本眞心'으로도 표현되고 있다. 이 중 '수본진심'이 가장 많이 사용되고 있어 홍인 선사상의 특징을 '수본진심'으로 규정할 수 있다. 이러한 도신-홍인의 선사상을 역사적으로 적전嫡傳한 이는 북종의 신수神秀이다. 그의 선사상은 『관심론觀心論』과 『대승무생방편문大乘無生方便門』으로부터 파악할 수 있는데, 그 핵심은 '대승오방편문大乘五方便門'으로 불리는 법문에 있다. 신수는 '신심을 일으키지 않음(身心不起)'을 '수진심守眞心'으로 말하고, 또한 '심불기心不起'를 '심진여心眞如'로 파악한다. 이러한 사상은 그대로 도신-홍인의 사상과 연계될 수 있는 것이고, 특히 홍인의 '진심을 지켜, 생각마다 머물지 않게 함(守眞心, 念念莫住)'과 일치한다.

다음으로 조사선祖師禪의 종전宗典인 혜능의 『단경壇經』에서 '돈오견성頓悟見性'을 강조한 것을 살펴보았다. '돈오'의 강조는 바로 '정혜등학定慧等學'으로 이어진다. 북종 신수가 주장한 것은 마음이 움직이지 않는 것을 정定으로 보고, 이근耳根이 움직이지 않는 것을 혜慧로 보아 이 움직이지 않는 정으로부터 혜가 발휘되는 종정발혜從定發慧를 주장하였는데, 혜능은 이러한 신수의 정혜관을 점수라 공격하고 돈오에 입각하여 정혜등학의 입장을 천명하였다. 이렇게 철저하게 '돈오'의

입장을 강조하는 『단경』에서는 이른바 '무념無念·무상無相·무주無住'
의 '삼무三無'를 제창하고 있다. '무념'이란 생각함(念)에 있어서 생각하
지 않는 것(不念)을 말하는데, 이는 아무 생각이 없다는 의미가 아니라
생각이라는 작용을 긍정하면서 어떠한 대상을 생각하지 않는다는
의미이다. '무상'은 상相에 있어서 '상'을 떠난 것이다. 이는 이른바
반야학의 '소상파집掃相破執'의 대상으로서의 '상'과 '실상무상實相無相
으로서의 '상(相: 眞如本性)'을 가리키고 있는 것이다. '무주'란 생각마다
머물지 않고, 전념·금념·후념이 생각마다 상속하여 끊어짐이 없는
것이다. 만약 일념一念에 단절이 있다면, 법신法身은 바로 색신色身
을 떠나게 된다. 만약 일념이 머문다면 염념이 바로 머묾으로 계박繫縛
이라고 부른다. 이와 같은 『단경』의 불성론과 돈오론, 정혜등학, 그리
고 '무념·무상·무주'의 '삼무'는 점차 조사선의 선사상으로 전개되어
갔다.

    '조사선'의 개념이 정착되기 이전에는 선禪의 최고의 단계로서 '여래
선如來禪'의 개념을 사용하였다. '조사선'의 용어는 『경덕전등록景德傳
燈錄』 권11의 앙산혜적仰山慧寂 선사의 전기에 실린 앙산혜적과 향엄지
한香嚴智閑 사이의 문답에서 등장한다. '여래선'은 "작년 가난은 가난이
아니고, 금년 가난이 비로소 가난이다(去年貧, 未是貧, 今年貧, 始是貧)."
의 '도출수증道出修證'의 단계이다. '조사선'에서 "만약 사람들이 모른다
면 사미를 부르지 말라(若人不會, 別喚沙彌)."라는 것은 '본래현성本來現
成을 분명하게 함'과 '당하즉시(當下卽是: 지금 이 자리)'를 가리키는
것으로 해석할 수 있다. 이에 따라 여래선은 '점차漸次'에 떨어진 것이
고, 조사선은 '돈오頓悟'의 본연으로 본다. 결국 여래선과 조사선의

구분은 당말唐末에 등장하였는데, 그 판단의 기준은 바로 '돈頓'과 '점漸'에 있음을 알 수 있다.

여래선은 불경계佛境界를 최고 이상으로 삼으며 불과佛果를 이루는 것을 수행의 최고 목적으로 한다. 이를 위하여 언설과 학리學理, 사변思辨을 중시하여 점진적이고 점수적으로 나아가는 이른바 '도출수증道出修證'의 과정이다. 따라서 이러한 '수증'에 가장 정확하게 부합하는 선법은 바로 도신-홍인의 동산법문과 신수의 북종선이라고 할 수 있다. 조사선은 '조사'의 선을 가리키는데, 그 분기점은 육조 혜능이 활동하던 시절이었다. 나아가 『육조단경』의 출현 이후의 선사상을 지칭하고 있다. 『단경』이 조사선의 종전으로 받들어지는 가장 큰 원인은 '돈오頓悟'와 밀접한 관련이 있다고 할 수 있다. 『단경』에서 제시되고 있는 '돈오'는 '정혜등학定慧等學'과 '무념위종無念爲宗, 무상위체無相爲體, 무주위본無住爲本'의 종宗·체體·본本으로 설명되는 이른바 '삼무三無'와 모두 밀접한 관계를 이루고 있다. 이러한 핵심개념들은 모두 조사선의 사상적 근거로서 작용하고 있다. 즉 삼무三無는 '무수지수無修之修', '무증지증無證之證'의 수증修證의 근거가 되는 것이다. 한편 『단경』에서는 천태의 성구, 화엄의 성기 등의 불성론에서 한 걸음 더 나아가 자심과 자성으로 귀결시켜 이른바 '직지인심直指人心 견성성불見性成佛'을 제창하였다. 이와 같은 인간 본연의 자심과 자성에 입각한 불성론은 이미 최고의 한계에 이르게 되었다. 그렇지만 당唐 중기 이후부터 선종의 불성론은 도가道家의 영향 아래 '중생유성衆生有性'에서 '무정유성無情有性'의 방향으로 발전하는 경향이 나타났다. 후기 조사선의 이러한 '무정유성'은 가장 대표적인 불성론으로 자리매김하였으며, 이러한 흐름은 『단경』을 중심으로 하는 초기 조사선과는 상당한 차별을 보인다고 하겠다. 이러한 후기 조사선의 '무정유성'은 이후 동아시아 선사상에 있어서 절대적인 지위를 차지하며 전개되었다. 이와 같은 선종의 불성론은 선사에 따라서 '성구론'의 입장을 갖기도 하고, 혹은 '성기론'의 입장을 보이고 있어 '성구'와 '성기'의 '병중'이라고 할 수 있으며, 나아가서는 설잠 김시습의 불성론에 대한 관점이라고도 할 수 있겠다.

제4장에서는 〈설잠의 성기론〉이라는 제명題名 하에 『화엄법계도주華嚴法界圖註』의 성기론性起論과 『화엄석제華嚴釋題』에 나타난 선교일치禪敎一致와 화엄선華嚴禪의 제창으로 나누었다. 이를 통해 설잠의 저술 가운데 '성기'적 관점이 두드러진 『일승법계도주병서』와 『화엄석제』를 통해 여래성기如來性起의 화장세계華藏世界를 밝혔으며, 이를 통하여 '화엄선'을 제창하고자 하였음을 논구하였다.

제5장에서는 『연경별찬』을 통해 설잠이 천태 성구론을 어떻게 이해하고 있는가를 도출하였다. 그리고 『십현담요해』에서는 이러한 성구론과 성기설을 화해시키려는 의도를 밝히고, 이러한 과정을 통해 설잠은 당시 시대상황이 요구하는 다양한 사상을 제시하고자 했음을 밝혔다. 다시 말하면 설잠이 '성구'와 '성기'의 '병중'을 통해서 제시하고자 했던 것은 바로 조사선祖師禪의 완성이라고 할 수 있다. 특히 조동종의 『십현담』을 통하여 설잠이 제시하고자 했던 것은 오가五家 조사선의 전체적인 종풍宗風을 이끌어 유가儒家의 윤리설倫理說과 어긋나는 현실적 상황을 지적했다. 그러면서 '질책'의 입장을 드러내고, 한편으로는 구제救濟의 측면을 제시하고 있다. 전체적인 설잠의 사상은 불교의

입장에서는 선교일치를 통해 중생의 괴로움을 해결하고자 하는 것이었으며, 나아가서는 화엄선을 넘어선 생활선의 제창이었다. 불교사상적으로 말하면 선과 정토의 일치, 즉 '선정일치'를 제시한 것이다. 또한 전체적인 사상의 측면에서 보자면, 설잠은 단순히 불교만이 아니라 이러한 불교의 핵심적인 성구와 성기의 불성론 운용을 통해 유가(儒家: 儒教)와 도가(道家: 道教)를 융합하고자 하였다고 볼 수 있다. 이러한 설잠의 의도는 당시의 시대적 제문제를 해결하여 민중으로 하여금 보다 행복해지기를 바라는 염원을 실현코자 한 것이다.

제6장에서는 앞의 4장과 5장에서 논술한 설잠의 '성구론'과 '성기론'의 전체적인 정리라고 하겠다. 즉『일승법계도주병서一乘法界圖註幷序』와『화엄석제華嚴釋題』에 명현하게 드러나는 '성기론'과『연경별찬蓮經別讚』에 주로 나타나는 '성구론'의 관점을 정리하였고, 아울러 그들을 모두 조사선으로 귀결시키고자 하는 설잠의 의도를 논구하였다. 설잠의 조사선으로의 귀숙歸宿은『십현담요해十玄談要解』에서 가장 두드러진다고 하겠다.

마지막으로 제7장에서는 '한국불교사상사에서의 설잠의 위치와 평가'를 시도하였다. 설잠 불교사상의 복합성으로 본 장에서는 '화엄사상사에서의 위치', '천태사상사에서의 위치', '선사상사에서의 위치', 그리고 전체적인 '한국불교사상사에서의 위치와 그 영향'으로 대별하여 논구하였다.

이상으로 조선 전기 불교사상사의 금자탑이라 볼 수 있는 설잠의 불교사상을 불성론의 관점, 그리고 철학적으로 고찰하였다. 조선 전기 불교계가 정치적으로 극심한 탄압을 받고 또 사상적으로 임제종의 간화선을 맹목적으로 추종하던 상황 속에서 설잠이 주창한 화엄의 성기사상, 천태의 일불승 사상, 선의 십현담 사상 등은 불교사상의 재인식과 생명력을 불어넣을 수 있는 촉매제라 할 수 있다. 아쉽게도 그의 사상이 정치적인 이유로 주목받지 못한 것은 한국불교사상사의 큰 손실이라 할 수 있다.

이미 본서에서 밝힌 바와 같이 그의 화엄사상은 의상 이후 한국의 실천적인 화엄사상의 맥을 잇고 있으며, 천태사상은 제관과 의천의 사상적 맥을 잇고 있으며, 선사상은 임제선에 경도된 당시의 분위기 속에 경종을 울리고 있음을 볼 수 있다. 또한 이 모든 사상이 결국은 한국선의 중심적인 흐름인 화엄선과 임제선의 근본적인 종지를 함축적으로 드러내고 있는 점에 있어서 설잠의 한국불교사적 위상을 재확인할 수 있었다.

설잠의 사상 전체는 우리가 현재 살고 있는 이 땅에서 중생 그대로 부처인 삶을 살아가자는 적극적인 의미를 지니고 있다. 또한 화엄성기와 천태성구를 병중·회회시키고, 선사상의 입장에서 화엄과 천태를 재해석하는 독특한 철학적 세계를 구축하였다. 결국 설잠의 '선'을 통한 불교사상은 동북아 불교의 전통을 반영하면서도 한국불교의 전통성을 계승한 측면에서 높이 평가할 수 있다. 특히 불교와 유儒·도道 양교를 회통하였으며, '선禪'과 정토淨土를 회통시켜서 '생활선生活禪'을 제창하였다는 측면에서 한국불교사상사에서의 위상과 특성을 재조명해야 할 과제를 인식하게 된다.

참고문헌

1. 原典

海月堂金時習撰, 『華嚴釋題』(『韓佛全』7), 동국대학교출판부, 1986.

海月堂金時習撰, 『華嚴一乘法界圖註并序』(『韓佛全』7).

海月堂金時習撰, 『蓮經別讚』(『韓佛全』7).

海月堂金時習撰, 『十玄談要解』(『韓佛全』7).

海月堂金時習撰, 『曹洞五位要解』(『韓佛全』7).

知訥, 『普照全書』, 보조사상연구원, 불일출판사, 1987.

(北凉)曇無讖譯, 『大般涅槃經』(大正藏 12).

(後秦)鳩摩羅什譯, 『妙法蓮華經』(大正藏 9).

(後秦)僧肇撰, 『注維摩詰經』(大正藏 38).

(後秦)僧肇撰, 『肇論』(大正藏 45).

(晋)慧達, 『肇論疏』(卍續藏 54).

(宋)竺道生, 『法華經疏』(卍續藏 27).

(北凉)曇無讖譯, 『大般涅槃經』(大正藏 12).

(劉宋)求那跋陀羅譯, 『楞伽阿跋多羅寶經』(大正藏 16).

(宋)求那跋陀羅譯, 『楞伽阿跋多羅寶經』(大正藏 16).

(梁)寶亮等撰, 『大般涅槃經集解』(大正藏 37).

(梁)慧皎撰, 『高僧傳』(大正藏 50).

(梁)僧祐撰, 『出三藏記集』(大正藏 55).

(陳)眞諦譯, 『佛性論』(大正藏 31).

(新羅)元曉, 『涅槃宗要』(大正藏 38).

(隋)吉藏, 『二諦論』(大正藏 45).

(隋)吉藏, 『大乘玄論』(大正藏 45).

(隋)碩法師, 『三論游意義』(大正藏 45).

498

(隋)智顗,『妙法蓮華經玄義』(大正藏 33).

(隋)智顗,『妙法蓮華經文句』(大正藏 34).

(隋)智顗,『摩訶止觀』(大正藏 46).

(隋)智顗說, 灌頂記,『觀音玄義』(大正藏 34).

(隋)智顗,『四教義』(大正藏 46).

(隋)灌頂,『大般涅槃經玄義』(大正藏 38).

(隋)杜順說, (唐)智儼記,『華嚴一乘十玄門』(大正藏 45).

(唐)天冊金輪聖神皇帝製,『大周新譯大方廣佛華嚴經序』(大正藏 10).

(唐)李通玄撰,『新華嚴經論』(大正藏 36).

(唐)玄覺撰,『永嘉證道歌』(大正藏 48).

(唐)裴休述,『注華嚴法界觀門序』(大正藏 45).

(唐)裴休,『圭峯禪師碑銘』『全唐文』卷743).

(唐)均正,『大乘四論玄義』(卍續藏 46).

(唐)元康撰,『肇論疏』(大正藏 45).

(唐)智儼,『華嚴五十要問答』(大正藏 45).

(唐)法藏,『華嚴經義海百門』(大正藏 45).

(唐)法藏,『華嚴一乘教義分齊章』(大正藏 45).

(唐)法藏,『修華嚴奧旨妄盡還原觀』(大正藏 45).

(唐)法藏,『華嚴經探玄記』(大正藏 35).

(唐)法藏,『華嚴經旨歸』(大正藏 45).

(唐)神秀,『大乘無生方便門』(大正藏 85).

(唐)道宣,『續高僧傳』(大正藏 50).

(唐)淨覺,『楞伽師資記』(大正藏 85).

(唐)弘忍述,『最上乘論』(大正藏 48).

(唐)淨覺,『楞伽師資記』(大正藏 85).

(唐)宗密,『禪源諸詮集都序』(大正藏 45).

(唐)宗密,『注華嚴法界觀門』(大正藏 45).

(唐)宗密,『中華傳心地禪門師資承襲圖』(卍續藏 110).

(唐)實叉難陀譯,『大方廣佛華嚴經』(大正藏 10).

(唐)澄觀, 『大華嚴經略策』(大正藏 36).

(唐)澄觀, 『大方廣佛華嚴經疏』(大正藏 35).

(唐)澄觀, 『大方廣佛華嚴經隨疏演義鈔』(大正藏 36).

(唐)澄觀, 『詔清涼講華嚴經題』(『嘉興藏』1).

(唐)澄觀, 『詔清涼華嚴宗旨』(『嘉興藏』15).

(唐)澄觀, 『方廣佛華嚴經疏』(大正藏 35).

(唐)澄觀, 『貞元新譯華嚴經疏』卷1(『卍新纂續藏』5).

(唐)澄觀疏義, 『大方廣佛華嚴經綱要』(『卍新纂續藏』9).

(唐)李通玄, 『新華嚴經論』(大正藏 36).

(唐)清凉文益, 『宗門十規論』(卍續藏 63).

(日本)慧印校訂, 『撫州曹山元證禪師語錄』(大正藏 47).

敦煌本, 『壇經』(大正藏 48).

宗寶本, 『六祖大師法寶壇經』(大正藏 48).

(宋)頤藏主集, 『古尊宿語錄』(卍續藏 68).

(宋)道原, 『景德傳燈錄』(大正藏 51).

(宋)普濟, 『五燈會元』(卍續藏 80).

(宋)遵式, 『天竺別集』(卍續藏 57).

(宋)宗紹編, 『無門關』(大正藏 48).

(宋)子昇錄, 『禪門諸祖師偈頌』(卍續藏 66).

(宋)法寶編, 『月林觀和尚語錄』(卍續藏 69).

(宋)法泉繼頌, 『證道歌頌』(卍續藏 65).

(宋)師遠述, 『十牛圖頌』(卍續藏 64).

(宋)智昭集, 『人天眼目』(大正藏 48).

(宋)蘊聞編, 『大慧普覺禪師語錄』(大正藏 47).

(宋)道川頌並著語, 『金剛般若波羅蜜經注』(卍續藏 24).

(宋)義遠編, 『天童山景德寺如淨禪師續語錄』(大正藏 48).

(宋)法應集, 『禪宗頌古聯珠通集』(卍續藏 65).

(宋)彦琪註, 『證道歌註』(卍續藏 63).

(宋)宗杲集並著語, 『正法眼藏』(卍續藏 67).

(宋)雲外雲岫註, 『寶鏡三昧玄義』(卍續藏 63).

(元)懷則, 『天台傳佛心印記』(大正藏 46).

(宋)志磐撰, 『佛祖統紀』(大正藏 49).

(宋)雲外雲岫註, 『寶鏡三昧玄義』(卍續藏 63).

(宋)惠泉集, 『黃龍慧南禪師語錄』(大正藏 47).

(宋)守堅集, 『雲門匡眞禪師廣錄』(大正藏 47).

(宋)慧霞編, 廣輝釋, 『重編曹洞五位顯訣』(卍續藏 63).

(高麗)諦觀, 『天台四教儀』(大正藏 46).

(明)無相說, 『法華大意』(卍續藏 31).

(明)語風圓信・郭凝之編集, 『潭州潙山靈祐禪師語錄』(大正藏 47).

(明)韓巖集解, 『金剛經補註』(卍續藏 24).

(淸)性統編, 『五家宗旨纂要』(卍續藏 65).

『續傳燈錄』(大正藏 51).

2. 單行本 등 著作類

가마다 시게오 저, 신현숙 옮김, 『한국불교사』, 민족사, 1994.

袴谷憲昭, 『本覺思想批判』, 大藏出版社, 1989.

세종대왕기념사업회 번역, 『국역매월당전집』.

吉津宜英, 『華嚴禪の思想史的硏究』, 大東出版社, 1985.

金杜珍, 『均如華嚴思想硏究』, 一潮閣, 1983.

金相鉉, 『新羅華嚴思想史硏究』, 民族社, 1991.

金時習, 『梅月堂文集』, 성균관대학교 대동문화연구원, 1979.

金芿石, 『華嚴學槪論』, 法輪社, 1974.

金煐泰, 『韓國佛敎 고전명저의 세계』, 민족사, 1994.

金知見, 『화엄사상과 선』, 민족사, 2002.

董群 著, 金鎭戊・盧善煥 共譯, 『祖師禪』, 운주사, 2000.

賴永海 著, 金鎭戊・柳花松 共譯, 『불교와 유학』, 운주사, 1999.

賴永海, 『中國佛性論』, 江蘇省人民出版社, 2011.

『佛光大辭典』, 書目文獻出版社. 1989.

松本史朗, 『緣起と空』, 大藏出版社, 1990.

松本史朗, 『禪思想の批判的研究』, 大藏出版社, 1994.

신규탁, 『한국 근현대 불교사상 탐구』, 새문사, 2012.

———, 『규봉종밀과 법성교학』, 올리브그린, 2013.

楊曾文編校, 『神會和尙禪話錄』, 中華書局, 1996.

王志躍 著, 김진무・최재수 共譯, 『分燈禪』, 운주사, 2002.

李道業, 『華嚴經思想研究』, 民族社, 1998.

최귀묵, 『김시습의 사상과 글쓰기』, 소명출판사, 2001.

湯用彤, 『漢魏兩晋南北朝佛教史』, 北京大學出版社, 1997.

한자경, 『한국철학의 맥』, 이화여대출판부, 2008.

한종만, 『한국조동선사』, 불교영상, 1998.

3. 學位論文

고영희, 「설잠의 불교수행관 연구」, 원광대 석사논문, 2002.

이기운, 「雪岑의 法華經觀 研究: 蓮經別讚을 중심으로」, 동국대 석사논문, 1992.

이창안(철우), 「雪岑 華嚴思想 研究」, 동국대 석사논문, 2009

李孝杰, 「華嚴經의 成立背景과 構造體系」, 고려대 박사논문, 1991.

임상희, 「이통현의 화엄사상연구」, 동국대 박사논문, 2008.

全好蓮(海住), 「新羅 義湘의 華嚴教學 研究」, 동국대 박사논문, 1989.

鄭舜日, 「華嚴性起思想史研究: 中國 華嚴宗을 중심으로」, 원광대 박사논문, 1988.

최귀묵, 「金時習 글쓰기 방법의 사상적 근거 연구」, 서울대 박사논문, 1997.

崔成烈, 「牧牛子 知訥의 圓頓觀 研究」, 동국대 박사논문, 2006.

4. 論文類

姜文善, 「북종선에서의 '離心'에 대한 의미」, 『韓國佛教學』 33집, 2003.

강혜원, 「북종선에 있어서의 방편」, 『韓國佛教學』 10집, 1985.

高峯了州 著, 張戒環 譯, 『華嚴思想史』, 保林社, 1988.

권기종, 「조선 전기 선교관」, 『한국 선사상연구』, 동국대출판부, 1984.

鎌田茂雄, 한형조 역, 『華嚴의 思想』, 高麗苑, 1987.

502

김광식, 「1910년대 불교계의 조동종 맹약과 임제종운동」, 『한국근대불교사연구』, 민족사, 1996.

김방룡, 「麗末 鮮初 普照 禪思想의 影響」, 『普照思想』 제19집 2003.

_____, 「조선시대 불교계의 유불교섭과 철학적 담론」, 『儒學研究』 제25집, 2011.

김상현, 「신라 화엄학승의 계보와 그 활동」, 『한국화엄사상사연구』, 민족사, 1988.

金暎泰, 「雪岑 當時의 對佛, 敎政策과 敎團精神」, 『梅月堂-그 文學과 思想』, 江原大學校出版部, 1989.

김용조, 「설잠 김시습의 한국불교사상사적 위치」, 『慶尙大 論文集』 제24집, 1985.

金仁德, 「表員의 華嚴學」, 『韓國華嚴思想研究』, 불교문화연구원, 1982.

김종두, 「天台의 一行三昧와 東山法門에 관한 고찰」, 『韓國禪學』 제19호, 2008.

金知見, 佛敎學習文庫第二輯, 『大華嚴一乘法界圖註幷序』, 大韓傳統佛敎研究院, 1983.

_____, 「雪岑의 華嚴과 禪의 세계」, 『每月堂 그 文學과 思想』, 강원대출판부, 1988.

_____, 「沙門 雪岑像 素描」, 『文山金三龍博士華甲記念 韓國文化와 圓佛敎思想』, 圓光大學校出版局, 1985.

_____, 「新羅 華嚴學의 系譜와 思想」, 『韓國華嚴思想研究』, 민족사, 1988.

_____, 「설잠 김시습의 한국불교사상사적 위치」, 『범한철학』 4집, 1989.

_____, 「金時習 『華嚴釋題』의 註釋的 研究」, 『禪武學術論集』 6집, 1997.

_____, 『一乘法界圖合詩一印』, 초롱, 1997.

金鎭戊, 「荷澤神會 禪思想의 淵源과 그 意義」, 『普照思想』 18집, 2002.

_____, 「『壇經』의 '三無'와 老莊의 '三無'思想의 비교」, 『불교학연구』 12호, 2005.

_____, 「道生의 '頓悟成佛論'과 그 意義」, 『韓國佛敎學』 34집, 2003.

_____, 「'참나' 혹은 眞我의 탐구와 불성으로서의 자성」, 권석만 등 저, 『나, 버릴 것인가 찾을 것인가』, 운주사, 2008.

金天鶴 譯註, 『華嚴經文義要決問答』, 민족사, 1998.

全海住, 「일승법계도에 나타난 의상의 성기사상」, 『韓國佛敎學』 13집, 1988.

_____, 「義湘 性起思想이 普照禪에 끼친 영향」, 『韓國佛敎學』 14집, 1989.

_____, 「諸經典에 보이는 海印三昧 小考」, 『白蓮佛敎論集』 1집, 1991.

_____, 「華嚴 六相說 研究 I」,『佛教學報』31집, 1994.

_____, 「한국 화엄선의 형성과 전개1」,『한국사상사학』7집, 1995.

_____, 「華嚴 六相說 研究 II」,『佛教學報』33집, 1996.

_____, 「法藏의 數十錢喩에 대한 고찰」,『韓國佛教學』27집, 2000.

_____, 「의상의 법성과 법계관-일승법계도를 중심으로」,『한국불교학결집대회 논집』, 제1집 상권, 2002.

_____, 「화엄경의 구조에 관한 고찰」,『韓國佛教學』34집, 2003.

_____, 「呑虛宅成의 華嚴思想」,『韓國佛教學』35, 韓國佛教學會, 2003.

노재성,「雪岑의『華嚴釋題』에 미친 淸凉澄觀의 著述」,『論文集』9집, 중앙승가대, 2011.

睦楨培, 「雪岑의 法界圖注考」,『韓國華嚴思想研究』, 동국대출판부, 1982.

민영규, 「김시습의 조동5위설」,『大東文化研究』13집, 1979.

박해당,「조계종의 법통설에 대한 비판적 검토」,『철학사상』11호, 서울대 철학사상 연구소, 2000.

불전국역연구원 공역,『華嚴經懸談 1』, 中央僧伽大出版部, 1997.

徐宗梵,「華嚴思想의 成立史的 考察」.『僧伽』3집, 1985.

서준섭,「同安常察의『十玄談』의 세 가지 註解本에 대하여: 淸凉文益과 金時習, 韓龍雲의 주해 텍스트를 중심으로」,『한중인문학연구』15집, 2005.

석길암, 「화엄선: 한국의 선, 화엄과 불가분의 관계: 대승보살의 수행」,『禪苑』 112호, 선학원, 2004.

_____, 「한국 화엄사상의 성립과 전개에 보이는 몇 가지 경향성」,『동아시아 불교문화』13호, 2013.

신규탁, 「함허득통에 나타난 불교윤리와 유교윤리의 충돌」,『東方學誌』95집, 1997.

_____, 「『십현담주해』에 나타난 만해 한용운의 선사상」,『선문화연구』16, 2014.

申賢淑,「義湘의 華嚴法界緣起와 空觀」,『如山柳炳德博士華甲紀念韓國哲學宗教 思想史』, 圓光大學校 宗教問題研究所, 1990.

玉成康四郎,「華嚴釋題の佛教學的意義」,『梅月堂-그 文學과 思想』, 江原大學校 出版部, 1989.

504

이기운, 「『연경별찬』을 통해 본 설잠김시습의 문학과 사상」, 『동서비교문학저널』
　　제6호, 2002.

＿＿＿, 「설잠의 법화경 일불승 사상」, 『도교학연구』 17집, 2001.

이정주, 「사상가로서 정도전의 새로운 모습: 불교계 교류와 『心問天答』 속의
　　反功利思想」, 『한국사학보』 2호. 1997.

이종익, 「한국불교사상사 위에서 본 균여법계도기 고찰」, 『한국화엄사상사연구』,
　　민족사, 1988.

이지관, 「韓國佛敎에 있어 華嚴經의 位置」, 『佛敎學報』 20집, 1983.

이창안, 「如來禪과 祖師禪의 修證觀 비교-東山法門, 北宗과 『壇經』을 중심으로-」,
　　『대각사상』 21집, 2014.

張戒環, 「法藏의 一乘思想」, 『韓國佛敎學』 14집, 1989.

＿＿＿, 「中國 華嚴敎學의 性起思想 硏究」, 『佛敎學報』 30집, 1993.

＿＿＿, 「法藏敎學의 心性論 硏究」, 『韓國佛敎學』 20집, 1995.

張元圭, 「華嚴經의 思想 體系와 그 展開」, 『佛敎學報』 7집, 1970.

＿＿＿, 「中國初期 華嚴敎學思想의 硏究」, 『佛敎學報』 10집, 1973.

＿＿＿, 「華嚴敎學 完成期의 思想硏究」, 『佛敎學報』 11집, 1974.

＿＿＿, 「華嚴學의 大成者 法藏의 敎學思想」, 『佛敎學報』 13집, 1976.

＿＿＿, 「華嚴學의 大成者 法藏의 敎學思想II」, 『佛敎學報』 14집, 1977.

＿＿＿, 「圭峰의 敎學思想과 二水・四家의 華嚴宗再興」, 『佛敎學報』 16집, 1979.

＿＿＿, 「華嚴宗의 守成期의 敎學思想: 傍依의 三師를 중심으로」, 『佛敎學報』
　　15집, 1978.

정병욱, 「김시습연구」, 『한국한문학논문선집』, 불함문화사, 2002.

정수동, 「함허당 기화의 호불론과 유교인식」, 『동아시아 불교문화』 14집, 2013.

鄭舜日譯, 『華嚴思想』, 경서원, 1988.

정순일, 「지엄의 화엄성기사상」, 『韓國佛敎學』 12집, 1987.

＿＿＿, 「법장의 화엄성기사상」, 『韓國宗敎』 13집, 1988.

＿＿＿, 「화엄성기사상과 발보리심」, 『불교학연구』 1집, 1999.

＿＿＿, 「화엄경의 성립과 구조적 특징」, 『汎韓哲學』 24집, 2001.

정연수, 「『十玄談要解』에 드러난 金時習의 經典 및 禪語錄에 관한 理解」, 『한국선

학』 15호, 2006.

정주동, 『매월당 김시습 연구』, 신아사, 1961.

진경환, 「김시습과 '心儒跡佛'의 문제」, 『어문논집』 1집, 1999.

차차석, 「설잠의 연경별찬에 나타난 법화천태사상 고찰-특히 불신관을 중심으로」, 『한국불교학』 21집, 1996.

蔡尙植, 「體元의 著述과 華嚴思想」, 『韓國華嚴思想硏究』, 동국대출판부, 1982.

崔桐淳, 「雙峰道信의 一行三昧에 대한 연원」, 『韓國佛敎學』 제31집, 2002.

崔成烈, 「圓頓成佛論의 十信에 대하여」, 『佛敎學報』 29집, 1992.

_____, 「普照知訥의 華嚴論節要 硏究」, 『汎韓哲學』 12집, 1996.

_____, 「華嚴論節要 中 要簡節要의 체계에 대한 연구」, 『韓國佛敎學』 21집, 1996.

_____, 「普照의 華嚴新論 이해」, 『汎韓哲學』 15집, 1997.

_____, 「普照 知訥의 圓頓成佛論 분석」, 『汎韓哲學』 24집, 범한철학회, 2001.

최연식, 「聖과 俗의 대립: 조선 초기의 유불논쟁」, 『정치사상연구』 11집, 2005.

平川彰・梶山雄一・高崎直道 編, 鄭舜日譯, 『華嚴思想』, 경서원, 1996.

하정용, 「해인사 백련암 소장 『십현담요해』에 대한 서지학적 고찰」, 『東아시아古代學』 제22집, 2010.

韓鍾萬, 「梅月堂 金時習의 佛敎思想 硏究」, 『文山金三龍博士華甲記念 韓國文化와 圓佛敎思想』, 圓光大學校出版局, 1985.

_____, 「雪岑 金時習의 思想」, 『嵩山朴吉眞博士華甲祈念, 韓國佛敎史』 원광대학교출판국, 1975.

_____, 「雪岑 金時習의 天台사상 연구」, 『한국불교학』 제20집, 1995.

_____, 「金時習의 三敎圓融思想」, 『韓國宗敎』 제18집, 圓光大 宗敎問題硏究所, 1993.

_____, 「雪岑 金時習의 曹洞五位要解 硏究」, 『한국불교학』 21집, 1996.

_____, 「고려시대의 조동선」, 『한국조동선사』, 불교영상, 1998.

찾아보기

508

510

철우哲祐

동학사에서 운달 스님을 은사로 출가하였다.

동국대학교를 졸업하고, 동 대학 대학원에서 석사 및 박사 학위를 받았다.

동국대학교 WISE 캠퍼스에서 강의하였으며, 대한불교조계종 불학연구소 사무국장, 조계종 교육아사리, 사)동련 이사, 동련 어린이불교교육연구소 소장 등을 역임하였다.

현재 문화재청 문화재위원회 위원, 조계종 교육원 고시위원, 17대에 이어 제18대 중앙종회의원, 동국대 WISE 캠퍼스 정각원장, 임허사 주지 소임을 맡고 있다.

역주서로 『증도가 합주』, 논문으로 「동산법문 · 북종과 단경의 수증관 비교」, 「여래선과 조사선의 수증관 비교」, 「백파 긍선의 선종 5가에 대한 인식」, 「청허 휴정의 선사상과 임제종의 관계」, 「증도가의 선사상 고찰」 등이 있다.

설잠 김시습의 선사상 연구

초판 1쇄 인쇄 2023년 11월 27일 | 초판 1쇄 발행 2023년 12월 6일
지은이 철우 | 펴낸이 김시열
펴낸곳 도서출판 운주사

(02832) 서울시 성북구 동소문로 67-1 성심빌딩 3층
전화 (02) 926-8361 | 팩스 0505-115-8361
ISBN 978-89-5746-765-7 93220 값 28,000원
http://cafe.daum.net/unjubooks 〈다음카페: 도서출판 운주사〉